歐亞古典學研究叢書

烏雲畢力格 主編

同文之盛

《西域同文志》整理與研究

烏雲畢力格 張 閌 著

上海古籍出版社

本成果受到中國人民大學"中央高校建設世界一流大學（學科）和特色發展引導專項資金"支持，項目批准號：

17XNLG04

目　　録

《西域同文志》文獻學諸問題

　　《欽定西域同文志》(以下簡稱《同文志》)是清朝乾隆年間纂修的一部滿、漢、蒙、藏、托忒、察合台六種語文的各種專名的對譯辭書。它是乾隆年間清朝滅準噶爾汗國,實現"一統無外"的結果,也是清朝推行多語文政治,促成"同文之盛"的産物。《同文志》面世的直接和現實的目的,是爲編纂《欽定西域圖志》、《欽定平定準噶爾方略》和續纂《大清一統志》西域部分提供地名、人名、官職名、區域行政地理沿革歷史和各民族統治家族及宗教上層世系與傳承的資料,並標注西域地名、人名的各族不同語文的準確讀音寫法以及標準滿漢譯文。因此,對這部書的研究實質上關乎清朝拓土開疆的政治史、統治多民族國家的政治文化理念與制度、西域諸民族語言文字、西域歷史地理演變等諸多問題。

　　《同文志》一直受到學界的關注。19 世紀早期,歐洲人開始關注和研究《同文志》①。

---

① 　據介紹,在歐洲德國學者 Heinrich Julius Klaproth 第一次獲得並利用該書。Klaproth 將其譯成了德文,其手稿藏在巴黎國立圖書館。1835 年 Klaproth 去世後,其所藏《同文志》到了 J. Thonnelier 之手。Thonnelier 計劃將《同文志》的地名按照字母順序編排,編製出一本中亞地名辭典。他在 *Societe Asiatique* 上發表了該成果的一部分。但這項計劃過於宏大,Thonnelier 最後未能完成。此後,E. Blochet、M. Hartmann 和 C. C. Imbault 等人利用《同文志》研究過清代的回部,或介紹了相關內容。E. von Zach 把《同文志》第 18、19、20 卷翻譯成了德文。B. Laufer 基於《同文志》的藏文部分,研究過藏文音韻。參考榎一雄《乾隆朝西域調查及其成果——特別關於西域同文志》,《史學雜志》第 58 編第 3 號,1949 年;Kazuo Enoki, His-Yü-Tung-wên-chih: Introduction,《欽定西域同文志》,東洋文庫叢刊第十六,東洋文庫刊,1964 年,東京,xvii;榎一雄《乾隆朝の西域調查とその成果——特に西域同文志について》,榎一雄著作集編集委員會編《榎一雄著作集》(第二卷・中央アジア史),東京: 汲古書院,1992 年,第 32—33 頁。本書引日文論文。

　　日本學者榎一雄早在二戰期間就已開始研究《同文志》。1964年，榎一雄等影印出版東洋文庫所藏武英殿本，附大英博物館所藏該書前五卷，並出版了《研究篇》一册。該《研究篇》包括一篇高質量的研究導論，《同文志》内滿、蒙、藏、托忒、察合台五種文字的拉丁文轉寫及以上五種文字與漢文地名、人名索引。榎一雄的研究導論，對《同文志》的成書背景、過程、參編人員、成書時間等問題進行了詳細的討論和考證，提出了自己的見解。這是目前爲止對本書進行的最系統、最深入的研究，也是最好的成果。但是，榎氏導論在文獻學相關方面仍存在一些商榷的餘地，整理部分缺少漢文標點和各版本之間的校勘，而且對察合台文的拉丁轉寫也存在一些問題。

　　1984年，我國學人吳豐培、吳蕭民在參考該日本影印本的基礎上，校勘故宮博物院所藏本，對不清楚的地方進行補充，再次影印出版該書①。吳豐培、吳蕭民的本子沒有研究内容，但它的影印出版，爲研究和利用該書提供了方便。

　　在《同文志》内容的研究方面，前人成果並不算多。中國臺灣地區學者劉義棠出版的《〈欽定西域同文志〉校注——新疆回語部分》②，是對察合台文地理内容的語言學校注。近年來，國内幾位年輕學者發表了相關研究論文，包括學位論文，如熱孜婉《〈欽定西域同文志〉研究》③、顧政博《〈西域同文志〉地名研究》④、蘇都必力格《〈欽定西域同文志〉青海屬山名類型芻議——以蒙古語、蒙藏合璧地名爲中心》⑤等。

　　下面，對《同文志》的成書背景、内容和結構、成書年代、過程、編者、版本和西域諸文字音寫問題等方面略述一二。

---

① 中央民族大學少數民族古籍出版規劃領導小組：《西域同文志》，綫裝本，北京：中央民族大學，1984年。
② 劉義棠：《〈西域同文志〉校注——新疆回語部分》，臺北：臺灣商務印書館，1984年。
③ 熱孜婉：《〈欽定西域同文志〉研究》，新疆大學碩士論文，2001年。
④ 顧政博：《〈西域同文志〉地名研究》，新疆大學碩士論文，2005年。
⑤ 蘇都必力格：《〈欽定西域同文志〉青海屬山名類型芻議——以蒙古語、蒙藏合璧地名爲中心》，《西部蒙古論壇》2013年第3期。

一　成　書　背　景

《欽定西域同文志》（滿文：wargi ba-i hergen be emu obuha ejetun-i jergi bithe）成書於 18 世紀後半葉乾隆中期。該書的成書背景可以用兩句話概括，一是"中外一統之盛"，二是"同文之盛"。

"中外一統"是乾隆朝統一天山南北，囊括準噶爾汗國故土，開拓新疆後，乾隆皇帝君臣用來標榜武功的常用詞。

衛拉特蒙古自明初以來雄踞西北中亞腹地，號稱"四衛拉特"。至康熙年間，中亞衛拉特各部趨於統一，1678 年（康熙十七年）四衛拉特之一的準噶爾部首領綽羅斯氏噶爾丹（1644—1697）稱"博碩克圖汗"，建立準噶爾汗國。起初，準噶爾之地東自哈密、阿爾泰山，西至巴爾喀什湖、楚河、塔拉斯河流域，北自額爾齊斯河中游，南到天山山脉。準噶爾還征服了天山以南回部各綠洲城市，後來，其勢力範圍西達塔什干、布哈拉、撒馬爾罕等中亞諸地。1688 年，噶爾丹東侵喀爾喀蒙古，迫使他們南逃內蒙古境內，繼而又以追擊喀爾喀首領爲由南犯清朝，從此與清朝兵戎相見。噶爾丹以後，經過其侄策妄阿拉布坦與噶爾丹策零父子執政時代（1697—1745），準噶爾汗國進一步強大，直到乾隆初年，稱霸西北，屢屢與清朝較量，成爲清朝心腹之患。清廷認爲，準噶爾一日不滅，清朝的安危始終不保。

至乾隆初年，準噶爾局勢發生了根本變化。1745 年（乾隆十年），準噶爾首領琿台吉噶爾丹策零去世，爲了爭奪琿台吉之位，準噶爾統治者們很快陷入內亂。到了 1754 年（乾隆十九年）春，準噶爾貴族綽羅斯氏達瓦齊奪取準噶爾汗位，輝特貴族阿睦爾撒納不服，掀起新的內戰而失利，是年冬率所部二萬餘人投奔了清朝。乾隆皇帝當機立斷，決心遠征準噶爾，一舉消滅之。1755 年（乾隆二十年）二月，清廷命班第爲定北將軍，阿睦爾撒納爲定邊左副將軍，爲北路軍；命永常爲定西將軍，薩喇爾（內附準噶爾貴族）爲定邊右副將軍，爲西路軍。北路出兵烏里雅蘇台，西路出兵巴里坤，約定會師於博羅塔拉，然後進攻伊犁。1755 年初夏，阿睦爾撒納帶領的清軍先鋒部隊首先攻入了準噶爾境內。達瓦齊獲悉清軍兩路向伊犁進發後，倉促派人到各部調遣人馬。達瓦齊衆叛親離，無力固守伊犁，便逃到格登山（今新疆昭蘇縣境内），率親兵萬人扼守其險。五月中下旬，清軍佔領伊犁，直搗格登山。達瓦齊在出逃喀什噶爾途中被擒，後被押解到北京。格登山戰役標志着準噶爾汗國的滅亡。

清軍占領伊犁，清廷按原計劃撤回了兩路大軍，僅命班第、鄂容安率五百人鎮守伊犁，同阿睦爾撒納一起處理善後事宜。然而，阿睦爾撒納的目的，只不過是"假手大兵，滅準噶爾後，以己爲琿台吉，總管四衛拉特"。1755 年秋，阿睦爾撒納向清軍發起進攻，包圍了班第的鎮守軍。清軍勢孤力單，班第、鄂容安自殺，薩喇爾被擒。永常的西路軍聞變後自烏魯木齊退守巴里坤。阿睦爾撒納這時已退回額爾齊斯，後轉入博羅塔拉。清廷得知阿睦爾撒納倒戈後，命策楞爲定西將軍，自巴里坤進討阿睦爾撒納。1756 年（乾隆二十一年）三月，阿睦爾撒納抵擋不住清軍進攻，退出伊犁。十月，阿睦爾撒納復爲西路清軍所敗，向呢雅斯山退却。1757 年（乾隆二十二年）初，清廷命成衮扎布爲定邊將軍，以車布登扎布和兆惠分别爲左右副將軍，大舉進攻準噶爾。阿睦爾撒納不敵，逃到俄羅斯，是年秋天死在托博爾斯克郊區。

1757 年（乾隆二十二年），清朝經略天山以南準噶爾舊屬之回部，清軍追擊回部首領霍集占，第一次越過帕米爾高原，抵阿姆河之源。霍集占被巴達克山蘇勒坦沙所殺。至此，西域底定，天山南北皆入版圖。這是乾隆帝武功之最，也是清朝歷史上最具重大戰略意義的壯舉。乾隆皇帝"竟先朝數十年未竟之緒"，鞏固社稷，拓展疆域，使清朝進入極盛時期。

乾隆皇帝認爲，他的武功開疆拓土二萬餘里，超越漢唐盛世。爲了紀此殊功，乾隆皇帝採取一系列措施。日本學者榎一雄將其概括爲以下八項：第一，建立各種紀功碑，如《平定準噶爾告成太學碑》《平定回部告成太學碑》；第二，在熱河避暑山莊修建普寧寺；第三，修建紫光閣；第四，任命四名傳教士繪製十六幅戰圖，送到法國製成銅版；第五，修纂滿漢合璧的《平定準噶爾方略》；第六，修纂《西域圖志》；第七，勘測新歸附的準部與回部領地，繪製詳細輿圖，其最重要的成果便是《乾隆十三排圖》；第八，修纂《西域同文志》與《五體清文鑒》,增訂《大清一統志》。

但如果我們把以上八項措施再歸納,實際上就是兩種:其一,建立紀念性的建築物,以昭武功,並顯懷柔。這樣的建築物,一是紫光閣,在那裏展示平定西域戰爭期間繳獲的準噶爾與回部的旗纛兵器等戰利品、新繪十六幅戰圖、西域戰爭中立功的五十功臣圖像,以及乾隆皇帝御製詩碑、告成太學碑的文本等;二是普寧寺,這是一座建立在避暑山莊的寺廟,該建築的原型是西藏桑耶寺,是爲新征服的信仰藏傳佛教的衛拉特臣民準備的。其二,在不同載體上書寫或繪製的圖文,如碑文、地圖、銅板繪畫、大型志書辭典等,以銘皇朝豐功偉績,使之流芳青史。但值得注意的是,無論紀念性建築物還是圖文,都明明白白地彰顯出"同文"(詳後)之意,都顧及新附衛拉特人的宗教和文化心理,各種圖文中滿、漢、蒙、藏、回多種文字並茂。我們探討的《同文志》就是作爲這些文化工程的一部分而誕生的。

"天下一統"本來就是中國古代聖王的理想追求,乾隆皇帝建立起漢唐盛世所不及的版圖遼闊而强盛的大帝國,所以他採取任何措施渲染和紀念其偉大成就都不爲過。但是,這裏特別引起人們注意的是,乾隆皇帝所採取的兩方面的八大措施,始終包含着另一個理念,那就是乾隆皇帝極爲標榜的"同文之治",而其結果便是"同文之盛"。

何爲"同文之治"? "同文之治"是清朝以"天下一統"爲前提的統治統一多民族國家的重要國策,乾隆皇帝實現聖王理念的重要途徑。"同文之治"同時是清朝將其對多族群統治合法化的極其關鍵的理論與實踐,也是《同文志》編纂成書的政治文化背景。榎一雄曾經也注意到"同文"對清代文化政策的重要性,提出了"同文思想"的説法,但點到爲止,對"同文之治"未作全面闡述。爲了更好地理解《同文志》成書的背景,須從"同文"①説起。

"同文"在中國經學經典中最早出現在《中庸》中。其云:"非天子不議禮,不制度,不考文。今天下車同軌,書同文,行同倫。雖

---

① 關於"同文"與清代"同文之治",請參考馬子木、烏雲畢力格:《同文之治:清朝多語文政治文化的構擬與實踐》,《民族研究》2016 年第 3 期。

有其位，苟無其德，不敢作禮樂焉；雖有其德，苟無其位，亦不敢作禮樂焉。"①這段話其實是對儒家理想的"聖王之治"的概述。一個王者，只有既有王者之德，也有王者之位，他才是聖王，聖王才可以實現"天下車同軌，書同文，行同倫"，也就是天下一統而歸於一尊。可見，"同文"是"聖王之治"的表徵，不僅是社會治理程度的評價指標，更是王者是否有德，甚至是否具有正統性的直接判斷標準之一。

在儒家經典中，"同文"最直接的意涵是規範或統一文字，但並不限於此，"同文"背後更重要的是文化與政治在聖王治下的同一與秩然。正因爲如此，同文與一統往往相伴出現，比如明儒丘濬在其進呈明孝宗的《大學衍義補》中便將"車必同軌，書必同文，行必同倫"的"王者之治"形容爲"大一統而無外也"②。值得注意的是，儒家學者看來，車軌、文字或倫理等表徵的同一，絕非強權所使然，而是教化的結果，也是王者之治的必然所至③。

"同文"雖然是儒家理想中"至治"的圖景，但他們講求的同文或一統，都是以"夷夏之辨"爲前提的。也就是說，中原儒家傳統的"同文"解讀，僅適用於單一語文的政治結構中，也即單一漢語漢文的文明圈。但是元朝的建立，改變了這一理論的邏輯基礎。元朝是蒙古人建立的，昔日的夷狄主宰了華夏，而且元朝領土廣袤，族群林立，文化多樣，人們必須面對一個前所未有的夷夏秩序易位的、多元族群與文化交錯的世界，故此，"同文"舊説顯然亦滯礙難通、有待更

---

① 鄭玄注、孔穎達疏：《禮記注疏》卷五三《中庸》，《十三經注疏》第 6 册，臺北：藝文印書館，1989 年，898 頁。

② 丘濬：《大學衍義補》卷一六〇《聖神功化之極下》，東京大學東洋文化研究所藏正德元年刻本，頁 6b。關於此書在明末清初思想界的巨大影響，參見朱鴻林：《中國近世儒學實質的思辨與習學》，北京：北京大學出版社，2005 年，168—177 頁。

③ 比如，呂留良對此有明白的解釋，他不滿於"近人講同軌同文同倫，但鋪張炫耀，欲以震懾天下之愚賤，而使之不敢異"，認爲所謂"同"不是"不敢異"而是"不得異"，一旦有異，"便行不通，行不通乃不得不遵奉王制矣"。呂留良：《天蓋樓四書語録》卷一一，《四庫禁毀書叢刊》經部第 1 册，北京：北京出版社，2000 年，119 頁。

新。仕元儒家士人完成了這一"理論更新",其中由宋入元的程鉅夫
與吳澄頗具代表性。程氏謂"諸字雖重百譯,而文義如出一口",而
吳氏則頌美八思巴創製新字爲"開皇朝一代同文之治",同文之重點
不再放在"文字"上而在"文義"上①。但如前所述,同文在經典中最
表層的意思即是文字的規範與統一,元代士人所採取的一種常用的
解釋策略即是以"一統"之盛來消解表面上統一文字的必要性,同時
也爲多語文的共存提供合理性,吳澄有一段論述值得注意:"自古一
統之世,車必同軌,書必同文,行必同倫。今則器用各有宜,不必同
軌也;文字各有制,不必同文也;國土各有俗,不必同倫也。車不同
軌,書不同文,行不同倫,而一統之大,未有如今日。"②按此邏輯,統
一文字與盛治間已無必然聯繫,相反,正因多元族群與文化的共存,
方能實現前所未有的"一統之大"。不過吳氏並未否定同文,這種一
統前提下的並存是對傳統治理模式與歷史經驗的突破,此前同文所
帶有的夷夏之辨的隱喻,至此已不復存在,與其説是對經義的背離,
毋寧説是蒙元統治帶來的新經驗。

　　元代士人的"同文"論述,爲清代利用此觀念以構築多語文的政
治文化引導先路。與元代不同的是,清代同文話語的構建,其話語
權皆在皇帝,而其所涵括的範圍,又遠較元代爲廣闊,清帝更藉此構
築出一種基於多語文行政的多族群政治文化。"同文"之説順治皇
帝已提出,康熙時期多次論及,而乾隆皇帝使"同文之治"更加理論
化、系統化。

　　清朝皇帝(特別是乾隆皇帝)認爲不同語文具備同樣的資質與
能力,亦即是乾隆皇帝在《同文志》序中提到的"天下之語萬殊,天下
之理則一"③。這與程鉅夫的邏輯如出一轍,但是乾隆皇帝並非因襲
元人成説,而是更加關心清朝統治正統性的構建,"同文"成爲"大一

---

① 詳見馬子木:《論清朝翻譯科舉的形成與發展(1723—1850)》,《清史研究》
　2014 年第 3 期,40 頁。
② 吳澄:《吳文正公集》卷十五《送蕭九成北上序》,《元人文集珍本叢刊》第 3
　册,臺北:新文豐出版公司,1985 年,281 頁。
③ 《御製滿珠蒙古漢字三合切音清文鑒》御製序,《景印文淵閣四庫全書》第
　234 册,7 頁。

統"的另種論述。嘉慶三年(1798)春,已經内禪的高宗見到和闐送來的玉製筆筒,特爲題詩其上,並作識語云:"國家威德覃敷,無遠弗届,外藩屬國,歲時進至表章率用其國文字,譯書以獻。各國之書體不必同,而同我聲教,斯誠一統無外之規也。……夫疆域既殊,風土亦異,各國常用之書,相沿已久,各從其便,正如五方言語嗜欲之不同,所謂修其教不易其俗,齊其政不易其宜也。偶題和闐玉筆筒,因及回疆文字,復思今日溥天率土各國之書繁夥而統於一尊,視古所稱書同文者,不啻過之。"①乾隆皇帝在此展示出盛清治下多族群、多語文以及多文化共存的圖景,諸國諸部雖有不同風俗,但"統於一尊",所謂"一尊"便是清朝之"聲教"。在共奉清朝聲教這一前提下,不同族群即可在多元的政治結構中相調適、共存,這便是此種與古不同的"同文"最終目的所在,而清朝的正統性亦隱然其中。在乾隆皇帝看來,同文本有深淺兩層意涵,深層的意涵是"道"(這裏可以理解爲清朝的聲教),這必須要同;表層上的意涵則是文字的統一,這没必要統一,因爲各個語言都具有"載道"的能力(接受和表現清朝聲教的能力)。這一論説事實上是以絶對的"道"而肯定多元的"文",否定了特定的"文"對解釋"道"的壟斷,這是多語文政治在乾隆朝發展的必然結果。而"文"與"俗"、"宜"的並列,又使因俗治之的策略成爲多語文政治的題中之義。另一方面,"教"、"政"以及由文負載的"道",在一定範圍内是具有普遍性與同質性的,這一範圍具體而言即是"大清聲教"②的覆蓋所及。

一句話概言之,所謂的"同文之治"就是讓不同族群皆遵奉實質無異的清朝提倡的政教與道德,基於此得以保留其風俗、語文上的差異。這事實上是"同文"最深層次的追求,乾隆皇帝正是通過對經義的發揮與新解,論證了多族群、多語文政治存在的合理性,以及在此基礎上清朝統治的正統性。

因此,乾隆皇帝在西域底定後欽定編纂一系列大型圖書,尤其

---

① 弘曆:《御製文餘集》卷二《題和闐玉筆筒詩識語》,《清高宗(乾隆)御製詩文全集》第 10 册,北京:中國人民大學出版社,1993 年,1011—1012 頁。

② 《清高宗實録》卷七八四,乾隆三十二年五月庚午。

是多語種合璧圖書,不能簡單地認爲其只是"盛世修史"。乾隆皇帝此舉有幾層含義,首先當然是爲了把皇朝武功載於史册,其次是爲了給清朝對新獲疆土與人民的統治合法化、正統化尋找歷史根據,再其次就是爲了實踐其"同文之治"。《同文志》的内容和形式都爲此觀點提供了證據。

二　編纂原則、方法與結構

《同文志》的編寫工作是在乾隆皇帝的親自指導下完成的。

乾隆皇帝的編纂理念體現在《同文志》的結構和纂修要點上。該書内容有三重要點:一是弄清西域地名、山水名的語種及含義,以滿文準確拼寫語音,統一漢語寫法。這是乾隆皇帝强調的"同文"。二是據中國古典文獻記載,弄清西域各地的歷史沿革,借此强調清朝作爲中國正統王朝統治這些地方的歷史根據和合法性。這是更深層次的"同文"。三是理清西域各族群僧俗貴族的支派、家族、世系(轉世)和相互關係,爲日後製定政策和施政提供借鑒。因此,這三個纂修要點也即成爲《同文志》資料準備的三個重要方面:(1)西域地名、山水名及其含義;(2)西域歷史地理資料(包括口頭資料、文獻資料和地圖);(3)西域各族僧俗貴族的宗派傳承與家譜。

《同文志》首先是西域多語言對照辭書。乾隆皇帝特别重視西域各族語言文字,認爲既平定西域,不能不修《方略》,不能没有新疆域的地圖和志書,更不能不把新版圖寫入《大清一統志》。但是,乾隆皇帝新闢的二萬里疆域恰恰是天山南北準噶爾與回部舊地,修志繪圖,無不涉及當地語言文字。因此,乾隆皇帝格外重視當地語言文字,決定先修多語種語言對照辭書《同文志》,親自製定了《同文志》的修書方針和框架:以天山北路、天山南路、準部、回部、西藏、青海等爲地理範圍,立地名、人名兩大類,每章都要寫内容提要。人名、地名先以滿文音寫,其次以漢文拼寫,漢字之音以三合切音標記,接着分别用蒙古、西藏、托忒、察合台四種文字書寫。在漢文注疏中寫明該詞源於何種語言。如此去做,通漢語之人,皆可明白各部語言地名之意①。乾隆皇帝還親自撰寫《西域地名考證序説》《烏斯藏即衛藏》等文，親自指導如何考證西域非漢語地名。

在具體編寫中，編修官們採取了多語并用、主次分明的原則，即"本條係準語，則以托忒字爲主，而西番（西藏）、蒙古、回（察合台）字惟取對音；本條係回語，則以回字爲主，而西番、蒙古、托忒字惟取對音，循環毗附，音義咸審"（《皇朝文獻通考》卷二一八）。比如："西里克拜牲：蒙古語。西里克，草甸也；拜牲，民居也。其地有豐草，多民居，故名。［滿］sirik baising ［蒙］sirig bayising ［番］si rig pa'i shing ［托］siriq bayising ［回］šilik bayšing"；"伯什特勒克：回語。伯什，五數；特勒克，楊樹也。［滿］bešiterek ［蒙］bešitereg ［番］pe shi the reg ［托］bešitereq ［回］bäštäräk"；"朗布克塘：西番語。朗布克，山榆也。地屬平原，多榆樹，故名。［滿］langbuktang ［蒙］langbuɣtang ［番］glang sbug thang ［托］langbuqtang ［回］langbuktang"，等等。

如上，諸語言詞彙的語音以滿文統一，而語義等解釋内容則由漢文通達，這即是本書書名中的"同文"。因此，該書滿文名爲 wargi ba-i hergen be emu obuha ejetun-i bithe，可直譯爲《統一西方諸部文字之志書》，其中的 emu obuha（爲一、統一）就是指以滿文通音、漢文通義，而非將各種文字統一爲一種文字。這就是乾隆皇帝所説的"同文云者，仍闡韻統之義"。

《同文志》也是一部西域歷史地理書。在弄清西域地理及其歷史演變時，乾隆皇帝很重視歷史記載和實地考察的結合。早在乾隆二十年（1755）二月平準戰争剛開始時，皇帝就指出："漢時西陲塞地極廣，烏嚕木齊及回子諸部落皆曾屯戍，有爲内屬者，唐初都護開府，擴地及西北邊，今遺址久湮。"故此，着傳諭將軍鄂容安，"此次進兵，凡準噶爾所屬之地、回子部落内，伊所知有與漢唐史傳相合可援據者，并漢唐所未至處一一詢之土人，細爲記載，遇便奏聞，以資採輯"。② 三月，西域傳來捷報，乾隆皇帝立刻諭大學士傅恒等："西陲

———————

① 見《同文志》序言。
② 《清高宗實録》卷四八二，乾隆二十年二月丁巳。

諸部,相率來歸,願入版圖。其日出入,晝夜節氣時刻,宜載入時憲書,頒賜正朔,以昭遠夷向化之盛。"①六月,清軍格登山戰役滅準噶爾汗國,消息傳來,乾隆皇帝頒下了更加明確的諭旨:"西師奏凱,大兵直抵伊犂,準噶爾諸部,盡入版圖,其星辰分野,日月出入,晝夜節氣時刻,宜載入時憲書,頒賜正朔。其山川道里,應詳細相度,載入皇輿全圖,以昭中外一統之盛。左都御史何國宗,素諳測量,著帶同五官正明安圖,并同副都統富德,帶西洋人二名,前往各該處,測其北極高度,東西偏度,及一切形勝,悉心考訂,繪圖呈覽。所有坤輿全圖及應需儀器,俱著酌量帶往。"②

關於何國宗等人在西域勘測繪圖事,軍機處滿文檔案有詳細的記載,已有學者撰文詳細介紹,可資利用③。乾隆二十一年(1756)正月,乾隆皇帝命何國宗、努三等負責勘測土地、繪製地圖的工作,其組成人員有西洋人傅作霖、西洋人高慎思、郎中明安圖、三等侍衛努三、扎薩克喇嘛品級蘇布迪、達喇嘛品級吉喇木巴丹達爾④,後來,先前已派赴西北軍營的乾清門侍衛哈清阿也參與其中。接着,努三帶一隊前往天山北部繪圖,哈清阿帶另外一隊前往天山南部繪圖。

北路的繪圖綫路及過程是"於六月初六日自巴里坤啓程,沿博克達山北山麓度量濟木薩、木壘、特訥格爾、烏魯木齊、隆隆、安濟海、額林哈畢爾噶一帶山河、地方南北繪圖畢,於八月初三日抵達内大臣兆惠率兵所駐晶(今精河縣)地方,經與兆惠商議,稱伊犂相距不遠,即可往。遂派人照料,並因此處附近游牧喇嘛等告請趁此之便前去寺廟瞻拜,相應一並帶往。奴才等於八月初五日自晶啓程,於是月十一日抵達伊犂之黄廟,清理出廟内污物,喇嘛等煨桑念經畢,祭伊犂河,度量伊犂河南北,將周圍所有山川,登高極目眺望,伊犂河南岸海努克、特克斯,西南向繪至特穆爾里克達巴罕,伊犂北邊

---

① 《清高宗實録》卷四八五,乾隆二十年三月癸卯。
② 《清高宗實録》卷四九〇,乾隆二十年六月癸丑。
③ 郭美蘭:《乾隆年間西北地區三次繪圖始末》,《滿語研究》2013 年第 1 期。
④ 《軍機處滿文録副奏摺》,乾隆二十一年正月二十九日傅恒奏摺,中國第一歷史檔案館藏。本部分所引軍機處滿文檔案史料均爲中國第一歷史檔案館藏。

自哈什、博勒奇爾、博羅布爾噶蘇口、阿布喇勒山西北向繪至塔喇奇達巴罕庫隴奎,返回時,繪博羅塔拉、察干賽里木諾爾、阿勒坦圖布辛、哈布塔哈、烏蘭奇老等地,於八月十六日抵達晶地方。歇息馬畜數日,繪北邊眼見之巴爾魯克、齋爾、哈布塔克、拜塔克山、戈壁之通水之路,前往巴里坤。"①即從巴里坤出發,沿現在的吉木薩爾、烏魯木齊一路向西,到達精河,隨後前往伊犁河南北繪圖,而後返回精河休整,然後前往塔城一帶,再返回巴里坤。前往南路繪圖的何國宗一行則"越過托賴嶺,繪博格達、額林哈畢爾噶山南之山河,測繪吐魯番、庫爾禮克、喀喇沙爾等地之南北距離,逆海都河而上,由珠勒都斯源越過烏納甘嶺,由哈什、空格斯源繪所見各地,返回時順小珠勒都斯、哈布齊海、阿勒貴而來"②。即南路是翻過天山,西南向走到現在的吐魯番、庫爾勒,穿過巴音布魯克草原,到達喀什河、鞏乃斯河源③。

乾隆二十四年(1759)五月,清廷平定大小和卓後,乾隆皇帝降旨照平定伊犁之例繪製輿圖。此次勘測繪圖工作主要由明安圖、傅作霖、高慎思等負責。這一行人馬從庫爾勒行至阿克蘇,又從阿克蘇到烏什,然後到達喀什噶爾。"欽差前來丈量地方繪圖之侍衛德保等於十月初六日抵達喀什噶爾,恰遇由喀什噶爾迤西前來之額爾德尼伯克等之使者、各愛曼之布魯特等至此,彼等詢問喀什噶爾迤西所有地方情形,逗留數日,繪入圖中,由英吉沙爾前往葉爾羌。"④德保等人於"乾隆二十四年十月初九日自喀什噶爾啓程,是月十七日抵達葉爾羌。看閱副將軍富德等繪製而來之地圖,詢問知悉地方遠近之人計算,將博洛爾、拔達克山、瓦罕、色呼庫勒等地概行繪入,於是月二十五日啓程前往和闐"⑤。到十二月初七日返回阿克蘇,此

---

① 《軍機處滿文録副奏摺》,乾隆二十一年八月十七日努三奏摺。
② 《軍機處滿文録副奏摺》,乾隆二十一年閏九月二十五日何國宗奏摺。
③ 郭美蘭:《乾隆年間西北地區三次繪圖始末》,《滿語研究》2013 年第 1 期。
④ 《軍機處滿文録副奏摺》,乾隆二十四年十月十三日兆惠奏片。《軍機處滿文録副奏摺》,乾隆二十四年十月二十五日德保諮呈。《軍機處滿文録副奏摺》,乾隆二十四年十二月初九日德保奏摺。
⑤ 《軍機處滿文録副奏摺》,乾隆二十四年十月二十五日德保諮呈。《軍機處滿文録副奏摺》,乾隆二十四年十二月初九日德保奏摺。

時德保等將"所行所聞地方之小城皆已繪成圖稿"①。德保一行於十二月初九日自阿克蘇啓程,當月十八日抵達庫車,休整數日後於二十一日由庫車啓程,乾隆二十五年正月到達哈密,二月十二日自哈密啓程,三四月間返抵京城②。這兩次測繪結果,最後都在《乾隆十三排圖》中得到了體現。

除清朝派人勘測繪圖外,乾隆皇帝還反復下令前綫將領們,着其廣泛搜集準噶爾和回部人的各種地圖,以資修史。比如,乾隆二十年九月,乾隆皇帝聽將軍班第上奏,阿克巴集賽畫匠土都(todo)收藏準噶爾地圖(jun gar-i tehe ba na-i nirugan akba jisai nirugan faksi todo sere gebungge niyalma asarahabi),便下令將軍策楞去尋找,後來在已故的土都家中找到了舊圖③。

在收集實地資料和地圖後,《同文志》的另一項艱巨任務就是古今地名的勘同考證。《同文志》修纂工作要求,每一個地區的地名前必書其歷史地理變遷。以"天山北路地名"下之"烏魯木齊東路"爲例:首先要記載烏魯木齊東路的歷史變遷:"烏魯木齊,回語。烏魯木齊,格鬥之謂。準回二部,曾於此格鬥,故名。漢爲蒲類前國地。三國爲蒲陸國地,屬車師後部。北魏高車地。周、隋以下爲突厥地。唐爲後庭縣,初隸西州,後隸北庭大都護府,後陷吐蕃。宋爲高昌國北庭。元爲回鶻五城。明屬瓦剌。《漢書·西域傳》:蒲類國,西南至都護治所。《後漢書·西域傳》:蒲類東南至長史所居。《唐書·地理志》:北庭大都護府,本蒲類。《元史·地理志》:回鶻五城,唐號北庭大都護府。按:烏魯木齊、伊犁諸境語音略同蒙古,因爲準部舊地,爰從其部之本名,仍繫以準語。"④從中可以發現,編纂者必須精通中國古代歷史文獻,對漢唐以來西域史地要有認真的研究,而且要比對古今地名,把文獻記載落到實處。

這些工作只有那些精於史地研究而且能够接觸實地資料的史官才能完成。後文將要提及,編修官褚廷璋等人主要完成了這項工

---

① 《軍機處滿文録副奏摺》,乾隆二十四年十二月初九日德保奏摺。
② 郭美蘭:《乾隆年間西北地區三次繪圖始末》,《滿語研究》2013 年第 1 期。
③ 《軍機處滿文録副奏摺》,乾隆二十一年五月十四日策楞奏摺。
④ 《欽定西域同文志》卷一。

作。褚廷璋參編《西域圖志》和《同文志》，他的主要工作是根據最新繪製的輿圖，逐一考訂各地的地理沿革，在此之前必先對《漢書·地理志》與《水經注》以降的地理書了然於心，褚氏有詩記其事："溯從漢唐來，古迹煩考究。因思地理書，孟堅實領袖。山水界形勢，都城延廣袤。懸圖盈尺幅，高下象奔湊。參以道元經，脉絡了無謬。維時守土臣，萬里繪方就。郵函上史館，展按粲如宿。印證漢西域，一一同發覆。某部即某國，位置儼仍舊。因緣得推暨，唐及宋元後。"①并有自注云："先據《漢書》所載西域三十六國及山北烏孫國道里方位，參以《水經注》，合山川形勢，懸繪一圖，與軍營所送現在準、回諸部圖若合符節，唐宋以下皆由此類推。"②其在館先後七年，"於準夷、回部山川風土最爲諳悉"③，至二十七年書成，大學士傅恒薦之於朝，特旨嘉獎，一時榮之，隨即又奉旨與修《同文志》④。王昶《湖海詩傳》卷二十九《褚廷璋》載，褚廷璋"於準夷、回部山川風土最爲諳悉，奉敕纂《西域圖志》，又纂《西域同文志》，并通等音字母之學"⑤。褚廷璋有《西域詩》一組，其中《喀什噶爾》一首寫道："往代羈縻迹漸更，渾河西望莽縱橫（喀什噶爾河下流入塔里木河，於古亦名思渾河）。鎮傳疏勒唐貞觀（貞觀中，疏勒內附，置都督府，今喀什噶爾地也），人去兜題漢永平（永平中，疏勒王兜題爲漢吏田慮所執）。飲馬雪深尋舊井（耿恭拜井處），晾鷹風勁上高城。陽春萬里吹還到，散作天方畫角聲（回部亦曰天方）。"⑥這首詩是對他工作的一個寫照。鑽研古代文獻，參考當下地圖，恐怕不是褚廷璋一

① 褚廷璋：《筠心書屋詩鈔》卷三《承纂西域圖志書成進御蒙恩敬述》，《清代詩文集彙編》第 363 册據嘉慶十一年刻本影印，211 頁。
② 褚廷璋：《筠心書屋詩鈔》卷三《承纂西域圖志書成進御蒙恩敬述》，211 頁。
③ 王昶：《湖海詩傳》卷二九《褚廷璋》，上海古籍出版社據嘉慶刻本影印，2013 年，334 頁。
④ 關於褚廷璋事迹詳見馬子木：《清朝西進與 17—18 世紀士人的地理知識世界》，《中華文史論叢》2018 年第 3 期。
⑤ 王昶：《湖海詩傳》卷二九《褚廷璋》，334 頁。
⑥ 褚廷璋：《筠心書屋詩鈔》卷三《西域詩·喀什噶爾》，217 頁。括號內爲作者自注。

人所專擅,而是在纂修《西域圖志》《同文志》過程中史臣廣泛使用的編纂手段。

《同文志》又是一部衛拉特、回部、西藏貴族家譜。爲了編纂家譜世系,編者也進行了大量的調查,搜集了很多資料。有幸在滿文檔案裏留下了非常寶貴的相關資料,且已有學者利用它做了很好的研究①。據伊犁辦事大臣明瑞奏摺②,乾隆二十七年(1762)十月,清軍將領們奉旨在準噶爾地方尋找舊經史文獻,在一個叫札噶斯台的地方(被認爲是有可能藏匿書籍之處)"或在山峰下,或在鄂博(内),或在立瑪尼(石)處與懸挂肩胛骨之地(eici hada fejile, obo sahaha, mani ilibuha, halba lakiyaha ele bade)",以及其他地方都留心尋查準噶爾經史文獻③。雖然一無所獲,但此舉本身説明了清軍奉命查詢準噶爾文獻的事實。另外,承志的研究給我們提供了關於乾隆皇帝諭令察哈爾都統巴爾品和黑龍江將軍國多歡在領内厄魯特人中查詢厄魯特源流的很有趣的事例。據該研究成果,乾隆皇帝親自撰寫了一部《厄魯特源流(ūled-i turgun sekiyen)》,聽説在附察哈爾厄魯特人(内附察哈爾人多被安置在八旗察哈爾内)中有位根達希者,還有在呼倫貝爾厄魯特人(被安置在那裏的準噶爾人)中也有一位叫丹畢的人,俱係厄魯特舊人,且了解厄魯特源流,故下令派人去拜訪,他們如有舊書要徵集,如能書寫托忒文令其繕寫所知厄魯特源流内容,不識字則筆録其所講内容。調查結果顯示,根達希所藏厄魯特源流書籍在準噶爾戰亂中散失,他本人只記得自hūkahatu(按:此名未見於歷史記載)、halahūla(哈喇忽剌,噶爾丹曾祖父)以降世系,令人用托忒文筆録後呈送給皇上;而丹畢則沒有相關書籍,但對厄魯特源流的記憶還算比較完整。他提供了關於準噶

---

① 承志:《滿文檔案所見厄魯特源流》,《衛拉特研究》1,布達佩斯,2015年,1—16頁。
② 中國第一歷史檔案館、中國邊疆史地研究中心合編:《清代新疆滿文檔案彙編》,第58册,桂林:廣西師範大學出版社,2014年,392—393頁。
③ 鄂博又作敖包,土堆、石堆等,蒙古人敬神之地;瑪尼石是刻寫佛教咒語的石塊,瑪尼堆是敬佛祈福處;懸挂肩胛骨之地是蒙古人懸挂牛羊肩胛骨的地方,表示該地的神聖。

爾統治家族綽羅斯氏的如下世系：第一世爲孛海，綽羅斯氏，其子烏林台巴鞀太師，其後忘記，其後有郭海達姚，其子鄂爾魯克諾顔，其子孛來太師，其子翁郭楚，其後忘記，其後尚有哈喇忽剌，其長子巴圖爾琿台吉，次子莫爾根岱青。巴圖爾琿台吉長子僧格，次子噶爾丹博碩克圖，三子朋楚克達什，四子恩楚，五子布木，六子多爾楚克，七子車臣，八子巴圖爾，九子和碩齊，十子卓里克圖。僧格長子策妄阿喇布坦，次子索諾木阿喇布坦，三子丹津諾木布。僧格五弟布木之子大策淩敦多布，其子納木扎爾達什，其子達瓦齊。巴圖爾琿台吉之弟莫爾根岱青之長子袞津，次子丹津和碩齊，袞津之子小策淩敦多布。策妄阿喇布坦長子噶爾丹策零，子有喇嘛達爾扎、阿占①。

　　檔案資料顯示，清朝通過各種途徑收集到了一些準噶爾世系譜。《乾隆朝上諭檔》記載了其利用過《達瓦齊家譜》和《準噶爾家譜》事。據後者載，準噶爾貴族始祖爲郭海達姚，而非孛海（亦稱孛汗）。清朝大臣們爲弄清真相，還根據《明史》中瓦剌相關記載，很認真地進行過一番考證，認爲孛汗就是《明史》記載的孛來，因其稱汗，故稱孛汗，而孛來就是《達瓦齊家譜》所載博孛羅納哈勒之訛誤。這些"考證"的荒誕無稽不必多言，但它展示了史官們利用不同語言文字的資料，對其進行比對考察的事實。從《同文志》準噶爾貴族世系記載來看，編修官們最終並未採用以上離譜的考證結果，這個考證只是編纂過程中的一個小插曲，這更加讓人認識到，編纂者們花費了很多辛勤的勞動，通過再三修訂，才編出了《同文志》的定稿。有理由相信，回部和西藏的貴族系譜和喇嘛傳承資料，也都經過類似的資料收集和編纂過程。

　　這樣，從乾隆二十年的預備階段開始，到乾隆三十年，《同文志》足足編修了十年。其後，又陸陸續續進行了修改和補充，但規模不大，基本上屬文字規範和各詞條順序編排等細節。這樣編起來的《同文志》最後得 24 卷，包括天山南北、青海和西藏三部分。

---

① 承志：《滿文檔案所見厄魯特源流》，《衛拉特研究》1，布達佩斯，2015 年，第 13 頁。

三　版本與年代

下面討論一下《同文志》編纂的年代和版本情況。

《同文志》一書,卷首有乾隆皇帝的御製序和總裁官大學士傅恒的告成奉表,但二文均不具所造年代。《四庫全書總目提要》載,《同文志》刊於乾隆二十八年(1763),清代以來諸書皆採此説。但實際情況并非如此。據《清高宗實録》乾隆二十九年十一月一日(戊申)條記載:"軍機大臣等議覆,御史曹學閔奏稱,從前纂修《大清一統志》,於乾隆八年告成,久已頒行海内。近年來,平定準噶爾及回部,拓地二萬餘里,實爲振古未有之豐功。前命廷臣纂修《西域圖志》,并令欽天監臣前往測量各部經緯地度,增入輿圖。惟《一統志》尚未議及增修,請飭儒臣,查照體例,將西域、新疆敬謹增入。……再《一統志》甘肅部内之安西、靖逆二廳,即今《西域圖志》之安西府;朝貢諸國内之葉爾欽,即今《西域圖志》之葉爾羌。他如哈密、吐魯番二處,兩書互見,將來增纂時,應於各該處發明申説。其從前已經載入處,俱請無庸删裁,以致更換全書。但《西域圖志》,須俟現在所纂之《同文志》告竣,再行增改,而《方略》一書,善後事宜各條,《志》(指《大清一統志》——筆者)内亦有應行採用者,統俟《方略》全編告成時,再行辦理。……至哈薩克、布嚕特、巴達克山、愛烏罕等部,俱照外藩屬國之例編輯,統俟《平定準噶爾方略》及《西域圖志》、《同文志》等書告成後,查照《一統志》凡例,詳悉考訂釐正,繕寫進呈。從之。"①有檔案資料確證,這一記載準確無誤。乾隆二十九年十二月一日(戊寅)大學士傅恒奏:"擬將西域、新疆增入《大清一統志》甘肅部分",但"統俟《平定準噶爾方略》及《西域圖志》、《同文志》等書告成後,查照《一統志》凡例,採攝排選……"②從這裏看得出,乾隆二十九年底(1765 年初)《同文志》還在纂修過程中,并未成稿。

① 《清高宗實録》卷七二二,乾隆二十九年十一月戊申朔。
② 臺北"中研院"歷史語言研究所所藏内閣大庫檔案,"大學士公臣傅等謹奏爲謹遵旨詳議具奏事",檔案號: 102360－001。

　　《平定準噶爾方略》於乾隆二十年(1755)開館纂輯(實錄,乾隆二十年五月壬辰),《同文志》編纂的開始必定在其後。後文將會提及,《同文志》纂修官之一的王昶年譜記載,乾隆二十五年十一月,"詔輯《同文志》,以蒙古、額魯特、回部三種字合於國語,證以漢字,凡天地山川器物等名用三合切其音,又爲注釋而疏通之。先生兼充纂修官。"①乾隆二十五年(1760)十一月,當然不是《同文志》開始纂輯的年代,而應爲王昶奉詔參與編輯《同文志》的時間。由此看得,《同文志》的開始編纂應該在乾隆二十至二十五年之間,這樣説不會有錯。值得注意的是,王昶於乾隆二十五年參加編纂時,《同文志》是一部滿、漢、蒙古、托忒、察合台文辭書,没有藏文。據《欽定蒙古回部土公表傳》記載,藏文部分是乾隆二十九年才開始編修的,而且是從乾隆皇帝撰寫《烏斯藏即衛藏説》一文後開始的。《王公表傳》原文是這樣説的:"二十九年,欽定《西域同文志》御製《烏斯藏即衛藏説》曰:……予因輯《同文志》,類次西藏所隸,爲係三合切音者,特揭是説,以發其凡。"②這即是説,在《同文志》裏乾隆二十九年才開始加入西藏(可能還包括青海部分)内容,這當然是因爲準噶爾人名多係藏文而且準噶爾事務與青藏地區難以分開之故。無論如何,《同文志》在乾隆二十八年纂修完畢的説法是不成立的。

　　榎一雄推測,《西域同文志》最初作爲《平定準噶爾方略》的工具書而修纂,但很快變成了一個獨立的工程。乾隆二十八年可能是乾隆帝下令獨立修纂《同文志》的年份③。這個推測有一定的道理,但尚無旁證。筆者認爲,《同文志》不是一次性成書,不同階段有不同的成果,形成了它的不同版本。因此,我們還可以提出另一種假設,就是乾隆二十八年可能修完該書第一版,它一定是用滿、漢、蒙古、托忒、回五種文字寫成的,後來不同階段的本子都是它的續修、改進,所以可把第一版的年代稱作奉旨纂修年代。

　　但是,《同文志》流傳至今的版本只有四種。一是藏於英國大

① 《述庵先生年譜》,北京圖書館編:《北京圖書館藏珍本年譜叢刊》,北京:北京圖書館出版社,102 頁。
② 《欽定外藩蒙古回部王公表傳》卷九一《傳第七十五·西藏總傳》。
③ 《榎一雄著作集》,28 頁。

英博物館的抄本，殘本，現僅有五卷，不知幾册幾函裝；二是武英殿刻本，殿刻本現存於北京故宫博物院、日本東洋文庫、俄羅斯聖彼得堡大學圖書館，1 册 8 函；三是摛藻堂《四庫全書薈要》本，12 册 4 函；四是文淵閣《四庫全書》所收（乾隆四十七年）本，24 册 4 函。

此前學者對《同文志》不同版本的差異没有進行過校勘。筆者認爲，對現有四種版本内容的詳細校勘對探討其成書時間大有裨益。四個版本中，英國大英博物館的抄本（以下簡稱“英藏鈔本”）和武英殿本（本文以日本東洋文庫藏本爲據）没有明確造年記載，《四庫全書薈要》本於乾隆四十三年（1778）編輯，但其收《同文志》（以下簡稱“《四庫薈要》本”）修訂時間爲乾隆四十年十二月（1776 年 1 月 21 日至 2 月 18 日間），其“進表”提及“乾隆二十八年奉勅撰”外，落款爲乾隆三十年十一月十八日（1764 年 12 月 29 日）①。文淵閣《四庫全書》編於乾隆四十七年，其收《同文志》（以下簡稱“《四庫全書》本”）“提要”則記載，“乾隆四十六年十二月（1782 年 1 月 14 日至 2 月 11 日間）恭校上”②。

經過四個版本間的校勘（詳見本書正文校勘），可以發現以下問題：

其一，英藏鈔本與武英殿本、《四庫全書》本和《四庫薈要》本的差異。英藏鈔本與另三本均有相當大的差異，幾乎每條都有不同，自成一版本系統。差異之處在於如下幾個方面：首先，相當多的條目解釋與其他版本不同。比如：卷一有“圖古里克”，武英殿本的解釋爲“圖古里克：蒙古語，物之圓者。地形圓，故名。”英藏鈔本内容是：“土古里克：蒙古語，物之圓者。地有圓澤，故名。”卷一另有地名必濟，武英殿本作“必濟：蒙古語，山石大小攢聚之謂。其地有之，故名。”而在英藏鈔本中則云：“必濟：相傳舊有人名必濟者，於此遊牧，故名。未詳何部語。”如此之類，不一而足。其次，不少條目要麽爲武英殿本所有，而英藏鈔本所無（比如武英殿本有“裕勒雅爾郭

<hr />

① 《西域同文志》卷一，《欽定四庫全書薈要·史部》，長春：吉林人民出版社，2009 年。

② 《西域同文志》卷二，《景印文淵閣四庫全書》第 235 册。

勒”條：“裕勒雅爾郭勒：回語。裕勒，浄貌；雅爾，坎也。河形窪下，其流清浄，故名。”英藏鈔本無此條）；要麽爲英藏鈔本所有，而武英殿本所無（比如英藏鈔本有“愛拉克淖爾”條：“愛拉克淖爾：準語。愛拉克，謂乳酪，喻其水之甘美也。”武英殿本無此條）；要麽雖在同卷，而順序與武英殿本不同（比如卷一下伊犂西北路條目中，以下地名在英藏鈔本中的順序爲“博得里克、額得墨克、英阿爾、搭拉斯、烏魯穆瑪拉爾”，而在武英殿本中的順序是“額得墨克、英阿爾、博得里克、烏魯穆瑪拉爾、搭拉斯”）；要麽某條目武英殿本在甲卷，而該條目在英藏鈔本却是乙卷。再次，英藏鈔本相當多的條目漢語用字較爲隨意，顯然未經規範，且連帶滿文和西域文字的轉寫也有差異。比如武英殿本“察奇爾”，英藏鈔本作“插起爾”；武英殿本“瑪納斯”，英藏鈔本作“瑪那斯”；武英殿本“安濟哈雅：準語。安濟，藥草名；哈雅，採取之謂。地産此草，故名。［滿］anjihaya［蒙］anjiqay-a［番］an ci ha ya［托］anzixai［回］änji xay”，英藏鈔本作“安濟海：準語。安濟，藥草名；海，採取也。地産此草，故名。［滿］anjihai［蒙］anjiqai［番］an ci havi［托］anzixai［回］änji xay”等。再次，絶大多數條目用字用詞都與武英殿本有細微差別，這裏不一一列舉，可參考正文校勘。

其二，武英殿本、《四庫全書》本和《四庫薈要》本之間的差異。它們彼此之間雖有差異，但和英藏鈔本相比細微得多，三者可視爲一個版本系統。它們的主要差異之處有二：第一，漢字寫法正體、異體、俗體之不同。第二，條目順序之間有些細微差別，如武英殿本甲條在前，乙條在後，而《四庫薈要》本却相反。當然，三者各自也有不同的文字訛誤。這三個版本的前後承襲關係很明白。

英藏鈔本雖然是一部五卷殘本，但其版本學意義很大。經比較後可以發現，英藏鈔本是現存諸版本中最早的版本，比較原始而粗糙，其應爲未經修訂以前的稿本。英藏鈔本的存在，給我們提供了探究《同文志》成書歷程的可能性。現在可以指出，《同文志》最初的計劃是不含藏文和青藏地區自然地理與人文内容的辭書（這時段的稿本有無留存尚不清楚，目前沒有見到），但乾隆二十九年因《準噶爾方略》和《西域圖志》在編寫和修改中的新需求，又加上了藏文和青藏地區的内容。這個階段的成果就是武英殿本,其時間當在乾隆三十年十一月。武英殿本是《四庫薈要》本的藍本,《四庫薈要》本是對該版本進行修訂後,於乾隆四十三年(1778)進獻皇帝的。此後,在正式納入《四庫全書》之際,《四庫全書》的編纂者對《四庫薈要》本再次進行修改、審定,其成果就是《四庫全書》本。

為什麼説武英殿本成書於乾隆三十年十一月呢?筆者認爲,前引王昶年譜即《述庵公年譜》是重要依據。據其記載,乾隆二十五年(1760)十一月,"詔(王昶)輯《同文志》",兼充纂修官。到乾隆三十一年(1766)四月,"《西域同文志》告成,議叙,(王昶)奉旨加一級"①。乾隆三十一年四月朝廷對《同文志》編修官論功行賞,開恩加封,正是前一年年底(乾隆三十年十一月十八日)編修官大功告成,將《同文志》進獻的結果。年譜中記載的《同文志》告成、朝廷議叙、下旨加封是一個過程,乾隆三十一年四月是"奉旨加一級"的時間。

當然,年譜一類資料也會出錯,不排除其中有些年代或事實的記載可能存在訛誤,那麼,我們還掌握了更加可靠的"遺留性史料",就是清朝平定準噶爾方略館的4份原始檔案,分别抄録如下:

第一件:"平定準噶爾方略館爲諮取事。照得,本館纂輯《方略》《通鑑》並《西域同文志》等書,兹屆夏令,天氣炎熱,每日需用大冰一塊,相應移諮貴府,照例每日送館可也。須至諮者。右諮内務府。乾隆二十九年三月　日。"②

第二件:"平定準噶爾方略館爲知照事。照得,本館遵旨纂輯《西域同文志》告成,奏請議叙一折,於乾隆三十年十二月十八日奏,本日奉旨依議。欽此。欽遵。相應抄録原奏摺片,知照貴府,查照

① 《述庵先生年譜》,北京圖書館編:《北京圖書館藏珍本年譜叢刊》,北京:北京圖書館出版社,102頁、106頁。

② 平定準噶爾方略館:"爲纂輯《方略》《通鑒》並《西域同文志》等書兹屆夏令天氣炎熱諮取冰塊事致内務府"條,乾隆二十九年三月,中國第一歷史檔案館藏,檔案號:05-13-002-002403-0001。

辦理可也。須至諮者。"①

第三件："查繕寫《同文志》内回字之回子披甲人巴巴克，原係阿克蘇噶匝那齊，因私與妻兄寄書，經軍營大臣參革送京，嗣於乾隆二十七年八月挑在方略館行走。前《西域圖志》告成時，蒙恩賞過大緞二疋，今《同文志》告成，可否照前賞給之處，恭候欽定。平定準噶爾方略館爲知照事。照得，本館遵旨纂輯《西域同文志》告成，奏請議敍一折，於乾隆三十年十二月十八日奏，本日奉旨依議。欽此。欽遵。相應抄録原奏摺片，知照貴府，查照辦理可也。須至諮者。"②

第四件："平定準噶爾方略館爲移知事。照得，本館奉旨纂輯《西域同文志》告成奏請議敍一折，今准吏部覆稱，本部等部會議得，列在一等之纂修官乾清門頭等侍衛巴朗、白和卓等各准其加一級等因。於本年（乾隆三十一年——引者）二月初五日具題。十八日奉旨依議。欽此。"③

第一件檔案記載證明，乾隆二十九年三月時，《同文志》的纂修工作仍在緊張進行中，方略館要求給纂修人員撥給生活必需物資。這是《同文志》並非乾隆二十八年成書的最直接最有力的證明。第二件檔案記載説明，《同文志》完成後，平定準噶爾方略館於乾隆三十年十二月十八日奏請議敍。前文提及，作爲《同文志》四庫薈要本所用藍本的落款爲乾隆三十年十一月十八日，因此，我們非常有把握地説，四庫薈要本所用藍本就是武英殿本，它是乾隆三十年十一月十八日完成的，一個月後方略館向朝廷呈送議敍有功人員的奏文。第三件檔案記載證實，王昶年譜記載無誤，《西域同文志》告成後乾隆三十一年（1766）二月至四月，朝廷曾幾次議敍嘉獎纂修人

① 平定準噶爾方略館："爲遵旨纂輯《西域同文志》告成奏請議敍一折奉旨抄録原奏摺片事致内務府等"條，乾隆三十年十二月，中國第一歷史檔案館藏，05-13-002-000411-0089。

② 平定準噶爾方略館："爲遵旨纂輯《西域同文志》告成奏請議敍一折奉旨抄録原奏摺片事致内務府等"條，乾隆三十年十二月，中國第一歷史檔案館藏，05-13-002-000411-0089。

③ 平定準噶爾方略館："爲纂修《西域同文志》告成將纂修官乾清門頭等侍衛巴朗白和卓等各加一級事"條，乾隆三十一年四月初十日，中國第一歷史檔案館藏，05-13-002-000412-0063。

員,王昶、巴朗、白和卓等人因此奉旨加一級。

　　榎一雄曾經認爲,《同文志》并未在這時刊印出版,在此之後仍繼續修訂。他的主要根據是《辦理四庫全書檔案》(卷一)中的一條記載:乾隆四十七年二月二十七日(1782年4月9日),有大臣奏報,爲編入《四庫全書》,已經編纂完成而正在重抄或刊印中的書籍包括《西域同文志》等等①。筆者認爲,乾隆四十七年是《同文志》重抄或重刊的年代,也就是四庫全書本成書的年代,不應和武英殿本的出版年代混淆。

　　如此,我們可以用一個示意圖表示各版本的年代和傳承:

　　五種文字稿本(乾隆二十九年前)→六種文字稿本(英藏鈔本,乾隆二十九年至三十年間)→武英殿本(乾隆三十年十一月)→《四庫薈要》本(乾隆四十年十二月)→《四庫全書》本(乾隆四十七年十二月)

四　書館與編修官

　　《增訂清文鑒補編》②顯示,爲編纂《西域同文志》專門成立過纂書館。該書有一個叫做 wargi aiman i hergen be emu obuha ejetun bithe i kuren(西方諸部同文志館)的詞條,對它的解釋爲:"wargi aiman i gubci ba na alin bira hoton hecen i julge te i gebu hergen be ilagafi emu obume bithe banjibume arara ba be wargi aiman i hergen be emu obuha ejetun bithe i kuren sembi",意即"區別西方諸部所有地方山川城鎮之古今地名與文字,將其同一,纂輯爲書之處,稱之爲西方諸部同文志"。滿文的"西方諸部"在正式漢語書名中譯成了"西域",這就是"西域同文志館"。

　　關於"西域同文志館"的信息也不過僅此一條,其成立年代、人員構成,都無明確記載。

---

① 《榎一雄著作集》,27—28頁。
② 傅恒等:《增訂清文鑒補編》,中國社會科學院民族學與人類學研究所圖書館藏清代抄本,卷二,頁38b。

但是根據前引平定準噶爾方略館的檔案記載，《同文志》相關工作都歸平定準噶爾方略館操辦。尤其是關於巴巴克的以下記載值得注意："查繕寫《同文志》内回字之回子披甲人巴巴克……經軍營大臣參革送京，嗣於乾隆二十七年八月挑在方略館行走。前《西域圖志》告成時，蒙恩賞過大緞二疋，今《同文志》告成，可否照前賞給之處，恭候欽定。平定準噶爾方略館爲知照事。"筆者據此認爲，最初可能設立過同文志館，但後來大概并入了平定準噶爾方略館。

《同文志》英藏鈔本和武英殿本卷首都未開列修纂諸臣"職名"，僅僅記載了總裁官傅恒（？—1770）的名字。因此，弄清《同文志》編修過程中的所有參與人員恐怕做不到，但也不是任何時期的同文志館人員組成都是搞不清的。《四庫薈要》本卷首有完整的"職名"，即各級各類編修人員名單，這有助於探討本書主要作者。奇怪的是，榎一雄從未提到該版本，當然也沒有注意到這個名錄。

先看看《四庫薈要》本"職名"：

總裁

經筵講官太保保和殿大學士議政大臣領侍衛内大臣兼管吏部户部理藩院三庫事務御前大臣總管内務府大臣總理步軍統領衙門一等忠勇公加一級紀録五次又軍功加三級紀録九次：傅恒；

經筵講官太子太保東閣大學士管理刑部事務翰林院掌院事紀録一次又軍功加一級紀録四次：劉統勛；

經筵講官太子太保議政大臣領侍衛内大臣協辦大學士户部尚書兼管禮部太常寺事務御前大臣總管内務府大臣管理三庫事務總理上駟院事務步軍統領鑲白旗滿洲都統毅公：阿里袞；

前任經筵講官太子太保協辦大學士户部尚書教習庶吉士隨帶加一級又軍功加三級紀録八次：劉綸；

經筵講官户部尚書紀録一次：于敏中；

經筵講官太子太保議政大臣刑部尚書鑲紅旗滿洲都統世襲雲騎尉：舒赫德；

經筵講官太子太保内大臣正紅旗滿洲都統加四級軍功紀録二次：阿桂

提調官

前任户部員外郎今升工部侍郎兼署户部侍郎事紀録六次軍功加一級：珠魯納；

前任户部員外郎今升内閣學士兼禮部侍郎署吏部侍郎事紀録五次軍功加一級：慶桂；

户部陝西司掌印郎中：傅顯；

寶泉局監督户部河南員外郎加四級紀録四次又軍功加一級：博清額；

前任吏部文選司員外郎軍功加一級紀録二次：顧雲；

吏部文選司掌印郎中軍功加一級紀録二次：劉秉恬；

刑部浙江司員外郎紀録二次：王昶

纂修官

内閣學士兼禮部侍郎署理藩院事務鑲白旗蒙古副都統公中佐領紀録五次：悟勒穆齊；

内閣侍讀學士公中佐領兼世襲雲騎尉紀録六次又軍功紀録二次：伊克坦布；

乾清門侍衛：白和卓；

乾清門侍衛：巴朗；

理藩院王會司郎中加一級紀録七次軍功加一級紀録二次：留保住；

兵部車駕司員外郎紀録七次：素卜東阿；

武英殿行走翰林院編修加三級：褚廷璋；

翰林院編修：陳蘭森；

咸安宮教習候補筆帖式：嘉禄

收掌官

户部緞匹庫員外郎加二級紀録六次又軍功加二級：保成；

内務府筆帖式：德誠；

户部山東司主事：張霽；

内閣中書舍人：鄭步雲

校對官

內閣中書舍人:孫士毅;

酌對三合切音候補主事:惠齡

譯漢官

候補筆帖式:永禄;

候補筆帖式:慶延;

候補筆帖式:德世馨

謄録官

繕寫蒙古字內閣侍讀:常有;

繕寫蒙古字內閣中書:吉爾噶爾圖;

繕寫蒙古字內閣中書:愛隆阿;

候補筆帖式:關柱;

候補筆帖式:温詳阿;

候選知縣:江炯;

候選知縣:勞瑮;

候選知縣:王廷欽;

候選縣丞:杜廷棟;

繕寫回字回子教習:巴巴克

前文提到,《四庫全書薈要》收録的《同文志》底本是武英殿刻本,《四庫全書薈要》的編修官對其進行校勘修改後,於乾隆四十年十二月(1776年初)進獻。那麼,需要思考的問題是,《四庫薈要》本卷首的"職名"是乾隆四十年當時的呢,還是乾隆三十年原底本的呢? 如去查閲總裁、提調、纂修官等相關人員中的可以説明問題的部分官員履歷,這個問題就會迎刃而解。

總裁傅恒,乾隆三十五年卒①。

總裁劉統勛,任太子太保、東閣大學士、管理刑部事務、翰林院

---

① 《清高宗實録》卷八六四,乾隆三十五年七月丁巳。

掌院事,是在乾隆二十六年五月至三十年正月間①。

總裁阿里衮,乾隆三十四年卒②。

總裁劉綸,乾隆三十八年卒。乾隆二十八年任户部尚書、協辦大學士,加太子太保,三十二年任吏部尚書。據"職名",時任協辦大學士、户部尚書,説明時在乾隆二十八至三十二年之間③。

總裁于敏中,乾隆三十年擢户部尚書。乾隆三十三年加太子太保,乾隆三十六年升爲協辦大學士。但在"職名"上于敏中僅書户部尚書,可知時在乾隆三十年至三十三年之間④。

總裁舒赫德,在"職名"上只書"經筵講官、太子太保、議政大臣、刑部尚書、鑲紅旗滿洲都統",這是乾隆三十一年前的職務,他于三十一年署理工部尚書,三十六年擢伊犁將軍、户部尚書等職,均不列,可見時在乾隆三十一年前⑤。

總裁阿桂,嘉慶二年卒。乾隆二十六年(1761),他被授予内大臣、工部尚書、議政處行走和鑲藍旗漢軍都統等職。乾隆二十八年,被補授正紅旗滿洲都統,晉太子太保。乾隆三十年以阿桂"辦理烏什事務毫無章程,革尚書任"。乾隆三十三年授兵部尚書,乾隆三十四年任命爲禮部尚書。三十八年授吏部尚書,四十一年封一等誠謀英勇公,并進爲協辦大學士、吏部尚書和軍機大臣⑥。"職名"上,阿桂爲"經筵講官、太子太保、内大臣、正紅旗滿洲都統",這是乾隆三十年被革尚書時的狀況。

提調官慶桂,閲其乾隆四十年前的履歷,於乾隆二十年以蔭生授户部員外郎,歷内閣學士、禮部侍郎等。三十二年充庫倫辦事大臣,遷理藩院侍郎⑦。"職名"上,慶桂爲前任户部員外郎、今升内閣學士兼禮部侍郎、署吏部侍郎事,反映的是他乾隆三十二年前的

---

① 《滿漢名臣傳》,哈爾濱:黑龍江人民出版社,1991年,2517頁。
② 《清高宗實録》卷八四六,乾隆三十四年十一月乙酉。
③ 《滿漢名臣傳》,2027頁。
④ 《滿漢名臣傳》,3442—3443頁。
⑤ 《清高宗實録》卷六四〇,乾隆二十六年七月辛丑;卷八九七,乾隆三十六年十一月丁巳。
⑥ 《國朝耆獻類徵(初編)》卷二七《宰輔二七》。
⑦ 《滿漢名臣傳》,2714頁。

閲歷。

　　提調官王昶(1724—1806),乾隆十九年進士。二十二年,内閣中書。次年,補内閣侍讀。二十九年三月,擢刑部山東司主事,三十一年遷浙江司員外郎,次年升江西司郎中。是年七月,因涉兩淮鹽引案,奉旨革職。九月,雲貴總督阿桂帶王昶至雲南軍營效力。三十六年十月,派赴四川軍營,賞給主事,不久補吏部考功司主事。三十七年十二月,阿桂奏,王昶在雲南、四川軍營效力,"一切奏摺、文移,皆其承辦,頗爲出力",欽令加恩以吏部員外郎用。三十八年,補稽勛司員外郎,次年經阿桂保奏,以本部郎中升用。四十一年,升鴻臚寺卿,仍在軍機處司員上行走。後歷任通政司副使、大理寺卿、都察院左都御史、江西按察使、直隸按察使、陝西按察使,署理山西布政使、雲南布政使、江西布政使、刑部右侍郎等職。五十八年休致。嘉慶十一年(1806)六月卒。① 據《述庵公年譜》,乾隆二十五年十一月,"詔輯《同文志》,以蒙古、額魯特、回部三種字合於國語,證以漢字,凡天地山川器物等名用三合切其音,又爲注釋而疏通之。先生兼充纂修官"②。乾隆三十一年四月,"《西域同文志》告成,議叙,奉旨加一級"③。

　　纂修官褚廷璋(1728—1797),乾隆十八年(1753)拔貢,十九年七月授安徽太和縣教諭,二十二年欽賜舉人,授内閣中書,二十六年(1762)五月,加一級,充方略館纂修。二十八年(1764)正月授四川保寧同知,未任,即於是年成進士,選庶吉士,散館授編修,遞遷侍講、侍讀學士、侍講學士,後因不附和珅,降主事罷歸。④ 後被派充《西域圖志》、《西域同文志》纂修官,由是開始接觸西北史地,"紀聖朝之疆索,闡前代之見聞"⑤。

① 《述庵先生年譜》,北京圖書館編:《北京圖書館藏珍本年譜叢刊》,北京圖書館出版社,88—190頁;《王昶列傳》,王鍾翰點校:《清史列傳》卷二六,北京:中華書局,1987年,第七册,2020—2022頁。
② 《述庵先生年譜》,102頁。
③ 《述庵先生年譜》,106頁。
④ 褚廷璋之生平見馬子木前揭文。
⑤ 王昶《湖海詩傳》卷二九《褚廷璋》,334頁。

綜合以上衆人的傳記資料就會發現,所有在"職名"上登場的纂修官當時的職官、爵位和封號都反映了他們乾隆三十年的情況。這就讓人相信,乾隆三十年十一月纂修完畢而後武英殿刊刻的《同文志》的編修官就是《四庫薈要》本卷首"職名"上留名的諸人。武英殿本是之前纂修的《同文志》稿本基礎上形成的足本,其後的四庫系統的兩個版本是它的精校本而已(這一點從四庫全書系兩個版本的工作人員名單上也可以看得出,詳後),内容上沒有大的增減,在這個意義上講,《四庫薈要》本"職名"上的這些人也就是《同文志》的主要作者。

我們說"職名"册是主要作者名單,是因爲《同文志》的作者不僅限於他們,還有前人參與過稿本的纂修,也有後人致力於改進和校勘。比如,許宗彦①《鑒止水齋集》卷十九《先考方伯府君行狀》記載:"先府君在都,嘗充方略館總校、一統志纂修官,《西域圖志》、《西域同文志》、《勝朝殉節諸臣録》皆先府君一手所纂。"②許宗彦之父名許祖京。《同文志》等由許祖京"一手所纂"云云,當然是誇大其詞,不實之語,不過説明此人確實參與過編纂工作,類似許祖京的人可能還有不少。另外,《四庫薈要》本和《四庫全書》本中,在一卷或若干卷後列了滿文校對官和謄録者、漢文覆校官和謄録者、蒙古文覆校官和校對官以及謄録者、藏文覆校喇嘛和校對喇嘛以及謄録喇嘛、托忒文和察合台文校對官和謄録者等的名單。他們是乾隆四十年和四十六年參與校對、謄録《同文志》的人員。各卷附表上的名單大都重複,偶爾有新人增加,綜合起來看,有以下諸人。

《四庫薈要》本的相關人員名册:

清文校對官:七德;清文謄録:文溥、慶名、長亮、景文、繼泰;漢字覆校官:張秉愚

漢字校對官:許兆椿;漢字謄録:馬植基、葉大奇、丁兆隆、陳紹

---

① 其傳記見《清史稿》,列傳二六九,儒林三,北京:中華書局標點本,1998 年,13250 頁。

② 許宗彦:《鑒止水齋集》卷一九《先考方伯府君行狀》,《清代詩文集彙編》,第 488 册,據嘉慶二十四年德清許氏家刻本影印,192—196 頁。

貴、孫潢

　　蒙古字覆校官：巴達爾瑚；蒙古字校對官：巴通、喜格、色克通額、寶諦；蒙古字謄録：福寧、薩炳阿

　　西番字覆校喇嘛：巴爾藏佳穆楚；西番字校對喇嘛：伊史盆楚克、達穆吹索諾木；西番字謄録喇嘛：伊史根敦

　　托忒字、回字校對官：七德；托忒字、回字謄録：成泰、壹巴爾西母

　　《四庫全書》本相關人員名册：

　　總纂官：紀昀、陸錫熊、孫士毅

　　總校官：陸費墀、毛燕緒、王緒緒

　　覆勘官：王坦修

　　詳校官：明成、文光、文裕、占倫、明福、慶名、同文

　　校對官：長亮、吳省蘭、繼泰、明昌、松年、愛隆阿

　　校對蒙古字：雅涵泰、巴通；校對西番字喇嘛：噶爾藏格勒、業史丹怎

　　繕寫托忒字：成泰；繕寫回字：伊巴爾錫穆；繕寫蒙古字：福寧；繕寫西番字喇嘛：伊什根敦

　　謄録：蔡本任、李維翰、傅邦翰、何炳然、張顧實、喻齡懋、戴書培、吳孝顯、劉席怒

　　以上校勘、校對、繕寫、謄録者是《四庫全書》版本《同文志》館的組成人員。其中，慶名、長亮、繼泰、巴通、成泰、福寧、伊巴爾錫穆（一作壹巴爾西母）、伊什根敦等八人參加過《四庫薈要》本和《四庫全書》本兩個本子的編修工作。兩個本子的纂修人員名單顯示，參加兩部書編修的人員有所重合，他們所做的工作主要是對原稿進行精校，謄寫出一部高質量的《四庫全書》本。

五　西域諸文字及其相互音寫問題

　　如前所説，《同文志》是通過滿文寫音、漢文釋義來做到西域諸文字的"同文"的。在《同文志》中，滿漢兩種語言發揮着中軸作用，

始終不可或缺。其中,滿文爲全書"定音",而漢文則"定義"。所謂
"定義"者,指的是全書通過漢文完成解説任務,即對西域諸語詞彙
的語種和語義、地名的來歷、人物及其相互關係以及西域主要地方
的人文歷史地理變遷概貌等等,完全依靠漢語來解釋。所謂滿文
"定音",指的是滿文對《同文志》各種西域文字相互寫音時候的語音
標準作用。但不可忽略的是,因爲滿文成爲各種文字的音寫標準以
後,《同文志》所收西域諸文字的相互音寫就基本上失去了意義,除
了頭詞(詞條)的母語以外,其他文字僅僅成爲對滿文的音寫。

　　誠如前文所説,《同文志》音寫某語種詞彙的原則是:"本條係準
語,則以托忒字爲主,而西番、蒙古、回字惟取對音;本條係回語,則
以回字爲主,而西番、蒙古、托忒字惟取對音,循環毗附,音義咸審。"
意思是説,如果頭詞(詞條)是準噶爾蒙古語詞,那麽就以托忒文爲
表音的主體,而藏文、蒙古文、察合台文則記録該托忒文所表示的語
音;如果頭詞是察合台文,其音則以察合台文爲標準,蒙古文、藏文
和托忒文只照該察合台文的讀音去音寫即可。這本來是一個非常
合理的規則,但在《同文志》的編寫過程中這條規則實際上並没有能
够得到執行。實際情況是,《同文志》所收四種西域文字(蒙古文、藏
文、托忒文和察合台文)的音寫存在很大問題:一是音寫母語詞的問
題,二是音寫其他語言的問題。

　　先説第一個問題。《同文志》的西域語言詞彙主要涉及蒙古語、
藏語和突厥語詞彙,母語書寫涉及以蒙古文和托忒文寫蒙古語詞
彙、用藏文書寫藏語詞彙、用察合台文書寫突厥語系諸語言詞彙(比
如哈薩克語、帕爾西語和清代回疆的回語)。其中,藏文、蒙古文和
托忒文寫母語詞彙時較嚴格地遵循了 18 世紀當時的蒙藏文書面語
的正字法。但是,察合台文因爲受到滿文的影響,在書寫突厥語詞
彙時存在一些不顧母語書寫規則、改變故有詞彙的寫法,比如:"哈
喇沙爾［滿］hara šar［回］xara šar";"哈喇和卓［滿］hara hojo
［回］xara xojo";"哈什郭勒［滿］haši gool［回］xaš γol"等。這些
例子中,察合台文的正確書寫形式應該爲 qara šähär, qara xoja, qaš
γol 才是。但是《同文志》察合台文的轉寫者根據滿語的發音,採用
了不符合突厥語書寫規則的寫法。還有,滿文的 sirik 轉寫成 šilik 的

例子,如不是筆誤,似乎還參考過漢文的語音①。

其次是用西域文字音寫其他語言的問題。一個普遍存在的嚴重問題是,各文字書寫非母語頭詞時就不以原語言的頭詞作爲寫音依據,而是將該頭詞的滿文音寫當作了轉寫的依據。爲了更清楚地說明這個問題,下面將舉幾個例子：

例 1：**瑪木特玉素布**　回語。［滿］mamut yusub ［蒙］mamud yusub ［番］ma mud yu sub ［托］mamud yusub ［回］muḣämmäd yüsüf

例 2：**木斯塔帕**　回語。［滿］mustapa ［蒙］mustapa ［番］mus tha pha ［托］mustapa ［回］mustafa

在這兩個例子中,頭詞是突厥語察合台文,所以只有察合台文比較正確地音寫了該母語詞,而蒙、藏、托忒文都没有根據原察合台文的讀音去音寫察合台文 muḣämmäd yüsüf 和 mustafa,而是按照滿文的讀音 mamut yusub 和 mustapa 去音寫的。

例 3：**額敏**　蒙古語。［滿］emin gool ［蒙］emil ɣool ［番］e min govul ［托］emil ɣol ［回］ämin ɣol

例 4：**博克達烏魯罕鄂拉**　準語。［滿］bokda uluhan aola ［蒙］boɣda uluqan aɣula ［番］pog ta u lu han avu la ［托］boqdo uluxan uula ［回］bokda olaxan ola

在例 3 中,藏文和察合台文依據的仍然是滿文的 emin,而不是蒙古文原文的 emil；在例 4 中,"博克達"和"鄂拉"的藏文和察合台文依據的也都是滿文而不是托忒文。

例 5：**桑皆佳木磋**　藏語。［滿］sanggiyai giyamts'o ［蒙］sanggiyai giyamčo ［番］sangs rgyas rgya mtsho ［托］sanggiyai giyamco ［回］sanggäy gyamčo

例 6：**康臣鼐索特納木佳勒博**　藏語。［滿］k'angcennai sotnam giyalbo ［蒙］kangčennai sodnam giyalbo ［番］khang chen nas bsod nams rgyal po ［托］kangcennai sodnam giyalbo ［回］kangčänay

---

① 此處關於察合台文的問題,得到中國社會科學院民族學與人類學研究所木再帕爾先生指點,謹致謝忱。

sotnam jalbo

在例 5 和例 6 中，"桑皆"、"佳勒博"等詞的蒙古文讀音完全是根據滿文的讀音，這類詞蒙古語一般讀作 jalbu，接近安多藏語的口語發音；而察合台文的轉寫則接近蒙古口語的讀音。

例 7：**索諾木阿喇布坦**　蒙古人藏名。〔滿〕sonom arabtan〔蒙〕sonom arabtan〔番〕bsod nams rab brtan〔托〕sonom arabtan〔回〕sonum aräbtan

例 8：**鄂木布**　蒙古人藏名。〔滿〕ombu〔蒙〕ombu〔番〕dbon po〔托〕ombu〔回〕ombu

例 7 和例 8 顯示，這裏還有一個特殊情況，那就是音寫蒙古人的藏語名時，藏文沒有採納滿文的讀法，而是復原了原藏文。清代蒙古人大量使用藏語名，但它的發音和藏文很不一致，是一種在藏語安多東部方言的基礎上使之蒙古化的獨特藏語。《同文志》對蒙古人藏語名的復原具有重要的學術研究價值。

以上情況顯示，《同文志》雖然記錄了每一個西域詞語的不同六種文字寫法，但從文獻學意義上講，實際上其中真正有價值的只有該詞語的原文和滿漢文（蒙古人藏語名的藏文復原除外）。總體上看，《同文志》以滿文定音、用漢文定義的做法十分成功，但對西域諸文字的相互音寫方面存在很大問題：既不正確又不實用。因爲沒有反映對象詞的母語狀態，所以不正確，因爲不正確，所以不實用，形同虛設。當然，若從乾隆朝的"同文之治"的多語文政治角度審視《同文志》的六種文字并茂的現象，正如本文多次提及的那樣，那麼它另具政治文化含義，就不只是文獻學意義上做評價的事情了。

這次整理《同文志》的目的主要是爲了給讀者提供一個實用的清代西域人名地名的多語種詞典。根據以上提及的理由，筆者本次出版《同文志》時除了滿漢文外只錄入了各類頭詞的母語轉寫，比如頭詞"額敏"，除錄入滿漢文外，再僅錄入〔蒙〕emil γool〔托〕emil γol 兩項，因爲《同文志》認爲這是蒙古語詞，所以只保留蒙古語（蒙古文和托忒文都是書寫蒙古語的，故均予以保留）；如頭詞是察合台文，只錄入滿漢文和察合台文；如頭詞爲藏文，只錄入滿漢文和藏文，如果頭詞是兩種語言的複合詞，兩種語言的文字均予保留。一個例外是蒙古人的藏語名，不僅要錄入蒙古文和托忒文，還要保留藏文，因爲它有復原蒙古語中藏語借詞的功用。筆者認爲，從今天的讀者的角度考慮，這樣做可以去掉原書中華而不實的内容，節省很多篇幅，而且利用起來更加實用和方便。

六　《同文志》的價值與問題

《同文志》的文獻價值有目共睹。《同文志》是清朝官方所修的第一部清代新疆、青海、西藏的地名録和山水名録，第一部衛拉特、回部和西藏貴族家譜，也是第一部該地區地名、山水名和人名六種文字對照的大型辭書。在歷史上，没有一個王朝像清朝一樣對大西域的自然地理和族群源流、家譜、語言文字進行過如此全面、系統、詳細的調查和記録，更没有一個王朝對西域地名、山水名和人名留下過本民族語言的原文書寫及其意涵的全面記録。假設漢、唐、元三代有過此舉，中國乃至中央歐亞一些民族族源、歷史、語言、文化認知就會呈現出和現在完全不同的面貌，現在的許多疑難問題應該早已得到解決。在這個意義上講，《同文志》是中國歷史上的一部意義非凡的著作。

《同文志》作爲體現清朝"同文之盛"的成果，它首先是了解和研究西域語言文字的絶佳的資料。乾隆皇帝明白，因爲漢語自身的特點，漢語拼寫的蒙古、西藏和察合台語詞彙不易復原原文，尤其是語源不明、詞義不清楚的詞語，更難復原。因此，他主張弄清西域地名、山水名的詞源，將其以本民族語言準確記録下來，并以寫音較爲準確的滿文拼寫其讀音，以其他文字協助表音。漢語漢文在《同文志》中的作用則有二：一是規範人名、地名、山水名的漢字寫法；二是用來解釋非漢語名詞的語義，并書寫其他解説性的内容。這樣做的結果，《同文志》保留了清朝中亞和青藏高原的上千個地名、山水名以及人名的原文、原音，以及地名、山水名的含義。可以説，這是發明現代科學音響技術前能做的最好的語言田野調查資料記録，它爲學術界提供了 18 世紀中國大西域最大的民族語言地名人名詞料庫。

值得一提的是,這些詞彙中還包括方言詞彙和如今已漸舊或已被遺忘了的詞,其價值尤其珍貴。舉幾個蒙古語詞的例子:"烏爾圖古爾畢:準語。古爾畢,盤旋回繞之意。路長而曲,故名。[滿] urtu gurbi [托] urtu gürbi"(卷一);"博爾拜郭勒:蒙古語。博爾拜,木耳也。[滿] borbai gool [蒙] borbai γool"(卷十六);"諤勒坤郭勒:蒙古語。諤勒坤,當胸也。河在山之陽,故名。[滿] ūlkun gool [蒙] ölkün γool"(卷十六);"烏可克達巴:蒙古語。烏可克,謂小櫃也。[滿] ukek daba [蒙] ükeg dabaγ-a"(卷四);"庫克托木達巴:蒙古語。庫克,青色;托木,支峰之小者。[滿] kuke tom daba [蒙] köke tom dabaγ-a"(卷四)。在現代蒙古語詞彙裏,"古爾畢"、"諤勒坤"、"烏可克"、"托木"這些詞已經很陌生了,有的甚至被遺忘了,《同文志》給我們提供了很多類似詞語的詞義。

《同文志》是西域歷史地理變遷資料集。如前所述,乾隆皇帝要了解西域的"與漢唐史傳相合"之地和"漢唐所未至處",目的顯然是既要標榜清朝拓疆萬里的武功,又要引經據典説明清朝統治西域的合法性。像褚廷璋、王昶等精於考據的學者們,充分利用軍機處的戰地實地報告和草圖、用先進西洋技術測繪的較爲可靠的地圖、西域民族自繪地圖等資料,結合古籍資料的記載,對大西域歷史地理沿革進行考證,寫出了《同文志》的相關内容。這些内容可謂清代第一批西北史地考據成果,是清朝西北史地研究的源頭。

《同文志》是西域衛拉特、回部貴族家譜資料和西藏高僧傳承録。研究顯示,爲弄清準噶爾貴族源流,乾隆皇帝命令前綫將領和地方官員採取多項措施,其中甚至包括搜查山峰、鄂博、瑪尼堆等所有可能藏匿史書的地方①。清朝官方一方面廣泛收集資料,另一方面又進行細緻的考訂工作,最後編輯出《同文志》中的系譜資料。正如榎一雄指出,這些内容在《西域圖志》、《欽定外藩蒙古回部王公表傳》中都有一定程度的記載,但《同文志》的記載堪稱最全面。《同文

---

① 今天看,這樣的懷疑當時有其依據。致力於收集伊犁河流域厄魯特人(準噶爾人)文獻的葉爾達教授自21世紀初以來的近二十年的實地考察中發現了珍藏在民間的大量的經文和世俗文獻,據傳這些資料大多都是準噶爾戰爭期間隱藏起來而保留下來的。

志》所載衛拉特和回部世系是研究 17—18 世紀該兩部歷史的重要
參考文獻。

《同文志》的諸多缺陷也顯而易見。《同文志》雖然很珍貴，但其
中也存在爲數不少的錯謬、不足和值得懷疑的地方，表現在人名地
名、系譜和地理沿革各方面。

首先，西域地名、山水名的詞源和詞義解釋存在大量問題。本
來，西域地名經歷了幾千年的歷史，有多族群多語系多語種的根源，
乾隆朝文臣武官不可能詢問當地人（今日所謂田野調查）就能解決
得了的。但是乾隆皇帝有一個很不切實際的大圓滿追求。皇帝希
望各地名都有語義解釋，很多場合大臣們不得不敷衍了事。所以，
地名解釋存在很多俗詞源學的牽強附會。比如，在語源方面的例
子：“伊犂郭勒：準語。伊犁，即伊勒，光明顯達之謂也。唐爲伊列
河，一名伊麗水，又名帝帝河。”據我們目前了解，至少自漢代以來，
在伊犁河流域生活過匈奴、突厥等很多不同的民族，伊犁河之名或
屬他們的語言，或屬早於匈奴的更古老的民族語言，而絕不會是準
噶爾語。以“伊勒”（ile，明顯處）釋伊犁河名顯然是錯誤的。還有
“瑪那斯郭勒”條在東洋文庫藏本中的解釋爲“準語。瑪那，巡邏之
謂；斯，指其人而言。濱河之地巡邏者衆，故名”（卷五）。而該詞在
英藏鈔本裏是這樣解釋的：“瑪那斯，回語，尼木阿斯之轉音。蓋懸
物之謂。河濱多樹，便於懸物，故名。”（卷五）可見，關於瑪納斯到底
是蒙古語還是突厥語的問題，作者做過各種推測。“格格圖布拉納”
條，東洋文庫藏本的解釋是：“準語。格格圖，明顯之謂；布拉納，米
窖也。”（卷一）而英藏鈔本作“回語。布拉納，臺基至高，無以復加之
謂”。在語義方面，比如有這樣的例子：“得勒呼蘇台：準語。得勒，
上也；呼蘇，樺樹也。地形稍高，多產樺樹，故名。”（卷一）按蒙古地
名常識，“得勒”指河流上游、地之西（右）方。和“得勒”（又可作“得
都”）相應的有“多木達都”（“敦達”），表示“中”，“道喇”表示“下、
東”，這些詞和地名連用時表示該地的方位，而不是其地形。這是一
個很普通的詞，釋義都如此不準確。“伊克烏蘭和碩圖郭勒”條：“蒙
古語。伊克，謂大；和碩，喙象。河流大而色近紅，有渚旁出如喙，故
名。”（卷十六）本條對伊克和烏蘭和碩的詞義解釋是對的，但名字的

來歷顯然錯誤,因爲該河名來自於其附近的烏蘭和碩山,而該山是因爲其山形而得名。諸如此類,在本書中數不勝數,説明很多地名、山水名的詞義解釋和來歷都不確切。

其次,西域蒙古、回部和西藏貴族(喇嘛)系譜(轉世傳承)不够完善。《同文志》的人名部分分兩種情况:一是準噶爾貴族及其世系,本書對此下了很大功夫,整理出了比較全面和可靠的世系;二是回部、青海蒙古和西藏貴族名以及西藏大喇嘛轉世的名號,這部分十分粗糙。回部人名止於幾個家族且不全面,青海人名只限於在清朝受封的有爵位的貴族,西藏人名僅僅是歷代和碩特汗、西藏部分噶倫和阿里的第巴、代本,以及幾位大活佛的轉世。在《同文志》裏找不到青海貴族全體的家系記載,同樣看不到回部和西藏重要世家的家族成員情况。

再次,《同文志》對西域古今地名的對勘和地望的確認,存在不少錯謬。因爲當時中原文人對西北史地缺乏了解,西北史地研究剛剛因編寫《平定準噶爾方略》、《西域圖志》等書才起步,没有可資參考的前人成果。故此,對《同文志》的利用上必須持科學態度,不能盲目信從。

凡　例

一、校勘以武英殿刊本(東洋文庫藏本)爲底本,校以大英博物館藏抄本、文淵閣《四庫全書》本和《四庫全書薈要》本,異同悉列。校本誤字,則不出校。

二、文本中的異體字等一仍其舊,不作改動。

三、在校勘行文中,大英博物館藏抄本簡稱"英藏鈔本",武英殿刊本因利用了日本東洋文庫藏本,故簡稱"東洋文庫藏本",文淵閣四庫全書本簡稱"四庫全書本",四庫全書薈要本簡稱"四庫薈要本"。

四、本書原以滿文爲頭詞(詞條),爲了排版方便,本次錄入時,以漢字爲頭詞,其後錄入語種、語義和歷史地理信息,滿文和西域諸文字放在一起。

五、本次錄入原文時,省略了漢字的三合切音,西域諸文字以羅馬字轉寫,每頭詞下除滿、漢文外僅錄入該頭詞所屬語種的西域字,但保留蒙古人藏文名的藏文復原,蒙古語詞則蒙古文和托忒文一并錄入。頭詞的語種所屬以《同文志》爲準。錄入的滿文前加了"[滿]"字,將原"蒙古字"簡化爲"[蒙]","托忒字"簡化爲"[托]","西番字"(即藏文)簡化爲"[番]","回字"(即察合台文)簡化爲"[回]"。

六、後附新編漢文、滿文、蒙古文、藏文、托忒文和察合台文六種文字索引,可據不同語種檢索。西域文字中的個別不符合相關文字正字法之處,仍按原書寫法轉寫。

御製西域同文志序

　　歲庚午,既定《同文韻統》,序而行之。蓋以梵音合國書切韻,復以國書切韻,叶華音字母,於是字無遁音,書皆備韻。微特支那咒語,奥奥可探①,而且寰寓方言,拘墟盡釋。兹者西域既平,不可無方略之書。然準語、回文,非纂輯文臣所曉,是宜示之綱領,有所遵循,俾無踳駁舛訛之虞。因以天山北路、天山南路、準部、回部並西藏、青海等地名、人名諸門,舉凡提要,始以國書,繼以對音漢文,復繼以漢字三合切音,其蒙古、西番、托忒、回字,以次綴書;又於漢文下詳注其或爲準語,或爲回語,於是兀格蟀自之言,不須譯鞮象寄,而凡識漢字者莫不通其文,解其意,瞭若列眉,易若指掌。書既成,名之曰"西域同文志"。同文云者,仍闡《韻統》之義,而特加以各部方言,用明西域紀載之實,期家喻②户曉而無魚魯亳釐之失焉。然嘗思之,天高地下,人位乎其中,是所謂實也。至於文,蓋其名耳。實無不同,文則或有殊矣。今以漢語指天,則曰天;以國語指天,則曰阿卜喀;以蒙古語、準語指天,則曰騰格里;以西番語指天,則曰那木喀;以回語指天,則曰阿思滿。令回人指天以告漢人,曰此阿思滿,漢人必以爲非;漢人指天以告回人,曰此天,則回人亦必以爲非。此亦一非也,彼亦一非也,庸詎知孰之爲是乎? 然仰首以望,昭昭之在上者,漢人以爲天而敬之,回人以爲阿思滿而敬之,是即其大同也。實既同,名亦無不同焉。達者契淵源於一是,昧者滯名象於紛殊。是志也,將以納方俗於會極,祛羣疑之分畛,舉一例凡豹鼠易辨,即世道人心,豈云無裨益哉?③

---

① 四庫全書本作"採"。
② 四庫全書本作"諭"。
③ 四庫薈要本文末署"乾隆二十有八年歲在癸未仲春月"。

表①

　　臣傅恒等奉勅恭纂《西域同文志》告成,謹奉表上進者,臣等誠懽誠忭,稽首頓首上言：欽惟我皇上道符羲畫,仁浹堯封。德威久震於金方,絶域化結繩之治;聲教遥敷於月䑹,名山添畫革之文。兵洗天河,圖畫方傳褒鄂;銘垂雪嶺,頌颺已備淵雲。方略編成,仰神謨於宵旰;輿圖志就,標勝槩於山川。顧語以音岐,名因地判。左旋右注,分體勢於波磔之間;發韻收聲,辯翻切於毫芒之際。或重輕之偶舛,遂意義之都非。清濁音分,莫辯土風之舊;縱橫體異,誰窺載筆之遺? 自惟考訂而統厥殊方,乃可會通而衷諸一是。爰命儒臣而彙纂,用昭文治之大同。按人地山水,以著其名;匯任眛侏離,而通其俗。既紋回而綺錯,仍璧合以珠聯。首冠國書,擬朝宗而建極;次標漢字,悉依律以諧聲。挈領提綱,分注之辭必審;發凡起例,合音之法斯傳②。以一字該數字之全,字微分乎鉅細;以正音兼餘音之附,音略判乎洪纖。義如轉注而加精,體以旁參而彌備。採畏吾之變體,八思巴往製猶存;闡梵韻於新編,四記號流風可溯。妙循環于一十五部之内,爭傳托乻遺規;工推衍於二十九母之中,羣識和通異體。既因文以究意,差同訓詁之貽,且援古以證今,略見參稽之槩。辯羣物而不乖乎至義,稱殊名而各得夫本音。方緗帙之分呈,俱邀睿訓;更丹毫之親御,悉協淵衷。視唐莵之夷樂三章,音譯殊嫌疏略;較樊綽之《蠻書》十卷,蒐羅倍覺精詳。臣等學眛考音,志慚博物。稽三十二言之頌,欲訪波尼;傳六十四種之書,難追柯古。幸際德垂之遐暨,更逢文命之誕敷。諭言語於象胥,儼備西申之記;仿形聲于鳳篆,長垂東觀之編。釋名早錫宸章,識指南之攸在;製序首標

---

① 四庫全書本無此"表"文。
② 傳,原作"傅",據四庫薈要本改。

奎藻,知傳後之非誣。庶俾珥筆臣①工,勿因訛而襲謬;亦使貢琛諸部,咸承化以觀文。播在環瀛,邁周室採風之録;藏來璧府,媲虞廷益地之圖。臣等無任瞻天仰聖踴躍懽忭之至,謹奉表恭進以聞。

---

① 四庫薈要本作"羣"。

卷一　天山北路地名

巴爾庫勒路①

巴爾庫勒②,居天山北,舊隸版圖。西鄰準界,故以爲天山北路之首。

巴爾庫勒　回語。巴爾,有也;庫勒,池也。城北有池,故名,轉音爲巴里坤③。古匈奴東蒲類王茲力叐地,池即匈奴中蒲類海也④。後漢爲伊吾盧地。魏入蠕蠕。隋屬伊吾郡,後入突厥。唐屬伊州。明屬瓦剌。《後漢書·班超傳》注:蒲類海,在敦煌郡北。

〔滿〕bar kul〔回〕bar kul

招摩多⑤　蒙古語。數盈至百謂之招;摩多,謂樹也。其地有樹百株,故名。

〔滿〕joo modo〔蒙〕jaɣun modu〔托〕zou modo

圖古里克⑥　蒙古語,物之圓者。地形圓⑦,故名。

〔滿〕tugurik〔蒙〕tögürig〔托〕tugüriq

呼濟爾台　蒙古語。呼濟爾,鹻也;台,有也。其地有鹻,故名。⑧

〔滿〕hūjirtai〔蒙〕qujirtai〔托〕xuzirtai

奎蘇　蒙古語,腹臍也。居中之謂。

〔滿〕kuisu〔蒙〕küyisü〔托〕küyisu

---

① “路”,四庫薈要本作“屬”。“巴爾庫勒路”,英藏鈔本作“巴里坤路”。
② “巴爾庫勒”,英藏鈔本作“巴里坤”。下同。
③ 英藏鈔本無“轉音爲巴里坤”。
④ “池即匈奴中蒲類海也”,英藏鈔本作“巴里坤池即匈奴中蒲類海也”。
⑤ “摩”,英藏鈔本作“莫”,注文同。
⑥ “圖”,英藏鈔本作“土”。
⑦ “地形圓”,英藏鈔本作“地有圓澤”。
⑧ 英藏鈔本此條注語作“蒙古語,城灘也”。

哈喇和屯①　蒙古語。哈喇,黑色;和屯,城也。其城年久色舊,故名。

　　［滿］hara hoton［蒙］qar-a qotan［托］xara xoton

庫爾墨圖②　蒙古語。庫爾墨,山間碎石也;圖,亦有也③。地有沙磧,故名。

　　［滿］kurmetu［蒙］kürmetü［托］kürmetu

廋濟　蒙古語,胯骨也。山形如之④,故名。

　　［滿］seoji［蒙］següji［托］seüzi

西里克拜甡　蒙古語。西里克,草甸也;拜甡,民居也。其地有豐草,多民居,故名。⑤

　　［滿］sirik baising［蒙］sirig bayising［托］siriq bayising

噶順　蒙古語。味之苦者,謂噶順。地有水,味苦,故名。

　　［滿］gašun［蒙］ɣasiɣun［托］ɣašuun

庫克車勒　蒙古語⑥。庫克,青色;車勒,不毛之地。沙色青,不生草木,故名。

　　［滿］kuke cel［蒙］köke čel［托］küke cēl

鄂籠吉　蒙古語。鄂籠,柔草也⑦;吉,茂盛貌。

　　［滿］olunggi［蒙］olunggi［托］olunggi

阿拉克椿濟　蒙古語。阿拉克,色不一也;椿濟,墩臺也。臺以雜色飾之,故名。⑧

　　［滿］alak cunji［蒙］alaɣ čunji［托］alaq cunzi

奎屯郭勒圖　蒙古語。奎屯,冷也;郭勒,河也。謂冷水河,其

---

① "喇",英藏鈔本作"拉"。注文同。
② "庫爾墨",英藏鈔本作"庫爾摸"。注文同。
③ "亦有也",英藏鈔本無"亦"字。
④ "之",英藏鈔本作"胯"。
⑤ 英藏鈔本此條注語作"蒙古語。西里克,土方之帶草者;拜甡,屋也。其地多以土方蓋屋,故名"。
⑥ "蒙古語",英藏鈔本作"回語"。
⑦ "柔草也",英藏鈔本作"樹下柔草"。
⑧ 英藏鈔本此條作"阿拉克椿集　蒙古語。阿拉克,五色相襍之謂;椿集,墩臺也"。

地有之,故名①。

〔滿〕kuitun gooltu 〔蒙〕küyiten γooltu 〔托〕küyitun γoultu

色爾克② 蒙古語,騸山羊也。

〔滿〕serke 〔蒙〕serke 〔托〕serke

蘇魯圖 回語。蘇魯,茅棚也。其地有之,故名。

〔滿〕surutu 〔回〕šūrtu

必濟 蒙古語,山石大小攢聚之謂。其地有之,故名。③

〔滿〕biji 〔蒙〕biji 〔托〕bizi

庫舍圖 蒙古語。庫舍,碑也。後漢永和二年,敦煌太守裴岑誅匈奴呼衍王,立碑於此,故名。碑今存。④

〔滿〕kušetu 〔蒙〕kösiy-e-tü 〔托〕küšētü

華烏里雅蘇台 蒙古語。華,黃色;烏里雅蘇,謂楊樹⑤。地有黃楊樹,故名。

〔滿〕hūwa uliyasutai 〔蒙〕quu-a uliyasutai 〔托〕xuva uliyasutai

察罕察奇爾圖⑥ 蒙古語。察罕,白色;察奇爾,火石也。地產火石,色白,故名。

〔滿〕cagan cakirtu 〔蒙〕čaγan čakiγurtu 〔托〕caγan cakirtu

烏魯木齊東路

烏魯木齊 回語。烏魯木齊,格鬥之謂。準回二部,曾於此格鬥,故名。漢爲蒲類前國地。三國爲蒲陸國地,屬車師後部。北魏高車地。周、隋以下爲突厥地。唐爲後庭縣,初隸西州,後隸北庭大都護府,後陷吐蕃。宋爲高昌國北庭。元爲回鶻五城。明屬瓦剌。

---

① 英藏鈔本無"其地有之,故名"。
② "克",英藏鈔本作"可"。
③ 英藏鈔本此條注語作"相傳舊有人名必濟者,於此遊牧,故名。未詳何部語"。
④ 英藏鈔本"庫舍圖"條在"必濟"條前。
⑤ 英藏鈔本此後有"台,之爲言有也"。
⑥ "察奇爾",英藏鈔本作"插起爾"。注文同。

《漢書·西域傳》：蒲類國，西南至都護治所。《後漢書·西域傳》：蒲類東南至長史所居。《唐書·地理志》：北庭大都護府，本蒲類。《元史·地理志》：回鶻五城，唐號北庭大都護府。　按：烏魯木齊、伊犂諸境語音略同蒙古，因爲準部舊地，爰從其部之本名，仍繫以準語。

　　［滿］urumci［回］ürümči

特訥格爾　準語，謂平地也。地形平坦，故名。① 漢烏貪訾離國地。《漢書·西域傳》：烏貪訾離國，東與單桓、南與且彌、西與烏孫接。

　　［滿］teneger［蒙］teneger［托］teneger

庫里葉圖②　準語。庫里葉，營盤也③。其地有古營盤基，故名。

　　［滿］kuriyetu［蒙］küriy-e-tü［托］küriyetu

賽因塔喇　準語。賽因，良也；塔喇，謂田也。其地膏腴，宜種植，故名。④ 漢單桓國地；後漢爲車師所滅，後復立；北魏爲蠕蠕地；周、隋以後屬突厥；唐屬北庭；明屬瓦剌。

　　［滿］sain tara［蒙］sayin tariy-a［托］sayin tarā

伯什特勒克⑤　回語。伯什，五數；特勒克，楊樹也。漢車師後王國地，後漢置戊部候於此。《後漢書·西域傳》：自高昌壁北通後部金滿城五百里。車師後國北與匈奴接，西與烏孫通。

　　［滿］bešiterek［回］bäštäräk

納里特　準語，纖細之謂。地多窄迮，故名。

　　［滿］narit［蒙］narid［托］narid

都爾伯勒津⑥　準語，四方之謂。其地形方，故名。

　　［滿］durbeljin［蒙］dörbeljin［托］dörbülzin

鄂布當托來　回語。鄂布當，嘉美之詞；托來，胡桐樹名。

　　［滿］obdang torai［回］abdān tuaray

---

① “準語，謂平地也。地形平坦，故名”，英藏鈔本作“準語，謂潔清之地，居者安之也”。
② “庫里葉”，英藏鈔本作“庫里野”。
③ “營盤也”之後，英藏鈔本多“圖，有也”。
④ 英藏鈔本此前文字作“**薩因塔拉**　準語。薩因，良也；塔拉，田也。良田之謂”。
⑤ “伯”，英藏鈔本作“博”。注文同。
⑥ “伯”，英藏鈔本作“博”。

多博綽克　準語,高阜大小林立之謂。①

[滿] dobocok [蒙] doboč oγ [托] dobocoq

得勒呼蘇台　準語。得勒,上也;呼蘇,樺樹也。地形稍高,多產樺樹,故名。②

[滿] dere hūsutai [蒙] deger-e qusutai [托] dēre xusutai

木壘　準語。木壘,河灣也。地有河流環抱,故名。③ 漢爲車師後王國地,後漢、三國因之。餘與烏魯木齊同。

[滿] murui [蒙] mürüi [托] murui

伊勒巴爾和碩④　準語。伊勒,明顯之謂;巴爾,謂虎;和碩,吻喙之象。其地山峰旁出,有如虎吻,故名。

[滿] ilbar hošo [蒙] ilbar qošu [托] ilbar xošo

阿克塔斯⑤　準語。阿克塔,騸馬;斯,人衆也⑥。居人多牧騸馬,故名。

[滿] aktas [蒙] aγtas [托] aqtas

烏里雅蘇台　準語,謂地多楊樹也。⑦

[滿] uliyasutai [蒙] uliyasutai [托] uliyasutai

烏蘭烏蘇　準語。烏蘭,紅色;烏蘇,水也。其地水色近紅⑧,故名。

[滿] ulan usu [蒙] ulaγan usu [托] ulān usu

烏魯木齊西路

昌吉　準語,場圃也。漢蒲類後國地,後漢移支國地。

[滿] canggi [蒙] čanggi [托] canggi

---

① 英藏鈔本此條作“**托博綽克**　準語,高崗也”。相應,英藏鈔本此條的滿、蒙、托文轉寫的“d”,皆應作“t”。
② 英藏鈔本此條注語作“準語。得勒,上也;呼蘇,樺樹也;台,有也”。
③ 英藏鈔本此前注語作“準語。木壘,灣也。地居山灣,故名”。
④ “伊勒巴爾和碩”,英藏鈔本作“伊勒把爾和朔”。
⑤ “塔”,英藏鈔本作“他”。
⑥ “衆”,英藏鈔本作“多”。
⑦ 英藏鈔本此條注語作“準語。烏里雅蘇,楊樹也。地多楊樹,故名”。
⑧ “其地”,英藏鈔本無。

羅克倫 回語,突兀之貌。地形突然高出,故名。① 亦漢蒲類後國地。

［滿］loklon ［回］luklun

陽巴勒噶遜 陽,漢人語;巴勒噶遜,準語,城也。地向陽,有城基②,故名。

［滿］yang balgasun ［蒙］yang balγasun ［托］yang balγasun

巴克呼蘇 巴克,回語,樹林也。地有樺樹成林,故名。③

［滿］bak hūsu ［回］bak xusu

博羅特克圖魯庫 準語。博羅,青色;特克,野山羊;圖魯庫,猶云產也。地產青山羊,故名。④

［滿］boro teke turuku ［蒙］boro teke törökü ［托］boro teke törökü

瑪納斯⑤ 準語。瑪納,巡邏之謂⑥。地容游牧巡邏者衆,故名。

［滿］manas ［蒙］manas ［托］manas

和爾郭斯 準語,謂牧地遺矢也。地容游牧,故名。舊對音爲和落霍澌。⑦

［滿］horgos ［蒙］qorγos ［托］xorγos

奎屯 準語。地居大山之陰,氣候早寒,故名。⑧

［滿］kuitun ［蒙］küyiten ［托］küyitun

安濟哈雅⑨ 準語。安濟,藥草名;哈雅,採取之謂⑩。地產此

---

① 英藏鈔本此前注語作"回語,地形突然高出之貌"。
② "地向陽,有城基",英藏鈔本作"地有城基"。
③ 英藏鈔本此條作"**巴克胡蘇** 回語,巴克,樹林也,準語;胡蘇,樺樹也。合言之即樺樹林"。
④ "圖魯庫,猶云產也。地產青山羊,故名",英藏鈔本作"圖魯庫,出產之謂。地多青山羊,故名"。且英藏鈔本"瑪那斯"條在"博羅特克圖魯庫"條前。
⑤ "納",英藏鈔本作"那"。注文同。
⑥ "巡邏之謂"後,英藏鈔本多"斯,指其人而言"。
⑦ 英藏鈔本此條作"**和落霍澌** 準語,原音和爾郭蘇,駝羊矢也。濱河之地,遊牧衆多,故名"。
⑧ 英藏鈔本此條注語作"準語,冷也。其地寒冷,故名"。
⑨ "安濟哈雅",英藏鈔本作"安濟海"。其字母轉寫爲"［滿］anjihai ［蒙］anjiqai ［托］anzixai"。
⑩ "哈雅,採取之謂",英藏鈔本作"海,採取也"。

9

草,故名。

　　[滿] anjihaya [蒙] anjiqay-a [托] anzixai

　　古爾圖　準語。古爾,橋也。其地有橋,故名。①

　　[滿] gurtu [蒙] gürtü [托] gürtu

　　布勒哈齊　準語。地有伏流之水,上涌成澤,故名。②

　　[滿] bulhaci [蒙] bulqači [托] bulxaci

　　晶　準語,謂蒸甑也③。其地沙暖土温,故名。

　　[滿] jing [蒙] jing [托] zing

　　博羅塔拉　準語。塔拉,平甸。以博羅名,猶云青疇也。④

　　[滿] boro tala [蒙] boro tal-a [托] boro tala

　　托多克　準語。托多克,鴇也。地多此禽,故名。⑤

　　[滿] todok [蒙] todoγ [托] todoq

　　鄂壘扎拉圖　準語。鄂壘,高聳之象;扎拉,冠上纓也。相傳準夷擊服回人於此,加服冠纓,故名。

　　[滿] oroi jalatu [蒙] oroi jalatu [托] oroi zalatu

　　察罕拜甡　準語⑥。其地民居多粉垣,色白,故名。

　　[滿] cagan baising [蒙] čaγan bayising [托] caγan bayising

雅　爾　路⑦

　　雅爾　回語,坎也。地形少卑,故名。⑧

　　[滿] yar [回] yar

----

① 英藏鈔本"古爾圖"條在"安濟海"條前。
② 英藏鈔本此條注語作"準語,深水潭也"。
③ "蒸甑",英藏鈔本作"蒸籠"。又英藏鈔本"晶"條在"布勒哈齊"條前。
④ 英藏鈔本此條注語作"準語。博羅,解見前;塔拉,平原也。地平,多碧草,故名。漢爲西突厥攝舍提暾部地。《唐書·突厥傳》:以攝舍提暾部爲雙河都督府,隷北庭都護府"。
⑤ 英藏鈔本"托多克"條在"博羅塔拉"條前。
⑥ "準語"後,英藏鈔本多"解俱見前"。
⑦ "雅爾路",英藏鈔本作"烏魯木齊北路",有注:"烏魯木齊南路,近接天山,踰山如天山南路"。
⑧ 英藏鈔本無此條。

納林和博克　準語。納林,細也;和博克,汲水器也,以皮爲之①。其地有井,居人往汲,故名。唐拔悉蜜部地。《唐書·突厥傳》:拔悉蜜,距北庭三百里。

[滿] narin hobok [蒙] narin qoboγ [托] narin xoboq

哲克得里克　回語。哲克得,沙棗也;里克,有也。地多植棗,故名。②

[滿] jekdelik [回] jigdälik

克特和博克　準語。克特,火鐮也;和博克,解見前。其地水形如之,故名。

[滿] kete hobok [蒙] kete qoboγ [托] kete xoboq

格爾鄂爾格③　準語。格爾,謂屋;鄂爾格,謂其君長所居屋也。舊有台吉建廷於此,故名。

[滿] ger orge [蒙] ger örge [托] ger örge

什巴爾圖　準語。什巴爾,泥也。地多泥濘,故名。④

[滿] šibartu [蒙] šibartu [托] šibartu

烘郭爾鄂籠　準語。烘郭爾,黃色也。土色黃,多柔草,故名。⑤

[滿] honggor olung [蒙] qongγor olung [托] xongγor olung

薩里　準語,馬股也。地形似之,故名。

[滿] sari [蒙] sari [托] sari

烏爾圖　準語,長也。地迤綿長,故名。⑥

[滿] urtu [蒙] urtu [托] urtu

---

① "汲水器也,以皮爲之",英藏鈔本作"汲水皮斗也。又皮包也"。
② 英藏鈔本此條注語作"回語。哲克得,沙棗也;里克,多也。漢爲匈奴右地,胡揭、車犁、烏藉、閏振、郅支、伊利目五單于割據於此。三國爲鮮卑右部。北魏爲高車地。周、隋爲突厥地。唐爲沙陀突厥部。明爲瓦剌。納林和博克以下同。《唐書·沙陀傳》:西突厥別部,處月種也。突厥東西部,分治烏孫故地,與處月、處蜜雜居"。且英藏鈔本"哲克得里克"條在"納林和博克"條前。
③ "鄂",英藏鈔本作"額",注文同。
④ 英藏鈔本此條作"**施巴爾圖**　準語。施巴爾,泥也。其地多泥,故名"。
⑤ 英藏鈔本此條注語作"準語。烘郭爾,黃色也;鄂籠,柔草也。即黃草灘之謂"。
⑥ 英藏鈔本此條注語作"準語,長也。其地有長流水,故名"。

察罕呼濟爾　準語。地産白鹻,故名。①

［滿］cagan hūjir［蒙］čaɣan quǰir［托］caɣan xuzir

綽爾郭　準語,吸水筒也。地有汍水側出,與水筒相似,故名。

［滿］corgo［蒙］čorɣo［托］corɣo

烏蘭呼濟爾　準語。地産紅鹻,故名。②

［滿］ulan hūjir［蒙］ulaɣan quǰir［托］ulān xuzir

奇勒噶遜齊布哈達遜③　準語。奇勒噶遜,鬚也;齊布哈達遜,胡琴絃也。其地水聲如胡琴,故名。

［滿］kilgasun cibhadasun［蒙］kilɣasun čibqadasun［托］kilɣasun cibxadasun

塔爾巴噶台④　準語。塔爾巴噶,獺也。其地多獺,故名。唐爲葛邏禄部地。有三族:一曰謀禄⑤,或曰謀剌;一曰熾俟,或曰婆匐;一曰踏實力。當東、西突厥間,後稍南徙,號三姓葉護。塔爾巴噶台左右諸境同。《唐書·回鶻傳》:葛邏禄,本突厥諸族,在北庭西北,金山之西。

［滿］tarbagatai［蒙］tarbaɣatai［托］tarbaɣatai

額敏⑥　回語,清净平安之謂。回人多以此命名者,蓋地以人名也。轉音爲額米爾。唐爲西突厥處木昆部地。⑦

［滿］emin［回］āmin

青吉勒　回語。青吉勒,水葱也。其地産之,故名。

［滿］cinggil［回］činggil

----

① 英藏鈔本此條作"**察罕呼集爾**　準語,白城灘之謂"。
② 英藏鈔本此條作"**烏蘭呼集爾**　準語,紅城灘之謂"。
③ "勒",英藏鈔本作"爾",注文同。
④ 英藏鈔本此條在"烏蘭呼濟爾"前。
⑤ "禄",英藏鈔本作"落"。
⑥ 此條前英藏鈔本有"古爾雅爾"條,爲底本所無,兹依本書例録於下:"**古爾雅爾**　準語,古爾,橋也;回語,雅爾,坎也。其地有橋有坎,故名。［滿］gur yar［蒙］gür yar［托］gur yar［回］gur yar"。
⑦ 英藏鈔本此條作"額米爾",故此條字母轉寫當作"［滿］emil［回］emil"。"回語"後,英藏鈔本多"原音額敏"。

愛呼斯①　哈薩克語，水名。

〔滿〕aihūs〔回〕āyxus

和通鄂博　準語。和通，回人之通稱；鄂博，壘石也。地有回人舊壘石，故名。

〔滿〕hotong obo〔蒙〕qotong obo〔托〕xotong obo

烏英齊　準語。烏英，銀鼠也；齊，言其多也。其地多産銀鼠，故名。②

〔滿〕uyengci〔蒙〕uyengči〔托〕uyengci

額爾齊斯　準語，遒緊之謂。地有河流湍急，故名③。隋西突厥地，又鐵勒在金山西南；唐爲西突厥阿史那氏地。《隋書·突厥傳》：西突厥西越金山，龜兹、鐵勒諸胡附之，多在烏孫故地。《鐵勒傳》：金山西南，有薛延陀咥勒爾十槃達契等一萬餘兵④。《唐書·突厥傳》：突厥阿史那氏，居金山之陽。

〔滿〕ercis〔蒙〕erčis〔托〕ercis

博東齊　準語。博東，野猪也。地多野猪，故名。⑤

〔滿〕bodongci〔蒙〕bodongči〔托〕bodongci

裕勒雅爾⑥　回語。裕勒，净也；雅爾，坎也。其地有坎，河流清净，故名。

〔滿〕yul yar〔回〕yul yar

穆呼勒戴鄂多特⑦　準語。穆呼勒戴，路盡處；鄂多特，衆星也。路盡處多泉眼⑧，如衆星⑨，故名。

〔滿〕muhūldai odot〔蒙〕muquldai odud〔托〕muxuldai odod

---

① “呼”，英藏鈔本作“虎”。英藏鈔本“愛虎斯”條在“青吉勒”條前。
② 英藏鈔本此條注語作“準語。烏英，銀鼠也；齊，人衆也。地産銀鼠，人多獵取，故名”。
③ “準語，遒緊之謂。地有河流湍急，故名”，英藏鈔本作“準語。額爾齊斯，力緊之謂。河流湍急，故名”。
④ “咥勒爾”，英藏鈔本作“咥勒兒”。
⑤ 英藏鈔本此條注語作“準語。博東，大野猪也。其地多野猪，居人獵之，故名”。且英藏鈔本“博東齊”條在“額爾齊斯”條前。
⑥ 英藏鈔本無此條。
⑦ “呼”，英藏鈔本此條作“胡”。
⑧ “眼”，英藏鈔本無。
⑨ “如衆星”，英藏鈔本作“有似衆星”。

納木　準語,平緩之謂。其地水流平緩,故名。

〔滿〕nam〔蒙〕nam〔托〕nam

達爾達木圖　準語,荆榛當道之謂。地多榛莽,故名。①

〔滿〕dardamtu〔蒙〕dardamtu〔托〕dardamtu

蘇海圖　準語。蘇海,山川柳也。地多此柳,故名。

〔滿〕suhaitu〔蒙〕suqaitu〔托〕suxayitu

尼楚滾布古圖　準語。尼楚滾,不毛之謂;布古,謂鹿也。地少生殖,旁有阜形如鹿,故名。②

〔滿〕nicugun bugūtu〔蒙〕ničügün buɣutu〔托〕nicugün buɣutu

伊奇爾　準語,細小之謂。③

〔滿〕ikir〔蒙〕ikir〔托〕ikir

察拉垓　準語。察拉垓,水至平衍之地,其流四漫也。

〔滿〕calagai〔蒙〕čalaɣai〔托〕calaɣai

謨多圖布古圖　準語。謨多圖,有樹之謂。地有長林,産鹿,故名。④

〔滿〕modotu bugūtu〔蒙〕modutu buɣutu〔托〕modotu buɣutu

布爾噶蘇台　準語,柳樹林也。⑤

〔滿〕burgasutai〔蒙〕burɣasutai〔托〕burɣasutai

綽爾　準語。綽爾,樂器名,簫管之屬。其地水聲如之⑥。

〔滿〕cor〔蒙〕čoɣor〔托〕cor

齋爾　準語⑦,黃羊也。地多黃羊,故名。

〔滿〕jair〔蒙〕jayir〔托〕zayir

---

① 英藏鈔本此條注語作"準語。達爾達木圖,荆榛當道之謂。地多枯樹,故名"。且英藏鈔本此條在"納木"條前。
② 英藏鈔本此條作"**呢楚滾布古圖**　準語。呢楚滾,不毛之地;布古圖,産鹿之地"。"殖",四庫薈要本作"植"。
③ 英藏鈔本此條注語作"準語,迤邐連屬之謂"。此條英藏鈔本在上條前。
④ 英藏鈔本此條注語作"準語。謨多圖,有樹之謂;布古圖,有路之謂"。此條英藏鈔本在"蘇海圖"條前。
⑤ 英藏鈔本此條在"察拉垓"條前。
⑥ 英藏鈔本句末有"故名"二字。
⑦ "準語"後,英藏鈔本有"原音者爾"。

伊犁東南路

伊犁 準語。伊犁,即伊勒,光明顯達之謂也①。漢爲烏孫國地,三國、晉因之;北魏爲悦般國地;周爲突厥地;隋爲西突厥地;唐爲突騎施烏質勒部,又爲索葛莫賀部;元爲阿力麻里;明爲瓦剌。《漢書·西域傳》:烏孫國,東與匈奴,西北與康居,西與大宛,南與城郭諸國相接。《魏略·西戎傳》:車師後部,轉西北則烏孫。《魏書·西域傳》:烏孫在龜兹西北。《隋書·西突厥傳》:處羅可汗多在烏孫故地,立二小可汗。一居龜兹北,其地名應婆。《唐書·突厥傳》:突騎施烏質勒,西突厥別部也。以伊麗水爲小牙,其地東鄰北突厥,直西廷州。《元史·地里志》②:自高昌五城西北行四五千里至阿力麻里。《明史·外國傳》:瓦剌,在韃靼西。

　　[滿] ili [蒙] ili [托] ili

海努克 準語,謂黄牛也。地多産此,故名。

　　[滿] hainuk [蒙] qayinuγ [托] xayinuq

固勒扎③ 準語,謂盤羊也。地多産此,故名。舊對音爲固爾扎④。

　　[滿] gūlja [蒙] γulja [托] γulza

烏哈爾里克 回語。烏哈爾,謂鷺鷥⑤。地多産此,故名。

　　[滿] uharlik [回] uxarlik

阿里瑪圖 準語。阿里瑪,蘋果也。地多蘋果樹,故名。

　　[滿] alimatu [蒙] alimatu [托] alimatu

烏爾圖古爾畢 準語。古爾畢,盤旋回繞之意。路長而曲,故名。⑥

　　[滿] urtu gurbi [蒙] urtu gürbi [托] urtu gürbi

---

① 英藏鈔本此前注語作"準語。原音伊勒,明顯之謂。回語同。撈物之撈"。
② "地里志",英藏鈔本作"地理志"。
③ "勒",英藏鈔本作"爾"。
④ 英藏鈔本無"舊對音爲固爾扎"。
⑤ 英藏鈔本此後有"里克,謂有"。
⑥ 英藏鈔本此條作"烏爾圖固爾畢 準語。烏爾圖,長也;固爾畢,盤旋回繞之意。路迤曲折,故名"。

博羅布爾噶蘇　準語。地多青柳,故名。①

［滿］boro burgasu［蒙］boru burɣasu［托］boro burɣasü

都爾伯勒津　［滿］durbeljin 解及三合切音以下見本卷。②

哈什　回語,眉也。地有兩山,相對如眉,故名。　　按:回語哈什,亦作玉石解,與此音同義異。③

［滿］haši［回］xaš

空格斯④　回語,踏地有聲之謂。濱河之地,行踪響應,故名。亦漢烏孫國地;北魏爲高車地;唐爲西突厥南廷⑤。《唐書·突厥傳》:西突厥,由焉耆西北七日行得南廷。

［滿］kungges［回］küngäs

哈布齊垓　準語,謂山峽中路也⑥。

［滿］habcigai［蒙］qabčiɣai［托］xabciɣai

裕勒都斯⑦　　回語,星也。其地泉眼如星。舊對音爲朱爾都斯⑧。唐西突厥鼠尼施處半部,爲回鶻契苾部地。《唐書·突厥傳》:賀魯已滅,以鼠尼施處半部爲鷹娑都督府。《回鶻傳》:契苾亦曰契苾羽,在焉耆西北鷹娑川。

［滿］yuldus［回］yuldus

登努勒台　準語。登努勒,濱河土阜之帶草者,俗名塔墩。其地有之,故名。

［滿］dengnultai［蒙］dengnegültei［托］dengnultai

_____

① 英藏鈔本此條注語作"準語。博羅,青色;布爾噶蘇,謂柳樹也。地多産此,故名"。
② 英藏鈔本此條注語作"見本卷烏魯木齊東路"。
③ 英藏鈔本此條注語作"回語,玉石也。河中産石如玉,故名"。
④ "空格斯",英藏鈔本作"空吉斯",其字母轉寫當作"［滿］kunggis［回］künggis"。
⑤ "爲",英藏鈔本作"書"。
⑥ 英藏鈔本無"謂"、"也"字。
⑦ "裕勒都斯",英藏鈔本作"朱爾都斯",其字母轉寫爲"［滿］juldus［回］juldus"。
⑧ 英藏鈔本此前注語作"回語,原音裕勒都斯,即星也。其地有河,發源處泉眼如星,故名"。

伊 犁 西 北 路

哈討 準語,硬也。地多頑石,馬駝難行,故名。漢爲烏孫國地,三國、晉因之;北魏爲悦般國地;隋爲西突厥地,唐爲西突厥沙鉢羅咥利失部地,元爲阿力麻里地。《唐書·突厥傳》:因伊列河約諸部,河以西受令於咄陸,其東咥利失主之。

〔滿〕hatao〔蒙〕qataɣu〔托〕xatoü

摩垓圖① 準語。摩垓,蛇也。地多産此②,故名。

〔滿〕mogaitu〔蒙〕moɣaitu〔托〕moɣayitu

哲克得 回語。地多沙棗,故名。③

〔滿〕jekde〔回〕jigdä

雅木勒克 回語。雅木勒克,以膠粘物之謂。地有兩境相屬,故名。④

〔滿〕yamlek〔回〕yamlik

察臣哈喇 回語,謂髮爲察臣,髮黑之謂也。⑤

〔滿〕cacen hara〔回〕čäčän xara

哈喇塔勒⑥ 回語,謂黑柳林也。⑦

〔滿〕hara tal〔回〕xara tal

達蘭呼都克 準語。達蘭,七十數;呼都克,井也。山間多井,故名。⑧

〔滿〕dalan hūduk〔蒙〕dalan quduɣ〔托〕dalan xuduq

---

① "摩",英藏鈔本作"謨"。注同。
② "此",英藏鈔本作"蛇"。
③ 英藏鈔本此條注語作"回語,沙棗也"。
④ 英藏鈔本此條作"**雅木里克** 回語。雅木,以膠粘物之謂;里克,粘合成物之謂"。此條字母轉寫爲"〔滿〕yamlik〔回〕yämlik"。
⑤ 英藏鈔本此條作"**察襯哈拉** 回語。察襯,髮也;哈拉,黑也。髮黑之謂"。
⑥ "喇",英藏鈔本作"拉"。
⑦ "謂",英藏鈔本無。
⑧ 英藏鈔本此條作"**達朗胡都克** 準語。達朗,山脊也;胡都克,井也。山脊之下有井,故名"。此條字母轉寫爲"〔滿〕dalang hūduk〔蒙〕dalang quddug〔托〕dalang xutuk"。

17

托博隴　回語，風沙之地①。

［滿］tobolong［回］tobolung

庫克車勒　［滿］kuke cel 解及三合切音以下見本卷②。

奎屯　［滿］kuitun 解及三合切音以下見本卷③。

圖古里克④　［滿］tugurik 解及三合切音以下見本卷⑤。

庫爾圖　準語。庫爾，積雪之謂。地寒多積雪，故名⑥。唐爲西突厥乙毗咄陸地，凡伊犁河西諸境同。《唐書·突厥傳》：伊列河西，受令於咄陸。

［滿］kurtu［蒙］kürtü［托］kürtu

古爾班阿里瑪圖　準語。古爾班，三數也。地有果林三處，故名。⑦

［滿］gūrban alimatu［蒙］ɣurban alimatu［托］ɣurban alimatu

圖爾根　準語，迅急之謂。地當伊犁河下流支河之間，湍溜洶湧，故名。⑧

［滿］turgen［蒙］türgen［托］türgen

塔拉噶爾⑨　準語。地平境敞⑩，可容住牧之謂。

［滿］talagar［蒙］talaɣar［托］talaɣar

古爾班察畢達爾　準語。察畢達爾，銀鬃馬也。地有三峰，形

---

① “地”，四庫薈要本作“謂”。
② 英藏鈔本此條注語作“見本卷巴里坤路”。
③ 英藏鈔本此條注語作“見本卷烏魯木齊西路”。
④ 英藏鈔本此條作“**土古里克**　見本卷巴里坤路”。且“土古里克”條在“奎屯”條前。
⑤ “三”，原作“一”，據四庫全書本、四庫薈要本改。
⑥ 英藏鈔本此前注語作“準語。庫爾，經年不化之雪也。地多積雪，故名”。
⑦ 英藏鈔本此條注語作“準語。古爾班，三數也；阿里瑪圖，解見前。地有果林三處，故名”。且此條在“庫爾圖”條前。“三處”，原作“二處”，據四庫全書本、四庫薈要本改。
⑧ 英藏鈔本此條注語作“準語，水流急也。地當伊犁河下流支河之間，湍溜洶湧，故名”。
⑨ 此條英藏鈔本在上條前。
⑩ “地”，原作“也”，據四庫全書本、四庫薈要本、英藏鈔本改。

色似之,故名。①

　　[滿] gūrban cabidar [蒙] γurban čabidar [托] γurban cabidar

　　古爾班沙濟垓　準語。沙濟垓,鵲也。地有三峰,黑白相間,如鵲斑然,故名。②

　　[滿] gūrban šajigai [蒙] γurban šajiγai [托] γurban šaziγai

　　塔拉錫克　準語。錫克,僅可之詞,猶云平甸之小者耳。③

　　[滿] talasik [蒙] talasiγ [托] talasiq

　　沙圖　準語,梯也。山磴如梯,故名。④

　　[滿] šatu [蒙] šatu [托] šatu

　　古爾班呼蘇台　準語⑤。地有三樺樹,故名。

　　[滿] gūrban hūsutai [蒙] γurban qusutai [托] γurban xusutai

　　庫爾墨圖　[滿] kurmetu 解及三合切音以下見本卷⑥。

　　古爾班薩里　準語⑦。境有三山⑧,形同馬股,故名。

　　[滿] gūrban sari [蒙] γurban sari [托] γurban sari

　　庫納薩爾　回語。庫納,舊也;薩爾,城也。地舊有城,故名⑨。唐爲突騎施烏質勒部,又爲五咄陸部地⑩。伊犁河西、圖斯庫勒東諸境同。《唐書·突厥傳》:烏質勒以碎葉川爲大牙,伊麗水爲小牙。又五咄陸部,居碎葉東。

　　[滿] kunasar [回] könäsar

---

①　英藏鈔本此條注語作"準語。古爾班,解見前;察畢達爾,銀鬃馬也。山色似之,故名"。
②　英藏鈔本此條作"**古爾班沙集垓**　準語。沙集垓,喜鵲也。山色黑白相間,如鵲斑然,故名"。
③　英藏鈔本此條注語作"準語。塔拉,平甸也;錫克,近似之謂"。
④　英藏鈔本此條作"**沙塔圖**　準語。原音沙圖,梯也。山磴如梯,故名"。其字母轉寫爲"[滿] šatatu [蒙] šatatu [托] šatatu"。
⑤　"準語"後,英藏鈔本有"解俱見前"。
⑥　英藏鈔本此條作"**庫爾摸圖**　準語。見本卷巴里坤路"。且在"古爾班呼蘇台"條前。"三",原作"二",據四庫全書本、四庫薈要本改。
⑦　"準語"後,英藏鈔本有"解見前"。
⑧　"三",原作"二",據四庫全書本、四庫薈要本、英藏鈔本改。
⑨　"薩爾,城也。地舊有城,故名",英藏鈔本作"薩爾,城樓之謂"。
⑩　"咄",原作"哇",據英藏鈔本及下文改。

烏蘭哈勒噶　準語。哈勒噶,路也。其地土色近紅,故名。①

［滿］ulan halga ［蒙］ulaɣan qalɣ-a ［托］ulān xalɣa

圖爾根阿察　準語。阿察,岐分之謂。河水湍急,至此分流,
故名。②

［滿］turgen aca ［蒙］türgen ača ［托］turgen aca

濟爾噶朗③　準語,安適之謂。地多水草,居之安也。

［滿］jirgalang ［蒙］jirɣalang ［托］zirɣalang

阿爾沙圖　準語。阿爾沙,湯泉也。地有湯泉湧出,故名。④

［滿］aršatu ［蒙］aršatu ［托］aršatu

古爾班哲爾格斯　準語。哲爾格斯,相並之意。地有三水並
流,故名。

［滿］gūrban jerges ［蒙］ɣurban jerges ［托］ɣurban zerges

野特庫斯　回語,贈送之謂。

［滿］yetkus ［回］yätkus

特布克　準語,弓墊也。山顛有石相似,故名。

［滿］tebke ［蒙］tebke ［托］tebke

古爾班伊勒噶齊　伊勒噶齊,回語,牧人也。地有三泉可資飲,
故名。⑤

［滿］gūrban ilgaci ［回］ɣurban yilɣači

招哈　準語,竈坎也。其地有之,故名。⑥

［滿］jooha ［蒙］ǰuuq-a ［托］zooxa

---

① 英藏鈔本此條注語作“準語。烏蘭,紅色;哈勒噶,路也。其土色近紅,
故名”。
② 英藏鈔本此條作“圖爾根察　回語,原音圖爾根阿察。圖爾根,湍水也;
阿察,岐分之謂。河水至此分流,故名”。其字母轉寫爲“［滿］turgenca
［回］türginča”。
③ “濟”,英藏鈔本作“集”。
④ 英藏鈔本此條注語作“準語。阿爾沙,湯泉也。地在圖斯庫爾南,有湯泉湧
出,故名”。
⑤ 英藏鈔本此條作“古爾班依勒噶齊　準語,古爾班,解見前;回語,依勒噶
齊,牧人也。居人多於此牧馬,故名”。
⑥ 英藏鈔本此條注語作“準語,河渠斷流之謂。地有河,久涸,故名”。

塔瑪噶　準語,烙馬駝之印。

［滿］tamaga［蒙］tamaɣ-a［托］tamaɣa

巴勒滚　回語,山間紅柳也①。地多産此,故名。

［滿］balgūn［回］bulkun

通　回語。地上堅實②,難於挑築之謂。

［滿］tung［回］tong

托薩爾　回語。守捉之屬,所以止人出入者。舊於其地設此,故名。

［滿］tosar［回］tusar

烘郭爾鄂籠　［滿］honggor olung 解及三合切音以下見本卷。③

阿克賽　回語。阿克,白色;賽,沙石也。其地有之,故名④。

［滿］aksai［回］aqsay

裕勒阿里克⑤　回語。裕勒,拔木之謂;阿里克,水渠也。或於此拔木開渠,故名。

［滿］yul arik［回］yul arik

吹　準語,水渾色黄之謂。唐爲西突厥別族地,凡吹河南岸諸境同。《唐書・西域傳》:細葉川長千里,有異姓突厥。

［滿］cui［蒙］čui［托］cui

科什噶爾⑥　回語,謂牡羊也。

［滿］košigar［回］qošqar

什巴爾圖和碩　準語。有山峰,側出如喙,下臨泥淖,故名。⑦

［滿］šibartu hošo［蒙］sibartu qošu［托］šibartu xošo

---

① "山間",英藏鈔本無此二字。

② "上",四庫全書本、四庫薈要本、英藏鈔本作"土"。

③ 英藏鈔本此條注語作"見本卷烏魯木齊北路"。

④ "賽,沙石也。其地有之,故名",英藏鈔本作"賽,溝中有石之謂"。

⑤ "裕",英藏鈔本作"雨",注同。英藏鈔本此條在"阿克賽"條前。

⑥ "科什噶爾",英藏鈔本作"和什噶爾",其字母轉寫當作"［滿］hosigar
［回］qošqar"。且英藏鈔本此條在"吹"條前。

⑦ 英藏鈔本此條注語作"準語。什巴爾圖,有泥之處;和碩,解見前。第有山
峰側出,下臨泥淖,故名"。

沙木什①　回語，莠草也。稻隴之内，多生莠草，故名。

〔滿〕šamši 〔回〕šamši

薩勒奇圖　準語。薩勒奇，風也。地處山坳，多風，故名。②

〔滿〕salkitu 〔蒙〕salkitu 〔托〕salkitu

阿什圖　布魯特語，謂嶺也。地居山谷間，故名。

〔滿〕ašitu 〔回〕ašitu

格格圖布拉納　準語。格格圖，明顯之謂；布拉納，米窖也③。

〔滿〕gegetu bulana 〔蒙〕gegetü bulana 〔托〕gegetu bulana

阿爾察克圖④　準語。阿爾察克，地排松也。地産此松，故名。

〔滿〕arcaktu 〔蒙〕arčaɣtu 〔托〕arcaqtu

庫努克薩爾　哈薩克語。庫努克，吸牲乳皮桶也；薩爾，安實之謂。

〔滿〕kunuk sar 〔回〕kunuk sar

達布蘇圖　準語。達布蘇，謂鹽也。其地産鹽，故名。⑤

〔滿〕dabusutu 〔蒙〕dabusutu 〔托〕dabusutu

哈喇巴勒圖⑥　哈薩克語。巴勒圖，斧也。蓋黑色斧名。

〔滿〕hara baltu 〔回〕xarabaltu

伊蘭巴什⑦　回語。伊蘭，蛇也；巴什，頭也。山形如之，故名。

〔滿〕ilan baši 〔回〕yilan baši

阿什布里　回語，謂餒狼也。即所見以名其地。

〔滿〕aši buri 〔回〕ač büri

索郭魯克　回語。索郭，獨木刳成之桶；魯克，即里克⑧，有也。

------

① “木”，英藏鈔本作“穆”。
② “奇”，英藏鈔本作“啓”。“地處山坳，多風，故名”，英藏鈔本作“其地多風，故名”。
③ “布拉納，米窖也”，英藏鈔本作“回語，布拉納，臺基至高，無以復加之謂”。
④ “阿爾察克圖”，英藏鈔本作“阿爾察圖”，其字母轉寫當作“〔滿〕arcatu 〔蒙〕arčatu 〔托〕arcatu”。
⑤ 英藏鈔本此條在“庫努克薩爾”條前。
⑥ “喇”，英藏鈔本作“拉”。
⑦ “伊”，英藏鈔本作“億”，注文同。
⑧ “即里克”，英藏鈔本無此三字。

地産大木，可以成桶，故名。①

　　［滿］sogoluk ［回］sögölük

古爾班哈納圖　準語。哈納圖，蒙古包四圍木也。地有三處可安營，故名。②

　　［滿］gūrban hanatu ［蒙］γurban qanatu ［托］γurban xanatu

和爾衮　回語，墩臺也。地舊有之，故名。③

　　［滿］horgon ［回］xorgun

伯得里克④　回語。伯得，苜蓿草也。地多此草⑤，故名。唐時祔捍國地⑥。《唐書·西域傳》：石東南千餘里，有祔捍者，東臨葉葉水，水出葱嶺北原。

　　［滿］bedelik ［回］bädälik

額德墨克⑦　布魯特語，餅餌之名。唐西突厥五努失畢部地。《唐書·突厥傳》：五努失畢部，居碎葉西。

　　［滿］edemek ［回］ädämäk

英噶爾⑧　布魯特語，得勝之謂。舊曾克敵於此，故名。

　　［滿］inggar ［回］yängär

塔拉斯⑨　準語。寬敞之境，多長林豐草，故名。唐爲統葉護可汗廷⑩。《唐書·突厥傳》：統葉護可汗，徙廷石國北之千泉。

　　［滿］talas ［蒙］talas ［托］talas

烏勒木木納爾⑪　回語。烏勒木，高聳之謂；木納爾，塔也。地

---

① 英藏鈔本此條在"阿什布里"條前。
② 英藏鈔本此條注語作"準語。哈納圖，蒙古包四圍木墻也。其地嚴整如墻，故名"。
③ 英藏鈔本此條注語作"回語，瞭臺也。地舊設瞭臺，故名"。
④ "伯"，英藏鈔本作"博"，注同。本條英藏鈔本在"英噶（阿）爾"後。
⑤ "多"，英藏鈔本作"產"。
⑥ "祔捍"，英藏鈔本、四庫全書本同，《新唐書·西域傳》作"怖捍"。下同。
⑦ "德"，四庫薈要本、英藏鈔本作"得"。
⑧ "噶"，英藏鈔本作"阿"。
⑨ "塔"，英藏鈔本作"搭"。本條英藏鈔本在下條後。
⑩ "唐爲統葉護可汗廷"，英藏鈔本作"唐爲統葉護可汗徙廷之處"。
⑪ "烏勒木木納爾"，英藏鈔本作"烏魯穆瑪拉爾"，其字母轉寫應作"［滿］urum malar ［回］ulum mular"。

舊有塔,故名①。唐爲比國胡商雜居之地。《唐書·西域傳》:千泉西贏百里,至咀邏私城②,比國胡商雜居。

　　[滿] ulem munar [回] ulum munar

　　薩爾巴噶什　布魯特語③。薩爾,擊刺之謂;巴噶什,手腕也。相傳回人曾於此御布魯特,敵敗受傷,故名。

　　[滿] sarbagaši [回] sarbaɣaši

　　特木爾圖④　準語。特木爾,鐵也。其地産鐵,因所有以名之也。

　　[滿] temurtu [蒙] temürtü [托] temurtu

----

① 英藏鈔本此前注語作"回語,原音烏勒瑪那爾。烏勒,高聳之謂;瑪那爾,墩臺也。其地舊有高臺,故名"。
② "私",英藏鈔本作"斯"。
③ "布魯特語",英藏鈔本作"回語"。
④ 英藏鈔本無此條。

卷二　天山南路地名一

哈　密　屬

哈密在天山之南,舊隸版圖。西接回部,故以爲天山南路之首。

哈密　回語,哈勒密勒之轉音。哈勒,瞭望之謂;密勒,墩臺也。地有瞭臺,故名。古匈奴伊吾盧地;後漢爲伊吾;魏入蠕蠕;唐置西伊州,改伊州伊吾郡;五代號胡盧磧;宋入回鶻;元爲威武王分鎮之所;明設哈密衛。《後漢書·西域傳》:自敦煌西出玉門、陽關,北通伊吾千餘里。《魏書·蠕蠕傳》:其所常會庭,在敦煌、張掖之北。《唐書·地理志》:伊州伊吾郡,南去玉門關八百里。

〔滿〕hami〔回〕xami

塔勒納沁　回語。塔勒,柳樹也;納沁,鴉鶻也。相傳柳樹旁崖石間,産鴉鶻最良。

〔滿〕tal nacin〔回〕tal način

阿斯塔納　回語,緩行之謂。

〔滿〕astana〔回〕astana

德都摩垓　準語。德都,謂上;摩垓,蛇也。其地産蛇,故名。

〔滿〕dedu mogai〔蒙〕degedü moɣai〔托〕dēdu moɣoi

多都摩垓　準語。多都,謂下。地與德都摩垓相屬,故分上下以名之。

〔滿〕dodu mogai〔蒙〕dooradu moɣai〔托〕dōdu moɣoi

蘇木哈喇垓　準語。蘇木,箭也;哈喇垓,松也。地有喬松,其直如矢,故名。

〔滿〕sumu haragai〔蒙〕sumu qaraɣai〔托〕sumu xaraɣai

拉布楚喀　拉布,準語,始疑而終信之詞;楚喀,回語,枯木之謂。地有枯木,故名。

〔滿〕lab cuka〔蒙〕lab čuqa〔托〕lab cuka〔回〕lab čuqa

内勒滚　回語,兩道相合之處。

〔滿〕neilegun〔回〕näylagun

博羅圖阿璊　準語。博羅,謂雨,與訓青色者異義;圖之爲言有也;阿璊,謂口。地當山口,多雨澤,故名。

〔滿〕borotu aman〔蒙〕boroγ-a tu aman〔托〕borotu aman

托郭棲　回語,餅屬之細小者。地形如之,故名。

〔滿〕togoci〔回〕toqoči

伊里克庫木　回語。伊里克,温暖之謂;庫木,沙也。沙地温暖,故名。

〔滿〕ilik kum〔回〕yilik qum

哈喇都伯　回語。哈喇,黑色;都伯,謂土阜。地有阜,土色深黑,故名。

〔滿〕hara dube〔回〕xara dubä

阿薩爾圖　準語。阿薩爾,舊屋基也。地有民居遺址,故名。

〔滿〕asartu〔蒙〕asartu〔托〕asartu

察罕和羅海　準語。察罕,白色;和羅海,蠱也。其地水中有白色蠱蟲,故名。

〔滿〕cagan horohai〔蒙〕čaγan qoroqai〔托〕caγan xoroxoi

察克瑪克塔什　回語。察克瑪克,火鐮之謂;塔什,石也。地産火石,故名。

〔滿〕cakmak taši〔回〕čäxmak taši

額什墨　帕爾西語,泉流挾沙者。其地有之,故名。

〔滿〕ešime〔回〕ašmä

闢　展　屬

闢展　回語,草積之謂。漢狐胡國地;東漢時,并入車師國;晉高昌郡地;北魏高昌國地;周、隋因之;唐西州交河郡柳中縣地;宋復名高昌。《後漢書·西域傳》:伊吾北通車師前部高昌壁一千二百里。《魏書·高昌傳》：去敦煌十三日行。《唐書·西域傳》：侯君集伐高昌，披其地，皆州縣之，號西昌州，後改西昌爲西州。

［滿］pijan ［回］fičan

塔呼 回語。塔呼，謂鷄也。

［滿］tahū ［回］taxu

納呼 回語。納喇奇之轉音也，指彼處而言。

［滿］nahū ［回］naxu

特庫斯 回語。見之明也，蓋瞭望處。

［滿］tekus ［回］täkus

齊克塔木 回語。齊克，長也；塔木，牆也。其地牆垣迤邐，故名。

［滿］ciktam ［回］čiktam

色爾啓布 回語，瞭高木臺也。

［滿］serkib ［回］serkib

特斯 回語。謂快，亦瞭望處，言得信捷也。

［滿］tes ［回］tes

哈喇和卓 回語。哈喇和卓，人名。傳有哈喇和卓，舊居其地，故名。漢車師前國地；後漢、三國因之；晉高昌國地；魏、周、隋因之；唐爲西州交河郡前廷縣地；元爲合剌火者；明爲火州，又名哈剌火州。《明史·西域傳》：火州，即漢車師前王地，隋爲高昌國，元名火州。《肅州新志》：火州，爲唐西州高昌縣交河郡治。

［滿］hara hojo ［回］xara xojo

楚輝 回語，新苗之草。

［滿］cuhui ［回］čuxuy

魯克察克 回語，攢簇之謂。其地居民稠密，故名。舊對音爲魯克沁。漢柳中地，一名柳城，戊己校尉所居，屬車師前國；後漢長史所居；三國以後同闢展；元爲魯古塵；明爲柳城，一名魯陳，一名柳陳。《後漢書·西域傳》：伊吾北有柳中。《唐書·西域傳》：高昌田地城，戊己校尉所治也。《明史·西域傳》：柳城西去火州七十里，東去哈密千里。

［滿］lukcak ［回］lukčik

　　勒木丕　回語,夏日支棚以迎涼氣也。唐西州交河郡蒲昌縣地,明爲吐魯番。

　　〔滿〕lempi〔回〕lämfi

　　阿斯塔克　回語。阿斯,懸掛之謂;塔克,謂山。形如懸物,地以山名也。

　　〔滿〕astak〔回〕āstak

　　雅木什　相傳其地多鹽池,舊有漢人居之,因習漢語,後遂訛音爲雅木什云。

　　〔滿〕yamši〔回〕yamši

　　吐爾番　回語,積水之謂。相傳其地積水,故名。舊對音爲吐魯番。漢車師前王國地。

　　〔滿〕turfan〔回〕turfan

　　布干　回語。布,指此地而言;干,官牧廠也。其地有之,故名。

　　〔滿〕bugan〔回〕buqan

　　安濟彥　帕爾西語,暗都占之轉音也。暗,一數名;都,二數名;占,性命之謂。回人以命計口,甚言地隘,僅容一二口也。又云,有安濟彥之人,居此遊牧,故以名之。安濟彥即安集延部,在布魯特西境。

　　〔滿〕anjiyan〔回〕anjiyan

　　伊拉里克　回語。伊拉,蛇也;里克,有也。地多蛇蟲,故名。
　　按:伊拉即伊蘭,見第一卷伊犁西北路伊蘭巴什條。巴什字音屬陽,故順讀成蘭,伊拉其本音也。

　　〔滿〕ilalik〔回〕yalanliq

　　托克三　回語。托克三,九十數也。九十户居之,故名。轉音爲托克遜。

　　〔滿〕toksan〔回〕toqsan

　　雅圖庫　回語,遣人遄往之謂。漢車師都尉國地。

　　〔滿〕yatukū〔回〕yatuqu

　　僧尼木　回語。回人呼其妹云爾,或云其子弟寄食於人之稱。漢卑陸前國地。三國時,并入車師前部。

　　〔滿〕sengnim〔回〕singgim

連木齊木　回語。連木，外燥内瀯之地；齊木，有草之泥。其地土軟，有草，故名。漢車師後城長國地。

［滿］liyem cim ［回］lämjin

穆圖拉克　回語，悔罪不復犯之謂。

［滿］mutulak ［回］mutalak

蘇巴什　回語。蘇，水也；巴什，頭也。地有水源，故名。

［滿］subaši ［回］subaši

濟木薩　回語，土軟滲水之謂。

［滿］jimsa ［回］jimsa

汗和羅　回語。汗，稱其君之詞；和羅，庭也。舊謂汗所建庭處，故名。

［滿］han horo ［回］xan xoro

布拉里克　回語。布拉，刼奪之謂。漢刼國地。

［滿］bulalik ［回］bulālik

洪　回語，墩臺也。其地有之，故名。

［滿］hūng ［回］xong

哈喇沙爾屬

哈喇沙爾　回語。沙爾，城也。其城年久色黑，故名。漢焉耆國地；三國、晉、魏、周、隋因之；唐置焉耆都督府；宋爲西州回鶻；元、明爲別失八里地。《漢書·西域傳》：焉耆國西南至都護治所四百里，南至尉犁百里，北與烏孫接。《隋書·西域傳》：焉耆國都白山南七十里，漢時舊國也。《唐書·西域傳》：焉耆國横六百里，縱四百里，東高昌，西龜兹，南尉犁，北烏孫。《地理志》：焉耆都督府，貞觀十八年，滅焉耆置。《明史·西域傳》：別失八里，南接于闐，北連瓦刺，西抵撒馬爾罕，東抵火州，或曰焉耆。

［滿］hara šar ［回］xara šar

烏沙克塔勒　回語。烏沙克，小也。其地有小柳林，故名。

［滿］ušaktal ［回］ušaq tal

察罕通格　準語。通格，玉草也，色白。其地産此，故名。漢爲危

須國地,三國時并入焉耆。特伯勒古以東諸境同。《漢書·西域傳》:危
須國,西至都護治所五百里,至焉耆百里。《魏略》:危須國,并入焉耆。

［滿］caɣan tungge ［蒙］čaɣan tüngge ［托］caɣan tungge

塔噶爾齊　回語。塔噶爾,囊橐之屬,居人以此爲業;齊,指其
人而言。

［滿］tagarci ［回］taɣarči

楚輝　［滿］cuhui 解及三合切音以下見本卷。即北魏時,焉耆
東界左回城也。《魏書·焉耆傳》:成周公萬度歸,入焉耆東界,擊
其邊守左回、尉犂二城,拔之。

特伯勒古　回語,檉也。南人謂之西河柳,北人謂之山川柳。
地多産此,故名。

［滿］tebelgu ［回］täbilgu

碩爾楚克　回語。碩爾,硝也;楚克,有也。與里克、魯克同義。
其地産硝,故名。

［滿］šorcuk ［回］šorčuk

博爾海　相傳舊有伯克,名博爾海者,世居于此,故因人以名其地。

［滿］borhai ［回］buraxay

哈勒噶阿璊　準語。哈勒噶,謂道路;阿璊,謂口。地當山口,
故名。漢爲尉犂國地。北魏時,并入焉耆,有尉犂城。《漢書·西域
傳》:尉犂國,西至都護治所三百里,南與鄯善、且末接。又焉耆國,
南至尉犂百里。《魏略》:尉犂國,并屬焉耆。

［滿］halga aman ［蒙］qalɣ-a aman ［托］xalɣa aman

庫隴勒　回語,觀望也。地形軒敞,可供眺覽,故名。舊對音爲
庫爾勒。

［滿］kurungle ［回］kürünglä

策特爾　回語,謂氊廬也。舊曾安營於此,故名。漢爲都護治
所,有烏壘城;後漢爲烏壘國;晉以後并入焉耆;唐烏壘州。《唐書·
西域傳》:都護治烏壘城,去陽關二千七百三十八里①,與渠犂田官

---

① "二千七百三十八里",原作"一千七百三十八里",據四庫全書本、四庫薈
要本及《漢書·西域傳》改。

相近,於西域爲中。又云烏壘城,與都護同治。《後漢書·西域傳》:莎車攻殺龜茲,乃分龜茲爲烏壘國。《唐書·地理志》:河西内屬諸胡州十一,一名烏壘州。

〔滿〕ts'eter 〔回〕čätir

車爾楚 準語,忌諱之詞。地多古墓,經者多病,故名。

〔滿〕cercu 〔蒙〕čerčü 〔托〕cercu

英噶薩爾 回語。英噶,謂新;薩爾,謂城。其地有城,從其始建而言之也。

〔滿〕inggasar 〔回〕yangisar

玉古爾 回語,臨陣奮勇前進之謂。回人舊於此御敵,故名。舊對音爲布古爾。漢爲輪臺,又曰侖頭;後漢爲烏壘國地;晉以後并入龜茲;唐爲輪臺縣,隸北庭大都護府,又有輪臺州都督府。《漢書·西域傳》:昭帝時,田輪臺,輪臺與渠犁地相連也。《魏書·西域傳》:龜茲東有輪臺。《唐書·地理志》:北庭大都護府領輪臺縣,又有輪臺州都督府。

〔滿〕yugur 〔回〕yügür

鄂頗爾 回語,沙土之地。山泉衝激成溝渠也。

〔滿〕opor 〔回〕ofor

庫　車　屬

庫車 帕爾西語。庫,指此地而言;車,謂督井也。其地舊有督井,故名。漢爲龜茲國地;三國、魏、晉、周、隋因之;唐爲龜茲都督府,又置安西都護府於此;宋稱西州龜茲;元、明爲別失八里地。《漢書·西域傳》:龜茲國東至都護治所烏壘城三百五十里;東通尉犁六百五十里。《隋書·西域傳》:龜茲,漢時舊國也。《唐書·西域傳》:徙安西都護於其都,統于闐、碎葉、疏勒,號四鎮。《地理志》:龜茲都督府,貞觀二十一年,平龜茲置。《明史·西域傳》:別失八里,或曰龜茲。

〔滿〕kuce 〔回〕kučā

阿巴特 回語,欣幸之詞。其地舊爲瘠土,後生水草,宜耕種,居人從而幸之也。

　　［滿］abat　［回］ābad

托和鼐　回語,亦名雅哈托和鼐。雅哈,謂邊界;托和鼐,謂路灣也。

　　［滿］tohonai　［回］toxonay

常格　回語,鳥巢也。地形似之,故名。

　　［滿］cangge　［回］čangga

哈魯納斯　回語。哈魯,瞭兵也;納斯,與里克同義。舊爲瞭望之所,故名。

　　［滿］harunas　［回］xarunas

哈喇阿薩爾　回語。地有舊屋宇,年久色黑,故名。

　　［滿］hara asar　［回］xara sar

阿勒玉蘇布　回語。阿勒,後裔之謂;玉蘇布,舊派噶木巴爾名,其後人世居此地,故名。

　　［滿］al yusub　［回］äl yusuf

達烏圖　回語。舊派噶木巴爾名,即人以名其地也。

　　［滿］dautu　［回］dāvut

庫克體騫　回語。庫克,青色;體騫,草名。經冬常翠,地産此草,故名。

　　［滿］kuke tikiyan　［回］kök tikän

贏和　回語,教主所居屋也。舊有教主居此,故名。

　　［滿］inghe　［回］yingxä

裕赤哈喇　回語。裕赤,三數也;哈喇,遠望也,與訓黑色者異義。其地遠望得見三處,故名。

　　［滿］yuc'y hara　［回］üč qara

額齊奇伯什　回語。額齊奇,山羊也;伯什,頭也。其地山形有如羊首,故名。　　按:伯什,即巴什。見第一卷伊蘭巴什及本卷闊展屬蘇巴什條。額齊奇字,音屬陰,故順讀成伯。伊蘭字、蘇字,音俱屬陽,故順讀成巴也。

　　［滿］eciki beši　［回］öčki baši

特勒伯　回語,謂愚人也。其地人多愚魯,故名。

　　［滿］telbe　［回］tälbä

特集克　回語,部落名。舊有部落建庭於此,故名。

［滿］tejik［回］tajik

奇里什　回語。地傍高山,下臨溪澗之謂。

［滿］kiliši［回］kiliš

沙 雅 爾 屬

沙雅爾　回語。沙,部長之謂;雅爾,軫邺之詞。舊有伯克,軫邺部人於此,故名。漢爲龜兹國地;三國、魏、晉、周、隋因之;唐屬龜兹都督府;宋屬龜兹回鶻;元、明爲別失八里地。

［滿］šayar［回］šayar

托伊博羅多　回語。托伊,筵席也;博羅多,成就之謂。回俗以嫁娶爲成筵席云。

［滿］to'ibolodo［回］toy boladu

塔里木　回語,謂宜於耕種之地。

［滿］tarim［回］tarim

塔木根庫勒　回語。塔木根,謂細流;庫勒,謂河。地多細流,匯而成河,故名。

［滿］tamgen kul［回］tamkin köl

喀伊木阿塔　回語。喀伊木,謂遜順;阿塔,謂長者。蓋美其風俗之詞。

［滿］kaiima ata［回］qaim ata

坡斯　回語,謂低窪之地。

［滿］pes［回］fäs

查盤　回語,謂舊也。其地民貧俗陋,故名。

［滿］japan［回］čafan

哈爾噶齊　回語。哈爾噶,烏鴉也。即所有以名其地。或訛爲卡魯瓦乞云。

［滿］hargaci［回］qarγači

庫克布葉　回語。布葉,草名,色碧。地多此草,故名。

［滿］kuke buye［回］kükäbuyä

葉勒阿里克　回語。葉勒，風也；阿里克，水渠也。地有水渠，流急如疾風，故名。

〔滿〕yel arik〔回〕yäl ariq

葉伊勒干　回語。葉伊勒，開展之義；干，謂平也。其地寬平，故名。

〔滿〕ye'ilgan〔回〕yay alɣan

布古斯孔郭爾郭　回語。孔郭爾郭，野果名；布古斯，謂腹。借以喻其果實之大也。

〔滿〕bugus kūnggorgo〔回〕bugus qunggargu

賽 喇 木 屬

賽喇木　回語，安適也。居者安之，故名。舊對音爲賽里木。漢龜玆國地，唐俱毗羅城。《唐書·地理志》：安西，西出柘厥關，渡白馬河，百八十里入俱毗羅磧，百二十里至俱毗羅城。

〔滿〕sairam〔回〕sāyram

赫色勒　回語，謂紅色。土色近紅，故名。　按：此赫字，帶克字音。

〔滿〕hesel〔回〕qizil

濟爾噶朗　〔滿〕jirgalang 解及三合切音以下見第一卷。

布干　〔滿〕bugan 解及三合切音以下見本卷。

托克三　〔滿〕toksan 解及三合切音以下見本卷。

哈喇都伯　〔滿〕hara dube 解及三合切音以下見本卷。

明哲克得　回語。明，千數也；哲克得，沙棗也。地有沙棗千樹，故名。

〔滿〕ming jekde〔回〕ming jigdä

他爾阿里克　回語。他爾，仄狹也。地有水渠，甚仄，故名。

〔滿〕tar arik〔回〕tararik

拉布帕爾　回語。拉布，夸大之意；帕爾，指此輩而言。俗多夸大，故名。

〔滿〕lab par〔回〕lāb fār

布隆　回語,偏僻之地。

[滿] bulung [回] bulung

雅哈阿里克　回語。地臨邊界,水渠繞之,故名。

[滿] yaha arik [回] yaqa arik

堪齊塔木　回語。堪齊,銅鐵匠也;塔木,匠所居也。地多冶匠,故名。

[滿] kancitam [回] kančitam

拜　　屬

拜　回語,富厚之意。居民富厚,多牲畜,故名。亦漢龜茲國地,唐爲阿悉言城。《唐書·地理志》:俱毗羅城西六十里,至阿悉言城。

[滿] bai [回] bay

色勒克恰特　回語。色勒克,黃色;恰特,村庄也。

[滿] selekkiyat [回] sarikkänd

阿特巴什　回語。阿特,馬也。其地形如馬首,故名。

[滿] at baši [回] avt baši

雅哈阿里克　[滿] yaha arik 解及三合切音以下見本卷。訛爲噶哈里。

都爾伯勒津　[滿] durbeljin 解及三合切音以下見第一卷。

吹置　回語,雞雛也。

[滿] cuijiya [回] čüjä

奎裕巴克　回語。奎裕,野燒之謂;巴克,樹林也。地多林木,舊曾被火,故名。

[滿] kui'ioi bak [回] köyübaγ

推格博尼　回語。推格,駱駝也;博尼,脖項也。地形如之,故名。

[滿] tuige boni [回] tügä boyni

托木碩克　回語,鳥喙也。其地山形似之,故名。

[滿] tomšok [回] tumšuk

蘇爾滾　回語,催趲之謂。

[滿] surgun [回] sürgün

伊密什　回語,果也。地多果樹,故名。

［滿］imiši ［回］yimši

雅爾圖喇　回語。雅爾,謂坎,與訓輆恤者異義;圖喇,舊堡也。地有舊堡臨坎,故名。

［滿］yar tura ［回］yar tura

鄂爾塔克齊　回語。鄂爾塔克,官庄也。庄户居此,故名。

［滿］ortakci ［回］ortaqči

喀資干　回語,坎窪之地也。

［滿］kadzigan ［回］qazɣan

塔克齊　回語。其地依山,居人成聚,故名。

［滿］takci ［回］taɣči

阿斯騰海里瑪　回語。阿斯騰,謂低處也;海里瑪,引水渠也。其低處有渠引水,故名。

［滿］asteng hairima ［回］astin xäyrima

英額亮格爾　回語。英額,謂新;亮格爾,憩息之地。　按:英額,即英阿,見本卷哈喇沙爾屬英阿薩爾條。薩爾,字音屬陽,故順讀成阿。亮格爾,字音屬陰,故順讀成額。

［滿］ingge liyangger ［回］yangi länggär

玉斯屯海里瑪　回語。玉斯屯,謂高處也。高處有渠引水,故名。

［滿］yuston hairima ［回］üstin xäyrima

葉伊勒干　［滿］ye'ilgan 解及三合切音以下見本卷。

什喇勒台　回語。什喇勒,草也;台,有也,與準語同。地多此草,故名。

［滿］širaltai ［回］širaltay

伯里葉克齊　回語。伯里葉克,捕魚也。民多業漁,故名。

［滿］beliyekci ［回］balikči

沙哈爾　回語。沙哈爾,寨也。回人曾立寨于此以避兵,故名。

［滿］šahar ［回］šähär

庫什塔木　回語。庫什,鳥總名;塔木,舊牆也。其地高起如牆,多宿鳥,故名。

［滿］kuši tam ［回］quštam

卷三　天山南路地名二

阿 克 蘇 屬

阿克蘇　回語。阿克,白色;蘇,水也。相傳其地昔有水患,高城深溝以避之,故名。漢爲温宿國地;三國以後因之;唐爲温府州,一名于祝,又名温宿州;元、明爲別失八里地。《漢書·西域傳》:温宿國,東至都護治所二千三百八十里,西至尉頭三百里①,北至烏孫赤谷六百十里,東通姑墨三百七十里。《魏略》:温宿國屬龜兹。《魏書·西域傳》:温宿國在姑墨西北。《唐書·地理志》:河西内屬諸胡,一名温府州。

〔滿〕aksu〔回〕aksu

雅哈阿里克　〔滿〕yaha arik 解及三合切音以下見第二卷。②

哈喇裕勒衮③　回語。哈喇,黑色;裕勒衮,紅柳之在道旁者④。柳陰深黑,故名。

〔滿〕hara yulgun〔回〕xara yulɣun

赫色勒　〔滿〕hesel 解及三合切音以下見第二卷。⑤

哈爾噶額密什⑥　回語。哈爾噶,烏鴉也;額密什,傳聞之謂。其地多聞烏鴉之聲,故名。

〔滿〕harga emiši〔回〕xarɣa ämiš

---

① “三”,原作“二”,據四庫全書本、四庫薈要本、英藏鈔本及《漢書·西域傳》改。
② 英藏鈔本此條注語作“回語,見第二卷賽里木屬”。
③ “哈喇裕勒衮”,英藏鈔本作“哈拉玉勒衮”。
④ “裕勒衮,紅柳之在道旁者”,英藏鈔本作“玉勒衮,紅柳也”。
⑤ 英藏鈔本此條注語作“回語,見第二卷賽里木屬。　按:此赫字,帶克字音”。
⑥ “額密什”,英藏鈔本作“伊米什”,其字母轉寫應作“〔滿〕harga imisi〔回〕xarɣa imiš”。

扎木① 蒙古語,道路之謂。地當孔道,故名。

〔滿〕jam 〔蒙〕jam 〔托〕zam

雅爾巴什 回語。雅爾,坎也;巴什,頭也。河坎之上,有阜突起,故名。

〔滿〕yar baši 〔回〕yar baši

帕爾滿 回語,曉諭之意。相傳派噶木巴爾演教於此②,故名。

〔滿〕parman 〔回〕farman

伊勒噶齊 回語。伊勒噶,馬廠也,牧馬人居此;齊,指其人而言。③

〔滿〕ilgaci 〔回〕yalɣači

齋托克喇克 回語。派噶木巴爾所居之地曰齋;托克喇克,樹名。舊有回酋居此,即樹以名其地也。④

〔滿〕jai tokrak 〔回〕jay toɣraq

額格爾齊 回語。額格爾,鞍也。鞍匠居此,故名。

〔滿〕egerci 〔回〕egärči

亮格爾 回語,謂憩息之地。

〔滿〕liyangger 〔回〕länggär

科布魯克 回語,有橋之謂。

〔滿〕koburuk 〔回〕köbrük

喀勒喀勒 回語,不謹言之謂。俗喜浮談,故名。

〔滿〕kalkal 〔回〕kalkal

伯什阿里克 回語。伯什,五數也。地有水渠五處⑤,故名。

〔滿〕beši arik 〔回〕bäš eriq

庫木巴什 回語。庫木,沙也。地有沙阜陡起,故名。⑥

〔滿〕kum baši 〔回〕qum baši

---

① "木",英藏鈔本作"穆"。
② "相傳派噶木巴爾演教於此",英藏鈔本作"相傳派哈帕爾下降於此"。
③ 英藏鈔本此條作"**依勒噶齊** 回語。依勒噶,馬廠也。牧馬人居此,故名"。
④ 英藏鈔本此條注語作"回語。和卓憩息之地,謂之齋;托克拉克,樹名。舊有和卓憩息於此,故名"。
⑤ "渠",英藏鈔本作"曲"。
⑥ 英藏鈔本此條作"**虎木巴什** 回語。虎木,沙也;巴什,頭也。沙埠陡起之謂"。其字母轉寫應作"〔滿〕hum baši 〔回〕qum baši"。

虎木什阿里克　回語。虎木什，葦也。地有水渠，多葦，故名。①

［滿］humši arik［回］qumuš eriq

和卓巴斯喀克　回語。和卓，回人之有道行者②；巴斯喀克，經行處也。舊爲和卓經行之地。

［滿］hojo baskak［回］xojä basqaq

烏朱瑪　回語。烏朱瑪，桑椹也。其地産之，故名。

［滿］ujuma［回］üjmä

哈喇塔勒　［滿］hara tal 解及三合切音以下見第一卷。③

賽阿里克　回語。賽，沙石也。地有水渠，中多沙石，故名。④

［滿］sai arik［回］say eriq

英額阿里克　回語，新水渠⑤也。

［滿］ingge airk［回］yangi eriq

薩克薩克　回語，巡邏之謂。地多民居，巡邏者衆，故名。⑥

［滿］saksak［回］saksaq

哈喇木克齊　回語。哈喇木克，野葡萄也。實小而黑，其地多此，故名。⑦

［滿］haramukci［回］xaramuqči

得布特爾⑧　回語，書帙之謂。

［滿］debter［回］däftär

阿喇勒⑨　回語，阜居兩水之間者。

［滿］aral［回］āral

---

① 英藏鈔本此條作"**呼木什阿里克**　回語。呼木什，葦也。地有葦塘水曲，故名"。其字母轉寫應作"［滿］humuši arik［回］qumuš eriq"。
② "和卓，回人之有道行者"，英藏鈔本無。
③ 英藏鈔本此條作"**哈拉塔勒**　回語，柳陰深黑之謂"，並同時附有五種文字詞條。
④ 英藏鈔本作"回語。賽，河套也。地有水曲，從河套引出，故名"。
⑤ "渠"，英藏鈔本作"曲"。
⑥ "地多民居"至"故名"，英藏鈔本無。
⑦ 英藏鈔本此條作"**哈拉模克齊**　回語，哈拉模克，野葡萄也。實小而黑。齊，衆多也"。
⑧ "特"，英藏鈔本作"忒"。
⑨ "喇"，英藏鈔本作"拉"。

托布坎　回語,同居之謂。其地多聚族而居者,故名。①

〔滿〕tobk'an 〔回〕tofqan

鄂喇齊②　回語。鄂喇,地窖也。開窖人居此,故名。

〔滿〕ooraci 〔回〕oračï

韋特特爾　回語,地之窪下而少生殖者。③

〔滿〕oi teter 〔回〕oy tätir

吐爾伯特　回語。吐爾,存積之謂;伯特,堅也。其地土堅,能積水,故名。

〔滿〕tur bet 〔回〕tur bät

超達爾　回語。超,木筏也;達爾,筏匠也。居人多以造筏爲業,故名。④

〔滿〕coo dar 〔回〕čävdar

阿克雅爾　回語。坎有白沙,故名。⑤

〔滿〕ak yar 〔回〕aq yar

察克喇克⑥　回語。察克,中也;喇克,大小適中之謂。

〔滿〕cak rak 〔回〕čaɣraq

拜林　回語,以久居之地爲拜林。⑦

〔滿〕bairin 〔回〕bayrin

哲爾格哲克得⑧　回語。哲爾格,林立之謂;哲克得,沙棗也。地有沙棗成林,故名。⑨

〔滿〕jerge jekde 〔回〕järkä jigdä

---

① “其地多聚族而居者,故名”,英藏鈔本無。其滿文字母轉寫亦有所不同,爲“tobkan”。
② “喇”,英藏鈔本作“拉”,注同。
③ 英藏鈔本此條注語作“回語,荒窪之地”。
④ 英藏鈔本此條作“綽達爾　綽,木筏也;達爾,修筏匠也。居人多以修筏爲業,故名”。
⑤ 英藏鈔本此條注語作“回語,白沙坎也”。
⑥ “喇”,英藏鈔本作“拉”,注同。
⑦ 英藏鈔本此條注語作“回語,謂舊居之地”。
⑧ 哲爾格哲克得,英藏鈔本作“哲爾格吉克得”,其滿文字母轉寫亦有所不同,爲“jerge jikde”。
⑨ “地有沙棗成林,故名”,英藏鈔本無。

伯列克里克① 回語。伯列克,謂魚也;里克,有也。地有魚陂,故名。

[滿] beliyeklik [回] baliklik

納喇奇恰特 回語。納喇奇,猶云彼處也;恰特,村庄之謂。②

[滿] naraki kiyat [回] naraqu känd

烏 什 屬

烏什 回語。烏什,即烏赤,蓋山石突出之謂。城居山上,故名。③ 漢爲尉頭國;三國、晉、魏因之;隋爲疏勒國;唐爲蔚頭州;元、明爲别失八里地。《漢書·西域傳》:尉頭國,治尉頭谷。東至都護治所千四百一十一里。《唐書·地理志》:河西内屬諸胡,曰蔚頭州,又曰鬱頭州。在赤河北岸孤石山。

[滿] uši [回] uči

闢展 [滿] pijan 解及三合切音以下見第二卷。④

哈喇和卓 [滿] hara hojo 解及三合切音以下見第二卷。 按:回部役屬準噶爾部時,遷闢展回人於此。率以舊名表其地,故多相類。如僧尼木、魯克察克、托克三、布干、連木齊木、雅木什諸境是也。⑤

魯克察克 [滿]lukcak 解及三合切音以下見第二卷。⑥

僧尼木⑦ [滿] sengnim 解及三合切音以下見第二卷。

---

① "里",英藏鈔本此條作"拉"。此條字母轉寫爲"[滿] beliyeklak [回] baliklak"。

② 英藏鈔本此條作"**納勒克恰特** 回語。納勒克,猶云彼處也;恰特,小村庄也"。此條字母轉寫爲"[滿] nerek kiyat [回] näräq känd"。

③ 英藏鈔本此前注語作"回語。原音烏赤,山石之突出者。城居山上"。

④ 英藏鈔本此條注語作"見第二卷"。

⑤ "喇",英藏鈔本作"拉"。"解及三合切音以下見第二卷",英藏鈔本作"見第二卷闢展屬"。"如僧尼木、魯克察克、托克三、布干、連木齊木、雅木什諸境是也",英藏鈔本作"如僧吉木、魯克沁、托克遜、布干、勒木津、雅木什諸境是也"。以下英藏鈔本諸條皆同,不再出校。

⑥ 英藏鈔本此條注語作"見第二卷闢展屬"。英藏鈔本僧吉木、魯克沁、托克遜、布干、勒木津、雅木什諸條皆同。

⑦ 英藏鈔本"僧吉木"條在"魯克沁"條前。

托克三　［滿］toksan 解及三合切音以下見第二卷。

雅爾　回語①。其地臨坎，故名。

［滿］yar ［回］yar

布干　［滿］bugan 解及三合切音以下見第二卷。

連木齊木　［滿］liyem cim 解及三合切音以下見第二卷。

雅木什　［滿］yamši 解及三合切音以下見第二卷。

英額阿里克　［滿］ingge arik 解及三合切音以下見本卷。②

洋赫③　回語④。洋，即英額，謂新也；赫，謂巷也。其地新成衢巷，故名。

［滿］yanghei ［回］yangxä

必特克里克　回語。必特克，題識之謂。行人題識於山間木石之上者，其地有之，故名。⑤

［滿］biteklik ［回］bitiklik

罕都　即漢語之橫道也。回人音訛而有是名。⑥

［滿］handu ［回］xändu

古古爾魯克⑦　回語。古古爾，硫黄也；魯克，謂産也。地多産此，故名。

［滿］gugur luk ［回］gügürtlük

沙圖　［滿］šatu 回語，梯也，與準語同。三合切音以下見第一卷。⑧

---

① 英藏鈔本此後有"坎也"。
② 英藏鈔本此條注語作"見本卷阿克蘇屬，訛未洋阿里特"。
③ "洋赫"，英藏鈔本作"洋海"，注同。故其字母轉寫作［滿］yanghai ［回］yangxy"。
④ "回語"後，英藏鈔本有"原音洋赫"。
⑤ 英藏鈔本此條注語作"回語。必特克，書記之謂，行人書字於山間木石之上者；里克，有也"。
⑥ 英藏鈔本此條注語作"橫道之謂。漢語訛傳而有是名"。
⑦ "古古"，英藏鈔本作"固固"，其滿文字母轉寫爲"gugurluk"，"gugur"與"luk"連寫。
⑧ "三合切音以下見第一卷"，英藏鈔本作"山磴如梯，故名"。英藏鈔本此條有滿、蒙、藏、托、回字母轉寫。

巴什雅克瑪　回語①。雅克瑪，禱晴之謂。回人曾於此山頭禱晴，故名。

〔滿〕baši yakma〔回〕baš yakma

色帕爾拜　回語。色帕爾，人名；拜，富厚之意。曾有富人名色帕爾者居此，故名②。

〔滿〕separ bai〔回〕säfär bay

扎木必勒阿斯提　回語。扎木必勒，筐屬；阿斯提，謂懸之也。其地山形如懸物然，故名。③

〔滿〕jambil asti〔回〕zambil āsti

古木克齊克　回語。古木，水深也；克齊克，渡口名④。謂深渡口也。

〔滿〕gum kecik〔回〕gum kečik

素衮　回語，謂獺也。其地多獺，故名。⑤

〔滿〕sugun〔回〕suɣun

呼蘭齊克　回語。呼蘭，野馬也；齊克，草灘也。舊爲牧馬之地⑥，故名。

〔滿〕hūlan cik〔回〕qulan čiɣ

齋都伯　回語。都伯，謂土卓。舊有派噶木巴爾居此，因累土以表其地焉。⑦

〔滿〕jai dube〔回〕jay dubä

巴爾昌　回語。巴爾，謂有也；昌，地起浮塵之謂。

〔滿〕bar cang〔回〕bar čang

---

① "回語"後，英藏鈔本有"巴什，頭也"。
② "故名"，英藏鈔本作"故云"。此條滿文字母轉寫底本異，作"separbai"。英藏鈔本"色帕爾拜"條在"巴什雅克瑪"條前。
③ 英藏鈔本此條作"**占比勒阿斯提**　回語。占比勒，筐屬；阿斯提，懸掛之意"。
④ "名"，英藏鈔本作"總名"。
⑤ 英藏鈔本此條作"**索古木**　回語，原音素衮，謂獺也。其地出獺，故名"。故此條字母轉寫作"〔滿〕sogūm〔回〕suɣum"。
⑥ "舊爲牧馬之地"，英藏鈔本作"嘗牧野馬於此"。
⑦ 英藏鈔本此條作"**齋都博**　回語。齋，和卓坐處；都博，謂土卓。曾有和卓坐此，因累土以表其地焉"。

喀什噶爾屬

喀什噶爾　回語。喀什,謂各色;噶爾,謂磚房。其地富庶,多磚房,故名。漢爲疏勒;三國迄隋因之;唐爲疏勒都督府;元爲合失合兒;明爲哈實哈爾。《漢書·西域傳》:疏勒國,東至都護治所二千二百一十里,南至莎車五百六十里。《後漢書·西域傳》:疏勒國,東北經尉頭、溫宿、姑墨、龜茲,至焉耆。《北史·西域傳》:疏勒國,在姑墨西,白山南百餘里。南有黃河,西帶葱嶺,東至龜茲千五百里。《唐書·地理志》:疏勒都督府,貞觀九年,疏勒內附置,領州十五。《西域傳》:疏勒,一名佉沙。《元史·世祖本紀》:至元十一年,安慰合失合兒城。《明史·西域傳》:哈實哈爾,亦西域小部落。

[滿] kašigar [回] qašqar

伯什克勒木　回語①。克勒木,白菜也。此地舊有菜圃五處,故名。

[滿] beši kerem [回] bäš karäm

阿斯騰阿喇圖什　回語。阿斯騰,謂低處也;下山出口曰阿喇;相對村庄曰圖什。其地傍山而近村,視玉斯屯阿喇圖什較下,故名。②

[滿] asteng aratuši [回] astin artuš

阿喇古③　回語,兩山夾溝之謂。

[滿] aragū [回] araɣu

玉斯屯阿喇圖什　回語。玉斯屯,謂高處也。地居高處,傍山近村,故名。④

---

① 英藏鈔本此後有“伯什,五數”。
② 英藏鈔本此條作“**伊克阿拉圖什**　伊克,蒙古語,謂大;阿拉圖什,回語,下山出口曰阿拉,相對村庄曰圖什。阿斯騰,亦回語,謂低處也”。此條字母轉寫作“[滿] ike aratuši [蒙] yeke aratuši [托] ike aratuši [回] yikä artuš”。
③ “喇”,英藏鈔本作“拉”。此條滿文字母轉寫作“ara goo”。
④ 英藏鈔本此條作“**巴噶阿拉圖什**　巴噶,蒙古語,謂小。原音余斯屯阿拉圖什。余斯屯,回語,謂高處也。地居高處,且當山口,故名”。

［滿］yustun aratuši ［回］üstün artuš

牌租阿巴特①　回語②。牌租，天賜之謂；阿巴特，欣幸之詞。
回人於此誦經祈祝，以邀天賜，故名。

［滿］baidzu abat③［回］fayzu ābad

霍爾干④　回語，小城也。

［滿］horgan ［回］qorɣan

哈喇刻爾　回語。刻爾，瀦水之堤；哈喇，狀其色也。⑤

［滿］hara ker ［回］qara qir

阿爾巴特　［滿］arbat 解及三合切音以下見第二卷。⑥

赫色勒布伊　回語。布伊，邊界之地。土色近紅，故名。⑦

［滿］hesel bu'i ［回］qizil buyi

塞爾們　帕爾西語。塞爾，謂首；們，自謂之詞。猶自稱首領也。

［滿］ser men ［回］sär män

汗阿里克　回語。汗，稱其君之詞。地有水渠，因之以溉官田，
故以汗名。⑧

［滿］han arik ［回］xan ariq

托克庫爾薩克　回語。托克，飽也；庫爾薩克，謂大腹也⑨。地
豐於稼，人能飽食，故名。

［滿］tok kursak ［回］toquzaɣ

提斯衮　帕爾西語。提斯，速也；衮，會集之謂。回人爲其伯克

---

①　"牌租阿巴特"，英藏鈔本作"牌租巴特"，故此條字母轉寫作"［滿］
　　paidzubat bayijubad ［回］fayzu bad"。
②　"回語"後，英藏鈔本有"原音牌租阿巴特"。
③　底本轉寫作 baidzu abat，誤，此據四庫薈要本、四庫全書本改。
④　英藏鈔本此前各條順序爲"伊克阿拉圖什—阿拉古—霍爾干—牌租巴特—
　　巴噶阿拉圖什"。
⑤　英藏鈔本此條作"哈拉刻爾　回語。哈拉，黑色；刻爾，河旁止水土坡也"。
　　此條滿文字母轉寫作"hara keir"。
⑥　英藏鈔本此條注語作"解見第二卷庫車屬"。該條第二卷作"阿巴特"。
⑦　英藏鈔本此條作"**赫色勒布依**　回語。赫色勒，紅色；布依，指河旁坎上之
　　地。猶云邊界也。　按：赫字，帶克字音"。
⑧　英藏鈔本此條注語作"回語。汗，君長之稱；阿里克，水曲。即官水曲也"。
⑨　"大腹"，英藏鈔本無"大"字。

趨事於此,毋敢緩者,故名。①

　　[滿] tisgūn [回] tezkun

　　塔什巴里克　　回語。塔什,石也;巴里克,魚也。地有漁磯,
故名。②

　　[滿] taši balik [回] taš baliq

　　鄂坡勒　　回語。鄂,有所指而言;坡勒,清能鑒物也。其地有
池,水清可鑒,故名。③

　　[滿] opol [回] ofal

　　托撲魯克　　回語。托撲,會合之謂。其地居人,五方萃聚,
故名。④

　　[滿] topuluk [回] tofluq

　　英噶薩爾　　[滿] inggasar 見第二卷。⑤

　　阿喇楚勒　　回語。阿喇,居中之謂;楚勒,沙漠地也。兩漢爲無
雷國;北魏爲鉢和國;唐爲喝盤陀國地。⑥

　　[滿] aracul [回] aračöl

─────────

① 英藏鈔本此條作"**塔素渾**　　回語。原音提自衮。提自,速也;衮,攢積之
謂"。故此條字母轉寫作"[滿] tasuhūn [回] tezukun"。

② 英藏鈔本此條作"**塔什默里克**　　回語。原音塔什巴哈里克。塔什,石也;巴
哈里克,善價之謂。其地產石,價貴,故名"。此條字母轉寫作"[滿] taši
melik [回] taš maliq"。

③ 英藏鈔本此條作"**鄂帕勒**　　回語。原音鄂拉帕勒。鄂拉,指彼地而言;帕勒,
清能鑒物也。其地有池,水清可鑑,故云"。此條滿文字母轉寫作"opal"。

④ 英藏鈔本此條作"托撲羅克",故此條滿文字母轉寫作"tobulok"。"其地居
人,五方萃聚,故名",英藏鈔本作"羅克,指此地而言。其地居人,五方雜
處,故名"。

⑤ 英藏鈔本此條注語作"見第二卷哈拉沙爾屬。漢、三國爲依耐國地;北魏爲
疏勒國地;唐爲朱俱波國地;元爲別失八里地;明爲哈實哈爾。《漢書·西域
傳》:依耐國,東北至都護治所二千七百三十里。至莎車五百四十里。北至
疏勒六百五十里"。英藏鈔本此條後有"伊西洱庫爾"條,爲底本所無,茲列
於此:"**伊西洱庫爾**　　回語。原音伊什勒庫勒。伊什勒,青草也;庫勒,謂池
也。其地有池,水色碧,故名。漢爲難兜國;北魏爲波知國;唐爲喝盤陀國
地。[滿] isil kul [回] isil kül"。

⑥ "阿喇楚勒",英藏鈔本作"阿爾楚爾"。其字母轉寫作"[滿] alcur
[回] alčöl"。"回語"後,英藏鈔本有"原音阿拉楚勒"。

鄂什　回語。鄂,圍也;什,謂善于合圍之人。相傳舊于此圍取牲畜,故名。①

［滿］oši ［回］oši

葉 爾 羌 屬

葉爾羌　回語。葉爾,謂地;羌,寬廣之意。其地寬廣②,故名。兩漢、三國爲莎車國;北魏爲渠莎國;隋爲于闐國地;唐爲斫句迦種;宋爲于闐國地;明爲葉爾欽。《漢書·西域傳》:從鄯善傍南山北波河西行至莎車爲南道。莎車國東北至都護治所四千七百四十六里。《魏書·西域傳》:渠莎國故居莎車城,在子合西北。《唐書·西域傳》:疏勒東南五百里有斫句迦種,或曰沮渠。地千里,東踰嶺八百里,即于闐。

［滿］yerkiyang ［回］yärkäng

察特西林　回語。察特,謂邊傍;西林,水草之美也。③

［滿］cat sirin ［回］čat širin

巴爾楚克　回語。楚克,全有也。地饒水草,故名。④

［滿］barcuk ［回］barčuq

伯什恰特　回語,猶云第五村也。⑤

［滿］beši kiyat ［回］bäš känd

呼拉瑪　回語,召集居民之謂。舊對音爲呼爾瑚。⑥

［滿］hūrama ［回］xuruma

---

① 英藏鈔本無此條。
② "其地",英藏鈔本作"地方"。
③ 英藏鈔本此條作"**察特西凌**　回語。察特,謂邊界;西凌,謂水草之美也"。其字母轉寫作"［滿］cat siring ［回］čat širing"。
④ 英藏鈔本此條注語作"回語。巴爾,有也;楚克,全有也。地多水草,故云"。
⑤ 英藏鈔本此條注語作"回語。伯什,五數;恰特,村庄之謂"。
⑥ 英藏鈔本此條作"**呼爾瑚**　回語。原音呼拉瑪。攢集居民之謂"。其字母轉寫作"［滿］hūrman ［回］xurman"。

舒帖　回語，梯也。地形高下鱗次，故名。①

［滿］šutii［回］šuti

密什雅爾　回語。密什，謂猫也。地多猫穴，故名。②

［滿］mišiyar［回］mišar

阿布普爾　帕爾西語。阿布，謂水；普爾，滿盈之謂。③

［滿］abpur［回］āb fur

汗阿里克　［滿］han arik 解及三合切音以下見本卷。④

庫勒塔里木　回語。庫勒，河也；塔里木，謂禾稼。其地濱河多良田，故名。⑤

［滿］kultarim［回］költärim

鄂彖楚魯克⑥　回語。鄂彖，薪也；楚魯克，樵人之謂。居是村者皆業樵，故名。

［滿］oton culuk［回］otuan čuluq

雅哈阿里克　［滿］yaha arik 解及三合切音以下見第二卷。⑦

沙圖　［滿］šatu 解及三合切音以下見第一卷。⑧

坡斯恰木　帕爾西語。坡斯，謂皮毛；恰木，謂少。猶云不毛地也。⑨

［滿］pos kiyam［回］fus käm

---

① 英藏鈔本無此條。英藏鈔本此位置爲"拜林"條，兹列於此："**拜林**　解見本卷阿克蘇屬"。

② 英藏鈔本此條作"**米什雅爾**　回語。米什，謂猫；雅爾，謂土坎也。地多猫穴，故名"。英藏鈔本此條後爲"塔噶爾齊"，而底本"塔噶爾齊"條在卷二《天山南路地名一・哈喇沙爾屬》，但二者文字不盡相同，兹列於此："**塔噶爾齊**　回語。塔噶爾，囊橐之屬；齊，人衆也。制囊橐者居之，故名"。

③ 英藏鈔本此條作"**阿補普爾**　帕爾西語。阿補，謂水；普爾，盈滿之謂"。

④ 英藏鈔本此條注語作"解見本卷喀什噶爾屬"。

⑤ 英藏鈔本此條注語作"回語。庫勒，糞土也；塔里木，謂可種之田"。其字母轉寫爲："［滿］kul tarim［回］köl tärim"。

⑥ "彖"，英藏鈔本作"吞"，注同。

⑦ 英藏鈔本此條注語作"解見第二卷賽里木屬"。

⑧ 英藏鈔本此條注語作"解見本卷烏什屬"。

⑨ "坡斯恰木"，英藏鈔本作"波斯恰木"。其滿文字母轉寫爲"bos kiyam"。"不毛地"，英藏鈔本無"地"字。四庫薈要本"坡斯恰木"條在"沙圖"條前。

伯什阿里克 ［滿］beši arik 解及三合切音以下見本卷。①

鄂爾多諤斯騰 回語。鄂爾多,君長住處;諤斯騰,大水渠也。②

［滿］ordo ūsteng ［回］orda östäng

虎木什恰特 回語,謂村旁地多葦草也。③

［滿］humši kiyat ［回］qumuš känd

喀瑪喇克④ 帕爾西語。喀瑪,少也;喇克,語助辭。

［滿］k'amarak ［回］kamrak

托古斯恰特 回語。托古斯,謂九數。猶云第九村也。⑤

［滿］togus kiyat ［回］toquz känd

喇巴特齊⑥ 帕爾西語,謂臺站也。

［滿］rabatci ［回］rabatči

阿喇勒⑦ ［滿］aral 解及三合切音以下見本卷。

哈喇古哲什 回語。哈喇,遠望也;古哲什,帕爾西語,目送行人之謂。⑧

［滿］hara guješi ［回］qara kujaš

色勒克郭勒 回語。色勒克,黃色;郭勒,山峽之水也。因水以名其地,又名沙爾虎勒。⑨

［滿］serek gool ［回］seriq γol

和什阿喇布 回語。和什,雙岐之謂;阿喇布,帕爾西語,水也。

---

① 英藏鈔本此條注語作"見本卷阿克蘇屬"。
② "諤",英藏鈔本作"厄"。"諤斯騰,大水渠也",英藏鈔本作"厄斯騰,大水曲也。轉音爲鄂爾朵思騰"。
③ 英藏鈔本此條作"**呼木什恰特** 呼木什,葦草也;恰特,謂村莊。地多葦草,故名"。
④ "喇",英藏鈔本作"拉",注同。
⑤ 英藏鈔本此條注語作"回語。托古斯,九數也;恰特,村莊之謂"。
⑥ "喇",英藏鈔本作"拉"。
⑦ 英藏鈔本此條作"**阿拉勒** 解見本卷"。
⑧ 英藏鈔本此條作"**哈拉固者什** 回語。哈拉,瞭望也;固者什,帕爾西語,目送行人之謂。 按:回語哈拉有作黑色解者,與此同音異義"。
⑨ 英藏鈔本此條作"**沙爾虎勒** 回語,原音色勒克郭勒。色勒克,黃色;郭勒,山峽之水"。其字母轉寫爲"［滿］šarhul ［回］šarxul"。

地有河流岐出,故名。①

　　［滿］hoši arab［回］qoš arab

　　裕勒阿里克　回語。裕勒,净也。地有清水渠,故名。漢爲西夜國地;三國、晉因之;北魏爲悉居半國;隋、唐爲朱俱波地;宋爲于闐國地;明爲葉爾欽地。《漢書·西域傳》:西夜國,東北至都護治所五千四十六里。北與莎車,西與蒲犁接。《後漢書·西域傳》:西夜國,一名漂沙。《魏書·西域傳》:悉居半國,故西夜國也。一名子合,在于闐西。《唐書·西域傳》:朱俱波,一名朱俱槃,漢子合國也。②

　　［滿］yul arik［回］yul arik

　　伊奇蘇寧阿喇斯③　回語。伊奇,猶二數也④;蘇寧阿喇斯,水抱城也。城居兩水之間,故名。

　　［滿］iki suning aras［回］iki suning arasi

　　庫克雅爾　回語。庫克,青色。其地有坎,土色青,故名⑤。西漢爲西夜國;東漢爲子合國;隋、唐爲朱俱波國地。

　　［滿］kuke yar［回］kökyar

　　英額齊盤⑥　原音英伊什齊盤⑦。英伊什,回語,下坡之謂;齊盤,帕爾西語,謂牧羊者。其地依山爲庄,多遊牧,故名。

　　［滿］ingge cipan［回］ängiš čifan

　　塔克布伊⑧　回語。塔克,山也;布伊,指山下居民而言⑨。北

---

① 英藏鈔本此條作“**霍什阿拉布**　回語。霍什,二數;阿拉布,部落也”。
② “裕”,英藏鈔本此條作“玉”。“回語。裕勒,净也。地有清水渠,故名”,英藏鈔本作“回語。玉勒,謂潔净無草;阿里克,水曲也。舊于城南高處引水灌田,故名。轉音爲玉拉里克”。
③ “伊奇蘇寧阿喇斯”,英藏鈔本作“伊克蘇寧阿拉斯”,其字母轉寫爲“［滿］ike suning aras［回］ikä suning arasi”。
④ “猶二數也”,英藏鈔本作“猶云兩也”。
⑤ “其地有坎,土色青,故名”,英藏鈔本作“雅爾,坎也”。
⑥ “英額齊盤”,英藏鈔本作“英峩奇盤”,其字母轉寫爲“［滿］ingge kipan［回］ängiš kufan”。
⑦ “英伊什”,英藏鈔本作“伊尼什”。
⑧ “塔克布伊”,英藏鈔本此條作“他克布依”。
⑨ “指山下居民而言”,英藏鈔本作“邊界之謂”。

魏爲朱居國;隋、唐爲朱俱波國地。

　　[滿] tak bu'i [回] taγ buyi

楚魯克　回語,枯樹椿也。①

　　[滿] culuk [回] čülük

哈爾噶里克　回語。地多林木,羣鴉巢焉。即所有以名其地。②

　　[滿] hargalik [回] xarγalik

都窪　回語,祈祀之意③。回人於此禮拜,故名。爲兩漢皮山國地;唐以後爲于闐國地;皮什南、皮雅勒阿勒瑪諸境同④。《漢書·西域傳》:皮山國,東北至都護治所四千二百九十二里。北通莎車三百八十里。《唐書·西域傳》:于闐并有漢皮山國故地。《地理志》:于闐西南三百八十里有皮山城。⑤

　　[滿] duwa [回] dūvā

貝拉　回語。貝拉,謂蓆;居人舊以織蓆爲業,故名。亦名博羅⑥。

　　[滿] beila [回] bäylā

皮什南　回語。物之熟者曰皮什南,餅餌之屬。

　　[滿] pišinan [回] fišnan

薩納珠　回語。薩納,起數之謂;珠,指人而言。其地爲各藩通商之界,回人舊於此通税,稽查通商人數,故名。轉音爲三珠。⑦

　　[滿] sanaju [回] sanju

木濟⑧　回語,謂地角也,偏隅之意。

　　[滿] muji [回] muči

---

① 英藏鈔本此條字母轉寫作"[滿] curuk [回] čürük"。
② 英藏鈔本此條注語作"回語。哈爾噶,謂烏鴉;里克,言有也。即所見以名其地"。
③ "祈祀",英藏鈔本作"祈祝"。
④ "皮雅勒阿勒瑪",英藏鈔本作"皮雅爾瑪"。
⑤ 四庫薈要本"都窪"條在"哈爾噶里克"條前。
⑥ "亦名博羅",英藏鈔本無。
⑦ 英藏鈔本此條作"**三珠**　回語。原音薩納朱。薩納,起數之謂;朱,指人而言。其地爲各藩通商之界,回人舊于此征税,稽查通商人數,故名"。其滿文字母轉寫爲"sanju"。
⑧ "木濟",英藏鈔本作"穆集"。

　　皮雅勒阿勒瑪　回語。皮雅勒，木椀也；阿勒瑪，不可取之謂。地當沙磧，少器用，故以不取戒行人也。

　　［滿］piyal alma ［回］fiyalma

　　固瑞①　回語②，謂可疑也。初其地人奉回教，後有逃去者，因以名之也。

　　［滿］guman ［回］gūmā

　　塞爾勒克　回語，五采之飾。漆工居之，故名③。西漢爲蒲犂國；東漢爲德若國；三國爲滿犂國；北魏爲渴槃陁國；隋爲朱俱波地；唐爲喝盤陀地；宋爲于闐國地；明爲葉爾欽。《漢書·西域傳》：蒲犂國，東北至都護治所五千三百九十里，東至莎車五百四十里。《魏書·西域傳》：渴槃陁國④，在葱嶺東，朱駒波西。《唐書·西域傳》：喝盤陀，或曰漢陀，或曰渴館檀，亦爲渴羅陀，由疏勒西南入劍末谷不忍嶺六百里。其國也，直朱俱波。　　按：《漢書》蒲犂國，《三國志》引《魏略》作滿犂，疑傳寫之訛。

　　［滿］serlek ［回］sirliq

　　章固雅⑤　帕爾西語。章，鈴也⑥；固雅，音好之謂。鑄鈴者居之⑦，故名。

　　［滿］jangguya ［回］jang guya

　　袞得里克　回語。袞得，腳鐐木名，即所有以名其地⑧。

　　［滿］gundelik ［回］gundaliq

　　喀爾楚　帕爾西語。喀爾，匠作也；楚，齊集之謂，轉音爲喀楚特。東漢爲德若國；三國爲億若國；北魏爲渴槃陁國；隋爲朱俱波地；唐爲喝槃陀地。《後漢書·西域傳》：德若國與子合相接。⑨

---

①　“固瑞”，英藏鈔本作“固瑪”。其滿文字母轉寫爲“guma”。
②　“回語”後，英藏鈔本有“讀如固滿”。
③　英藏鈔本此前注語作“回語，油至繪畫之謂”。
④　“渴”，英藏鈔本作“喝”。
⑤　四庫薈要本“章固雅”條在“賽爾勒克”條前。
⑥　“鈴”，英藏鈔本作“鐵鈴”。
⑦　“鑄鈴者”，英藏鈔本作“造鑄銅鐵鈴匠”。
⑧　“即所有以名其地”，英藏鈔本作“里克，有也”。
⑨　英藏鈔本此條字母滿文轉寫與底本不同，爲“kar cu”。

［滿］k'arcu ［回］qarču

阿克阿里克　回語。地有白水渠，故名。①

［滿］ak arik ［回］āq ariq

和　闐　屬

和闐即古于闐之轉音②。

　　額里齊　回語，居民環城之謂。舊對音爲伊立齊。自漢迄明，俱屬于闐國。唐爲毗沙都督府。《漢書·西域傳》：于闐國，東北至都護治所三千九百四十七里，北與姑墨接，西通皮山三百八十里。《後漢書·西域傳》：于寘國，去長史所居五千三百里。《魏書·西域傳》：于闐國，北去龜茲千四百里。《唐書·西域傳》：于闐，或曰瞿薩旦那，亦曰渙那，曰屈丹。北狄曰于遁；諸胡曰豁旦，并有漢戎廬扞彌、渠勒、皮山故地。《地理志》：毗沙都督府本于闐國，貞觀二十二年内附。初置州五，上元二年置府。《宋史·外國傳》：于闐國，西南抵葱嶺，東接吐番，西北入疏勒二千餘里。《明史·西域傳》：于闐，古國名。南距葱嶺二百餘里，東北去嘉峪關六千三百里。③

　　［滿］elici ［回］ilči

　　托蘇拉固葉④　回語，人奉回教不誠之謂。

　　［滿］tosulaguye ［回］tuslāguya

　　哈朗歸塔克　回語。哈朗歸，黑暗之謂。地居山陰，故名。⑤

---

① 英藏鈔本此條注語作"回語。阿克，白色；阿里克，水曲也"。英藏鈔本順序爲"皮什南—貝拉—穆集—固瑪—三珠—章固雅—皮雅勒阿勒瑪—袞得里克—塞爾勒克—都窪—阿克阿里克—喀爾楚"，與底本不同。

② 英藏鈔本無此句。

③ "額里齊"，英藏鈔本作"伊立齊"，故此條滿文字母轉寫與底本不同，爲"ilici"，"居民環城之謂。舊對音爲伊立齊"，英藏鈔本作"伊立齊，即厄里齊。居民環城之謂"。

④ "葉"，英藏鈔本作"冶"。且此條滿文字母轉寫與底本不同，爲"tosula guye"。

⑤ 英藏鈔本此條注語作"回語。哈郎歸，幽暗之謂；塔克，山也"。

［滿］haranggūi tak［回］xaranɣu taɣ

皮什雅　回語。皮什，即皮什南，謂熟物也①；雅，問詞。

［滿］pišiya［回］fišya

哈喇哈什　回語。哈喇，黑色。河中多産黑玉，故名。②

［滿］hara haši［回］xara xaš

玉隴哈什　回語。玉隴，往取之謂③。回人於此取玉，故名。

［滿］yurung haši［回］yürüng xaš

吉爾布斯喀藏　回語。吉爾，回餅之厚者；布斯，象牙色也；喀藏，造餅之釜。居人多鬻餅爲業者，故名。④

［滿］girbus k'adzang［回］kirbus ɣazang

博爾烏匝克　回語。博爾，石灰也；烏匝克，謂遥遠也。其地出石灰，離城遥遠，故名。⑤

［滿］boraudzak［回］borzaq

烏哈什　回語，謂小水渠旁也。⑥

［滿］uhaši［回］uxaš

瑪枯雅爾　瑪枯，帕爾西語，馬既失而求之之謂。其地臨坎，回人牧馬於此，故名。又名爲米爾呼雅古葉。⑦

［滿］makū yar［回］māquyar

---

① “即皮什南，謂熟物也”，英藏鈔本作“謂物之熟者”。
② 英藏鈔本此條作“**哈拉哈什**　回語。哈拉，黑色。地産黑玉，故名。唐于闐國葦關故地。《唐書·地理志》：于闐西五十里有葦關”。
③ “玉隴，往取之謂”，英藏鈔本作“玉隴，取去之意。哈什，謂玉石”。
④ “吉爾布斯喀藏”，英藏鈔本作“克爾布斯喀遵”，故此條字母轉寫與底本不同，兹列於此：“［滿］kerbus kadzun［回］kirbus ɣazan”。“吉爾，回餅之厚者；布斯，象牙色也”，英藏鈔本作“原音吉爾布斯喀藏。吉爾，回餅之厚者；布斯，牙色”。
⑤ “博爾烏匝克”，英藏鈔本作“伯爾遵伯爾咱克”，故此條字母轉寫與底本不同，兹列於此：“［滿］bordzon bordzak［回］borzun borzaq”。“回語”後，英藏鈔本有“原音博爾烏咱克”。
⑥ “烏”，英藏鈔本作“伍”。“渠”，英藏鈔本作“曲”。
⑦ 英藏鈔本此條作“**米爾胡牙固冶**　原音瑪枯雅爾。瑪枯，帕爾西語，馬既而求之之謂；雅爾，回語，謂坎也”。故此條字母轉寫與底本不同，兹列於此：“［滿］mirhuya guye［回］mārquya guy”。

巴爾漢期伊克　回語。期伊克,野獸也;巴爾漢,猶問其有無云爾。①

[滿] barmo ki'ik [回] barmu käyik

勒沁托海　回語。勒沁,海東青也;托海,水灣也。地當水灣,多產此禽,故名。②

[滿] lecin tohai [回] lačin toqay

額克里雅爾　回語。額克里,不正之謂③。地形不正,且臨坎,故名。

[滿] ekriyar [回] ägriyar

喀提里什④　回語,二水會流之謂。

[滿] k'atiliši [回] qatiliš

塔喀克⑤　回語,水閘也。

[滿] takak [回] taqak

瑪爾占鄂勒氏　回語。瑪爾占,珊瑚也;鄂勒氏,已故之謂。昔有人名瑪爾占者居此。後人思之,因以名其地。

[滿] marjan oldi [回] märjan āldi

吉拉木雅伊氏⑥　回語。吉拉木,氈也;雅伊氏,陳設也。

[滿] gilamya'idi [回] gilämyaydi

伯德里克鄂托克　回語。伯德,謂苜蓿;鄂托克,游牧處也。地多此草,故名⑦。

[滿] bedelik otok [回] bedälik otaq

巴什布克色木　回語。布克色木,半途之謂。以巴什名,猶俗

---

① 英藏鈔本此條注語作"回語。巴爾,有也;漢,問詞;期伊克,野獸也"。
② 英藏鈔本此條作"**勒秦托海**　回語。勒秦,禽名,海東青也;托海,水灣也"。
③ 英藏鈔本此後有"雅爾,坎也"。
④ "提",英藏鈔本作"替"。
⑤ "塔喀克",英藏鈔本作"塔喀喀"。故此條字母轉寫與底本不同,茲列於此:"[滿] takaka [回] taqaqa"。
⑥ "伊氏",英藏鈔本作"依底"。且此條滿文字母轉寫與底本不同,為"gilam ya'idi"。
⑦ "鄂托克,游牧處也。地多此草,故名",英藏鈔本作"里克,謂有;鄂拓克,游牧處也"。

云上半路也。①

　　［滿］baši buksem［回］baš büksäm

　　鄂托喇布克色木　　回語。鄂托喇,居中之謂,猶云中半路也。②

　　［滿］otora buksem［回］otra büksäm

　　愛雅克布克色木　　回語。愛雅克,謂下,猶云下半路也。③

　　［滿］aiyak buksem［回］āyaq büksäm

　　齊克齊鄂托克④　　回語。齊克齊,謂得勒蘇草,即王草也。地産此,故名。

　　［滿］cikci otok［回］čiqči otaɣ

　　齊爾拉　　回語,引水入境也。舊對音爲齊喇。唐于闐國坎城鎮地。《唐書·地理志》:于闐東三百里有坎城鎮。⑤

　　［滿］cirla［回］čirlā

　　克勒底雅　　回語,意其來而未定之詞。舊對音爲克里雅。⑥

　　［滿］keldiya［回］kärdïya

　　伯什阿喇勒　　回語,謂其地岐徑五出也。⑦

　　［滿］beši aral［回］bäš āral

　　波斯湯托郭喇克⑧　　回語。波斯湯,支棚以迎涼氣也;托郭喇克⑨,樹名。

　　［滿］bostang togorak［回］bostang toɣraq

---

①　英藏鈔本此條注語作“回語。巴什,頭也,上也;布克色木,半途之謂。謂上半路也”。
②　英藏鈔本作“**鄂托拉布克色木**　回語。鄂托拉,中也。謂中半路也”。
③　英藏鈔本此條注語作“回語。愛雅克,下也。謂下半路也”。
④　“齊克齊”,英藏鈔本此條作“齊克七”,注同。
⑤　“齊爾拉”,英藏鈔本作“齊拉”,故此條字母轉寫與底本不同,兹列於此:“［滿］cira［回］čirā”。“回語,引水入境也。舊對音爲齊喇”,英藏鈔本作“回語,原音齊爾拉,引水入境之謂”。
⑥　英藏鈔本此條作“**克里雅**　回語。原音克勒底雅。克勒底,猶云來也;雅,未定之詞。訛爲克里雅”。故此條字母轉寫與底本不同,兹列於此:“［滿］keriya［回］kärïya”。
⑦　英藏鈔本此條作“**伯什阿拉勒**　回語,謂五岔路”。
⑧　“喇”,英藏鈔本作“拉”。
⑨　底本原作“拉”,此據四庫全書本、四庫薈要本改。

阿勒屯郭勒　回語。阿勒屯,金也;郭勒,山泉下流之謂。其地山泉會而成河。舊曾産金,故名。

〔滿〕altun gool 〔回〕altun γol

塔克　回語①。地居南山中,故以山名也。

〔滿〕tak 〔回〕tak

蘇格特　回語,栽成之柳。

〔滿〕suget 〔回〕sügät

巴爾呼都克　回語②。呼都克,井也。其地有井,故名。

〔滿〕bar hūduk 〔回〕bar xuduq

阿氏爾干③　回語,小山重疊之謂。

〔滿〕adirgan 〔回〕adirγan

皁窪勒　回語。猶云消滅,蓋詛其人之詞。④

〔滿〕dzoowal 〔回〕žāval

素勒坦雅伊拉克　回語。素勒坦,酋長之子也;雅伊拉克,有水草地。舊有酋長之子居此,故名。⑤

〔滿〕sultan yailak 〔回〕sultan yaylak

博羅齊　回語。博羅,蓆也;齊,謂織蓆之人。地有業此者,故名。⑥

〔滿〕boroci 〔回〕boroči

_____

① 英藏鈔本此後有"塔克,謂山"。
② 英藏鈔本此後有"巴爾,有也"。
③ 英藏鈔本作"額得爾干"。故此條字母轉寫與底本不同,兹列於此:"〔滿〕edergan 〔回〕ädärγan"。
④ 英藏鈔本此條注語作"回語。詛其人而獲應之詞"。且此條滿文字母轉寫與底本不同,爲"dzoowal"。
⑤ 英藏鈔本無此條。
⑥ 英藏鈔本此條作"貝拉齊　回語。貝拉,織蓆之謂;齊,人衆也。織蓆人居此,故名"。故此條字母轉寫與底本不同,兹列於此:"〔滿〕boiraci 〔回〕byrači"。英藏鈔本順序爲"皁窪勒—貝拉齊—克爾布斯喀遵—伯爾遵伯爾咱克—伍哈什—米爾胡牙固冶—巴爾漠期伊克—勒秦托海—額克里雅爾—喀替里什—塔喀喀—瑪爾占鄂勒底—吉拉木雅依底—伯德里克鄂拓克—巴什布克色木—齊克七鄂拓克—鄂托拉布克色木—齊拉—愛雅克布克色木—克里雅—伯什阿拉勒—波斯湯托郭拉克—阿勒屯郭勒—塔克—巴爾呼都克—蘇格特—額得爾干"。

卷四　天山南北路山名

天山正幹哈密巴爾庫勒所屬諸山①

塔勒納沁鄂拉　塔勒納沁，回語。塔勒，謂柳；納沁，鴉鵲也；鄂拉，蒙古語，山也②。古天山東盡境。《山海經》：三危山西三百五十里曰天山。《漢書·西域傳》：西域南北有大山。《通典》：始自張掖而西，至于庭州，山皆周遍。《一統志》：天山，一名白山，自哈密東北境，綿亘而西。　按：天山爲西域大山。自蔥嶺分支，今自喀什噶爾之北，迤東經烏什、阿克蘇、庫車、哈拉沙爾、闢展之北，東入哈密、巴爾庫勒界，至塔勒納沁而止③。東西綿亘五千餘里，皆曰天山。則哈密、巴爾庫勒屬諸山應爲古天山東境也。

〔滿〕tal nacin aola 〔回〕tal način ola

雅爾瑪罕鄂拉④　雅爾瑪罕，回語，草名。長尺餘，上結小穗。山多此草，故名。

〔滿〕yarmahan aola 〔回〕yarmaxan ola

必柳鄂拉⑤　蒙古語。必柳，磨刀石也。

〔滿〕bilio aola 〔蒙〕bilegü aɣula 〔托〕biliü uula

塔什達巴　塔什，回語，石也；達巴，蒙古及準、回語同，嶺也⑥。

〔滿〕taši daba 〔蒙〕taši dabaɣ-a 〔托〕taši daba 〔回〕taš dabā

庫舍圖達巴　蒙古語。庫舍，碑也；圖，有也。嶺有唐左屯衛將

---

① "巴爾庫勒"，英藏鈔本作"巴里坤"，下同。
② 英藏鈔本此後有"後凡言鄂拉者倣此"。
③ "嗒勒"，英藏鈔本作"塔爾"。
④ "雅"，英藏鈔本作"鴉"，注同。
⑤ "必"，英藏鈔本作"畢"，注同。
⑥ "達巴，蒙古及準、回語同，嶺也"，英藏鈔本作"達巴，蒙古語、回語同，嶺也。後凡言達巴者倣此"。

軍姜行本碑,故名。

　　[滿] kušetu daba [蒙] kösiy-e-tü dabaγ-a [托] küšetu daba

　　阿勒扎噶勒鄂拉　　阿勒扎噶勒,回語,迷惑之謂。山徑紆回,行者多迷,故名。

　　[滿] aljagal aola [回] aljiqal ola

　　鄂什奇鄂拉①　　蒙古語。鄂什奇,謂肺也。山形似之,故名。

　　[滿] ooški aola [蒙] aγuski aγula [托] uušiki uula

　　和洛圖達巴②　　蒙古語。和洛,院墙也。嶺有院墙舊址,故名。

　　[滿] horotu daba [蒙] qoroγ-a-tu dabaγ-a [托] xorotu daba

　　烏可克達巴　　蒙古語。烏可克,謂小櫃也。下嶺入兩崖間,左右偪仄,境若深藏,故名。

　　[滿] ukek daba [蒙] ükeg dabaγ-a [托] ukeq daba

　　托來達巴　　準語③。托來,胡桐樹也。嶺多此樹,故名。自托來達巴至塔勒納沁鄂拉④,爲漢貳師將軍戰右賢王、後漢竇固破呼衍王、擊白山虜處。總名天山,或稱白山,或稱蒲類海山。魏稱伊吾北山;唐稱折羅漫山。《漢書·武帝紀》:"天漢二年,貳師將軍與右賢王戰於天山。"注:晉灼曰:"近蒲類國。"《後漢書·明帝紀》:永平十六年,"竇固破呼衍王於天山。"注:在伊州北。十七年,"固擊破白山虜於蒲類海山,遂入車師。"注:去蒲類海百里之内。《魏書·高車傳》:"彌俄突與蠕蠕主伏圖戰,伏圖次於伊吾北山。"《唐書·地理志》:"伊州伊吾縣,有折羅漫山。"　按:巴爾庫勒有漢敦煌太守裴岑誅呼衍王碑⑤。巴爾庫勒爲漢匈奴東蒲類王茲力支地。唐伊州伊吾縣⑥。則漢之蒲類海山、魏之伊吾北山、唐之折羅漫山,皆當在巴爾庫勒境,自塔勒納沁至托來嶺一帶諸山内矣⑦。

———————————

①　"奇",英藏鈔本作"起"。
②　"和",英藏鈔本作"霍",注同。
③　"準語",英藏鈔本作"蒙古語"。
④　"自托來達巴至塔勒納沁鄂拉",英藏鈔本作"自托來嶺至塔爾納沁山"。
⑤　"巴爾庫勒",英藏鈔本作"巴里坤",下文同。
⑥　"唐伊州伊吾縣",英藏鈔本作"唐爲伊州伊吾縣"。
⑦　"自塔勒納沁至托來嶺",英藏鈔本作"自塔爾納沁西訖托來嶺"。

［滿］torai daba ［蒙］torai dabaɣ-a ［托］torai daba

察罕托羅海① 蒙古語。察罕，白色；托羅海，頭也。峰頭色白，故名。

［滿］cagan tolohai ［蒙］čaɣan toloɣai ［托］caɣan toloxoi

哈套鄂拉 蒙古語。哈套，謂堅也。山多堅石，故名。

［滿］hatao aola ［蒙］qataɣu aɣula ［托］xatou uula

察罕哈瑪爾鄂拉 蒙古語。哈瑪爾，鼻也。山梁色白之謂。俗語以山梁爲山鼻，故名。②

［滿］cagan hamar aola ［蒙］čaɣan qabar aɣula ［托］caɣan xamar uula

阿達爾干鄂拉 蒙古語。阿達爾干，小山重叠之謂。③

［滿］adargan aola ［蒙］adarɣan aɣula ［托］adarɣan uula

庫克托木達巴④ 蒙古語。庫克，青色；托木，支峰之小者。

［滿］kuke tom daba ［蒙］köke tom dabaɣ-a ［托］kükü tom daba

必濟鄂拉 蒙古語。必濟，山石大小攢聚之謂。⑤

［滿］biji aola ［蒙］biǰi aɣula ［托］bizi uula

阿濟鄂拉 蒙古語。阿濟，山逕崎嶇之謂。⑥

［滿］aji aola ［蒙］aǰi aɣula ［托］azi uula

---

① 英藏鈔本順序爲“塔什達巴—阿勒扎噶勒鄂拉—畢柳鄂拉—霍洛圖達巴—庫舍圖達巴—托來達巴—鄂什起鄂拉—烏可克達巴—察罕托羅海”。
② “蒙古語”後，英藏鈔本有“察罕，白色”。英藏鈔本“察罕哈瑪爾鄂拉”條在“哈套鄂拉”條前。
③ 英藏鈔本此條作“**阿堤爾干鄂拉** 回語。阿堤爾干，小山重疊之謂”。其字母轉寫應作“［滿］adirgan aola ［蒙］adirɣan aɣula ［托］adirɣan uula ［回］adirɣan ola”。
④ 英藏鈔本“阿堤爾干鄂拉”條在“庫克托木達巴”條前。
⑤ 英藏鈔本此條注語作“必濟，未詳何部語。相傳博什克圖時有二人名必濟、阿濟者，游牧山下，因以名山”。
⑥ 英藏鈔本此條注語作“阿濟，山以人名。解見必濟條下。回人稱受戒之人爲阿濟，蓋又一解云”。且英藏鈔本“阿濟鄂拉”條在“必濟鄂拉”條前。

哈布塔克　回語。哈布，囊也①；塔克，山也。山形相似，故名。
［滿］hab tak［回］xabtak

拜塔克　回語。拜，富厚之謂②。山多畜産，故名。
［滿］baitak［回］baytak

天山正幹準噶爾部回部南北交界諸山③

博克達鄂拉　準語。博克達，神聖之稱，猶云聖山也。在魏、隋俱爲貪汗山。《魏書·高昌傳》："北七十里有貪汗山，此山北鐵勒界也。"《隋書·鐵勒傳》："突厥易真莫何可汗，居貪汗山。"　按：巴爾庫勒④，爲古伊州；闢展，爲古高昌。博克達鄂拉，當即高昌北貪汗山⑤。

［滿］bokda aola［蒙］boγda aγula［托］boqdo uula

額得墨克達巴　額得墨克，布魯特語，餅餌之屬也。⑥

［滿］edemek daba［回］ädämäk dabā

托克喇鄂拉　回語。托克喇，橫亘之謂。其地山形蜿蜒橫亘，故名。⑦

［滿］tokra aola［回］tokra ola

烏可克達巴　［滿］ukek daba　解及三合切音以下見本卷。⑧

哲爾格斯鄂拉　準語。哲爾格斯，相並之意。山峰高下齊列，故名。⑨

---

① "囊"，英藏鈔本作"口袋"。
② 英藏鈔本此後有"塔克，山也"。
③ "準噶爾部"，英藏鈔本作"準部"。
④ "巴爾庫勒"，英藏鈔本作"巴里坤"。
⑤ "博克達鄂拉，當即高昌北貪汗山"，英藏鈔本作"則博克達鄂拉，當即高昌北七十里之貪汗山"。
⑥ 英藏鈔本此條作"**鄂多莫克達巴**　布魯特語。原音額得墨克，餅餌之屬"。故此條字母轉寫爲"［滿］odomok daba［回］odomok dabā"。且英藏鈔本"鄂多莫克達巴"條在"博克達鄂拉"條前。
⑦ 英藏鈔本此條作"**托克拉鄂拉**　回語。托克拉，橫也。山勢橫亘，故名"。
⑧ 英藏鈔本此條注語作"見本卷"。
⑨ 英藏鈔本此條注語作"準語。哲爾格斯，山峰高下齊列之貌"。

　　［滿］jerges aola［蒙］jerges aɣula［托］zerges uula

阿拉癸鄂拉　準語。阿拉癸,危險之意。山勢高峻,艱於行旅,故名。①

　　［滿］alagūi aola［蒙］alaɣui aɣula［托］alaɣui uula

孟克圖達巴②　準語。孟克,經久之意。山雪經年不化,故名。

　　［滿］mungketu daba［蒙］möngketü dabaɣ-a［托］mungketu daba

哈屯博克達鄂拉　準語。哈屯,顯者妻也③;博克達鄂拉,爲最高峰,而哈屯博克達鄂拉爲之配,故名。

　　［滿］hatun bokda aola［蒙］qatun boɣda aɣula［托］xatun boqdo uula

古爾班多博克鄂拉④　準語。古爾班,三數也;多博克,高邱也。

　　［滿］gūrban dobok aola［蒙］ɣurban doboɣ aɣula［托］ɣurban doboq uula

額林哈畢爾噶鄂拉　準語。額林,謂間色;哈畢爾噶,謂旁肋。山爲博克達支峰,如人之有左右肋也。

　　［滿］erin habirga aola［蒙］eriyen qabirɣ-a aɣula［托］erēn xabirɣa uula

庫舍圖達巴　［滿］kušetu daba 解及三合切音以下見本卷。⑤

們都招達巴　準語。們都,安善之意;招,謂廟也。嶺舊有廟,祈神祐以安行旅,故名。

　　［滿］mendu joo daba［蒙］mendü joo dabaɣ-a［托］mendu zoü daba

---

① “阿拉癸”,英藏鈔本作“阿拉輝”。故此條字母轉寫作“［滿］alahūi aola［蒙］alaqui aɣula［托］alaqui uula”。“阿拉癸,危險之意”,英藏鈔本作“阿拉輝,險峻之意”。

② 英藏鈔本順序爲“阿拉輝鄂拉—哲爾格斯鄂拉—烏可克達巴—孟克圖達巴”。

③ 英藏鈔本此後有“博克達,神聖之稱”。

④ “多”,英藏鈔本作“托”。故此條字母轉寫作“［滿］gūrban tobok aola［蒙］ɣurban toboɣ aɣula［托］ɣurban toboq uula”。

⑤ 英藏鈔本此條注語作“見本卷”。

鄂蘭達巴① 準語。鄂蘭,多也。

［滿］olan daba ［蒙］olan dabaγ-a ［托］olon daba

額勒伯克鄂拉② 準語。額勒伯克,豐裕之謂。山多生殖,故名。

［滿］elbek aola ［蒙］elbeg aγula ［托］elbeq uula

額布圖達巴③ 準語。額布圖,順適之謂。山逕平坦,易於行旅,故名。

［滿］ebtu daba ［蒙］ebtü dabaγ-a ［托］ebtu daba

烏得音郭勒達巴 準語。烏得,門也;音,語詞;郭勒,河也。山口如門,瀕河,故名。

［滿］ udeyen gool daba ［蒙］ egüde-yin γool dabaγ-a ［托］ödeyin γol daba

納喇特達巴④ 準語。納喇特,日色照臨之謂。雪山深邃,獨此峰高峻,得見日色,故名。

［滿］narat daba ［蒙］narad dabaγ-a ［托］narad daba

汗騰格里鄂拉 準語。汗,稱其君之詞⑤;騰格里,謂天。蓋天山之主峰也。在唐爲三彌山。《唐書·西突厥傳》:"射匱可汗,建廷龜茲北之三彌山。" 按:今庫車謂古龜茲地⑥。騰格里山當其北,應屬三彌山也。

［滿］han tenggeri aola ［蒙］qan tngri aγula ［托］xan tenggeri uula

額什克巴什鄂拉 回語。額什克,小山羊也;巴什,頭也。山形似之,故名,產硫黄。爲魏龜茲國西北大山;隋阿羯山;唐伊邏羅城北阿羯田山。《魏書·西域傳》:龜茲"西北大山中,有如膏者,流出

---

① 英藏鈔本"鄂蘭達巴"條在"們都招達巴"條前。
② "額",英藏鈔本作"厄",注同。
③ 英藏鈔本"額布圖達巴"條在"厄勒伯克鄂拉"條前。
④ "喇",英藏鈔本作"拉",注同。英藏鈔本"納拉特達巴"條在"烏得音郭勒達巴"條前。
⑤ "稱其君之詞",英藏鈔本作"謂君長"。
⑥ "謂",英藏鈔本作"爲"。

成川。”《隋書·西域傳》：“白山，一名阿羯山。常有火及烟，出礵砂。”《唐書·西域傳》：“伊邏羅城北，系阿羯田山，亦曰白山，常有火。” 按：《唐書》伊邏羅城，唐龜茲國王居。①

　　［滿］ešike baši aola ［回］ăčkä baši ola

阿勒坦呼蘇鄂拉　準語。阿勒坦，金也；呼蘇，樺樹也。山多樺樹，深秋葉色如金，故名。

　　［滿］altan hūsu aola ［蒙］altan qusu aγula ［托］altan xusu uula

木素爾鄂拉　回語。木素爾，謂冰。山多冰雪，故名。②

　　［滿］musur aola ［回］musur ola

薩瓦布齊鄂拉　回語。薩瓦布齊，利濟之意。山多泉水，故名。為凌山，葱嶺北原也。《唐書·西域傳》：“漢姑墨國西三百里，度石磧，至凌山，葱嶺北原也，水東流。”

　　［滿］sawabci aola ［回］sawabči ola

卓哈達巴　準語。卓哈，竈坎也。嶺有竈坎遺趾，故名。③

　　［滿］jooha daba ［蒙］juuq-a dabaγ-a ［托］zooxa daba

伯得里克鄂拉④　回語。伯得，苜蓿也；里克，多有之謂。山多此草，故名。

　　［滿］bedelik aola ［回］bädälik ola

烏成庫什達巴⑤　回語。庫什，鷹也；烏成，捷飛之謂。山間産鷹，故名。

　　［滿］uceng kuši daba ［回］učing quš daba

喀克沙勒鄂拉　回語。喀克，荒山也；沙勒，沙磧地也。

　　［滿］kak šal aola ［回］xak šal ola

額圖克達巴　準語。額圖克，牛羊屯積之地，有遺迹可尋者。⑥

---

① 英藏鈔本“額什克巴什鄂拉”條在“汗騰格里鄂拉”條前。
② 英藏鈔本“木素爾鄂拉”條在“阿勒坦呼蘇鄂拉”條前。
③ 英藏鈔本“卓哈達巴”條在“薩瓦布齊鄂拉”條前。
④ “伯”，英藏鈔本作“博”，注同。
⑤ “烏成”，英藏鈔本作“武城”，注同。英藏鈔本“武城庫什達巴”條在“博得里克鄂拉”條前。
⑥ 英藏鈔本“額圖克達巴”條在“喀克沙勒鄂拉”條前。

［滿］etuk daba ［蒙］etüγ dabaγ-a ［托］etuq daba

哈喇鄂拉① 準語。哈喇,黑色;山石色黑,故名。

［滿］hara aola ［蒙］qar-a aγula ［托］xara uula

天山北路準噶爾部所屬諸山

哈喇莽奈鄂拉 準語。莽奈,額也。山形如之,石色近黑,故名。爲唐處月部之金娑山。《唐書·沙陀傳》:"處月,居金娑山之陽。" 按:處月爲沙陀分部。唐時沙陀、突厥,居蒲類之東。蒲類國西遷之後,在今烏魯木齊北,有大磧,與沙陀形勢相合。則唐之金娑山,應在今烏魯木齊北境沙磧中也。②

［滿］hara mangnai aola ［蒙］qar-a mangnai aγula ［托］xara mangnai uula

古爾畢達巴 準語。古爾畢,盤繞之謂。嶺間道路曲折,故名。③

［滿］gūrbi daba ［蒙］γurbi dabaγ-a ［托］γurbi daba

庫爾圖達巴 準語。庫爾,謂積雪也。嶺多積雪,故名。④

［滿］kurtu daba ［蒙］kür-tü dabaγ-a ［托］kürtu daba

阿勒坦鄂拉 準語。阿勒坦,金也。山舊産金,故名。舊對音爲阿爾泰,蓋古金山也。《隋書·突厥傳》:"突厥之先,世居金山。又西突厥東拒都斤,西越金山。"《唐書·突厥傳》:"乙注車鼻可汗,竄金山之北。"《回鶻傳》:"乙失鉢孫夷男,居獨邏水之陰,東室韋,西金山。"⑤

---

① "哈喇",英藏鈔本作"哈拉",注同。
② "哈喇",英藏鈔本此條作"哈拉"。"準語。莽奈,額也。山形如之,石色近黑,故名",英藏鈔本作"準語。哈拉,黑色;莽奈,額也。山形如之,故名"。
③ 英藏鈔本此條作"**固爾畢** 準語。固爾畢,道路曲折盤繞也"。
④ 英藏鈔本此條注語作"準語。庫爾,旋風積雪之謂。嶺多積雪,故名"。
⑤ "阿勒坦鄂拉",英藏鈔本作"阿爾台鄂拉"。故此條字母轉寫爲"［滿］artai aola ［蒙］artai aγula ［托］artai uula"。"準語。阿勒坦,金也。山舊産金,故名。舊對音爲阿爾泰,蓋古金山也",英藏鈔本作"準語。阿爾,花紋也;台之爲言有也。山色斑駁,故名。蓋古金山也"。英藏鈔本"阿爾台鄂拉"條在"庫爾圖達巴"條前。

65

〔滿〕altan aola〔蒙〕altan aɣula〔托〕altan uula

烏可克達巴　〔滿〕ukek daba 解及三合切音以下見本卷。①

阿拉克鄂拉　準語。阿拉克,色不一也。山色青紅相錯,故名。②

〔滿〕alak aola〔蒙〕alaɣ aɣula〔托〕alaq uula

博克達烏魯罕鄂拉　準語。烏魯罕,高聳之謂。山形高聳,故土人以博克達尊之也。③

〔滿〕bokda uluhan aola〔蒙〕boɣda uluqan aɣula〔托〕boqdo uluxan uula

薩爾巴噶什達巴　布魯特語。薩爾,刺也;巴噶什,手腕也。舊傳布魯特人戰此嶺下,刺敵手腕,乃獲勝捷,故名。

〔滿〕sar bagaši daba〔回〕sar baɣiš daba

古爾班奇喇鄂拉④　準語。古爾班,三數;奇喇,謂山梁。山有三梁,故名⑤。

〔滿〕gūrban kira aola〔蒙〕ɣurban kir-a aɣula〔托〕ɣurban kira uula

阿爾察克鄂拉　準語。阿爾察克,地排松也。山多產此,故名。

〔滿〕arcak aola〔蒙〕arčaɣ aɣula〔托〕arcaq uula

阿斯哈圖達巴　準語。阿斯哈,小石也。嶺多小石,故名。⑥

〔滿〕ashatu daba〔蒙〕asqatu dabaɣ-a〔托〕asxatu daba

朱爾庫朱鄂拉⑦　準語。朱爾,母狍也;庫朱,頸也。山形如之,故名。

〔滿〕jur kuju aola〔蒙〕ǰur küǰügü aɣula〔托〕zur küzu uula

---

① 英藏鈔本此條注語作"見本卷。"
② "色不一也",英藏鈔本作"五色相雜之謂"。英藏鈔本"阿拉克鄂拉"條在"烏可克達巴"條前。
③ 英藏鈔本此條注語作"準語。博克達,神聖之稱;烏魯罕,高聳之謂"。
④ "喇",英藏鈔本作"拉",注同。
⑤ "山有三梁,故名",英藏鈔本無。
⑥ 英藏鈔本此條注語作"準語。阿斯哈,猶撒也。嶺常飛雪,故名"。
⑦ "朱",英藏鈔本作"柱",注同。

塔爾巴噶台鄂拉　準語。塔爾巴噶,獺也①。山多獺,故名。

［滿］tarbagatai aola［蒙］tarbaγ-a-tai aγula［托］tarbaγatai uula

巴爾巴什鄂拉　回語。巴爾,謂虎。猶云虎頭山,蓋象形以名之也②。

［滿］bar baši aola［回］bar baš ola

通古斯巴什鄂拉　準語。通古斯,謂猪。猶云猪頭山也。

［滿］tunggus baši aola［蒙］tünggüs baši aγula［托］tunggüs baši uula

雅瑪里克鄂拉③　準語。雅瑪,謂山羊;里克,謂多。山多產此,故名。

［滿］yamalik aola［蒙］yamaliγ aγula［托］yamaliq uula

阿顏台和洛鄂拉　準語。阿顏台,人名。其人居此山下,故名。④

［滿］ayantai horo aola［蒙］ayantai qoro aγula［托］ayantai xoro uula

巴顏哈瑪爾鄂拉　準語。巴顏,富厚之意。俗以山梁爲山鼻,上多產殖,故名也。⑤

［滿］bayan hamar aola［蒙］bayan qabar aγula［托］bayan xamar uula

博羅哈瑪爾鄂拉　準語。博羅,青色⑥。猶云青色山梁也。

［滿］boro hamar aola［蒙］boro qabar aγula［托］boro xamar uula

奇喇圖魯鄂拉⑦　準語⑧。圖魯,造端托始之謂。地爲山梁發

---

① 英藏鈔本此後有"台,有也"。
② "猶云虎頭山,蓋象形以名之也",英藏鈔本作"巴什,頭也。山形似之,故名"。
③ 英藏鈔本無此條。
④ "和",英藏鈔本作"霍"。"阿顏台,人名"後,英藏鈔本有"霍洛,院墻也"。
⑤ "富厚之意"後英藏鈔本有"哈瑪爾,鼻也"。英藏鈔本"巴顏哈瑪爾鄂拉"條在"阿顏台霍洛鄂拉"條前。
⑥ 英藏鈔本此後有"哈瑪爾,謂鼻"。
⑦ "喇",英藏鈔本作"拉"。
⑧ "準語"後,英藏鈔本有"奇拉,山梁也"。英藏鈔本"奇拉圖魯鄂拉"條在"博羅哈瑪爾鄂拉"條前。

脉處,故名。

　　〔滿〕kira turu aola〔蒙〕kira törö aγula〔托〕kira törö uula

　　阿爾噶里圖鄂拉　準語。阿爾噶里,謂盤羊①。山多産此,故名。

　　〔滿〕argalitu aola〔蒙〕arγalitu aγula〔托〕arγalitu uula

　　哈喇古顏鄂拉　準語。古顏,謂股也。山腰以下石色深黑,故名。②

　　〔滿〕hara gūyan aola〔蒙〕qar-a γuyan aγula〔托〕xara γuyan uula

　　博羅布爾噶蘇達巴　準語。博羅,青色;布爾噶蘇,謂柳。山中多柳,故名。

　　〔滿〕boro burgasu daba〔蒙〕boro burγasu dabaγ-a〔托〕boro burγasu daba

　　塔勒奇達巴　準語。塔勒奇,謂刷皮木器也。其地嶺形如之,故名。塔勒奇,舊對音爲闈爾奇。③

　　〔滿〕talki daba〔蒙〕talki dabaγ-a〔托〕talki daba

　　烘郭爾鄂博　準語。烘郭爾,黃色;鄂博,壘石也。

　　〔滿〕honggor obo〔蒙〕qongγor obo〔托〕xongγor obo

　　阿布喇勒鄂拉④　準語。阿布喇勒,慈愛之謂。其山平坦,行者便之,而爲歸美之辭焉。

　　〔滿〕abural aola〔蒙〕abural aγula〔托〕abural uula

　　博羅和洛鄂拉　準語。山峰蒼翠,回抱如牆,故名。⑤

　　〔滿〕boro horo aola〔蒙〕boro qoroγ-a aγula〔托〕boro xoro uula

① "謂",英藏鈔本作"母"。
② "哈喇古顏鄂拉",英藏鈔本作"哈拉姑顏鄂拉"。"準語。古顏,謂股也",英藏鈔本作"準語。哈拉,黑色;姑顏,謂股也"。英藏鈔本"哈拉姑顏鄂拉"條在"阿爾噶里圖鄂拉"條前。
③ 此條注語,英藏鈔本作"準語。塔勒奇,刷皮木器也。山形如之,故名"。英藏鈔本"塔勒奇達巴"條在"博羅布爾噶蘇達巴"條前。
④ "喇",英藏鈔本作"拉",注同。英藏鈔本"阿布拉勒鄂拉"條在"烘郭爾鄂博"條前。
⑤ 英藏鈔本此條作"**博羅霍洛鄂拉**　準語。博羅,青色;霍洛,牆也。山間有峰回抱如牆,故名"。

薩勒巴圖烏蘭布喇達巴① 準語。薩勒巴圖,泥水溝也;烏蘭布喇,紅色河柳也。即所有以名其嶺。

［滿］salbatu ulan bura daba ［蒙］salbatu ulaɣan bur-a dabaɣ-a ［托］salbatu ulān bura daba

汗哈爾察海鄂拉 準語。哈爾察海,謂鷹也②;汗,本君長之稱,借以稱其鷹之大也。山多此鳥,故名。

［滿］han harcahai aola ［蒙］qan qarčaɣai aɣula ［托］xan xarcaxai uula

庫克托木達巴 ［滿］kuke tom daba 解及三合切音以下見本卷。③

阿勒坦特布什鄂拉 準語。阿勒坦,謂金;特布什,謂木盤。山之形色似之,故名。

［滿］altan tebši aola ［蒙］altan tebši aɣula ［托］altan tebši uula

巴爾魯克鄂拉④ 準語。巴爾魯克,樹木叢密之謂。

［滿］barluk aola ［蒙］barluɣ aɣula ［托］barluq uula

鄂爾和楚克鄂拉⑤ 準語。鄂爾和楚克,山峰高聳之謂。

［滿］orhocuk aola ［蒙］orqočuɣ aɣula ［托］orxocuq uula

薩里鄂拉⑥ 準語。薩里,馬股也。山形似之,故名。

［滿］sari aola ［蒙］sari aɣula ［托］sari uula

塞伯蘇台鄂拉 準語。塞伯蘇,宰牲遺迹。山多有此,故名。

［滿］sebesutai aola ［蒙］sebesütei aɣula ［托］sebesutai uula

胡察斯阿爾噶里圖鄂拉⑦ 準語。胡察斯,牝山羊也;阿爾噶里,母盤羊也。山多産此,故名。

［滿］hūcas argalitu aola ［蒙］qučas arɣali-tu aɣula ［托］xucas arɣalitu uula

---

① "喇",英藏鈔本作"拉",注同。英藏鈔本"薩勒巴圖烏蘭布拉達巴"條在"博羅霍洛鄂拉"條前。
② "鷹",英藏鈔本作"鶰",下文同。
③ 英藏鈔本此條注語作"見本卷"。
④ 英藏鈔本"巴爾魯克鄂拉"條在"阿勒坦特布什鄂拉"條前。
⑤ "和",英藏鈔本作"豁",注同。
⑥ 英藏鈔本"薩里鄂拉"條在"鄂爾豁楚克鄂拉"條前。
⑦ 英藏鈔本"胡察斯阿爾噶里圖鄂拉"條在"塞伯蘇台鄂拉"條前。

察罕布古圖鄂拉　準語。布古,謂鹿。山多白鹿,故名。①

［滿］cagan bugūtu aola［蒙］čaɣan buɣu-tu aɣula［托］caɣan buɣutu uula

庫隴奎鄂拉　準語,寒也。山徑多寒,故名。舊對音爲庫隴癸。②

［滿］kurungkui aola［蒙］kürüngküi aɣula［托］kürüngküi uula

格登鄂拉　準語。格登,腦後骨高之象。山形拱起,如腦骨然,故以名之。③

［滿］gedeng aola［蒙］gedeng aɣula［托］gedeng uula

阿勒坦額墨勒鄂拉　準語。額墨勒,馬鞍也。山色如金,形如馬鞍,故名。④

［滿］altan emel aola［蒙］altan emegel aɣula［托］altan emēl uula

莎達巴　準語。莎,臂胯也。嶺形如之,故名。

［滿］so daba［蒙］soɣo dabaɣ-a［托］so daba

他巴爾遜達巴⑤　回語。他巴爾遜,已得之詞。行人經歷險遠,得至此嶺而幸之也。

［滿］tabarsun daba［回］tabarsun daba

察察圖達巴　準語。察察,謂小廟,以供殘廢佛像者。嶺有此廟,故名。

［滿］cacatu daba［蒙］čačatu dabaɣ-a［托］cacatu daba

圖賚愛古爾鄂拉　回語。圖賚,紫騮色;愛古爾,馬駒也⑥。山之形色似之,故名。

［滿］turai aigūr aola［回］turu āyɣur ola

---

① 英藏鈔本此條注語作"準語。察罕,白色;布古,謂鹿。山有白鹿,故名"。
② 英藏鈔本此條注語作"準語。庫隆奎,寒凉之謂。山境多寒,故名"。英藏鈔本"庫隆奎鄂拉"條在"察罕布古圖鄂拉"條前。
③ 英藏鈔本此條注語作"準語。原音格得,腦後骨高之象。山形如之,故名"。
④ "準語"後,英藏鈔本有"阿勒坦,金也"。英藏鈔本"阿勒坦額墨勒鄂拉"條在"格登鄂拉"條前。
⑤ 英藏鈔本"他巴爾遜達巴"條在"莎達巴"條前。
⑥ "馬駒",英藏鈔本作"兒馬"。英藏鈔本"圖賚愛古爾鄂拉"條在"察察圖達巴"條前。

布哈鄂拉　準語。布哈,引水大渠也。山下有渠,故名。

［滿］buha aola［蒙］buq-a aγula［托］buxa uula

墨爾根西里鄂拉①　準語。墨爾根,山徑幽奇之象;西里,山間平甸也。

［滿］mergen sili aola［蒙］mergen sili aγula［托］mergen sili uula

阿圭鄂拉　準語。阿圭,山間石洞也。

［滿］agūi aola［蒙］aγui aγula［托］aγui uula

阿斯哈達巴　準語。嶺間多沙石,故名。②

［滿］asha daba［蒙］asq-a dabaγ-a［托］asxa daba

伊爾該圖鄂拉③　準語。伊爾該,木名也。山多産此,故名。

［滿］irgaitu aola［蒙］irgaitu aγula［托］irγayitu uula

渾都賴鄂拉　準語。渾都賴,軒仰之謂,指山之形勢而言。④

［滿］hondulai aola［蒙］qondulai aγula［托］xondulai uula

庫克里克鄂拉　準語。庫克里克,沙鷄也。山多此禽,故名。

［滿］kukelik aola［蒙］kökelig aγula［托］kükeliq uula

烏可克達巴　［滿］ukek daba 解及三合切音以下見本卷。⑤

額得墨克達巴　［滿］edemek daba 解及三合切音以下見本卷。⑥

庫穆什鄂拉　回語。庫穆什,銀也。其山舊曾産銀,故名。

［滿］kumuši aola［回］kümüš ola

哈喇布拉克達巴　準語。布拉克,泉也。嶺出泉,色近黑,故名。⑦

---

① 英藏鈔本"墨爾根西里鄂拉"條在"布哈鄂拉"條前。
② 英藏鈔本此條作"**阿蘇達巴**　準語。原音阿斯哈,流沙也。山間有之,故名"。此條字母轉寫作"［滿］asu daba［蒙］asu dabaγ-a［托］asu daba"。英藏鈔本"阿蘇達巴"條在"阿圭鄂拉"條前。
③ "伊",英藏鈔本作"憶",注同。
④ "指山之形勢而言",英藏鈔本作"山形高峻,登者勢多軒仰,故名"。英藏鈔本"渾都賴鄂拉"條在"憶爾該圖鄂拉"條前。
⑤ 英藏鈔本此條注語作"見本卷"。
⑥ 英藏鈔本此條注語作"布魯特語。額得墨克,餅餌之名"。
⑦ "喇",英藏鈔本作"拉"。"準語"後,英藏鈔本有"哈拉,黑色"。"嶺出泉",英藏鈔本作"嶺出泉水"。英藏鈔本順序爲"庫穆什鄂拉—烏可克達巴—庫克里克鄂拉—哈拉布拉克達巴—額得墨克達巴"。

　　〔滿〕hara bulak daba〔蒙〕qar-a bulaγ dabaγ-a〔托〕xara bulaq daba

　　呼巴海鄂拉①　準語。呼巴海,山無草木之謂。漢爲赤谷;唐爲丹山,亦曰羯丹山。《漢書·西域傳》:温宿國,北至烏孫赤谷六百一十里。《魏書·西域傳》:烏孫國,治赤谷城,在龜兹西北。《唐書·地理志》:度拔達嶺五十里,烏孫所治赤山城也。又碎葉水北,有羯丹山。　按:温宿國爲今阿克蘇。呼巴海山在阿克蘇北六百里外,應屬赤谷故地也。

　　〔滿〕hūbahai aola〔蒙〕qubaqai aγula〔托〕xubaxai uula

　　巴噶布魯勒鄂拉　準語。巴噶,小也;布魯勒,班白之謂②。山色似之,故名。

　　〔滿〕baga burul aola〔蒙〕baγ-a buγurul aγula〔托〕baγa burul uula

　　伊克布魯勒鄂拉　準語。伊克,大也。山色斑然而形勢較大,故名。

　　〔滿〕ike burul aola〔蒙〕yeke buγurul aγula〔托〕yeke burul uula

天山南路回部所屬諸山

　　都魯達巴③　回語。都魯,背後膀骨也④。嶺形如之,故名。

　　〔滿〕dulu daba〔回〕dolu daba

　　蘇巴什塔克　回語。蘇,水也;塔克,山也。山有泉源,故名。即《唐書》所謂礌石磧也。⑤《唐書·地理志》:自西州西南百二十

---

① “呼”,英藏鈔本作“胡”,注同。
② “班”,四庫薈要本、英藏鈔本作“斑”。英藏鈔本“巴噶布魯勒鄂拉”條在“胡巴海鄂拉”條前。
③ “都魯達巴”,英藏鈔本作“多羅達巴”。此條字母轉寫作“〔滿〕dolo daba〔回〕dolo daba”。
④ “都魯,背後膀骨也”,英藏鈔本作“多羅,謂後膀骨也”。
⑤ “塔克,山也。山有泉源,故名。即《唐書》所謂礌石磧也”,英藏鈔本作“巴什,源頭也。山有泉源,故名。即《唐書》所謂礌石磧也。回人謂山爲塔克,後凡言塔克者倣此”。

里,至天山西南入谷①,經磧石磧。

　　［滿］su baši tak［回］su baši tak

納林奇喇塔克② 準語。納林,謂細③。猶云小山梁也。

　　［滿］narin kira tak［蒙］narin kir-a taγ［托］narin kira taq

博羅圖塔克 準語。博羅,雨也④。山間時有雨澤,故名。

　　［滿］borotu tak［蒙］boroγ-a-tu taγ［托］borotu taq

楚輝塔克 回語。楚輝,新苗之草。山多產此,故名。

　　［滿］cuhui tak［回］čuxuy tak

海都塔克 回語。海都,曲折之謂。海都河出其山麓,水流曲折,故名。　按:海都塔克,亦天山正幹之分支也。山以河名,而河水南流入博斯圖淖爾,又南流入羅布淖爾⑤,皆山南回部之地,故繫山於回部云。

　　［滿］haidu tak［回］xaydu tak

庫木什阿克瑪塔克 回語⑥。阿克瑪,積而不散之謂。山舊產銀,故名。

　　［滿］kumuši akma tak［回］kümüš akma tak

額格爾齊塔克 回語。額格爾齊,馬鞍之謂。山形如之,故名。

　　［滿］egerci tak［回］egärči tak

庫爾勒塔克 回語。庫爾勒,瞻眺之謂。山形矗起,可供瞻眺,故名。⑦

　　［滿］kurle tak［回］kurla tak

達蘭達巴 準語。達蘭,七十數也。山峰攢簇,約指其數之詞。

　　［滿］dalan daba［蒙］dalan dabaγ-a［托］dalan daba

---

① “天山”,原作“大山”,據四庫全書本、四庫薈要本、英藏鈔本改。
② “喇”,英藏鈔本作“拉”。
③ 英藏鈔本此後有“奇拉,謂山梁”。
④ 英藏鈔本此後有“圖,有也”。
⑤ “布”,英藏鈔本作“卜”。
⑥ 英藏鈔本此後有“庫穆什,銀也”。
⑦ 英藏鈔本此條注語作“回語。原音庫隴勒,至而欣幸之辭。山形艱險,既至而幸之也”。

　　拜拉克塔克①　回語。拜拉克,謂富厚人也。山間水草豐茂肥美,故名。

　　［滿］bailak tak ［回］baylak tak

　　烏什噶克塔克　回語,山峰險滑之謂。

　　［滿］ušigak tak ［回］učqaq tak

　　哈喇庫爾達巴　回語。庫爾,層折之謂。嶺形層折,石色近黑,故名。②

　　［滿］hara kur daba ［回］xara kur daba

　　愛呼木什塔克　回語。愛,月也;呼木什,葦也。葦塘深暗,旅人見月乃得行③,故名。

　　［滿］ai humši tak ［回］āyxumuš tak

　　庫克訥克達巴④　回語。庫克訥克,青燕也。嶺多此禽,故名。

　　［滿］kukenek daba ［回］kükänäk daba

　　却爾噶塔克⑤　回語。却爾噶,瀑布也。山有瀑泉,故名。

　　［滿］kiyorga tak ［回］čorɣa tak

　　布里博克濟塔克⑥　回語。布里,狼也;博克濟,頦也。山形似之,故名。

　　［滿］buri bokji tak ［回］büri bökči tak

　　鄂克阿特庫塔克　回語。鄂克,箭也;阿特庫,射也。回人常於此射獵,故名。

　　［滿］ok atku tak ［回］oq ataqu tak

　　圖格哈納達巴　回語。圖格,謂駱駝;哈納,疲乏也。嶺形險峻,駝行易疲,故名。

　　［滿］tuge hana daba ［回］tügä xanä daba

―――――――――

① “拜拉克塔克”,英藏鈔本作“巴雅拉克塔克”。此條滿文字母轉寫作“bayalak tak”。
② 英藏鈔本此條作“**哈拉庫爾達巴**　回語。哈拉,黑色;庫爾,層折之謂”。
③ “旅人見月乃得行”,英藏鈔本作“見月得行”。
④ “訥”,英藏鈔本作“納”,注同。
⑤ “却”,英藏鈔本作“確”,注同。
⑥ “博克濟”,英藏鈔本作“薄克集”,注同。

哈喇裕勒衮塔克　回語。裕勒衮,謂垂柳。山柳成陰,故名。①

〔滿〕hara yulgun tak〔回〕xara yulɣun tak

額爾齊斯哈喇塔克②　準語。額爾齊斯,遒緊之謂。山峰緊峭而色黑,故名。

〔滿〕ercis hara tak〔蒙〕erčis qar-a taɣ〔托〕ercis xara taq

松塔什塔克　回語。松,高矗之象③。山有界石高矗,故名。

〔滿〕sung taši tak〔回〕songtaš tak

固勒扎巴什達巴　回語。固勒扎,盤羊也,準語同④。山似盤羊之首,故名。爲烏什西南屏⑤。漢尉頭、疏勒二國南北交界處。《漢書·西域傳》: 尉頭國,南與疏勒接,山道不通。

〔滿〕gūlja baši daba〔回〕ɣulja baši daba

赫色勒額什墨塔克⑥　回語。赫色勒,紅色;額什墨,細泉也。山色微赭,多流泉,故名。

〔滿〕hesel ešime tak〔回〕qizil ašmä tak

英額齊盤塔克⑦　原音英伊什齊盤⑧。英伊什,回語,下坡之謂;齊盤,帕爾西語,謂牧羊者。山坡之下多游牧處,故名。

〔滿〕ingge cipan tak〔回〕ingä čifan täk

庫克雅爾塔克　回語。庫克,青色。山石色青,下臨坎,故名⑨。

〔滿〕kuke yar tak〔回〕kök yar tak

裕勒阿里克塔克　回語。裕勒,净貌;阿里克,水渠也。山下有

---

① “哈喇裕勒衮”,英藏鈔本作“哈拉玉勒衮”。“裕勒衮,謂垂柳”,英藏鈔本作“哈拉,黑色;玉勒衮,謂垂柳”。

② “喇”,英藏鈔本作“拉”。

③ 英藏鈔本此後有“塔什,謂石”。

④ 英藏鈔本此後有“巴什,頭也”。

⑤ 英藏鈔本此後有“山脉自喀克沙爾山,分支東南行,至此嶺尤峻絶”。

⑥ “什”,英藏鈔本作“錫”,注同。

⑦ “英額齊盤塔克”,英藏鈔本作“英額奇盤塔克”,其字母轉寫爲“〔滿〕ingge kipan tak〔回〕ingä kifan täk”。

⑧ “英伊什齊盤”,英藏鈔本作“英伊什齊盤”,下文同。

⑨ “山石色青,下臨坎,故名”,英藏鈔本作“雅爾,坎也。山旁有坎,故名”。

清水渠,故名。①

　　〔滿〕yul arik tak〔回〕yul arik tak

　　貝喇塔克②　回語。貝喇,蓆也。織蓆人居此山下,故名。

　　〔滿〕boira tak〔回〕boyra tak

　　奇勒揚塔克　回語。奇勒揚,磨刀石也③。山産此石,故名。

　　〔滿〕kilyang tak〔回〕kilyang tak

　　和什塔克④　回語。和什,對峙之謂。山有雙峰對立,故名。

　　〔滿〕hoši tak〔回〕xoš tak

　　薩納珠塔克⑤　回語。舊對音爲三珠⑥,紀數之謂。地通西藏,爲商賈通市之地,於此稽查稅額,故名。

　　〔滿〕sanaju tak〔回〕sanju tak

　　額什墨提斯塔克　回語。提斯,急流也。山間有泉,下流迅急,故名。⑦

　　〔滿〕ešime tis tak〔回〕ašmä tiz tak

　　哈朗歸塔克　回語。哈朗歸,幽暗之謂,準語同。山逕深邃,故名。

　　〔滿〕haranggūi tak〔回〕xaranggu tak

　　堅珠塔克⑧　回語。堅珠,藏積貨財之所。

　　〔滿〕giyanju tak〔回〕gänju tak

---

①　英藏鈔本此條作"**玉勒阿里克塔克**　回語。玉勒,去草也;阿里克,水渠也。山下有渠,無草,若刈去者然,故名"。
②　"喇",英藏鈔本作"拉",注同。英藏鈔本"貝拉塔克"條在"玉勒阿里克塔克"條前。
③　"磨刀石也"後,英藏鈔本有"白色"二字。
④　"和",英藏鈔本作"霍",注同。英藏鈔本"霍什塔克"條在"奇勒揚塔克"條前。
⑤　"薩納珠塔克",英藏鈔本此條作"三珠塔克",此條滿文字母轉寫作"sanju tak"。
⑥　"舊對音爲三珠",英藏鈔本作"原音薩納朱"。
⑦　英藏鈔本此條作"**額錫墨提斯塔克**　回語。額錫墨,泉也;提斯,急流也。山泉下流迅急,故名"。英藏鈔本"額錫墨提斯塔克"條在"三珠塔克"條前。
⑧　英藏鈔本"堅珠塔克"條在"哈朗歸塔克"條前。

和什庫珠克達巴①　回語。庫珠克,機軸也。兩峰之間,路逕層折如之,故名。自此以下,至杭阿納喇特達巴,在古總屬葱嶺②。《漢書·西域傳》:西域三十六國,西則限以葱嶺。《水經注》:葱嶺高千里。《唐書·西域傳》:葱嶺名極疑山。

　[滿] hoši kujuk daba　[回] qoš kujuk daba

烏魯阿喇特達巴③　回語。烏魯,高大之謂;阿喇特,登降之謂④。嶺形高大,有登降之勞,故名。

　[滿] ulu arat daba　[回] ulu art daba

汗特勒克塔克　回語。汗,謂君長,與準語同⑤;特勒克,楊樹也。山有楊樹,稱汗以喻其樹之大也。

　[滿] han terek tak　[回] xan tiräk tak

克伯訥克達巴　回語。克伯訥克,氊衣也。⑥

　[滿] kebenek daba　[回] käfänak daba

齊齊克里克達巴　準語。齊齊克,謂花也。山間多花木,故名。⑦

　[滿] ciciklik daba　[蒙] čičiglig dabaɣ-a　[托] ciciqliq daba

特勒克達巴　回語。嶺多楊樹,故名。⑧

　[滿] terek daba　[回] teräk daba

杭阿喇特達巴⑨　回語。杭,人名;阿喇特,謂老人。嶺以人

---

① “和”,英藏鈔本作“霍”。
② 英藏鈔本此前注語作“回語。霍什,對峙之謂;庫珠克,機軸也。山間路逕層折如之,故名。自此以下至杭阿拉特達巴,在古總屬葱嶺”。
③ “喇”,英藏鈔本作“拉”,注同。英藏鈔本“烏魯阿拉特達巴”條在“霍什庫珠克達巴”條前。
④ “登”,英藏鈔本作“陟”,下文同。
⑤ “汗,謂君長,與準語同”,英藏鈔本作“汗,君長之謂”。
⑥ 英藏鈔本此條作“**克博訥克達巴**　回語。克博訥克,氊衣也。嶺上多雨,過者率服雨衣,故名”。英藏鈔本“克博訥克達巴”條在“汗特勒克塔克”條前。
⑦ 英藏鈔本此條注語作“回語。齊齊克,謂花,準語同;里克,謂有。山多花木,故名”。
⑧ 英藏鈔本作“回語。特勒克,楊樹也。嶺多產此,故名”。英藏鈔本“特勒克達巴”條在“齊齊克里克達巴”條前。
⑨ “喇”,英藏鈔本作“拉”。

名也。

　　［滿］hang arat daba［回］xuangrat daba

沙圖圖達巴　準語。沙圖，梯也①。嶺形層出如梯，故名。

　　［滿］šatutu daba［蒙］šatutu dabaγ-a［托］šatutu daba

硇什達爾烏蘭達布遜塔克　回語。硇什達爾，硇沙也；烏蘭，紅色；達布遜，鹽也。山多產此，故名。

　　［滿］naošidar ulan dabusun tak［回］nušidir ulan däbasun tak

碩勒圖郭勒塔克　回語。碩勒圖，眼前之謂；郭勒，河也。山旁有河，故名。②

　　［滿］šoltu gool tak［回］šoltu γol tak

---

① “準語。沙圖，梯也”，英藏鈔本作“回語。沙圖，梯也。準語同”。
② 英藏鈔本此條“郭勒”作“郭爾”。英藏鈔本順序爲“沙圖圖達巴—硇什達爾烏蘭達布遜塔克—杭阿拉特達巴—錫津烏蘭托羅海塔克—朔勒圖郭爾塔克”。其中“錫津烏蘭托羅海塔克”條爲底本所無，兹列於此：“**錫津烏蘭托羅海塔克**　準語。錫津，人名，舊曾居此，故名；烏蘭，紅色；托羅海，山頭也。［滿］sijin ulan tolohai tak［蒙］sijin ulaγan toloγai taγ［托］sizin ulān toloγoi taγ”。

卷五　天山北路水名

巴爾庫勒屬

巴爾庫勒淖爾　巴爾庫勒,回語。巴爾,謂有;庫勒,池也。舊對音爲巴里坤。淖爾,蒙古語,即回語庫勒。古蒲類海也①。《後漢書·竇固傳》:固至天山,擊呼衍王。呼衍王走,追至蒲類海。《班超傳》:超爲假司馬,將兵別擊伊吾,戰于蒲類海。注:蒲類海在敦煌北。

〔滿〕bar kul noor〔蒙〕bar köl naɣur〔托〕bar kül noor〔回〕barköl nur

圖爾庫勒②　回語。圖爾,渟瀦之謂。澤水渟瀦不流,故名③。即唐鹽池海也。《元和志》:鹽池海,在伊吾縣南三百里,周回百餘里。《唐書·地理志》:伊吾縣南二里,有鹽池海。

〔滿〕tur kul〔回〕turköl

哈畢爾噶布拉克　蒙古語。哈畢爾噶,謂肋也;布拉克,謂泉也,回語同④。泉出山旁,故名。

〔滿〕habirga bulak〔蒙〕qabirɣ-a bulaɣ〔托〕xabirɣa bulaq

洮賚布拉克⑤　蒙古語。洮賚,兔也。近泉之地多兔,故名。

〔滿〕taolai bulak〔蒙〕taulai bulaɣ〔托〕toulai bulaq

阿拉克椿濟郭勒⑥　阿拉克,蒙古語,色不一也;椿濟,墩臺也;

---

① “舊對音爲巴里坤。淖爾,蒙古語,即回語庫勒。古蒲類海也”,英藏鈔本作“轉音爲巴里坤。淖爾,蒙古語,即回語之庫勒。後凡言淖爾者倣此”。
② “圖”,英藏鈔本作“土”,注同。
③ “圖爾,渟瀦之謂。澤水渟瀦不流,故名”,英藏鈔本作“土爾,渟瀦之謂;庫勒,大澤也。止水不流,故名”。
④ 英藏鈔本此後有“後凡言布拉克者倣此”。
⑤ “賚”,英藏鈔本作“賴”,注同。
⑥ “濟”,英藏鈔本作“集”,注同。

郭勒,蒙古語,河也①。濱河之地,舊設墩臺,故名。

　　〔滿〕alak cunji gool 〔蒙〕alaɣ čunǰi ɣool 〔托〕alaq conzi ɣol

　　烏爾圖布拉克②　蒙古語。烏爾圖,謂長也。泉水長流,故名。

　　〔滿〕urtu bulak 〔蒙〕urtu bulaɣ 〔托〕urtu bulaq

　　哈喇烏蘇③　蒙古語,回語同。哈喇,黑色;烏蘇,水也。水色近黑,故名④。

　　〔滿〕hara usu 〔蒙〕qar-a usu 〔托〕xara usu

　　和尼烏蘇⑤　蒙古語。和尼,羊也。泉資飲牧,故名。

　　〔滿〕honi usu 〔蒙〕qoni usu 〔托〕xoni usu

烏魯木齊雅爾伊犂諸路屬⑥

　　阿勒塔齊郭勒　準語。阿勒塔齊,金匠也。濱河而居,故名。

　　〔滿〕altaci gool 〔蒙〕altači ɣool 〔托〕altaci ɣol

　　阿爾呼特布拉克⑦　準語。阿爾呼特,皮囊之屬,用以盛乳酒者。泉坎寬深,出地處窄如囊口⑧,故名。

　　〔滿〕arhūt bulak 〔蒙〕arqud bulaɣ 〔托〕arxud bulaq

　　多倫布拉克　準語。多倫,七數。泉眼七處,故名。

　　〔滿〕dolon bulak 〔蒙〕doloɣan bulaɣ 〔托〕dolon bulaq

　　庫里葉圖布拉克⑨　準語。庫里葉圖,舊設營盤之處,旁有流

---

① "阿拉克,蒙古語,色不一也;椿濟,墩臺也;郭勒,蒙古語,河也",英藏鈔本作"阿拉克,蒙古語,五色相雜之謂;椿集,回語,墩臺也;郭勒,蒙古語,河也。後凡言郭勒者倣此"。
② 英藏鈔本"烏爾圖布拉克"條在"阿拉克椿集郭勒"條前。
③ "喇",英藏鈔本作"拉"。
④ "水色近黑,故名",英藏鈔本作"後凡言烏蘇者倣此"。
⑤ 英藏鈔本"和尼烏蘇"條在"哈喇烏蘇"條前。
⑥ "雅爾",英藏鈔本無。
⑦ "呼",英藏鈔本作"胡",注同。
⑧ "窄",英藏鈔本作"仄"。
⑨ "葉",英藏鈔本作"野",注同。

泉,故名。

　　〔滿〕kuriyetu bulak〔蒙〕küriy-e-tü bulaɣ〔托〕kürētu bulaq

察罕烏蘇　準語。察罕,白色,猶云白水也。

　　〔滿〕cagan usu〔蒙〕čaɣan usu〔托〕caɣan usu

納里特布拉克　準語。納里特,謂細流也。

　　〔滿〕narit bulak〔蒙〕narid bulaɣ〔托〕narid bulaq

阿察郭勒　阿察,準、回語同,分支之謂。水流岐出,故名。

　　〔滿〕aca gool〔蒙〕ača ɣool〔托〕aca ɣol〔回〕āčā ɣol

鄂倫淖爾　準語。鄂倫,多也。地多泉眼,故名。

　　〔滿〕olon noor〔蒙〕olan naɣur〔托〕olon noor

鏗格爾布拉克　回語。鏗格爾,曲屈之謂。水流屈注①,故名。

　　〔滿〕kengger bulak〔回〕känggir bulak

必柳布拉克②　準語。必柳,磨刀石也。泉在必柳嶺下,故名。

　　〔滿〕bilio bulak〔蒙〕bilegü bulaɣ〔托〕biliü bulaq

多博綽克布拉克③　準語。多博綽克,高阜大小林立之謂。泉水之旁有此④,故名。

　　〔滿〕dobocok bulak〔蒙〕dobočoɣ bulaɣ〔托〕dobocoq bulaq

濟爾瑪台布拉克　準語。濟爾瑪,小魚也;台,有也⑤。泉出小魚,故名。

　　〔滿〕jirmatai bulak〔蒙〕ǰirmatai bulaɣ〔托〕zirmatai bulaq

烏里雅蘇台布拉克　準語。烏里雅蘇,楊樹也⑥。水泉之旁多有楊樹,故名。

　　〔滿〕uliyasutai bulak〔蒙〕uliyasutai bulaɣ〔托〕uliyasutai bulaq

---

① "屈",四庫薈要本作"曲"。
② "必",英藏鈔本作"畢",注同。
③ "多",英藏鈔本作"托",注同。故此條字母轉寫與底本均不同,茲列於此:
　　"〔滿〕tobocok bulak〔蒙〕tobočoɣ bulaɣ〔托〕tobocoq bulaq"。
④ "泉水之旁有此",英藏鈔本作"泉旁地勢如此"。
⑤ "台,有也",英藏鈔本無。
⑥ 英藏鈔本此後有"台,有也"。

　　阿克塔斯布拉克①　準語。阿克塔，騸馬也；斯，人衆也。泉水之旁，地宜游牧，故名。

　　［滿］aktas bulak［蒙］aγtas bulaγ［托］aqtas bulaq

　　羅克倫郭勒　羅克倫，回語，涌出之象。地有瀑泉上涌，匯而成河，故名。②

　　［滿］loklon gool［回］loklun γol

　　昌吉郭勒③　準語。昌吉，場圃也。河濱築此，故名。

　　［滿］canggi gool［蒙］čanggi γool［托］canggi γol

　　圖古里克郭勒　準語。圖古里克，物之圓者。本地名，因以名其河也。④

　　［滿］tugurik gool［蒙］tögürig γool［托］tugüriq γol

　　胡圖克拜郭勒　準語。胡圖克拜，吉祥之謂。猶云吉祥河也⑤。

　　［滿］hūtukbai gool［蒙］qutuγbai γool［托］xutuqbai γol

　　哈齊克郭勒　準語。哈齊克，草鼈也。濱河有之，故名。

　　［滿］hacik gool［蒙］qačiγ γool［托］xaciq γol

　　瑪那斯郭勒　準語。瑪那，巡邏之謂；斯，指其人而言。濱河之地巡邏者衆，故名。⑥

　　［滿］manas gool［蒙］manas γool［托］manas γol

　　額彬格遜淖爾⑦　準語。額彬，謂老婦；格遜，謂腹。相沿舊名

---

① “塔”，英藏鈔本作“他”，注同。英藏鈔本此條後多“烏蘭烏蘇”條，玆列於此：“烏蘭烏蘇　準語。烏蘭，紅色，水色近紅，故名。［滿］ulan usu［蒙］ulaγan usu［托］ulān usu”。
② 英藏鈔本此條注語作“羅克倫，回語，瀑水涌出之象。地多瀑泉，匯而成河，故名”。
③ 英藏鈔本“昌吉郭勒”條在“羅克倫郭勒”條前。
④ 英藏鈔本此條作“**土古里克郭勒**　準語。土古里克，物之圓者。河形近圓，故名”。
⑤ “猶云吉祥河也”，英藏鈔本作“舊有以此命名者居此，故名”。且英藏鈔本“胡圖克拜郭勒”條在“土古里克郭勒”條前。
⑥ 英藏鈔本此條作“瑪那斯，回語，尼木阿斯之轉音。蓋懸物之謂。河濱多樹，便于懸物，故名”。且英藏鈔本“瑪那斯郭勒”條在“哈齊克郭勒”條前。
⑦ 英藏鈔本無此條。

如此。

[滿] ebin gesun noor [蒙] ebin gesün naɣur [托] ebi-yin gesun noor

和爾郭斯郭勒 準語。和爾郭斯,舊對音爲和落霍澌,謂畜牧地也。濱河宜畜牧,故名。①

[滿] horgos gool [蒙] qorɣos ɣool [托] xorɣos ɣol

安濟哈雅郭勒 準語。安濟,藥草名;哈雅,採取也。濱河多產此草,居人往取,故名。

[滿] anji haya gool [蒙] anji qay-a ɣool [托] anzi xaya ɣol

庫爾郭勒② 準語。庫爾,謂積雪。河流凍合,積雪不消,故名。

[滿] kur gool [蒙] kör ɣool [托] kür ɣol

濟爾噶朗郭勒 準語。濟爾噶朗,謂安居之地。濱河多水草,居者安之,故名。

[滿] jirgalang gool [蒙] jirɣalang ɣool [托] zirɣalang ɣol

額布圖郭勒 準語。額布圖,順適之謂③。河水安流,故名。

[滿] ebtu gool [蒙] ebtü ɣool [托] ebtu ɣol

布勒哈齊淖爾 準語。布勒哈齊,謂伏流之水,旋出地上,匯成大澤也。

[滿] bulhaci noor [蒙] bulqači naɣur [托] bulxaci noor

裕勒雅爾郭勒④ 回語。裕勒,净貌;雅爾,坎也。河形窪下,其流清净,故名。

[滿] yul yar gool [回] yul yarɣol

---

① 英藏鈔本此條注語作"準語。和爾郭斯,駝羊矢也。河濱積此,故名"。英藏鈔本此條後多"愛拉克淖爾"條,兹列於此:"**愛拉克淖爾** 準語。愛拉克,謂乳酪,喻其水之甘美也。[滿] airak noor [蒙] ayiraɣ naɣur [托] ayiraq noor"。

② 英藏鈔本"庫爾郭勒"條在"安濟哈雅郭勒"條前。

③ 英藏鈔本"順適"前有"和平"二字。

④ 英藏鈔本無此條。英藏鈔本在"布勒哈齊淖爾"條後爲"庫爾圖郭勒"條,兹列於此:"**庫爾圖郭勒** 準語。庫爾,謂積雪;圖,有也。濱河多積雪,故名。[滿] kurtu gool [蒙] körtü ɣool [托] kürtü ɣol"。

晶郭勒　準語。晶,謂蒸籠也。河濱沙土,温煖如蒸,故名。

［滿］jing gool［蒙］jing ɣool［托］zing ɣol

庫色木蘇克郭勒①　準語。庫色木蘇克,願欲之謂。郭勒之旁, 水草豐饒,居人樂之,故名。

［滿］kusemsuk gool［蒙］küsemsüg ɣool［托］küsemsuq ɣol

鄂拓克賽里郭勒　準語。鄂拓克,部落也;賽里,後胯也。河有 分流如胯,故名②。

［滿］otok sairi gool［蒙］otoɣ sayiri ɣool［托］otoq sayiri ɣol

察罕賽喇木淖爾　賽喇木,回語,安適之謂。淖爾水色近白,其 旁居者安之,故名。③

［滿］caɣan sairam noor［回］čaɣan sayram nur

博羅塔拉郭勒　準語。博羅,青色;塔拉,謂平甸④。河近平原, 故名。

［滿］boro tala gool［蒙］boro tal-a ɣool［托］boro tala ɣol

烏里雅蘇台布拉克　［滿］uliyasutai bulak 解及三合切音以下 見本卷⑤。

青吉勒郭勒　回語。青吉勒,水葱也;濱河產此,故名。

［滿］cinggil gool［回］činggil ɣol

阿拉克圖古勒淖爾　準語。圖古勒,小犂牛也,以物名水⑥。如 古白狼河之類,不必實有所指也。

［滿］alak tugūl noor［蒙］alaɣ tuɣul naɣur［托］alaq tuɣul noor

---

① "木",英藏鈔本作"穆",注同。
② "賽里,後胯也。河有分流如胯,故名",英藏鈔本作"賽里,謂股。河有分 流如股,入博羅塔拉,故名"。
③ 英藏鈔本此條作"察罕賽拉木淖爾　賽拉木,回語,安妥之謂。淖爾之旁, 居者安之,故名"。
④ "平甸",英藏鈔本作"平原"。英藏鈔本"博羅塔拉郭勒"條在"察罕賽拉木 淖爾"條前。
⑤ 英藏鈔本此條注語作"見本卷"。
⑥ "圖古勒,小犂牛也",英藏鈔本作"阿拉克,花紋也;圖古勒,牛犢也"。英 藏鈔本此條在"烏里雅蘇台布拉克"條之前。

布拉干郭勒 準語。布拉干,謂貂也①。濱河産此,故名。

［滿］bulagan gool ［蒙］bulaɣan ɣool ［托］bulaɣan ɣol

布爾噶蘇台布拉克② 準語。布爾噶蘇台,有柳樹處。近泉多柳,故名。

［滿］burgasutai bulak ［蒙］burɣasutai bulaɣ ［托］burɣasutai bulaq

赫色勒巴什淖爾 回語。赫色勒,紅色;巴什,謂頭。水源色紅,故名。

［滿］hesel baši noor ［回］xizil baši nur

烏英齊郭勒 準語。烏英,銀鼠也;齊,衆多也。濱河多此,故名。

［滿］uyengci gool ［蒙］uyengči ɣool ［托］uyengci ɣol

博東齊郭勒 準語。博東,野猪也。濱河多此,故名。③

［滿］bodongci gool ［蒙］bodongči ɣool ［托］bodongci ɣol

額爾齊斯郭勒 準語。額爾齊斯,遒緊之謂④。河流湍急,故名。

［滿］ercis gool ［蒙］erčis ɣool ［托］ercis ɣol

哈喇圖郭勒⑤ 準語。哈喇圖,遠望得見之謂。

［滿］haratu gool ［蒙］qaratu ɣool ［托］xaratu ɣol

哈爾巴郭勒 準語。哈爾巴,小魚名。河出此魚,故名。

［滿］harba gool ［蒙］qarba ɣool ［托］xarba ɣol

奇喇郭勒⑥ 準語。奇喇,山梁也。河源出於山碙,故名。

［滿］kira gool ［蒙］kir-a ɣool ［托］kira ɣol

尼斯庫郭勒 準語。尼斯庫,謂飛。猶云飛流也。

［滿］nisku gool ［蒙］niskü ɣool ［托］niskü ɣol

---

① “貂”後,英藏鈔本多“鼠”字。
② 英藏鈔本“布爾噶蘇台布拉克”條在“布拉干郭勒”條前。
③ 英藏鈔本此條注語作“準語。博東,牡野猪也。餘解見前”。
④ “遒”,英藏鈔本作“力”。
⑤ “喇”,英藏鈔本作“拉”,注同。英藏鈔本順序爲“哈拉圖郭勒—烏英齊郭勒—額爾齊斯郭勒—博東齊郭勒”。
⑥ “奇喇”,英藏鈔本作“奇拉”,注同。

博喇濟郭勒①　博喇濟②,準人名。舊曾居此,故名。

〔滿〕boraji gool〔蒙〕boraǰi ɣool〔托〕borazi ɣol

巴爾噶淖爾　回語。巴爾噶,羔羊也。

〔滿〕barga noor〔回〕barɣa nur

納林郭勒③　準語。納林,細也。河流細小,故名。

〔滿〕narin gool〔蒙〕narin ɣool〔托〕narin ɣol

哈柳圖郭勒　準語。哈柳,水獺也④。河中產此,故名。

〔滿〕haliotu gool〔蒙〕qaliɣutu ɣool〔托〕xaliütu ɣol

烘和圖淖爾　準語。烘和,鈴也。其水激岸,聲如鈴⑤,故名。

〔滿〕honghotu noor〔蒙〕qongqotu naɣur〔托〕xongxotu noor

阿拉克淖爾　準語,謂水紋青碧歷碌然也。⑥

〔滿〕alak noor〔蒙〕alaɣ naɣur〔托〕alaq noor

釵羅爾郭勒　準語。釵羅爾,水泛浪花之謂。

〔滿〕cailor gool〔蒙〕čayilor ɣool〔托〕cayilor ɣol

昌吉斯台郭勒　準語。昌吉斯,木名⑦。瀕河產此,故名。

〔滿〕canggistai gool〔蒙〕čanggistai ɣool〔托〕canggistai ɣol

特穆爾圖淖爾　準語。特穆爾圖,有鐵之謂。淖爾之內產鐵,故名。

〔滿〕temurtu noor〔蒙〕temürtü naɣur〔托〕temurtu noor

哈爾巴噶郭勒⑧　準語。哈爾巴噶,射也。準人於此習射,故名。

〔滿〕harbaga gool〔蒙〕qarbaɣ-a ɣool〔托〕xarbaɣa ɣol

空格爾郭勒　準語。空格爾,窪下之地。山水下流,匯而成渠,

---

① "喇",英藏鈔本作"拉"。
② "博喇濟",英藏鈔本無。
③ "納",英藏鈔本作"那",注同。英藏鈔本"那林郭勒"條在"巴爾噶淖爾"條前。
④ 英藏鈔本"水獺"前有"即"字。
⑤ "鈴"後,英藏鈔本有"響"字。英藏鈔本此條在"哈柳圖郭勒"條前。
⑥ 英藏鈔本此條注語作"準語。阿拉克,花色也。水紋青碧歷碌然,故名"。
⑦ 英藏鈔本此後有"台,有也"。且英藏鈔本此條在"釵羅爾郭勒"條前。
⑧ 英藏鈔本此條在"特穆而圖淖爾"條前。

故名。

　　［滿］kungger gool［蒙］köngger ɣool［托］küngger ɣol

烏得郭勒　準語。烏得,門也①。山口如門,河從此出②,故名。

　　［滿］ude gool［蒙］egüde ɣool［托］ude ɣol

古爾格淖爾　準語。古爾格,橋也。其地有橋,故名。

　　［滿］gurge noor［蒙］kögörge naɣur［托］gürge noor

烏里雅蘇台郭勒③　準語。河旁多楊樹,故名。

　　［滿］uliyasutai gool［蒙］uliyasutai ɣool［托］uliyasutai ɣol

阿里瑪圖巴爾楚克郭勒　阿里瑪圖,準語,有果樹也;巴爾楚克,回語,全有之謂。河旁多果木,故名。

　　［滿］alimatu barcuk gool［蒙］alimatu barčuɣ ɣool［托］alimatu barcuq ɣol［回］alimatu barčuk ɣol

布隆郭勒④　準語。布隆,偏隅也,回語同。

　　［滿］bulung gool［蒙］bülüng ɣool［托］bulung ɣol

烏蘭呼濟爾布拉克　準語。烏蘭,紅色;呼濟爾,謂鹼也。鹼地色紅,泉水出焉。⑤

　　［滿］ulan hūjir bulak［蒙］ulaɣan qujir bulaɣ［托］ulān xuzir bulaq

察奇爾郭勒⑥　準語。察奇爾,山色丹碧爛然之象。河流濱此,故名。

　　［滿］cakir gool［蒙］čakir ɣool［托］cakir ɣol

綽諾布拉克　準語。綽諾,謂狼也。其地多狼,故名。

　　［滿］cono bulak［蒙］činu-a bulaɣ［托］cono bulaq

---

① "門也"前,英藏鈔本有"謂"字。
② "山口如門,河從此出",英藏鈔本作"河出山口入門"。且英藏鈔本此條在"空格爾郭勒"條前。
③ 英藏鈔本此條在"古爾格淖爾"條前。
④ 英藏鈔本此條在"阿里瑪圖巴爾楚克郭勒"條前。
⑤ 英藏鈔本此條注語作"準語。烏蘭呼濟爾,謂鹼地色紅也"。
⑥ 英藏鈔本此條在"烏蘭呼濟爾布拉克"條前。

呼濟爾烏蘇　準語,謂水流鹹地也。①

[滿] hūjir usu [蒙] qujir usu [托] xuzir usu

烘郭爾布拉克②　準語。烘郭爾,黃色。泉水色黃,故名。

[滿] honggor bulak [蒙] qongɣor bulaɣ [托] xongɣor bulaq

達木郭勒③　準語。達木,半路之謂。河居中道,故名。

[滿] dam gool [蒙] dam ɣool [托] dam ɣol

托來布拉克　準語。托來,胡桐樹也。泉水旁多此樹,故名。

[滿] torai bulak [蒙] torai bulaɣ [托] torai bulaq

烏爾圖布拉克　[滿] urtu bulak 解及三合切音以下見本卷。④

哈畢爾噶布拉克　[滿] habirga bulak 解及三合切音以下見本卷。⑤

納木郭勒　準語。納木,水流平緩而無聲之謂。

[滿] nam gool [蒙] nam ɣool [托] nam ɣol

穆呼勒戴布拉克　準語。穆呼勒戴,行盡處也。山行盡處,泉水出焉,故名。

[滿] muhūldai bulak [蒙] muquldai bulaɣ [托] muxuldai bulaq

達爾達木圖布拉克　準語。達爾達木圖,枯木重叠之謂。泉旁多此,故名⑥。

[滿] dardamtu bulak [蒙] dardamtu bulaɣ [托] dardamtu bulaq

蘇海圖布拉克　準語。蘇海圖,有檉柳處。泉旁多檉柳,故名⑦。

[滿] suhaitu bulak [蒙] suqaitu bulaɣ [托] suxayitu bulaq

摩多圖布古圖布拉克⑧　準語。摩多圖,有樹也;布古圖,有

---

① 英藏鈔本此條注語作“準語。呼濟爾,謂鹹也。水流鹹地,故名”。且英藏鈔本此條在“綽諾布拉克”條前。
② 英藏鈔本此條在“烘郭爾布拉克”條後。
③ “木”,英藏鈔本作“穆”,注同。
④ 英藏鈔本此條注語作“見本卷”。
⑤ 英藏鈔本此條注語作“見本卷”。
⑥ “泉旁多此,故名”,英藏鈔本無。
⑦ “泉旁多檉柳,故名”,英藏鈔本無。
⑧ “摩”,英藏鈔本作“謨”,注同。

鹿也。

〔滿〕 modotu bugūtu bulak 〔蒙〕 modutu buγutu bulaγ 〔托〕 modotu buγutu bulaq

鄂倫布拉克 準語。鄂倫，多也，發源之處泉眼非一，故名。

〔滿〕 olon bulak 〔蒙〕 olan bulaγ 〔托〕 olon bulaq

尼楚滚布古圖布拉克 準語。尼楚滚，不毛之謂；荒磧出泉，旁有阜形如鹿，故名。①

〔滿〕 nicugun bugūtu bulak 〔蒙〕 ničügün buγutu bulaγ 〔托〕 nucugün buγutu bulaq

布爾噶蘇台布拉克 〔滿〕 burgasutai bulak 解及三合切音以下見本卷。②

察拉垓布拉克 準語。察拉垓，水流四漫之象。

〔滿〕 calagai bulak 〔蒙〕 čalaγai bulaγ 〔托〕 calaγai bulaq

伊奇爾布拉克 準語。伊奇爾，細小之謂。本地名，因以名其泉也。③

〔滿〕 ikir bulak 〔蒙〕 ikir bulaγ 〔托〕 ikir bulaq

空格斯郭勒④ 回語。空格斯，踏地有聲也。濱河之地，行踪響應，故名。

〔滿〕 kungges gool 〔蒙〕 küngges γool 〔托〕 küngges γol 〔回〕 konggisγol

綽爾布拉克 準語。綽爾，簫管之屬。泉聲似之，故名。

〔滿〕 cor bulak 〔蒙〕 čoγor bulaγ 〔托〕 cor bulaq

特克斯郭勒 準語。特克，野山羊也；斯，衆多之謂。濱河多

① 英藏鈔本此條作"**呢楚滚布古圖布拉克** 準語。呢楚滚，不毛之地；布古，謂鹿也。地形硊磊如鹿，故名"。
② 英藏鈔本此條注語作"見本卷"。
③ 英藏鈔本此條"**伊奇里布拉克** 準語。伊奇里，連屬之謂，與布爾噶蘇台布拉克並流，故名"。故此條字母轉寫爲"〔滿〕ikiri bulak 〔蒙〕ikiri bulaγ 〔托〕ikiri bulaq"。
④ "格"，英藏鈔本作"吉"，注同。故此條字母轉寫爲"〔滿〕kunggis gool 〔回〕konggis γol"。

此,故名。①

[滿] tekes gool [蒙] tekes γool [托] tekes γol

哈什郭勒　哈什,回語,眉也。其地兩山相對如眉,河出山間,故名②。

[滿] haši gool [回] xaš γol

塔勒奇郭勒　準語。塔勒奇,謂刷皮木器。本嶺名,又以名其河也。③

[滿] talki gool [蒙] talki γool [托] talki γol

伊犂郭勒　準語。伊犂,即伊勒,光明顯達之謂也。唐爲伊列河④。一名伊麗水,又名帝帝河。《唐書・突厥傳》:因伊列河約諸部。河以西受令於咄陸,其東咥利失主之,自是西突厥又分二國矣。又蘇定方討賀魯,破其牙,賀魯跳度伊麗水。《地理志・北廷都護府》注:伊麗河,一名帝帝河。

[滿] ili gool [蒙] ili γool [托] ili γol

塔里雅圖布拉克　準語。塔里雅,謂農庄也⑤。水泉足資耕種,故名。

[滿] tariyatu bulak [蒙] tariyatu bulaγ [托] tariyatu bulaq

古爾班賽里郭勒　準語。古爾班,三數也;賽里,謂三支也⑥。河有支水,三道分流⑦,故名。

[滿] gūrban sairi gool [蒙] γurban sayiri γool [托] γurban sayiri γol

---

① 英藏鈔本此條作"**特克什郭勒**　準語。特克什,謂寬平之地。濱河地多平衍,故名"。故此條字母轉寫爲"[滿] tekši gool [蒙] tegši γool [托] tekši γol"。
② 英藏鈔本此後多"按:回語,哈什,亦作玉石解"。
③ 英藏鈔本此條作"**闥勒奇郭勒**　準語。闥勒奇,刮皮木器也"。
④ 英藏鈔本此前注語作"準語。伊犂,爲伊勒之轉音,明顯之謂。即唐伊列河也"。
⑤ 英藏鈔本此前注語作"準語。塔里雅圖,有庄稼處"。
⑥ "三支",英藏鈔本作"股"。
⑦ "河有支水,三道分流",英藏鈔本作"河有三支分流"。

阿克固雅斯郭勒① 回語。阿克,白色;固雅斯,長流水也。

〔滿〕ak guyas gool〔回〕aq kuyas γol

阿里瑪圖郭勒 準語。阿里瑪,果樹也,濱河有此,故名。

〔滿〕alimatu gool〔蒙〕alimatu γool〔托〕alimatu γol

額敏郭勒② 回語。額敏,清净平安之謂。本地名,因以名其河也。

〔滿〕emin gool〔回〕ämin γol

撒瑪勒郭勒 回語。撒瑪勒,生馬乳也。河水味甘,故名。

〔滿〕samal gool〔回〕samal γol

車集郭勒③ 準語。車集,當胸之謂。河在兩山環抱之間,故名。

〔滿〕ceji gool〔蒙〕čegeǰi γool〔托〕cēzi γol

和爾郭斯郭勒 〔滿〕horgos gol 解及三合切音以下見本卷。

察罕烏蘇④ 〔滿〕cagan usu 解及三合切音以下見本卷。

塔拉噶爾郭勒 準語。塔拉噶爾,亦平甸之小者。

〔滿〕talagar gool〔蒙〕talaγar γool〔托〕talaγar γol

搭拉錫克郭勒 準語。搭拉錫克,小平甸也⑤。河流濱此,故名。

〔滿〕talasik gool〔蒙〕talasiγ γool〔托〕talašiq γol

庫爾圖郭勒 準語。庫爾圖,有積雪處。濱河多積雪⑥,故名。

〔滿〕kurtu gool〔蒙〕kürtü γool〔托〕kürtü γol

圖爾根布拉克⑦ 準語。圖爾根,迅急之謂。泉流迅急,故名。

〔滿〕turgen bulak〔蒙〕türgen bulaγ〔托〕turgen bulaq

---

① "勒",英藏鈔本作"爾"。
② 四庫薈要本此條在"阿里瑪圖郭勒"條前。
③ 四庫薈要本此條在"撒瑪勒郭勒"條前。
④ 四庫薈要本此條在"和爾郭斯郭勒"條前。
⑤ 英藏鈔本此前注語作"準語。塔拉,平甸也。塔拉錫克,謂平甸之小者"。四庫薈要本此條在"塔拉噶爾郭勒"條前。
⑥ "濱河多積雪",英藏鈔本作"河水凍時,多有積雪"。
⑦ 四庫薈要本、英藏鈔本此條在"庫爾圖郭勒"條前。

哈喇塔勒郭勒①　回語。塔勒,謂柳也②。濱河之地,柳陰深黑,故名。

〔滿〕hara tal gool〔回〕xaratal γol

額什圖郭勒③　準語。額什圖,有柄之物。河有支流,匯成小渚如柄,故名。

〔滿〕ešitu gool〔蒙〕ešitü γool〔托〕ešitu γol

哲克得郭勒　準語。哲克得,謂沙棗。濱河產此,故名。

〔滿〕jekde gool〔蒙〕ǰegde γool〔托〕zeqde γol

奎屯郭勒④　準語。奎屯,謂冷。猶云冷水河也。

〔滿〕kuitun gool〔蒙〕küyiten γool〔托〕küyitun γol

巴克伯勒齊爾郭勒　巴克,回語,樹木叢生之謂;伯勒齊爾,準語,謂衆水匯入之處。河爲衆流所匯⑤,岸樹成陰,故名。

〔滿〕bak belcir gool〔蒙〕baγ belčir γool〔托〕baq belcir γol〔回〕bak bälčir γol

畢齊干郭勒⑥　準語。畢齊干,謂小也。河流纖細,故名。

〔滿〕bicigan gool〔蒙〕bičiqan γool〔托〕biciγan γol

巴勒喀什淖爾　準語。巴勒喀什,寬廣之意。河納衆流,故名。

〔滿〕balkaši noor〔蒙〕balqaši naγur〔托〕balkaši noor

察林郭勒⑦　回語。察林,水流迅激,泛成五色之象。

〔滿〕calin gool〔回〕čälin γol

特爾默哈達布拉克⑧　準語。特爾默,蒙古謂之哈納,蒙古包四圍木橺也;哈達,山峰也。泉出山中,峰巒回抱,故名。

〔滿〕terme hada bulak〔蒙〕terme qada bulaγ〔托〕terme

---

① “喇”,英藏鈔本作“拉”。

② “謂柳也”,英藏鈔本作“謂卧柳也”。

③ 四庫薈要本、英藏鈔本此條在“哈喇塔勒郭勒”條前。

④ 四庫薈要本、英藏鈔本此條在“哲克得郭勒”條前。

⑤ “河爲衆流所匯”,英藏鈔本作“河有支流匯入”。

⑥ “干”,英藏鈔本作“罕”,注同。四庫薈要本此條在“巴克伯勒齊爾郭勒”條前。

⑦ “察”,英藏鈔本作“徹”,注同。故此條字母轉寫爲“〔滿〕celin gool〔回〕čälin γol”。

⑧ “默”,英藏鈔本作“墨”,注同。

xada bulaq

裕勒都斯郭勒　回語。裕勒都斯,即星也。發源處泉眼如星,故名。

［滿］yuldus gool［回］yuldus γol

布蘭布拉克①　準語。布蘭,溫泉也。

［滿］bulan bulak［蒙］buliyan bulaγ［托］bulān bulaq

哈爾噶納圖布拉克②　準語。哈爾噶納,金桃也,其皮可飾弓矢。濱泉多此,故名。

［滿］harganatu bulak［蒙］qarγanatu bulaγ［托］xarγanatu bulaq

博羅圖布拉克　準語,謂水色青碧也。③

［滿］borotu bulak［蒙］boroγatu bulaγ［托］borotu bulaq

扎噶蘇台布拉克　準語。扎噶蘇,魚也④。泉多産魚,故名。

［滿］jagasutai bulak［蒙］jiγasutai bulaγ［托］zaγasutai bulaq

格訥特布拉克　準語。格訥特,驟至之謂。泉流迅急,故名。

［滿］genete bulak［蒙］genedte bulaγ［托］genete bulaq

烏里雅蘇圖布拉克　準語。烏里雅蘇圖,與烏里雅蘇台同意,亦柳樹泉也⑤。

［滿］uliyasutu bulak［蒙］uliyasutu bulaγ［托］ulēsutu bulaq

---

① 英藏鈔本順序爲"達爾達木圖布拉克—托來布拉克—謨多圖布古圖布拉克—穆呼勒戴布拉克—呢楚滾布古圖布拉克—蘇海圖布拉克—伊奇里布拉克—鄂倫布拉克—綽爾布拉克—察拉垓布拉克—布爾噶蘇台布拉克—空吉斯郭勒—哈什郭勒—特克什郭勒—伊犂郭勒—闥勒奇郭勒—阿克固雅斯郭爾—塔里雅圖布拉克—古爾班賽里郭勒—塔拉錫克郭勒—塔拉噶爾郭勒—圖爾根布拉克—庫爾圖郭勒—額什圖郭勒—哈拉塔勒郭勒—奎屯郭勒—哲克得郭勒—徹林郭勒—巴克伯勒齊爾郭勒—畢齊罕郭勒—巴勒喀什淖爾—裕勒都斯郭勒—布蘭布拉克—特爾墨哈達布拉克",與底本不同。

② 四庫薈要本此條在"布蘭布拉克"條前。

③ 英藏鈔本此條注語作"準語。博羅,青色。謂水色甚青也"。

④ "扎噶蘇,魚也"後,英藏鈔本多"台,有也"。四庫薈要本"扎噶蘇台布拉克"條在"博羅圖布拉克"條前。

⑤ "泉"字,英藏鈔本無。四庫薈要本"烏里雅蘇圖布拉克"條在"格訥特布拉克"條前。

烏爾圖布拉克　［滿］urtu bulak 解及三合切音以下見本卷。①

什巴爾台布拉克②　準語。什巴爾台,有泥之謂。

［滿］sibartai bulak［蒙］šibartai bulaγ［托］šibartai bulaq

謨海沙喇布拉克③　準語。謨海,不堪之謂;沙喇,黃色。水濁色黃,不堪飲牧,故名。

［滿］moohai šara bulak［蒙］maγuqai šir-a bulaγ［托］mooxai šara bulaq

雅瑪圖哈布齊勒布拉克④　準語。雅瑪圖,有山羊處;哈布齊勒,險仄之謂。泉出山硤,而地又多山羊也。⑤

［滿］yamatu habcil bulak［蒙］yamatu qabčil bulaγ⑥［托］yamatu xabcil bulaq

賽喇木布拉克⑦　回語。賽喇木,安適之地,泉以地名也。

［滿］sairam bulak［回］sayram bulak

袞哈布齊勒布拉克⑧　準語。袞,深也⑨。山硤深險,泉水出焉,故名。

［滿］gun habcil bulak［蒙］gün qabčil bulaγ［托］gün xabcil bulaq

古爾班努庫爾布拉克　準語。努庫爾,謂友也。三泉並流,故名。⑩

［滿］gūrban nukur bulak［蒙］γurban nökör bulaγ［托］γurban

---

① 英藏鈔本此條注語作“見本卷。”
② “什”,英藏鈔本作“施”,注同。
③ “喇”,英藏鈔本作“拉”,注同。英藏鈔本“謨海沙拉布拉克”條在“施巴爾台布拉克”條前。
④ “布”,英藏鈔本作“卜”,注同。
⑤ “泉出山硤,而地又多山羊也”,英藏鈔本作“泉出山硤中,地多山羊,故名”。
⑥ 底本原作 yalatu,誤,此據四庫薈要本、四庫全書本改。
⑦ “喇”,英藏鈔本作“拉”,注同。
⑧ “布”,英藏鈔本作“卜”。
⑨ 英藏鈔本此後有“哈卜齊勒,解見前”。
⑩ 英藏鈔本此條注語作“準語。古爾班,三數;努庫爾,友也。泉有三流,故名”。四庫薈要本“古爾班努庫爾布拉克”條在“袞哈布齊勒布拉克”條前。

nökür bulaq

巴倫哈布齊垓郭勒①　準語。巴倫,西也;哈布齊垓,亦山硤之險仄者。泉出其間偏西,故名。

〔滿〕barun habcigai gool〔蒙〕baraγun qabčiγai γool〔托〕baruun xabciγai γol

察罕烏蘇　〔滿〕cagan usu 解及三合切音以下見本卷。②

多木達都哈布齊垓郭勒③　準語。多木達都,謂中道也。一河而三道,此其中流也。

〔滿〕domdadu habcigai gool〔蒙〕dumdadu qabčiγai γool〔托〕dundadu xabciγai γol

圖斯庫勒④　圖斯,布魯特語,謂鹽也。濱河産鹽,故名。

〔滿〕tus kul〔回〕tuz köl

準哈布齊垓郭勒⑤　準語。準,謂東也。河流偏東,故名。

〔滿〕jun habcigai gool〔蒙〕ǰegün qabčiγai γool〔托〕zöün xabčiγai γol

薩拉圖郭勒　準語。薩拉,支流岐出之謂。河有分支別出,故名。

〔滿〕salatu gool〔蒙〕salaγ-a-tu γool〔托〕salatu γol

吹郭勒⑥　準語。吹,渾色。河流近濁,故名。

〔滿〕cui gool〔蒙〕čui γool〔托〕cui γol

格格圖郭勒　準語。格格圖,明顯之謂⑦。

〔滿〕gegetu gool〔蒙〕gegetü γool〔托〕gegetu γol

---

① "布",英藏鈔本作"卜",注同。
② 英藏鈔本此條注語作"見本卷"。四庫薈要本、英藏鈔本"察罕烏蘇"條在"巴倫哈布齊垓郭勒"條前。
③ "布",英藏鈔本作"卜"。
④ "圖",英藏鈔本作"土",注同。
⑤ "布",英藏鈔本作"卜"。英藏鈔本"準哈卜齊垓郭勒"條在"土斯庫勒"條前。
⑥ 英藏鈔本"吹郭勒"條在"薩拉圖郭勒"條前。
⑦ "明顯",英藏鈔本作"顯明"。

沙木什郭勒①　回語。沙木什②,莠草也。河濱産此,故名。

［滿］šamši gool ［回］šamši ɣol

達布蘇圖郭勒　準語。達布蘇,即達布遜,鹽也。其地産鹽,故名。

［滿］dabusutu gool ［蒙］dabusutu ɣool ［托］dabusutu ɣol

阿什圖郭勒③　布魯特語。阿什圖,謂嶺也。河源出於嶺下,故名。

［滿］ašitu gool ［回］āšitu ɣol

伊蘭巴什郭勒　回語。伊蘭,蛇也;巴什,頭也。河形似之,故名④。

［滿］ilan baši gool ［回］yilān baši ɣol

阿爾察圖郭勒　阿爾察⑤,地排松也。河旁産此,故名。

［滿］arcatu gool ［蒙］arčatu ɣool ［托］arcatu ɣol

索郭魯克郭勒　索郭魯克,回語⑥。索郭,獨木刳成之桶;魯克,有也。濱河産木,可以成桶,故名。

［滿］sogoluk gool ［回］soɣulük ɣol

庫克薩爾郭勒　回語。庫克,青色⑦;薩爾,鳥名,色青。河濱多此,故名。

［滿］kuke sar gool ［回］kükä sar ɣol

古爾班哈納圖郭勒　準語。哈納,蒙古包四圍木楄也。河有三流,濱河舊爲頓駐之地,故名。

［滿］gūrban hanatu gool ［蒙］ɣurban qanatu ɣool ［托］ɣurban xanatu ɣol

---

① "木",英藏鈔本作"穆",注同。
② "沙木什",英藏鈔本無。英藏鈔本"沙穆什郭勒"條在"格格圖郭勒"條前。
③ 英藏鈔本"阿什圖郭勒"條在"達布蘇圖郭勒"條前。
④ "河形似之,故名",英藏鈔本作"伊蘭巴什,本地名。河源出此,故名"。
⑤ "阿爾察"前,英藏鈔本多"準語"二字。英藏鈔本"阿爾察圖郭勒"條在"伊蘭巴什郭勒"條前。
⑥ "回語",英藏鈔本作"哈薩克語"。
⑦ "庫克,青色",英藏鈔本無。

哈喇巴勒圖郭勒① 巴勒圖,哈薩克語,斧也。河形似之,水故名②。

〔滿〕hara baltu gool 〔回〕xara baltu γol

墨爾根郭勒 準語。墨爾根,靈敏之謂。河流普濟,名以美之。

〔滿〕mergen gool 〔蒙〕mergen γool 〔托〕mergen γol

阿什布魯爾郭勒 阿什布魯爾,回語。阿什,飯也;布魯爾,給與之謂。濱河宜耕種,獲豐收,故名。

〔滿〕aši burur gool 〔回〕āš burur γol

塔拉斯郭勒③ 準語。塔拉斯,寬廣之意。河流廣大,故名。

〔滿〕talas gool 〔蒙〕talas γool 〔托〕talas γol

和什庫勒④ 回語。和什,兩水對待之謂。與塔拉斯河下流南北相對,故名。

〔滿〕hoši kul 〔回〕quaš köl

古爾班哲爾格郭勒 準語。哲爾格,相並之意。三水並流,故名。

〔滿〕gūrban jerge gool 〔蒙〕γurban ǰerge γool 〔托〕γurban zerge γol

額得墨克郭勒 額得墨克⑤,布魯特語,餅餌之屬。濱河居人以此爲業,故名。

〔滿〕edemek gool 〔回〕ädmäk γol

庫木什郭勒⑥ 回語。庫木什,謂銀,猶云銀河也。

〔滿〕kumusi gool 〔回〕kümüš γol

哈喇郭勒⑦ 準語,謂黑色河也。

〔滿〕hara gool 〔蒙〕qar-a γool 〔托〕xara γol

---

① “喇”,英藏鈔本作“拉”。
② “水故名”,四庫全書本、四庫薈要本作“水色近黑,故名”。此蓋脱“色近黑”三字。
③ “塔”,原作“搭”,據四庫全書本、四庫薈要本、英藏鈔本及注文改。英藏鈔本此條注語作“準語。塔拉斯,河流廣大之意”。
④ “和”,英藏鈔本作“霍”,注同。
⑤ “額得墨克”,英藏鈔本無。
⑥ “木”,英藏鈔本作“穆”,注同。
⑦ “喇”,英藏鈔本作“拉”。

僧格爾淖爾①　回語。僧格爾,水滲入土之謂。

[滿] sengger noor [回] sängär nur

哈喇布喇郭勒　準語。布喇,小柳樹也。柳密成陰,故名。②

[滿] hara bura gool [蒙] qar-a bura γool [托] xara bura γol

阿爾沙郭勒③　準語。阿爾沙,湯泉也。土人於此煖水澡浴,故名。

[滿] arša gool [蒙] arša γool [托] arša γol

明布拉克　回語。明,千數也。其地泉眼衆多,故名。即唐之千泉。《唐書・西域傳》:素葉城西四百里至千泉④。

[滿] ming bulak [回] mingbulak

必庫勒淖爾　布魯特語。必,富厚之意。淖爾之旁,宜耕牧,獲豐收,故名。

[滿] bikul noor [回] bikul nur

阿克庫勒淖爾　阿克庫勒,回語,猶云白水河也。⑤

[滿] ak kul noor [回] ak köl nur

---

① “僧格”,英藏鈔本作“森額”,注同。
② 英藏鈔本此條作“哈拉布拉郭勒　準語。布拉,小柳樹也”。
③ “阿爾沙”,英藏鈔本作“阿爾山”,注同。故此條字母轉寫作“[滿] aršan gool [蒙] aršan γool [托] aršan γol”。
④ “即唐之千泉”以下數句,英藏鈔本無。
⑤ 英藏鈔本此條注語作“回語。阿克,白色。猶云白水河也”。

卷六　天山南路水名

哈　密　屬

賽巴什達里雅　回語。賽,有砂有石之地;巴什,頭也;達里雅,大河也。湖源發於山下砂石之地,故名。

　　〔滿〕sai baši dariya〔回〕saybaši därya

必柳布拉克　〔滿〕bilio bulak 見五卷。

巴克塔什布拉克　回語。巴克,有果樹也;塔什,石也。水泉之旁,有樹有石,故名。

　　〔滿〕bak taši bulak〔回〕baɣ taš bulaq

哈里勒齊馬克布拉克　蒙古語。哈里勒齊,交互之謂;馬克,語詞。兩泉至此合流,故名。

　　〔滿〕harilcimak bulak〔蒙〕qarilčimaɣ bulaɣ〔托〕xarilcimaq bulaq

阿納爾布拉克　回語。阿納爾,石榴樹也。水泉之旁,多植榴樹,故名。

　　〔滿〕anar bulak〔回〕ānar bulaq

哈套布拉克　蒙古語。哈套,堅也。水源出於堅土,故名。

　　〔滿〕hatao bulak〔蒙〕qataɣu bulaɣ〔托〕xatoü bulaq

烏拉台布拉克　蒙古語。烏拉台,與烏蘭同義,謂紅色也。水色近紅,故名。

　　〔滿〕ulatai bulak〔蒙〕ulatai bulaɣ〔托〕ulatai bulaq

哈什馬克布拉克　回語。哈什馬克,有玉石處。

　　〔滿〕hašimak bulak〔回〕xašmäk bulaq

察罕哈什馬克布拉克　察罕,蒙古語;哈什馬克,回語。水中舊産白玉,故名。

　　〔滿〕cagan hašimak bulak〔蒙〕čaɣan qašimaɣ bulaɣ

［托］caɣan xašimaq bulaq ［回］čaɣan xašmäk bulaq

和賴布拉克　蒙古語。和賴,謂喉。泉出山口如喉,故名。

［滿］holai bulak ［蒙］qoɣolai bulaɣ ［托］xoolai bulaq

納沁郭勒　納沁,蒙古、回語同,謂鴉鶻也。河濱多産鴉鶻,故名。

［滿］nacin gool ［蒙］način ɣool ［托］nacin ɣol ［回］način ɣol

塔勒納沁郭勒　塔勒,回語,謂柳。濱河多臥柳樹,産鴉鶻,故名。

［滿］tal nacin gool ［回］tal način ɣol

納林烏里雅蘇台布拉克　蒙古語。泉旁多細楊樹,故名。

［滿］narin uliyasutai bulak ［蒙］narin uliyasutai bulaɣ ［托］narin uliyasutai bulaq

和洛魯克布拉克　回語。和洛魯克,圈闌之屬。山形回抱,泉水出焉,故名。

［滿］horoluk bulak ［回］xorluk bulaq

哈喇垓圖布拉克　蒙古、回語同。哈喇垓,謂松也;圖,有也。水泉之旁地多産此,故名。

［滿］haragaitu bulak ［蒙］qaraɣai-tu bulaɣ ［托］xaraɣayitu bulaq ［回］xaraɣaytu bulaq

塔里雅圖布拉克　［滿］tariyatu bulak 見五卷。

庫克雅爾布拉克　庫克,蒙古、回語同,青色;雅爾,回語,謂坎。泉出於坎而色青,故名。

［滿］kuke yar bulak ［蒙］köke yar bulaɣ ［托］küke yar bulaq ［回］kök yar bulāq

薩勒奇台布拉克　蒙古語。薩勒奇台,有風之謂。

［滿］salkitai bulak ［蒙］salkitai bulaɣ ［托］salkitai bulaq

納林布拉克　蒙古語,細流也。

［滿］narin bulak ［蒙］narin bulaɣ ［托］narin bulaq

博羅布爾噶蘇布拉克[①]　蒙古語。博羅布爾噶蘇,謂青柳樹也。

---

① 四庫薈要本“博羅布爾噶蘇布拉克”條在“納林布拉克”條前。

水泉之旁多柳,故名。

［滿］boro burgasu bulak ［蒙］boro burɣasu bulaɣ ［托］boro burɣasu bulaq

關展哈喇沙爾庫車賽喇木拜阿克蘇烏什
喀什噶爾葉爾羌和闐諸路所屬

塔呼庫勒 回語。塔呼,謂雞也;庫勒,澤也。相傳舊名,取義未詳。

［滿］tahū kul ［回］taxu köl

納呼庫勒 回語。納呼,猶云彼處也。

［滿］nahū kul ［回］naxu köl

齊克塔木郭勒 齊克塔木,回語。齊克,長也;塔木,牆也。濱河舊有民居,牆垣迤邐,故名。

［滿］ciktam gool ［回］čiktam ɣol

關展郭勒 關展,回語,謂草積也。河濱多積草,故名。

［滿］pijan gool ［回］fijan ɣol

洋赫郭勒 回語。洋赫,謂街巷也。河旁多民居,成衢巷,故名。

［滿］yanghei gool ［回］yangxi ɣol

魯克察克郭勒 回語。魯克察克,環抱之謂。河濱有山環抱,故名。舊對音爲魯克沁。

［滿］lukcak gool ［回］lukčak ɣol

吐爾番郭勒 吐爾番,回語,蓄水之謂。回人於此潴水灌田,故名。

［滿］turfan gool ［回］turfan ɣol

哈喇和卓郭勒 哈喇和卓,回人名。舊曾居此,故名。

［滿］hara hojo gool ［回］xara xojä ɣol

濟木薩郭勒 濟木薩,回語,地軟滲水之謂。地有積水,下流匯而成河,故名。

［滿］jimsa gol ［回］kimsä ɣol

招哈郭勒　準語。招哈,灶坎也。招哈郭勒,漢時謂之交河。
《漢書・西域傳》:河水分流繞城下,故號交河。

〔滿〕jooha gool〔蒙〕juuq-a γool〔托〕zooxa γol

伊拉里克布拉克　回語。伊拉,即伊蘭,蛇也;里克,有也。泉
中多此,故名。

〔滿〕ilalik bulak〔回〕ilanliq bulaq

托克三郭勒　托克三,回語,謂路盡處。河流出此,故名。

〔滿〕toksan gool〔回〕toqsun γol

博羅圖郭勒　準語。博羅圖,多雨之謂。

〔滿〕borotu gool「蒙」borotu γool〔托〕horotu γol

塔什海郭勒　塔什海,回語,山泉分道散行之謂。

〔滿〕tašihai gool〔回〕tašxay γol

楚輝郭勒　楚輝,回語,草名。濱河多此,故名。

〔滿〕cuhui gool〔回〕čuqu γol

奇爾歸圖郭勒　奇爾歸,回語,鵁子也。河濱多產此禽,故名。
《唐書・地理志》:自西州西南渡淡河至焉耆鎮城。　按:今闢展,
爲故西州。奇爾歸圖河,當其西南境,應即唐之淡河也。

〔滿〕kirgoitu gool〔回〕qirγuytu γol

特伯勒古布拉克　回語。特伯勒古,檉也。泉流經行之處,多
生檉柳,故名。

〔滿〕tebelgu bulak〔回〕täbälγu bulaq

海都郭勒　準語。海都,曲折也。哈喇沙爾以北諸水,曲折匯
入於此,故名。《水經注》:敦薨之水,出焉耆之北,二源俱道,西源
東流,分爲二水,西南流,出焉耆之西,經流焉耆之野,屈而南流,注
於敦薨之渚。右水東南流,又分爲二,左右焉耆之國。　按:海都
河,在今哈喇沙爾北境,出海都山,應即敦薨水。

〔滿〕haidu gool〔蒙〕qayidu γool〔托〕xayidu γol

博斯騰淖爾　博斯騰,回語,樹木圍合之謂。淖爾之旁,樹木圍
合,故名。《漢書・西域傳》:焉耆國,近海,水多魚。《後漢書・班
超傳》:超討焉耆,去城二十里,止營大澤中。《魏書・西域傳》:焉
耆國,南去海十餘里。《唐書・西域傳》:焉耆所都,海水繚其

外。　按：今哈喇沙爾爲古焉耆。博斯騰淖爾居其南，應即《漢書》所謂海及大澤者也。

　　［滿］bosteng noor ［回］bostangnur

車爾楚郭勒　準語。車爾楚，忌諱之詞。本地名，因以名其河也。

　　［滿］cercu gool ［蒙］čerčü γool ［托］cercu γol

羅布淖爾　羅布，回語，匯水之區。淖爾爲山南衆水所匯，故名。古泑澤，一名鹽澤，一名蒲昌海。《山海經》：不周之山，東望泑澤，河水所潛也。郭璞注：即蒲澤，一名蒲昌海，廣三四百里，其水停，東夏不增減，去玉門關三百餘里，即河之重源。又敦薨之水，西流注於泑澤。《史記·大宛傳》：于闐東，水東流，注鹽澤，潛行地下。其南則河源出焉。《漢書·西域傳》：于闐河，與蔥嶺河合，東至蒲昌海，一名鹽澤，去玉門關、陽關三百餘里。《水經注》：河水東注於泑澤，即經所謂蒲昌海也。水積鄯善之東北，龍城之西南。按：河有于闐、蔥嶺兩源。東流至蒲昌海，潛行地中至積石復出，爲中國河源。其説見於山經水注、史漢諸書。今西域河流，自蔥嶺、和闐兩源東行合流，至羅布淖爾潛行入地，形勢相符。羅布淖爾，居安西府之西，亦與《漢書》“鹽澤，去玉門、陽關三百餘里”、《水經注》“水積鄯善東北”諸説合。

　　［滿］lob noor ［回］lof nur

額什墨郭勒　額什墨，帕爾西語，沙也。河流沙地，故名。

　　［滿］ešime gool ［回］ašmä γol

策特爾郭勒　策特爾，回語，謂帳房也。河濱之地，舊曾安營，故名。

　　［滿］ts'eter gool ［回］čadir γol

伊蘭布拉克　回語。泉中有蛇，故名。

　　［滿］ilan bulak ［回］yilan bulaq

恩楚魯克郭勒　恩楚魯克，回語，分而有之之謂。居人分立河界，引水灌田，故名。

　　［滿］enculuk gool ［回］önčülük bulaq

塔什阿里克郭勒　塔什阿里克，回語。塔什，石也；阿里克，水渠也。於山石間引渠,匯而成河,故名。

　　[滿] taši arik gool [回] taš ariq ɣol

　　第納爾郭勒　第納爾,回語,藥名。濱河產此,故名。

　　[滿] dinar gool [回] dinar ɣol

　　奇里什郭勒　奇里什,回語,猶云直下也。河源北出天山,順流直下至此,故名。

　　[滿] kiriši gool [回] kiriš ɣol

　　巴巴淖爾　巴巴,回語,老者之稱,猶云古淖爾也。

　　[滿] baba noor [回] baba nur

　　額齊奇巴什郭勒　額齊奇巴什,回語。額齊奇,謂山羊;巴什,謂頭。本山名,河出山中,因以名其河焉。

　　[滿] eciki baši gool [回] äčükü baši ɣol

　　哈喇庫勒　回語,謂黑水河也。

　　[滿] hara kul [回] xara köl

　　烏恰特達里雅　回語。烏,指遠處而言;恰特,村庄也。濱河之地,舊有村庄,故名。

　　[滿] ukiyat dariya [回] ukänd darya

　　赫色勒郭勒　赫色勒,回語,紅色。河水色濁近紅,故名。《水經注》:龜茲川水有二源,西源北出大山南,其水東南逕赤沙山,又出山東南流。　按:今庫車爲古龜茲,赫色勒河經流其境,應即所謂龜茲川也。

　　[滿] hesel gool [回] qïzil ɣol

　　哈喇烏蘇　[滿] kara usu 見五卷。

　　哈布薩朗郭勒　哈布薩朗,回人名。居於河濱,故名。

　　[滿] habsalang gool [回] xabsalang ɣol

　　額爾勾郭勒　準語。額爾勾,河流回抱之意。《水經注》:北波河又東逕龜茲國南。《魏書·西域傳》:龜茲國南三百里有大河東流,號計式水,即黃河也。　按:額爾勾河,在庫車南三百里,應即《水經》北波河,《魏書》計式水之舊。

　　[滿] erguo gool [蒙] ergigüü ɣool [托] ergüü ɣol

　　木素爾郭勒　木素爾,回語,冰也。山間冰雪消融,匯而成河,故名。

　　〔滿〕musur gool〔回〕musar γol

　　阿察哈喇郭勒　阿察，回語，分支岐出之謂。河有分流，左右岐出，望之色黑。故名。《水經注》：北河又東逕姑墨國南，姑墨川水注之。東南流，逕姑墨國西。其水又東南流，右注北波河。《唐書·地理志》：姑墨州西北渡撥換河。　　按：阿察哈喇河，在拜城西南，於古爲姑墨國地，應即姑墨川、撥換河之舊。

　　〔滿〕aca hara gool〔回〕ača xara γol

　　綽爾噶布拉克　回語。綽爾噶，山間瀑布也。

　　〔滿〕corga bulak〔回〕čorγa bulaq

　　庫克墨爾根郭勒　準語。庫克，青色；墨爾根，謂快。水色清而流急，故名。

　　〔滿〕kuke mergen gool〔蒙〕köke mergen γool〔托〕küke mergen γol

　　虎木阿里克郭勒　虎木阿里克，回語。虎木，沙也；阿里克，水渠也。河有流沙，故名。

　　〔滿〕hum arik gool〔回〕xum ariq γol

　　特木爾烏蘇郭勒　準語。特木爾，鐵也。河中産鐵，故名。

　　〔滿〕temur usu gool〔蒙〕temür usu γool〔托〕temur usu γol

　　阿克蘇郭勒　阿克蘇，回語，謂白水。猶云白水河也。《水經注》：北河之東南逕溫宿國，其枝河右入北河，又河水暨於溫宿之南，左合枝水。　　按：今阿克蘇，爲古溫宿。則阿克蘇河，應即《水經》所謂枝河右入，左入枝水者①。

　　〔滿〕aksu gool〔回〕āqsu γol

　　托什干達里雅　回語。托什干，兔也。濱河多兔，故名。

　　〔滿〕tošigan dariya〔回〕tošqan därya

　　傲爾他克齊諤斯騰　回語。傲爾他克齊，謂農家也；諤斯騰，潴成之河。濱河之地，務農者居之，故名。

　　〔滿〕oortakci ūsteng〔回〕ortaqči östäng

---

①　“左入”，四庫薈要本作“左合”。

105

哲克得布拉克　回語。哲克得，沙棗也。泉水之旁，多沙棗樹，故名。

［滿］jekde bulak［回］jigdäbulaq

塔里木諤斯騰　塔里木，準、回語同，謂可耕之地。濱河居人以耕種爲業，故名。

［滿］tarim ūsteng［蒙］tarim östeng［托］tarim östeng［回］tarim östäng

都楚特郭勒　都楚特，準人名。昔在阿克蘇開濬此河，故名。

［滿］ducut gool［蒙］döčöd γool［托］döcöd γol

哈喇布拉克　準、回語同。泉水濁，色近黑，故名。

［滿］hara bulak［蒙］qar-a bulaγ［托］xara bulaq［回］xara bulaq

木什諤斯騰　回語。木什，爲其汗掌書記之人。相傳其地之汗，曾以濱河土地，賚掌書記者，故名。

［滿］muši ūsteng［回］muši östäng

博羅和碩郭勒　準語。博羅，青色；和碩，山石突出之象。河流濱此，故名。

［滿］boro hošoo gool［蒙］boro qošuu γool［托］boro xošüü γol

赫色勒郭勒　［滿］hesel gool 見本卷。

特爾墨楚克郭勒　特爾墨楚克，回語，支水交流之謂。河多支流匯入，故名。

［滿］termecuk gool［回］tärmäčük γol

特們郭勒　準語。特們，駝也。河流甚深，駝方能渡，故名。

［滿］temen gool［蒙］temegen γool［托］temen γol

喀什噶爾達里雅　回語。喀什，謂各色；噶爾，謂磚房。蓋富庶之地，河以地名也。

［滿］kašigar dariya［回］qašγar därya

雅璊雅爾諤斯騰　回語。雅璊，厭棄之辭；雅爾，謂坎。河深難越，故名。

［滿］yaman yar ūsteng［回］yaman yar östäng

哈喇庫勒　［滿］hara kul 見本卷。

葉爾羌諤斯騰　回語。葉爾，謂地；羌，寬廣也。河以地名。

《漢書·西域傳》：河有兩源，一出葱嶺山，東注蒲昌海。《水經》：北河又東逕莎車國南。　按：今葉爾羌西山，即古葱嶺，河流東經塔里木額爾勾諸河，入羅布淖爾，即東注蒲昌海之舊。

　　〔滿〕yerkiyang ūsteng〔回〕yärkäng östäng

察罕烏蘇　準語。察罕烏蘇，白水也。

　　〔滿〕cagan usu〔蒙〕čaɣan usu〔托〕caɣan usu

聽雜阿布諤斯騰　帕爾西語。聽雜，平緩之意①；阿布，水也。河流平緩，故名。

　　〔滿〕tingdza ab ūsteng〔回〕tinzi āb östäng

提斯衮諤斯騰　帕爾西語。提斯，迅速之謂；衮，水合流也，謂河合衆水急流也。

　　〔滿〕tisgun ūsteng〔回〕tizgun östäng

哈喇烏蘇　〔滿〕hara usu　見本卷。

庫森諤斯騰　準語。庫森，願欲之謂。濱河地腴，居人樂之，故名。與前庫色穆蘇克同意，急讀之則成庫森。

　　〔滿〕kusen ūsteng〔蒙〕küsen östeng〔托〕küsen östeng

和闐達里雅　和闐，即古于闐之轉音也，河以地名。《史記·大宛傳》：鹽澤，潛行地下。其南則河源出焉，多玉石。又漢使窮河源出于闐，多玉石。《漢書·西域傳》：河有兩源，一出于闐在南山下。其河北流與葱嶺河合，東注蒲昌海。《水經注》：南源導于闐南山，俗謂之仇摩置。自置北流逕于闐國西，又西北流注於河。　按：今和闐河，北與葉爾羌河合而東流，即古北流與葱嶺河合之舊。

　　〔滿〕hotiyan dariya〔回〕xotän därya

玉隴哈什郭勒　玉隴哈什，回語。玉隴，往取也；哈什，玉石也。居人於此河中撈玉，故名。《魏書·西域傳》：于闐城東三十里，有首拔河。又城東二十里，有大水北流，號樹枝水。《晉高居誨使于闐記》：河源所出至于闐分爲三，東曰白玉河。　按：玉隴哈什河，在和闐東境，應即古首拔河、樹枝水之舊。而所謂白玉河者，亦於此爲近。

　　〔滿〕yurung haši gool〔回〕yürüng qaš ɣol

---

① “緩”，原作“絞”，據四庫全書本、四庫薈要本改。

阜窪勒謁斯騰　回語。阜窪勒,幽暗也。本地名,河出其地,故名。

［滿］dzaowal ūsteng　［回］żuval östäng

哈喇哈什郭勒　哈喇哈什,回語,黑玉也。河中産有黑玉,故名。《晉高居誨使于闐記》:于闐國西曰烏玉河。

［滿］hara haši gool　［回］xara qaš ɣol

克勒底雅郭勒　克勒底雅,回語,擬其來而未定之詞。河以地名也。《唐書·西域傳》:于闐東三百里,有建德力河。

［滿］keldiya gool　［回］kildiya ɣol

葉什勒庫勒　回語。葉什勒,緑色,猶云緑水池也。

［滿］yešil kul　［回］yešil köl

葉什勒庫勒淖爾　回語。葉什勒,緑色;庫勒,即準語之淖爾,詞之重也。葉什勒,舊對音爲伊西洱。《唐書·吐蕃傳》:吐蕃并西洱河諸蠻。

［滿］yešil kul noor　［回］yešil köl nur

烏蘭庫勒　烏蘭,準語,紅色。水色近紅,故名。

［滿］ulan kul　［蒙］ulaɣan köl　［托］ulān kül

布隆庫勒　布隆,準、回語同,邊隅之謂。言庫勒之水,折流邊境,故名。

［滿］bulung kul　［蒙］bülüng köl　［托］bulung kül　［回］bulun köl

卷七 天山北路準噶爾部人名一

綽羅斯衛拉特屬一

四衛拉特，舊居天山北境，各以世次類叙。衛拉特中，有別居青海者，越在回部之南，與山北境不相屬，詳後青海條下。至舊居推河之厄魯特，與山北境地毗接，仍按世次編入。

孛汗 此綽羅斯始祖也。自孛汗至策妄多爾濟那木扎爾，共十八世，相襲稱汗。第十五世之噶爾丹、第十八世之喇嘛達爾扎，咸以支庶襲位，因並列焉。

［滿］bohan ［蒙］boqan ［托］boxan

烏林台巴丹台什 孛汗之子，爲第二世，舊對音爲巴靼太師。

［滿］ulintai badan taiši ［蒙］ulintai badan tayiši ［托］ulintai badan tayiši

郭海達耀 烏林台巴丹台什之子，爲第三世。

［滿］goohai dayoo ［蒙］γooqai dayoo ［托］γoxai dayoü

鄂爾魯克諾顏 郭海達耀之子，爲第四世。

［滿］orluk noyan ［蒙］orluγ noyan ［托］orluq noyon

巴圖蘭青森 鄂爾魯克諾顏之子，爲第五世。

［滿］batulan cingsen ［蒙］batulan čingsen ［托］batulan cingsen

額森諾顏 巴圖蘭青森之子，爲第六世。

［滿］esen noyan ［蒙］esen noyan ［托］esen noyon

額斯墨特達爾汗諾顏 額森諾顏之次子，爲第七世。其長子博羅納哈勒，另按世次載後。

［滿］esmet darhan noyan ［蒙］esmed darqan noyan ［托］esmed darxan noyon

額斯圖米 額斯墨特達爾汗諾顏之子，爲第八世。

［滿］estumi ［蒙］estümi ［托］estumi

哈木克台什　額斯圖米之子，爲第九世。

［滿］hamuk taiši ［蒙］qamuɣ tayiši ［托］xamuq tayiši

阿喇哈青森　哈木克台什之長子，爲第十世。其次子阿克賽台什以下，另按世次載後。

［滿］araha cingsen ［蒙］araqa čingsen ［托］araxa cingsen

翁郭楚　阿喇哈青森之子，爲第十一世。

［滿］onggocu ［蒙］ongɣoču ［托］ongɣocu

布拉台什　翁郭楚之子，爲第十二世。

［滿］bula taiši ［蒙］bula tayiši ［托］bula tayiši

哈喇忽剌　布拉台什第四子，爲第十三世。其長子額伯内伊勒登以下，另按世次載後。

［滿］hara hūla ［蒙］qar-a qula ［托］xara xula

巴圖爾渾台吉　哈喇忽剌之長子，爲第十四世。其次子墨爾根代青以下，另按世次載後。　按：巴圖爾，舊對音爲巴圖魯，今改正。又舊名和諾和親，而巴圖爾渾台吉之名較著，故仍之。

［滿］batur hon taiji ［蒙］baɣatur qon tayiji ［托］bātur xon tayizi

僧格　巴圖爾渾台吉第五子，爲第十五世。其長子車臣以下，另按世次載後。

［滿］sengge ［蒙］sengge ［番］seng ge ［托］sengge

噶勒丹　僧格弟，襲僧格位，舊對音爲噶爾丹。　按：噶勒丹，舊受封於達賴喇嘛，名博什克圖汗，亦或統稱噶勒丹博什克圖汗。然博什克圖係封號，非名也，故止書噶勒丹。

［滿］g'aldan ［蒙］galdan ［番］dgav ldan ［托］galdan

策妄阿喇布坦　僧格之長子，爲第十六世。其次子索諾木阿喇布坦以下，另按世次載後。

［滿］ts'ewang arabtan ［蒙］cevang arabtan ［番］tshe dbang rab brtan ［托］cevang arabtan

噶勒丹策凌　策妄阿喇布坦之長子，爲第十七世。其次子羅布藏碩弩以下①，另按世次載後。

　　［滿］g'aldan ts'ering ［蒙］galdan cering ［番］dgav ldan tshe
ring ［托］galdan chering

　　策妄多爾濟那木扎勒　噶勒丹策凌次子，爲第十八世。其第三
子策妄達什，另按世次載後。　　按：那木扎勒，舊對音爲那木扎爾，
今改正。

　　［滿］ts'ewang dorji namjal ［蒙］cevang dorži namjal ［番］tshe
dbang rdo rje rnam rgyal ［托］čevang dorzi namjal

　　喇嘛達爾扎　策妄多爾濟那木扎勒庶兄，簒策妄多爾濟那木扎
勒位。

　　［滿］lama darja ［蒙］blam-a darža ［番］bla ma dar rgyas
［托］lama darža

　　博羅納哈勒　孛汗第七世孫，額斯墨特達爾汗諾顔之兄，第六
世以上無旁支。

　　［滿］boro nahal ［蒙］boro naqal ［托］boro naxal

　　阿克賽台什　孛汗第十世孫，阿喇哈青森之弟。

　　［滿］aksai taiši ［蒙］aγsai tayiši ［托］aqsai tayiši

　　翁郭爾輝　孛汗第十世孫，阿喇哈青森之弟。

　　［滿］onggorhūi ［蒙］ongγorqui ［托］ongγorxui

　　那爾巴圖　孛汗第十一世孫，翁郭楚同祖兄弟，阿克賽台什
之子。

　　［滿］narbatu ［蒙］narbatu ［托］narbatu

　　噶勒滿台什　孛汗第十一世孫，翁郭楚同祖兄弟，翁郭爾輝
之子。

　　［滿］galman taiši ［蒙］γalman tayiši ［托］γalman tayiši

　　尼布勒虎　孛汗第十二世孫，以後同。布拉台什同曾祖兄弟，
那爾巴圖之子。

　　［滿］nibulhu ［蒙］nibülkü ［托］nibulxu

　　圖爾根台什　孛汗第十二世孫，布拉台什同曾祖兄弟，噶勒滿

───────────

① "弩"，四庫薈要本作"努"。

台什長子。

〔滿〕turgen taiši〔蒙〕türgen tayiši〔托〕turgen tayiši

華　布拉台什同曾祖兄弟,噶勒滿台什次子。

〔滿〕hūwa〔蒙〕quu-a〔托〕xuva

額伯内伊勒登　孛汗第十三世孫,以後同。哈喇忽剌之兄。

〔滿〕ebenei ildeng〔蒙〕ebenei ildeng〔托〕ebenei ildeng

額濟内台什　孛汗第十三世孫,哈喇忽剌之兄。

〔滿〕ejinei taiši〔蒙〕ejinei tayiši〔托〕ezinei tayiši

圖納克　哈喇忽剌之兄。

〔滿〕tunak〔蒙〕tunaγ〔托〕tunaq

墨爾根諾顔　哈喇忽剌之弟。

〔滿〕mergen noyan〔蒙〕mergen noyan〔托〕mergen noyon

薩哈勒圖　哈喇忽剌之弟。

〔滿〕sahaltu〔蒙〕saqaltu〔托〕saxaltu

阿勒輝　哈喇忽剌之弟。

〔滿〕alhūi〔蒙〕alqui〔托〕alxui

丙圖　哈喇忽剌之弟。

〔滿〕bingtu〔蒙〕bingtü〔托〕bingtu

呼爾干台什　哈喇忽剌之弟。

〔滿〕hūrgan taiši〔蒙〕qurγan tayiši〔托〕xurγan tayiši

綽克圖烏巴什　哈喇忽剌之弟。

〔滿〕coktu ubaši〔蒙〕čoγtu ubasi〔托〕coqtu ubaši

呼蘭　哈喇忽剌同高祖兄弟,尼布勒虎之長子。

〔滿〕hūlan〔蒙〕qulan〔托〕xulan

洪郭爾　哈喇忽剌同高祖兄弟,尼布勒虎之次子。

〔滿〕hūnggor〔蒙〕qongγor〔托〕xongγor

巴圖爾台吉　哈喇忽剌同高祖兄弟,圖爾根台什長子。　按:台吉爲其酋長親屬伯叔子弟之通稱。巴圖爾者,喻其勇也。其名不傳,僅以巴圖爾台吉著云。

〔滿〕batur taiji〔蒙〕baγatur tayiǰi〔托〕bātur tayizi

巴特瑪喇什　哈喇忽剌同高祖兄弟,圖爾根台什次子。

　　〔滿〕batma rasi〔蒙〕badm-a rasi〔番〕pad ma bkra shis〔托〕badma raši

墨爾根代青　孛汗第十四世孫，以後同。巴圖爾渾台吉之弟。

　　〔滿〕mergen daicing〔蒙〕mergen dayičing〔托〕mergen dayicing

楚庫爾　巴圖爾渾台吉之弟。

　　〔滿〕cukur〔蒙〕čükür〔托〕cukür

達爾瑪　巴圖爾渾台吉之弟。

　　〔滿〕darma〔蒙〕darm-a〔番〕dar ma〔托〕darma

色楞①　巴圖爾渾台吉之弟。

　　〔滿〕sereng〔蒙〕sereng〔番〕tshe ring〔托〕sereng

沙巴圖　巴圖爾渾台吉之弟。

　　〔滿〕šabatu〔蒙〕šabatu〔托〕šabatu

諾木齊②　巴圖爾渾台吉之弟。

　　〔滿〕nomci〔蒙〕nomči〔托〕nomci

都喇勒和碩齊　巴圖爾渾台吉同祖兄弟，額伯内伊勒登長子。

　　〔滿〕dural hošooci〔蒙〕dural qošuuči〔托〕dural xošooci

額爾克塔蘇爾海③　巴圖爾渾台吉同祖兄弟，額伯内伊勒登次子。

　　〔滿〕erke tasurhai〔蒙〕erke tasurqai〔托〕erke tasurxai

多爾濟　巴圖爾渾台吉同祖兄弟，額伯内伊勒登第三子。

　　〔滿〕dorji〔蒙〕dorji〔番〕rdo rje〔托〕dorzi

班達巴圖爾④　巴圖爾渾台吉同祖兄弟，額伯内伊勒登第四子。

　　〔滿〕banda batur〔蒙〕banda baɣatur〔番〕pan ta pa thur〔托〕banda bātur

索克　巴圖爾渾台吉同祖兄弟，額伯内伊勒登第五子。

　　〔滿〕sok〔蒙〕soɣ〔托〕soq

---

① 四庫薈要本此條在"達爾瑪"條前。
② 四庫薈要本此條在"沙巴圖"條前。
③ 四庫薈要本此條在"都喇勒和碩齊"條前。
④ 四庫薈要本此條在"多爾濟"條前。

綽克多爾木　巴圖爾渾台吉同祖兄弟,額伯内伊勒登第六子。

〔滿〕cok dormu〔蒙〕čoγ dormu〔番〕phyog rdor mu〔托〕coq dormu

巴達里　巴圖爾渾台吉同祖兄弟,圖納克之子。

〔滿〕badari〔蒙〕badari〔托〕badari

烘霍代巴顔阿巴該　巴圖爾渾台吉同祖兄弟,墨爾根諾顔之子①。

〔滿〕hūnghotai bayan abagai〔蒙〕qongqodai bayan abaγai〔托〕xongxodai bayan abaγai

都喇勒　巴圖爾渾台吉同祖兄弟,薩哈勒圖之子。

〔滿〕dural〔蒙〕dural〔托〕dural

巴噶台吉　巴圖爾渾台吉同祖兄弟,阿勒輝之子。　按:巴噶台吉,猶云小台吉也,其名不傳。

〔滿〕baga taiji〔蒙〕baγ-a tayiji〔托〕baγa tayizi

墨爾根和碩齊　巴圖爾渾台吉同祖兄弟,丙圖長子。

〔滿〕mergen hošooci〔蒙〕mergen qošuuči〔托〕mergen xošooci

博貝　巴圖爾渾台吉同祖兄弟,丙圖次子。

〔滿〕bobei〔蒙〕bobei〔托〕bobei

索魯木　巴圖爾渾台吉同祖兄弟,呼爾干台什長子。　按:索魯木,舊稱索魯木台吉。然考台吉爲其酋長親屬之通稱,惟其名不傳。如巴噶台吉、巴圖爾渾台吉之屬,間爲署入。若有名可著者,概不綴書台吉,以爲是書之通例云。

〔滿〕solum〔蒙〕solum〔番〕so lum〔托〕solum

珊敦墨爾根　巴圖爾渾台吉同祖兄弟,呼爾干台什次子。

〔滿〕šandun mergen〔蒙〕šandun mergen〔托〕šandun mergen

博斯博勒堆　巴圖爾渾台吉同祖兄弟,呼爾干台什第三子。

〔滿〕bosboldui〔蒙〕bosboldui〔托〕bosboldui

阿勒達爾②　巴圖爾渾台吉同祖兄弟,呼爾干台什第四子。

---

① “子”,原脱,據四庫全書本、四庫薈要本補。
② 四庫全書本、四庫薈要本此條在“博斯博勒堆”條前。

［滿］aldar［蒙］aldar［托］aldar

克勒刻巴圖爾　巴圖爾渾台吉同祖兄弟，呼爾干台什第五子。

［滿］kelekei batur［蒙］kelekei baɣatur［托］kelekei bātur

楚克楚奎①　巴圖爾渾台吉同祖兄弟，呼爾干台什第六子。

［滿］cukcukui［蒙］čuɣčukui［番］chug chu khuvi［托］cuqcuküi

達爾扎　巴圖爾渾台吉同祖兄弟，呼爾干台什第七子。

［滿］darja［蒙］darǰa［番］dar rgyas［托］darǰa

和碩齊②　巴圖爾渾台吉同祖兄弟，綽克圖烏巴什長子。

［滿］hošooci［蒙］qošuuči［托］xošooci

車克齊　巴圖爾渾台吉同祖兄弟，綽克圖烏巴什次子。

［滿］cekci［蒙］čegči［托］ceqci

諾顏哈什哈③　巴圖爾渾台吉同五世祖兄弟，呼蘭之子。

［滿］noyan hašiha［蒙］noyan qašiq-a［托］noyan xašixa

額爾克巴圖爾　巴圖爾渾台吉同五世祖兄弟，巴特瑪喇什之子。

［滿］erke batur［蒙］erke baɣatur［托］erke bātur

薩瑪爾干額爾克　巴圖爾渾台吉同五世祖兄弟，洪郭爾之子。

［滿］samargan erke［蒙］samarɣan erke［托］samarɣan erke

車臣　孛汗第十五世孫，以後同。僧格之兄。

［滿］cecen［蒙］čečen［托］cecen

温春④　孛汗第十五世孫，以後同。僧格之弟。

［滿］oncun［蒙］ončun［托］oncun

多爾濟扎布　僧格之弟。

［滿］dorjijab［蒙］dorǰijab［番］rdo rje skyabs［托］dorzijab*

布木　僧格之弟。

［滿］bum［蒙］bum［番］vbum［托］bum

朋楚克達什　僧格之弟。

［滿］puncuk daši［蒙］punčuɣ daši［番］phun tshogs bkra shis

---

① 四庫全書本、四庫薈要本此條在“克勒刻巴圖爾”條前。
② 四庫全書本、四庫薈要本此條在“達爾扎”條前。
③ 四庫全書本、四庫薈要本此條在“車克齊”條前。
④ 四庫全書本、四庫薈要本此條在“車臣”條前。

［托］puncuq daši

鄂春　僧格之弟。

［滿］ocun［蒙］očun［托］ocon

達爾瑪　僧格之弟。　按：僧格之兄，別有巴圖爾、卓里克圖、和碩齊。僧格之弟，別有班達里，爲青海分支之祖。俱詳後青海條，兹不叙入。

［滿］darma［蒙］darm-a［番］dar ma［托］darma

丹津①　僧格同祖兄弟，墨爾根代青長子。

［滿］danjin［蒙］danǰin［番］bstan vdzin［托］danzin

阿海　僧格同祖兄弟，墨爾根代青次子。

［滿］ahai［蒙］aqai［托］axai

堪布胡圖克圖　僧格同祖兄弟，墨爾根代青第三子。　按：胡圖克圖爲西番之美稱，華言有福德也。以其稱名既久，姑復綴書。後凡稱胡圖克圖者傚此。

［滿］k'ambu kūtuktu［蒙］kambu qutuɣtu［番］mkhan po hu thog thu［托］kambu xutuqtu

羅布藏胡圖克圖　僧格同祖兄弟，楚庫爾長子。

［滿］lobdzang kūtuktu［蒙］lobjang qutuɣtu［番］blo bzang hu thog thu［托］lobzang xutuqtu

巴噶班第　僧格同祖兄弟，楚庫爾次子。

［滿］baga bandi［蒙］baɣ-a bandi［托］baɣa bandi

羅布藏策凌　僧格同祖兄弟，楚庫爾第三子。

［滿］lobdzang ts'ering［蒙］lobjang cering［番］blo bzang tshe ring［托］lobzang cering

羅布藏額林沁　僧格同祖兄弟，楚庫爾第四子。

［滿］lobdzang erincin［蒙］lobjang erinčin［番］blo bzang rin chen［托］lobzang erincin

鄂克珠木　僧格同祖兄弟，色楞長子。

［滿］okjum［蒙］oɣǰum［托］oqzum

---

①　四庫全書本、四庫薈要本此條在"達爾瑪"條前。

羅布藏　僧格同祖兄弟,色楞次子。

［滿］lobdzang［蒙］lobjang［番］blo bzang［托］lobzang

阿喇布扎　僧格同祖兄弟,色楞第三子。

［滿］arabja［蒙］arabǰa［番］rab rgyas［托］arabza

常納多爾濟　僧格同曾祖兄弟,都喇勒和碩齊長子。

［滿］cangnadorji［蒙］čangnadorǰi［番］phyag na rdo rje［托］cangnadorzi

渾津諾顏哈什哈　僧格同曾祖兄弟,都喇勒和碩齊次子。

［滿］honjin noyan hašiha［蒙］qonǰin noyan qašiq-a［托］xonzin noyon xašixa

博霍諾克　僧格同曾祖兄弟,都喇勒和碩齊第三子。

［滿］bohonok［蒙］boqonoγ［托］boxonoq

巴濟　僧格同曾祖兄弟,都喇勒和碩齊第四子。

［滿］baji［蒙］baji［番］lba skyid［托］bazi

巴喇　僧格同曾祖兄弟,額爾克塔蘇爾海子。

［滿］bara［蒙］bar-a［托］bara

達木巴　僧格同曾祖兄弟,多爾濟之子。

［滿］damba［蒙］damba［番］bstan pa［托］damba

阿哈特　僧格同曾祖兄弟,班達巴圖爾之子。

［滿］ahat［蒙］aqad［托］axad

阿玉奇　僧格同曾祖兄弟,索克長子。

［滿］ayuki［蒙］ayuki［番］a yu si［托］ayuki

那木扎勒　僧格同曾祖兄弟,索克次子。

［滿］namjal［蒙］namǰal［番］rnam rgyal［托］namǰal

色楞袞　僧格同曾祖兄弟,綽克多爾木之子。

［滿］serenggun［蒙］serenggün［番］tshe ring mgon［托］serenggün

哈代巴圖爾　僧格同曾祖兄弟,巴達里長子。

［滿］hadai batur［蒙］qadai baγatur［托］xadai bātur

沙里　僧格同曾祖兄弟,巴達里次子。

［滿］šari［蒙］šari［番］shā ri［托］šari

舒古　僧格同曾祖兄弟,烘霍代巴顔阿巴該長子。

[滿] šugū [蒙] šuγu [番] shu gu [托] šuγu

古魯淵丹　僧格同曾祖兄弟,烘霍代巴顔阿巴該次子。

[滿] guru yondan [蒙] guru yondan [番] gu ru yon tan [托] güru yondan

哈坦色楞　僧格同曾祖兄弟,烘霍代巴顔阿巴該第三子。

[滿] hatan sereng [蒙] qatan sereng [番] ha than tshe ring [托] xatan sereng

古古丹津　僧格同曾祖兄弟,都喇勒長子。

[滿] gugu danjin [蒙] gugu danjin [番] sgo kun bstan vdzin [托] gügü danzin

阿玉奇　僧格同曾祖兄弟,都喇勒次子。三合切音以下見本卷①。

甲都木巴　僧格同曾祖兄弟,巴噶台吉之子。

[滿] giyadumba [蒙] giyadumba [番] brgya stong pa [托] giyadumba

昂噶　僧格同曾祖兄弟,墨爾根和碩齊長子。

[滿] angga [蒙] angγ-a [托] angγa

巴噶　僧格同曾祖兄弟,墨爾根和碩齊次子。

[滿] baga [蒙] baγ-a [托] baγa

漠　僧格同曾祖兄弟,墨爾根和碩齊第三子。

[滿] moo [蒙] muu [托] moü

瑪木特②　僧格同曾祖兄弟,博貝之子。

[滿] mamut [蒙] mamud [托] mamud

塔奇齊　僧格同曾祖兄弟,珊敦墨爾根之子。

[滿] takici [蒙] takiči [托] takici

烏克爾堆巴圖爾　僧格同曾祖兄弟,索魯木之子。

[滿] ukerdui batur [蒙] ükerdüi baγatur [托] ukerdei bātur

---

① “三合切音以下見本卷”,四庫全書本無。又把此“阿玉奇”條之滿、蒙、藏、托、維五種文字羅列一遍,實爲重複。

② 四庫全書本、四庫薈要本此條在“漠”條前。

岳博　僧格同曾祖兄弟,博斯博勒堆長子。

〔滿〕yobo〔蒙〕yobo〔托〕yobo

摩魯木①　僧格同曾祖兄弟,博斯博勒堆次子。

〔滿〕molum〔蒙〕molum〔番〕smon lam〔托〕molum

沙布載　僧格同曾祖兄弟,博斯博勒堆第三子。

〔滿〕šabdzai〔蒙〕šabjai〔番〕zhabs mdzes〔托〕šabzai

敦專②　僧格同曾祖兄弟,克勒刻巴圖爾長子。

〔滿〕dunjon〔蒙〕dunjon〔番〕don can〔托〕dönzon

布達什里　僧格同曾祖兄弟,克勒刻巴圖爾次子。

〔滿〕budaširi〔蒙〕budaširi〔番〕pu ddha shri〔托〕budaširi

多爾濟扎勒③　僧格同曾祖兄弟,達爾扎之子。

〔滿〕dorjijal〔蒙〕dorjijal〔番〕rdo rje rgyal〔托〕dorzijal

策凌扎勒　僧格同曾祖兄弟,車克齊之子。

〔滿〕ts'eringjal〔蒙〕ceringjal〔番〕tshe ring rgyal〔托〕čeringjal

色楞達爾扎　僧格同曾祖兄弟,和碩齊之子。

〔滿〕sereng darja〔蒙〕sereng darja〔番〕tshe ring dar rgyas
〔托〕sereng darja

博堆　僧格同六世祖兄弟,諾顏哈什哈長子。

〔滿〕bodui〔蒙〕bodui〔托〕bodui

扣肯巴圖爾④　僧格同六世祖兄弟,諾顏哈什哈次子。

〔滿〕keoken batur〔蒙〕keüken baɣatur〔托〕keüken bātur

根敦　僧格同六世祖兄弟,額爾克巴圖爾之子。

〔滿〕gendun〔蒙〕gendün〔番〕dge vdun〔托〕gendun

貝多斯　僧格同六世祖兄弟,薩瑪爾干額爾克之子。

〔滿〕beidos〔蒙〕beyidos〔托〕beyidus

---

① 四庫全書本、四庫薈要本此條在"岳博"條前。
② 四庫全書本、四庫薈要本此條在"沙布載"條前。
③ 四庫全書本、四庫薈要本此條在"布達什里"條前。
④ 四庫全書本、四庫薈要本此條在"博堆"條前。

卷八　天山北路準噶爾部人名二①

綽羅斯衛拉特屬二

索諾木阿喇布坦　孛汗第十六世孫，以後同。策妄阿喇布坦之弟。

［滿］sonom arabtan ［蒙］sonom arabtan ［番］bsod nams rab brtan ［托］sonom arabtan

鄂木布　策妄阿喇布坦之弟。

［滿］ombu ［蒙］ombu ［番］dbon po ［托］ombu

色布騰巴勒珠爾　策妄阿喇布坦同祖兄弟，噶勒丹之子。

［滿］sebten baljur ［蒙］sebten baljur ［番］tshe brtan dpal vbyor ［托］sebten balzur

扎勒　策妄阿喇布坦同祖兄弟，車臣之子。

［滿］jal ［蒙］jal ［番］rgyal ［托］zal

丹濟拉　策妄阿喇布坦同祖兄弟，溫春長子，封扎薩克輔國公。

［滿］danjila ［蒙］danjila ［番］bstan vdzin lha ［托］danzila

達爾扎　［滿］darja 策妄阿喇布坦同祖兄弟，溫春次子。三合切音以下見第七卷。

楚木丕勒　策妄阿喇布坦同祖兄弟，溫春第三子。

［滿］cumpil ［蒙］čumpil ［番］chos vphel ［托］cumpil

策淩端多布　策妄阿喇布坦同祖兄弟，布木之子。

［滿］ts'ering dondob ［蒙］cering dondob ［番］tshe ring don grub ［托］čering dondob

---

① "二"，原無，據四庫全書本、四庫薈要本補。

薩爾濟塔爾　策妄阿喇布坦同祖兄弟，多爾濟扎布之子。

［滿］sarjitar［蒙］sarjitar［番］gsar skye thar［托］sarzitar

博第木爾　策妄阿喇布坦同祖兄弟，朋楚克達什長子。

［滿］bodimur［蒙］bodimür［托］bodimur

那木扎勒多爾濟　策妄阿喇布坦同祖兄弟，朋楚克達什次子。

［滿］namjal dorji［蒙］namjal dorji［番］rnam rgyal rdo rje［托］namzal dorzi

鄂克卓木①　策妄阿喇布坦同祖兄弟，達爾瑪長子。

［滿］okjom［蒙］oγjom［番］vog bcom［托］oqzom

羅布藏　［滿］lobdzang 策妄阿喇布坦同祖兄弟，達爾瑪次子。三合切音以下見第七卷。

古木布巴圖爾　策妄阿喇布坦同曾祖兄弟，丹津長子。

［滿］gumbu batur［蒙］gümbü baγatur［番］mgon po pa thur［托］gümbu bātur

都噶爾　策妄阿喇布坦同曾祖兄弟，丹津次子。

［滿］dugar［蒙］duγar［番］gdugs dkar［托］duγar

達都古　策妄阿喇布坦同曾祖兄弟，丹津第三子。

［滿］dadugū［蒙］daduγu［托］daduγu

袞藏　策妄阿喇布坦同曾祖兄弟，阿海之子。

［滿］gundzang［蒙］günjang［番］kun bzang［托］günzang

堪都　策妄阿喇布坦同曾祖兄弟，巴噶班第長子。

［滿］k'andu［蒙］kandu［番］vkhav vgro［托］kandu

索諾木端多布　策妄阿喇布坦同曾祖兄弟，巴噶班第次子。

［滿］sonom dondob［蒙］sonom dondob［番］bsod nams don grub［托］sonom dondob

阿喇布坦　策妄阿喇布坦同曾祖兄弟，羅布藏額林沁長子。

［滿］arabtan［蒙］arabtan［番］rab brtan［托］arabtan

策淩　策妄阿喇布坦同曾祖兄弟，羅布藏額林沁次子。

［滿］ts'ering［蒙］cering［番］tshe ring［托］čering

---

①　四庫全書本、四庫薈要本此條在"那木扎勒多爾濟"條前。

特雷　策妄阿喇布坦同曾祖兄弟,羅布藏額林沁第三子。

〔滿〕telei〔蒙〕telei〔番〕vphrin las〔托〕telei

格木丕勒　策妄阿喇布坦同曾祖兄弟,羅布藏額林沁第四子。

〔滿〕gempil〔蒙〕gempil〔番〕dge vphel〔托〕gempil

烏巴什　策妄阿喇布坦同曾祖兄弟,羅布藏額林沁第五子。

〔滿〕ubaši〔蒙〕ubaši〔番〕u pa shi〔托〕ubaši

那木準　策妄阿喇布坦同高祖兄弟,巴喇之子。

〔滿〕namjun〔蒙〕namjun〔番〕rnam vjoms〔托〕namzun

濟木巴　策妄阿喇布坦同高祖兄弟,達木巴之子。

〔滿〕jimba〔蒙〕ǰimba〔番〕spyin pa〔托〕zimba

索諾木達什　策妄阿喇布坦同高祖兄弟,阿哈特之子。

〔滿〕sonom daši〔蒙〕sonom daši〔番〕bsod nams bkra shis〔托〕sonom daši

根敦扎布　策妄阿喇布坦同高祖兄弟,色楞衮之子。

〔滿〕gendunjab〔蒙〕gendünǰab〔番〕dge vdun skyabs〔托〕gendunzab

運丹　策妄阿喇布坦同高祖兄弟,沙里長子。

〔滿〕yundan〔蒙〕yundan〔番〕yon tan〔托〕yundan

朋楚克格隆　策妄阿喇布坦同高祖兄弟,沙里次子。

〔滿〕puncuk gelung〔蒙〕pünčüγ gelüng〔番〕phun tshogs dge slong〔托〕puncuq gelung

達木巴達爾扎　策妄阿喇布坦同高祖兄弟,沙里第三子。

〔滿〕damba darja〔蒙〕damba darǰa〔番〕bstan pa dar rgyas〔托〕damba darza

烏巴什　〔滿〕ubasi 策妄阿喇布坦同高祖兄弟,沙里第四子。三合切音以下見本卷。

布圖古勒　策妄阿喇布坦同高祖兄弟,舒古之子。

〔滿〕butugul〔蒙〕bütügül〔托〕butugül

綽勒東　策妄阿喇布坦同高祖兄弟,古魯淵丹之子。

〔滿〕coldung〔蒙〕čoldung〔番〕chos ldong〔托〕coldung

布木　〔滿〕bum 策妄阿喇布坦同高祖兄弟,瑪木特之子。三合切音以下見第七卷。

達爾汗　策妄阿喇布坦同高祖兄弟，古古丹津之子。

［滿］darhan ［蒙］darqan ［托］darxan

孟克　策妄阿喇布坦同高祖兄弟，烏克爾堆巴圖爾長子。

［滿］mungke ［蒙］möngke ［托］mungke

色布騰　策妄阿喇布坦同高祖兄弟，烏克爾堆巴圖爾次子。

［滿］sebten ［蒙］sebten ［番］tshe bstan ［托］sebten

阿玉爾　策妄阿喇布坦同高祖兄弟，烏克爾堆巴圖爾第三子。

［滿］ayur ［蒙］ayur ［番］a yur ［托］ayur

烏巴什　［滿］ubaši 策妄阿喇布坦同高祖兄弟，敦專長子。三
合切音以下見本卷。

楚克楚奎　［滿］cukcukui 策妄阿喇布坦同高祖兄弟，敦專次
子。三合切音以下見第七卷。

特古斯孟克　策妄阿喇布坦同高祖兄弟，色楞達爾扎之子。

［滿］tegus mungke ［蒙］tegüs möngke ［托］tegüs mungke

敏楚　策妄阿喇布坦同七世祖兄弟，博堆之子。

［滿］mincu ［蒙］minču ［番］smin drug ［托］mincu

達什　策妄阿喇布坦同七世祖兄弟，扣肯巴圖爾之子。

［滿］daši ［蒙］daši ［番］bkra shis ［托］daši

那瑪斯奇　策妄阿喇布坦同七世祖兄弟，貝多斯之子。

［滿］namaski ［蒙］namaski ［番］na mas khi ［托］namaski

羅布藏舒努　孛汗第十七世孫，以後同。噶勒丹策淩之弟。

［滿］lobdzang šunu ［蒙］lobjang šunu ［番］blo bzang gzhun nu
［托］lobzang šunu

舒努達木巴　噶勒丹策淩之弟。

［滿］šunu damba ［蒙］šunu damba ［番］gzhun nu bstan pa
［托］šunu damba

巴朗　噶勒丹策淩之弟。

［滿］barang ［蒙］barang ［托］bārang

巴噶巴朗　噶勒丹策淩之弟。

［滿］baga barang ［蒙］baγ-a barang ［托］baγa bārang

阿雜納　噶勒丹策淩同祖兄弟,鄂木布之子。

〔滿〕adzana〔蒙〕ajan-a〔番〕dznyana〔托〕azana

多爾濟色布騰　噶勒丹策淩同曾祖兄弟,丹濟拉之子。封扎薩克貝勒銜貝子。

〔滿〕dorji sebten〔蒙〕dorǰi sebten〔番〕rdo rje tshe bstan〔托〕dorzi sebten

多爾濟扎勒　〔滿〕dorijjal 噶勒丹策淩同曾祖兄弟,達爾扎之子。三合切音以下見第七卷。

那木扎勒達什　噶勒丹策淩同曾祖兄弟,策淩端多布長子。

〔滿〕namjal daši〔蒙〕namǰal daši〔番〕rnam rgyal bkra shis〔托〕namzal daši

多爾濟達木巴　噶勒丹策淩同曾祖兄弟,策淩端多布次子。

〔滿〕dorji damba〔蒙〕dorǰi damba〔番〕rdo rje bstan pa〔托〕dorzi damba

巴里　噶勒丹策淩同曾祖兄弟,策淩端多布第三子。

〔滿〕bali〔蒙〕bali〔番〕pa li〔托〕bali

達什策淩　噶勒丹策淩同曾祖兄弟,策淩端多布第四子。

〔滿〕daši ts'ering〔蒙〕daši cering〔番〕bkra shis tshe ring〔托〕daši čering

巴勒珠爾　噶勒丹策淩同曾祖兄弟,策淩端多布第五子。

〔滿〕baljur〔蒙〕balǰur〔番〕dpal vbyor〔托〕balzur

圖克濟扎布　噶勒丹策淩同曾祖兄弟,薩爾濟塔爾長子。

〔滿〕tukjijab〔蒙〕tuɣǰijab〔番〕thugs rje skyabs〔托〕tuqzizab

袞楚克　噶勒丹策淩同曾祖兄弟,薩爾濟塔爾次子。

〔滿〕guncuk〔蒙〕günčuɣ〔番〕dkon mchog〔托〕güncuq

端多布那木扎勒①　噶勒丹策淩同曾祖兄弟,博第木爾長子。

〔滿〕dondob namjal〔蒙〕dondob namǰal〔番〕don grub rnam rgyal〔托〕dondob namzal

色布騰　〔滿〕sebten 噶勒丹策淩同曾祖兄弟,博第木爾次子。

---

① 四庫全書本、四庫薈要本此條在"袞楚克"條前。

三合切音以下見本卷。

古木扎布多爾濟① 噶勒丹策淩同曾祖兄弟,那木扎勒多爾濟長子。

〔滿〕gumjab dorji〔蒙〕gümǰab dorǰi〔番〕kun skyabs rdo rje〔托〕gümzab dorzi

噶勒藏多爾濟 噶勒丹策淩同曾祖兄弟,那木扎勒多爾濟次子。

〔滿〕g'aldzang dorji〔蒙〕galjang dorǰi〔番〕skal bzang rdo rje〔托〕galzang dorzi

索諾木吹濟 噶勒丹策淩同曾祖兄弟,鄂克卓木之子。

〔滿〕sonom cuiji〔蒙〕sonom čuyiǰi〔番〕bsod nams chos rje〔托〕sonom cuyizi

齊旺扎勒 噶勒丹策淩同曾祖兄弟,羅布藏之子。

〔滿〕ciwangjal〔蒙〕čivangǰal〔番〕tshe dbang rgyal〔托〕civangzal

策淩〔滿〕ts'ering 噶勒丹策淩同高祖兄弟,古木布巴圖爾長子。三合切音以下見本卷。

孟克〔滿〕mungke 噶勒丹策淩同高祖兄弟,古木布巴圖爾次子。三合切音以下見本卷。

策淩②〔滿〕ts'ering 噶勒丹策淩同高祖兄弟,都噶爾長子。三合切音以下見本卷。

堪都〔滿〕k'andu 噶勒丹策淩同高祖兄弟,都噶爾次子,官散秩大臣。三合切音以下見本卷。

阿喇布坦〔滿〕arabtan 噶勒丹策淩同高祖兄弟,都噶爾第三子。三合切音以下見本卷。

達瑪林 噶勒丹策淩同高祖兄弟,都噶爾第四子。

〔滿〕damarin〔蒙〕damarin〔番〕rta mgrin〔托〕damarin

色布騰〔滿〕sebten 噶勒丹策淩同高祖兄弟,達都古之子。三

---

① 四庫全書本此條在"色布騰"條前。

② 四庫薈要本此條在"孟克"條前。

合切音以下見本卷。

策淩多爾濟　噶勒丹策淩同高祖兄弟,衮藏長子。

［滿］ts'ering dorji［蒙］cering dorǰi［番］tshe ring rdo rje
［托］cering dorzi

策淩端多克　噶勒丹策淩同高祖兄弟,衮藏次子。

［滿］ts'ering dondok［蒙］cering dondoγ［番］tshe ring don
grub［托］cering dondoq

巴噶策淩　噶勒丹策淩同高祖兄弟,堪都長子。

［滿］baga ts'ering［蒙］baγ-a cering［番］pa ga tshe ring
［托］baγa cering

端多布旺布　噶勒丹策淩同高祖兄弟,堪都次子。

［滿］dondob wangbu［蒙］dondob vangbu［番］don grub dbang
po［托］dondob vangbu

綽爾濟　噶勒丹策淩同高祖兄弟,索諾木端多布長子。

［滿］corji［蒙］čorǰi［番］chos rje［托］corzi

幹珠噶　噶勒丹策淩同高祖兄弟,索諾木端多布次子。

［滿］ganjuga［蒙］γanǰuγ-a［托］γanzuγa

那木奇達什　噶勒丹策淩同高祖兄弟,索諾木端多布第三子。

［滿］namki daši［蒙］namki daši①［番］nam vkhav bkar shis
［托］namkidasi

索諾木策淩　噶勒丹策淩同五世祖兄弟,濟木巴之子。

［滿］sonom ts'ering［蒙］sonom cering［番］bsod nams tshe
ring［托］sonom čering

阿喇布坦　噶勒丹策淩同五世祖兄弟,孟克之子。三合切音以
下見本卷。

旺扎勒　噶勒丹策淩同五世祖兄弟,索諾木達什之子。

［滿］wangjal［蒙］vangjal［番］dbang rgyal［托］vangzal

吹因珠爾　噶勒丹策淩同八世祖兄弟,那瑪斯奇之子。

---

① 底本作 dasai,此據四庫薈要本、四庫全書本改。

［滿］cuinjur［蒙］čuyinjur①［番］chos vbyor［托］cuyinzur

策妄達什　孛汗第十八世孫,以後同。策妄多爾濟那木扎勒之弟。

［滿］ts'ewang daši［蒙］cevang daši［番］tshe dbang bkra shis［托］čevang daši

三都布　策妄多爾濟那木扎勒同高祖兄弟,多爾濟色布騰長子,封扎薩克固山貝子。

［滿］sandub［蒙］sandub［番］bsam grub［托］sandub

伊達木扎布　策妄多爾濟那木扎勒同高祖兄弟,多爾濟色布騰次子。

［滿］idamjab［蒙］idamjab［番］yi dam skyabs［托］idamzab

烏巴什　［滿］ubaši 策妄多爾濟那木扎勒同高祖兄弟,多爾濟色布騰第三子。三合切音以下見本卷。

丹津　［滿］danjin 策妄多爾濟那木扎勒同高祖兄弟,多爾濟色布騰第四子。三合切音以下見第七卷。

沙喇布　策妄多爾濟那木扎勒同高祖兄弟,多爾濟扎勒長子。

［滿］šarab［蒙］šarab［番］shes rab［托］šarab

額林沁②　策妄多爾濟那木扎勒同高祖兄弟,多爾濟扎勒次子。

［滿］erincin［蒙］erinčin［番］rin chen［托］erincin

達克巴　策妄多爾濟那木扎勒同高祖兄弟,那木扎勒達什長子。

［滿］dakba［蒙］daɣba［番］grags pa［托］daqba

達瓦齊③　策妄多爾濟那木扎勒同高祖兄弟,那木扎勒達什次子,封和碩親王多羅額駙。

［滿］dawaci［蒙］davači［番］zla ba che［托］dabāci

雅滿呼勒　策妄多爾濟那木扎勒同高祖兄弟,那木扎勒達什第三子。

［滿］yaman hūl［蒙］yaman qul［番］ya man hul［托］yaman xul

庫圖津　策妄多爾濟那木扎勒同高祖兄弟,巴勒珠爾之子。

---

① 底本作 čuyiɣjur,此據四庫薈要本、四庫全書本改。
② 四庫薈要本"額林沁"條在"沙喇布"條前。
③ 四庫薈要本"達瓦齊"條在"達克巴"條前。

［滿］kutujin ［蒙］kötüjin ［托］kütuzin

賓雜什里　策妄多爾濟那木扎勒同高祖兄弟，色布騰長子。

［滿］bindza širi ［蒙］binja širi ［番］bi dza ya shri ［托］binza širi

色楞扎納①　策妄多爾濟那木扎勒同高祖兄弟，色布騰次子。

［滿］sereng jana ［蒙］sereng ǰan-a ［番］tshe ring bya na ［托］sereng zana

扎納嘎爾布　策妄多爾濟那木扎勒同高祖兄弟，色布騰第三子。

［滿］jana g'arbu ［蒙］ǰan-a garbu ［番］bya na dkar po ［托］zana garbu

嘎爾瑪都雜②　策妄多爾濟那木扎勒同高祖兄弟，色布騰第四子。

［滿］g'arma dudza ［蒙］garm-a duvja ［番］karma dhwa dza ［托］garma duza

諾爾布林沁　策妄多爾濟那木扎勒同高祖兄弟，噶勒藏多爾濟之子。

［滿］norbu rincin ［蒙］norbu rinčin ［番］nor bu rin chen ［托］norbu rincin

古木布扎布③　策妄多爾濟那木扎勒同高祖兄弟，索諾木吹濟之子。

［滿］gumbujab ［蒙］gümbüjab ［番］mgon po skyabs ［托］gümbuzab

三濟扎布　策妄多爾濟那木扎勒同高祖兄弟，索諾木吹濟次子，官侍衛。

［滿］sanjijab ［蒙］sanjijab ［番］sangs rgyas skyabs ［托］sanzizab

袞楚克④　［滿］guncuk 策妄多爾濟那木扎勒同高祖兄弟，堪都

---

① 四庫薈要本此條在"賓雜什里"條前。
② 四庫薈要本此條在"扎納嘎爾布"條前。
③ 四庫薈要本此條在"諾爾布林沁"條前。
④ 四庫薈要本此條在"三濟扎布"條前。

長子。三合切音以下見本卷。

索諾木　策妄多爾濟那木扎勒同高祖兄弟,堪都次子,官散秩大臣。

　　［滿］sonom ［蒙］sonom ［番］bsod nams ［托］sonom

阿喇布珠爾　策妄多爾濟那木扎勒同高祖兄弟,堪都第三子,官侍衛①。

　　［滿］arabjur ［蒙］arabjur ［番］rab vbyor ［托］arabzur

策淩旺布　策妄多爾濟那木扎勒同高祖兄弟,阿喇布坦長子,封扎薩克多羅郡王額駙。

　　［滿］ts'eringwangbu ［蒙］ceringvangbu ［番］tshe ring dbang po ［托］ceringvangbu

色布騰旺布　策妄多爾濟那木扎勒同高祖兄弟,阿喇布坦次子,封扎薩克多羅郡王額駙。

　　［滿］sebten wangbu ［蒙］sebten vangbu ［番］tshe bstan dbang po ［托］sebten vangbu

漠海　策妄多爾濟那木扎勒同高祖兄弟,達瑪林長子。

　　［滿］moohai ［蒙］maɣuqai ［托］moüqai

策淩　［滿］ts'ering 策妄多爾濟那木扎勒同高祖兄弟,達瑪林次子。三合切音以下見本卷。

滿濟②　策妄多爾濟那木扎勒同高祖兄弟,策淩端多克長子。

　　［滿］manji ［蒙］manji ［番］sman rje ［托］manzi

策淩那木扎勒　策妄多爾濟那木扎勒同高祖兄弟,策淩端多克次子。

　　［滿］ts'ering namjal ［蒙］cering namjal ［番］tshe ring rnam rgyal ［托］cering namzal

達什達瓦③　策妄多爾濟那木扎勒同高祖兄弟,策淩端多克第三子。

---

① "侍",原作"待",據四庫全書本、四庫薈要本改。
② 四庫全書本、四庫薈要本此條在"策淩"條前。
③ 四庫薈要本此條在"策淩那木扎勒"條前。

〔滿〕daši dawa 〔蒙〕daši dava 〔番〕bkra shis zla ba 〔托〕daši dabā

德勒格爾 策妄多爾濟那木扎勒同高祖兄弟,策淩端多克第四子。

〔滿〕delger 〔蒙〕delger 〔托〕delger

伯格里 策妄多爾濟那木扎勒同高祖兄弟,策淩端多克第五子。①

〔滿〕begeli 〔蒙〕begeli 〔托〕begeli

羅布扎 字汗第十九世孫,以後同。達瓦齊之子,封多羅郡王額駙。

〔滿〕lobja 〔蒙〕lobja 〔番〕lo brgya 〔托〕lobza

袞楚克邦② 三都布之子,封扎薩克固山貝子。

〔滿〕guncukbang 〔蒙〕günčuγbang 〔番〕dkon mchog dbang 〔托〕güncuqbang

根敦扎布 〔滿〕gendunjab 索諾木長子,官侍衛。三合切音以下見本卷。

齊巴克 索諾木次子。

〔滿〕cibak 〔蒙〕čibaγ 〔番〕tshe dpag 〔托〕cibaq

巴朗 〔滿〕barang 索諾木第三子。三合切音以下見本卷。

達木拜 策淩旺布之子。封公品級扎薩克台吉。

〔滿〕dambai 〔蒙〕dambai 〔番〕bstan pavi 〔托〕dambai③

額林沁 〔滿〕erincin 阿喇布珠爾之子。三合切音以下見本卷。

朋楚克 色布騰旺布之子,封扎薩克固山貝子。

〔滿〕pungcuk 〔蒙〕püngčuγ 〔番〕phun tshogs 〔托〕pungcuq

齊墨特多爾濟 漠海長子。

〔滿〕cimetdorji 〔蒙〕čimeddorji 〔番〕vchi med rdo rje 〔托〕cimeddorzi

---

① 四庫薈要本此條在"德勒格爾"條前。
② 底本遺漏此條,只有蒙、藏、托、回四種語言詞彙,無釋文及滿文詞彙,據四庫全書本、四庫薈要本補齊。
③ 底本"達木拜"和"朋楚克"兩條的部分文字相互混淆,今予以更正。

米什克多爾濟　漠海次子。

［滿］mišikdorji［蒙］misigdorǰi［番］mi shig rdo rje
［托］mišiqdorzi

烏巴什　［滿］ubaši 策淩之子。三合切音以下見本卷。

訥墨庫濟爾噶勒　滿濟長子。

［滿］nemeku jirgal［蒙］nemekü ǰirγal［托］nemekü zirγal

特古斯哈什哈　滿濟次子。

［滿］tegus hašiha［蒙］tegüs qasiq-a［托］tegüs xašixa

阿木爾薩納　滿濟第三子。

［滿］amursana［蒙］amursana［托］amursana

圖魯巴圖　達什達瓦之子。

［滿］turu batu［蒙］törö batu［托］turu batu

薩察那木扎勒　孛汗第二十世孫，以下同。朋楚克之子。

［滿］saca namjal［蒙］sača namǰal［番］sa skya rnam rgyal
［托］saca namzal

伊什格勒得　根敦扎布之子。

［滿］isigelde［蒙］isigelde［番］ye shes dge ldan［托］išigelde

卷九　天山北路準噶爾部人名三

都爾伯特衛拉特屬

博羅納哈勒　額森諾顏長子,都爾伯特屬始祖也,爲第一世。

［滿］boro nahal［蒙］boro naqal［托］boro naxal

額什格台什　博羅納哈勒之子,爲第二世。

［滿］ešige taiši［蒙］ešige tayiši［托］ešige tayiši

雅尼斯台什　額什格台什之子,爲第三世。

［滿］yanis taiši［蒙］yanis tayiši［托］yanis tayiši

特爾格圖台什　雅尼斯台什之子,爲第四世。以上四世無旁支。

［滿］tergetu taiši［蒙］tergetü tayiši［托］tergetu tayiši

噶勒當　特爾格圖台什長子,博羅納哈勒第五世孫。達賴台什以後同。

［滿］galdang［蒙］ɣaldang［托］ɣaldang

達賴台什　特爾格圖台什次子。

［滿］dalai taiši［蒙］dalai tayiši［托］dalai tayiši

包伊勒登　特爾格圖台什第三子。

［滿］boo ildeng［蒙］boo ildeng［托］bou ildeng

哈哈勒代諾顏烏巴什　噶勒當之子,博羅納哈勒第六世孫。敏珠以後同。

［滿］hahaldai noyan ubaši［蒙］qaqaldai noyan ubaši［托］xaxaldai noyon ubaši

敏珠　達賴台什長子。

［滿］minju［蒙］minǰu［番］smin bcu［托］minzu

楚　達賴台什次子。

［滿］cu［蒙］ču［托］cu

托音　達賴台什第三子。

［滿］toin［蒙］toyin［托］toyin

鄂木布代青和碩齊　達賴台什第四子。

［滿］ombu daicing hošooci［蒙］ombu dayičing qošuuči［番］om pu tavi ching ho shovu chi［托］ombu dayicing xošooci

古木布　達賴台什第五子。

［滿］gumbu［蒙］gumbu［番］mgon po［托］gümbu

達顏台什　達賴台什第六子。

［滿］dayan taiši［蒙］dayan tayiši［托］dayan tayiši

塔爾渾台什　達賴台什第七子。

［滿］tarhūn taiši［蒙］tarqun tayiši［托］tarxun tayiši

鄂羅斯　包伊勒登長子。

［滿］oros［蒙］oros［托］oros

巴特瑪多爾濟　包伊勒登第二子。

［滿］batma dorji［蒙］badm-a dorji［番］pad ma rdo rje［托］batma dorzi

額林沁巴圖爾　包伊勒登第三子。

［滿］erincin batur［蒙］erinčin baγatur［番］rin chen pa thur［托］erincin bātur

伯布什　包伊勒登第四子。

［滿］bebuši［蒙］bebüši［托］bebuši

蘇都奎綽克托　哈哈勒代諾顏烏巴什長子，博羅納哈勒第七世孫。喇嘛扎布以後同。

［滿］sudukui cokto［蒙］sudukui čoγtuo［托］suduküi coqto

喇嘛扎布　哈哈勒代諾顏烏巴什次子。

［滿］lamajab［蒙］lamajab［番］bla ma skyabs［托］lamazab

鄂博堆　敏珠長子。

［滿］obodui［蒙］obodui［托］obodui

烏朗海　敏珠次子。

［滿］uranghai［蒙］urangqai［托］urāngxai

阿勒達爾台什　楚之子。

［滿］aldar taiši ［蒙］aldar tayiši ［托］aldar tayiši

齊什奇布　鄂木布代青和碩齊長子。

［滿］cišikib ［蒙］čišikib ［番］chi shi khib ［托］cišikib

察滾　鄂木布代青和碩齊次子。

［滿］cagūn ［蒙］čaγun ［托］caγu[n]

車臣　［滿］cecen 鄂木布代青和碩齊第三子。三合切音以下見第七卷①。

孟庫特木爾　塔爾渾台什長子。

［滿］mungku temur ［蒙］möngkö temür ［托］mungkü temur

色特爾　塔爾渾台什次子。

［滿］seter ［蒙］seter ［番］tshe thar ［托］seter

扎布　鄂羅斯之子。

［滿］jab ［蒙］jab ［番］skyabs ［托］zab

孟和代②　巴特瑪多爾濟長子。

［滿］munghodai ［蒙］mongqodai ［托］mungxodai

扎勒　［滿］jal 巴特瑪多爾濟次子。三合切音以下見第七卷。

丹達爾　巴特瑪多爾濟三子③。

［滿］dandar ［蒙］dandar ［番］bstan dar ［托］dandar

孟克得④　額林沁巴圖爾之子。

［滿］mungkedei ［蒙］möngkedei ［托］mungkedei

策淩孟克　伯布希之子，封扎薩克郡王。

［滿］ts'ering mungke ［蒙］cering möngke ［托］cering mungke

呼都魯克⑤　蘇都奎綽克托之子，博羅納哈勒第八世孫。阿玉奇多爾濟滿濟以後同。

［滿］hūduruk ［蒙］quturuγ ［托］xuturuq

阿玉奇多爾濟滿濟　喇嘛扎布長子。

---

① "三合切音以下見第七卷"，四庫全書本無。
② 四庫薈要本此條在"扎布"條前。
③ "三子"前，四庫全書本有"第"字。
④ 四庫薈要本此條在"丹達爾"條前。
⑤ 四庫薈要本此條在"策淩孟克"條前。

［滿］ayuki dorǰi manǰi［蒙］ayuki dorǰi manǰi［番］a yu ṣi rdo rje sman rje［托］ayuki dorzi manzi

沙克都爾達什① 喇嘛扎布次子。

［滿］šakdur daši［蒙］šaγdur daši［番］phyag rdor bkra shis［托］šaqdur daši

諤勒滾 阿勒達爾台什長子。

［滿］ūlgun［蒙］ölgün［托］ölgün

扎布② ［滿］jab 阿勒達爾台什次子。三合切音以下見本卷。

扎勒 ［滿］jal 齊什奇布長子。三合切音以下見第七卷。

丹津 ［滿］danjin 齊什奇布次子。三合切音以下見第七卷。

達爾扎③ ［滿］darja 齊什奇布第三子。三合切音以下見第七卷。

布里西氏 車臣長子。

［滿］burisidi［蒙］bürisidi［番］pu ri si ddhi［托］burisidi

得齊特④ 車臣次子。

［滿］decit［蒙］dečid［番］bde bskyid［托］decid

唐古特 扎布長子。

［滿］tanggūt［蒙］tangγud［托］tangγud

達什端多克⑤ 扎布次子。

［滿］daši dondok［蒙］daši dondoγ［番］bkra shis don grub［托］daši dondoq

達賴 孟和代長子。

［滿］dalai［蒙］dalai［托］dalai

巴圖孟克⑥ 孟和代次子,封扎薩克公。

［滿］batu mungke［蒙］batu möngke［番］pa thu mung khe［托］batu mungke

---

① 四庫薈要本此條在"阿玉奇多爾濟滿濟"條前。
② 四庫薈要本此條在"諤勒滾"條前。
③ 四庫薈要本此條在"丹津"條前。
④ 四庫薈要本此條在"布里西氏"條前。
⑤ 四庫薈要本此條在"唐古特"條前。
⑥ 四庫薈要本此條在"達賴"條前。

烏勒木濟　孟和代第三子。

［滿］ulemji［蒙］ülemǰi［托］ulemzi

和托郭爾車淩①　扎勒長子。

［滿］hotogor cering［蒙］qotoγor čering［番］ho tho gor tshe ring［托］xotoγor cering

滿推　扎勒次子。

［滿］mantui［蒙］mantui［番］mang thos［托］mantui

三扎布　扎勒第三子。

［滿］sanjab［蒙］sanǰab［番］bsang skyabs［托］sanzab

巴圖孟克　［滿］batu munke 孟克得長子。二合切音以下見本卷。

瑪什巴圖　孟克得次子。

［滿］maši batu［蒙］maši batu［托］maši batu

齊墨克②　策淩孟克長子。

［滿］cimek［蒙］čimeg［托］cimeq

巴雅勒當　策淩孟克次子。

［滿］bayaldang［蒙］bayaldang［托］bayaldang

博斯和勒③　策淩孟克第三子。

［滿］boshol［蒙］bosqol［托］bosxol

烏都木圖台什　呼都魯克之子,博羅納哈勒第九世孫。策淩以後同。

［滿］udumtu taiši［蒙］udumtu tayiši［托］udumtu tayiši

策淩④　［滿］ts'ering 諤勒滾之子,官散秩大臣。三合切音以下見第八卷。

巴噶滿濟　扎勒長子。

［滿］baga manji［蒙］baγ-a manǰi［番］pa ga sman rje［托］baγa manzi

---

① 四庫薈要本此條在“烏勒木濟”條前。
② 四庫薈要本此條在“瑪什巴圖”條前。
③ 四庫薈要本此條在“巴雅勒當”條前。
④ 四庫薈要本此條在“烏都木圖台什”條前。

策淩多爾濟　〔滿〕ts'ering dorji 扎勒次子。三合切音以下見第八卷。

老占喇布坦①　扎勒第三子。

〔滿〕loojan rabtan〔蒙〕loojan rabtan〔番〕blo bzang rab brtan〔托〕loozan rabtan

喇布坦②　丹津長子。

〔滿〕rabtan〔蒙〕rabtan〔番〕rab brtan〔托〕rabtan

達克巴　〔滿〕dakba 丹津次子。三合切音以下見第八卷。

巴圖鄂齊爾③　丹津第三子。

〔滿〕batu ocir〔蒙〕batu očir〔托〕batu ocir

車淩達什　達爾扎長子。

〔滿〕cering daši〔蒙〕čering daši〔番〕tshe ring bkra shis〔托〕cering daši

伯勒克　達爾扎次子,封扎薩克。

〔滿〕belek〔蒙〕beleg〔托〕beleq

策淩　〔滿〕ts'ering 布里西氏長子,封扎薩克特古斯古魯克汗。三合切音以下見本卷。

公格什喇　唐古特之子,封扎薩克。

〔滿〕gunggešira〔蒙〕günggešir-a〔托〕günggešira

保貝④　達什端多克長子,封扎薩克。

〔滿〕boobei〔蒙〕boobei〔番〕povu pevi〔托〕boobei

和托內　達什端多克次子。

〔滿〕hotonoi〔蒙〕qotonoi〔托〕xotonoi

拜英格⑤　達什端多克第三子。

〔滿〕bai'ingge〔蒙〕bayi'ingge〔托〕bayi'ingge

努斯海　達什端多克第四子。

---

①　四庫薈要本此條在"策淩多爾濟"條前。
②　四庫全書本此條在"老占喇布坦"條前。
③　四庫薈要本此條在"達克巴"條前。
④　四庫薈要本此條在"公格什喇"條前。
⑤　四庫薈要本此條在"和托內"條前。

〔滿〕nushai 〔蒙〕nusqai 〔托〕nusxai

恩克① 達賴長子。

〔滿〕engke 〔蒙〕engke 〔托〕engke

根扎布 達賴次子。

〔滿〕genjab 〔蒙〕genjab 〔番〕dge skyabs 〔托〕genzab

達木巴② 〔滿〕damba 巴圖孟克之子。三合切音以下見第七卷。

剛 烏勒木濟長子,封扎薩克輔國公。

〔滿〕g'ang 〔蒙〕gang 〔托〕gang

烏邁 烏勒木濟次子。

〔滿〕umai 〔蒙〕umai 〔番〕dbu mavi 〔托〕umai

色布騰 〔滿〕sebten 和托郭爾車淩之子,封扎薩克貝勒。三合切音以下見第八卷。

薩音察克③ 滿推長子。

〔滿〕saincak 〔蒙〕sayinčaγ 〔托〕sayincaq

庫圖齊 滿推次子。

〔滿〕kutuci 〔蒙〕kötüči 〔托〕kütöci

扣肯④ 滿推第三子。

〔滿〕keoken 〔蒙〕keüken 〔托〕keüken

達瓦 滿推第四子。

〔滿〕dawa 〔蒙〕dava 〔番〕zla ba 〔托〕dabā

翁郭帶 三扎布長子⑤。

〔滿〕onggodai 〔蒙〕ongγodai 〔托〕ongγodai

伯登 三扎布次子。

〔滿〕beden 〔蒙〕beden 〔托〕beden

---

① 四庫薈要本此條在"努斯海"條前。
② 四庫薈要本此條在"根扎布"條前。
③ 四庫薈要本此條在"色布騰"條前。
④ 四庫薈要本此條在"庫圖齊"條前。
⑤ "三",原脱,據四庫全書本、四庫薈要本補。四庫薈要本此條在"達瓦"條前。

根敦① 〔滿〕gendun 巴圖孟克長子,封扎薩克貝子。三合切音以下見第七卷。

多布沁 巴圖孟克次子。

〔滿〕dobcin 〔蒙〕dobčin 〔番〕stobs chen 〔托〕dobcin

車奔 巴圖孟克第三子。

〔滿〕ceben 〔蒙〕čeben 〔番〕che pen 〔托〕ceben

空和爾 巴圖孟克第四子。

〔滿〕kūnghor 〔蒙〕qongqor 〔托〕xongxor

伯省 巴圖孟克第五子。

〔滿〕besing 〔蒙〕besing 〔托〕besing

布顔濟爾噶勒 瑪什巴圖長子。

〔滿〕buyan jirgal 〔蒙〕buyan jirɣal 〔托〕buyan zirɣal

門都伯勒克 瑪什巴圖次子。

〔滿〕mendu belek 〔蒙〕mendü beleg 〔托〕mendu beleq

齊巴克 〔滿〕cibak 齊墨克長子。三合切音以下見第八卷。

巴本 齊墨克次子。

〔滿〕babun 〔蒙〕babun 〔番〕dpav dpon 〔托〕babun

巴拜② 烏都木圖台什之子,博羅納哈勒第十世孫。額克德以後同。

〔滿〕babai 〔蒙〕babai 〔番〕pa pavi 〔托〕babai

額克德 策淩長子。

〔滿〕ekede 〔蒙〕ekede 〔番〕e khe te 〔托〕ekede

瑪賚③ 策淩次子。

〔滿〕malai 〔蒙〕malai 〔番〕ma lavi 〔托〕malai

巴拜 〔滿〕babai 策淩第三子。三合切音以下見本卷。

策妄達爾扎 策淩第四子,官散秩大臣。

〔滿〕ts'ewang darja 〔蒙〕cevang darja 〔番〕tshe dbang dar

---

① 四庫薈要本此條在"伯登"條前。
② 四庫薈要本此條在"巴本"條前。
③ 四庫薈要本此條在"額克德"條前。

rgyas［托］cevang darza

布達扎布① 　策淩多爾濟長子。

［滿］budajab［蒙］budajab［番］buddha skyabs［托］budazab

達瓦克什克 　策淩多爾濟次子。

［滿］dawa kešik［蒙］dava kesig［番］zla ba khe shig［托］dabā kešiq

伯什阿噶什② 　策淩多爾濟第三子,封都爾伯特親王。

［滿］beši agaši［蒙］beši aɣaši［托］beši aɣaši

達瓦濟特 　策淩多爾濟第四子,封公。

［滿］dawajid［蒙］davajid［番］zla ba brjid［托］dabāzid

根則巴克③ 　策淩多爾濟第五子。

［滿］genzebak［蒙］genjebaɣ［番］dge rtse dpags［托］gencebaq

達什 　［滿］daši 喇布坦長子。三合切音以下見第八卷。

策淩烏巴什④ 　喇布坦次子,封扎薩克親王。

［滿］ts'ering ubaši［蒙］cering ubaši［番］tshe ring u pa shi［托］cering ubaši

達喇巴扎 　達克巴長子。

［滿］darabaja［蒙］darabaja［番］da ra pa ca［托］darabaza

洛壘原端 　達克巴次子,封扎薩克貝子。

［滿］loroi yondon［蒙］loroi yondan［番］blo gros yon tan［托］loroi yondon

剛多爾濟 　達克巴第三子,封扎薩克貝子。

［滿］g'angdorji［蒙］gangdorji［番］gang rdo rje［托］gangdorzi

額爾得尼 　達克巴第四子,封扎薩克貝子。

［滿］erdeni［蒙］erdeni［托］erdeni

烏巴什 　［滿］ubaši 車淩達什之子,封扎薩克台吉。三合切音以下見第八卷。

---

① 　四庫薈要本此條在上二條“巴拜”條前。
② 　四庫薈要本此條在“達瓦克什克”條前。
③ 　四庫薈要本此條在“達瓦濟特”條前。
④ 　四庫薈要本此條在“達什”條前。

多氐巴 伯勒克長子,封扎薩克台吉。

〔滿〕dodiba〔蒙〕dodiba〔托〕dodiba

布顔得勒格爾① 伯勒克次子,封扎薩克台吉。

〔滿〕buyan delger〔蒙〕buyan delger〔托〕buyan delger

達瓦津 伯勒克第三子。

〔滿〕dawajin〔蒙〕davajin〔番〕zla ba can〔托〕dabāzin

索諾木古木布② 策淩之子,封扎薩克特古斯古魯克汗。

〔滿〕sonom gumbu〔蒙〕sonom gumbu〔番〕bsod nams mgon po〔托〕sonom gümbu

車登 公格什喇長子,封扎薩克台吉。

〔滿〕ceden〔蒙〕čeden〔番〕tshe brtan〔托〕ceden

古爾古木 公格什喇次子。

〔滿〕gurgum〔蒙〕gurgum〔番〕gur gum〔托〕gürgüm

額爾奇斯 公格什喇第三子。

〔滿〕erkis〔蒙〕erkis〔托〕erkis

孟克特木爾③ 公格什喇第四子。

〔滿〕mungke temur〔蒙〕möngke temür〔番〕mung khe the mur〔托〕mungke temur

烏朗海 〔滿〕uriyanghai 公格什喇第五子。三合切音以下見本卷。

額布根 恩克長子,封扎薩克台吉。

〔滿〕ebugen〔蒙〕ebügen〔托〕ebugen

車伯克④ 恩克次子,封扎薩克台吉。

〔滿〕cebek〔蒙〕čebeg〔番〕tshe dpags〔托〕cebeq

哈里特 恩克第三子。

〔滿〕halit〔蒙〕qalid〔托〕xalid

---

① 四庫薈要本此條在"多氐巴"條前。
② 四庫薈要本此條在"達瓦津"條前。
③ 四庫薈要本此條在"額爾奇斯"條前。
④ 四庫薈要本此條在"烏朗海"條前。

班珠爾① 根扎布長子,封扎薩克貝子。

〔滿〕banjur〔蒙〕banjur〔番〕dpal vbyor〔托〕banzur

奇達 根扎布次子,封扎薩克貝子。

〔滿〕kida〔蒙〕kida〔托〕kida

烏魯斯② 達木巴之子。

〔滿〕urus〔蒙〕urus〔托〕urus

扎納巴克 剛長子。

〔滿〕janabak〔蒙〕ǰanabaγ〔番〕phyag na dpag〔托〕zanabaq

巴齋③ 剛次子。

〔滿〕bajai〔蒙〕baǰai「番〕dpal rgyas〔托〕bazai

巴桑 色布騰長子,封扎薩克貝子。

〔滿〕basang〔蒙〕basang〔番〕dpav bzang〔托〕basang

嘎瓦④ 色布騰次子。

〔滿〕g'awa〔蒙〕gava〔番〕dgav ba〔托〕gava

和通扣肯 根敦之子。

〔滿〕hotong keoken〔蒙〕qotong keüken〔托〕xotong keüken

扣肯⑤ 〔滿〕keuken 色布騰第三子。三合切音以下見本卷。

巴爾 車奋之子。

〔滿〕bar〔蒙〕bar〔托〕bar

和塔拉 布顏濟爾噶勒長子。

〔滿〕hotala〔蒙〕qotala〔托〕xotala

扣奎 布顏濟爾噶勒次子。

〔滿〕keokui〔蒙〕keüküi〔托〕keüküi

達克都爾噶 布顏濟爾噶勒第三子。

〔滿〕dakdurga〔蒙〕daγdurγ-a〔托〕daqdurγa

訥刻車木伯勒 額克德長子,博羅納哈勒第十一世孫。額林沁

---

① 四庫薈要本此條在"哈里特"條前。
② 四庫薈要本此條在"奇達"條前。
③ 四庫薈要本此條在"扎納巴克"條前。
④ 四庫薈要本此條在"巴桑"條前。
⑤ 四庫薈要本此條在"和通扣肯"條前。

扎木蘇以後同。

　　［滿］nekei cembel［蒙］nekei čembel［番］ne khevi chem pel
［托］nekei cembel

額林沁扎木蘇　額克德次子。

　　［滿］erincin jamsu［蒙］erinčin ǰamsu［番］rin chen rgya mtsho
［托］erincin zamsu

額爾克　瑪賚長子。

　　［滿］erke［蒙］erke［托］erke

薩他木　瑪賚次子。

　　［滿］satam［蒙］satam［托］satam

多爾濟喇布坦　策妄達爾扎之子,官侍衛,授二品階。

　　［滿］dorji rabtan［蒙］dorǰi rabtan［番］rdo rje rab brtan
［托］dorzi rabtan

訥墨庫　達什之子。

　　［滿］nemeku［蒙］nemekü［托］nemekü

達木巴都噶爾　達瓦克什克之子,封扎薩克貝子。

　　［滿］damba dugar［蒙］damba duɣar［番］bstan pa gdugs dkar
［托］damba duɣar

索諾木邕隴　策凌烏巴什之子。

　　［滿］sonom yongrung［蒙］sonom yongrung［番］bsod nams
yongs drung［托］sonom yongrung

烏勒墜鄂羅什呼　車登之子。

　　［滿］uljei orošihū［蒙］öljei orošiqu［托］ulzei orošixu

布圖克森　達喇巴扎之子,封扎薩克貝子。

　　［滿］butuksen［蒙］bütügsen［托］butuqsen

敦多克喇布坦　多爾濟喇布坦之子,官佐領,授二品階。博羅
納哈勒第十二世孫。

　　［滿］dondok rabtan［蒙］dondoɣ rabtan［番］don grub rab brtan
［托］dondoq rabtan

什喇巴勒　額爾得尼之子。

　　［滿］širabal［蒙］širabal［托］širabal

卷十 天山北路準噶爾部人名四

和碩特衛拉特屬

阿克薩噶勒代諾顏 和碩特始祖也，爲第一世。 按：四衛拉特中，綽羅斯、都爾伯特本一部。自土爾扈特部北竄後，始析爲二。其和碩特、輝特，則舊各爲部，不同族。和碩特屬，自阿克薩噶勒代諾顏以上無考。

〔滿〕aksagaldai noyan 〔蒙〕aɣsaɣaldai noyan 〔托〕aqsaɣaldai noyon

烏魯克特穆爾 阿克薩噶勒代諾顏之子，爲第二世。

〔滿〕uruk temur 〔蒙〕ürüg temür 〔托〕uruq tömör

博羅特布古 烏魯克特穆爾之子，爲第三世。

〔滿〕bolot bugū 〔蒙〕bolod buɣu 〔托〕bolod buɣu

博羅特特穆爾 博羅特布古之子，爲第四世。

〔滿〕bolot temur 〔蒙〕bolod temür 〔托〕bolod tömör

都楞代博 博羅特特穆爾之子，爲第五世。

〔滿〕dureng daibo 〔蒙〕düreng dayibo 〔托〕dureng dayibo

圖古堆 都楞代博之子，爲第六世。

〔滿〕tugudui 〔蒙〕tögödüi 〔托〕tögödöi

那郭代 圖古堆之子，爲第七世。

〔滿〕nagodai 〔蒙〕naɣodai 〔托〕naɣodai

賽謨勒呼 那郭代之子，爲第八世。

〔滿〕saimolhū 〔蒙〕sayimolqu 〔托〕sayimolxu

庫綏 賽謨勒呼之子，爲第九世。以上無旁支。

〔滿〕kusui 〔蒙〕küsüi 〔托〕küsöi

鄂博克 庫綏之長子，爲阿克薩噶勒代諾顏第十世孫。博貝同。

〔滿〕obok 〔蒙〕oboɣ 〔托〕oboq

博貝　［滿］bobei 庫綏之次子。三合切音以下見第七卷。

雅代青三　鄂博克之子，爲第十一世。哈奈諾顔烘郭爾同。

［滿］yadai cingsan ［蒙］yadai čingsan ［托］yadai cingsan

哈奈諾顔烘郭爾　博貝之子，其兄哈那克圖西野圖一支移駐青海，詳後青海條下。

［滿］hanai noyan honggor ［蒙］qanai noyan qongɣor ［托］xanai noyon xongɣor

拜巴噶斯　哈奈諾顔烘郭爾長子，爲阿克薩噶勒代諾顔第十二世孫。昆都崙烏巴什以後同。

［滿］baibagas ［蒙］bayibaɣas ［托］bayibaɣas

昆都崙烏巴什　哈奈諾顔烘郭爾次子。

［滿］kundulen ubaši ［蒙］köndölen ubaši ［托］kündölöng ubaši

扎薩克托音　哈奈諾顔烘郭爾第四子。

［滿］jasak toin ［蒙］jasaɣ toyin ［托］zasaq toyin

布顔鄂特歡　哈奈諾顔烘郭爾第五子。其第三子顧實汗一支移駐青海，詳後青海條下。

［滿］buyan othon ［蒙］buyan odqon ［托］buyan odxon

青　雅代青三長子。

［滿］cing ［蒙］čing ［托］cing

吹庫爾　雅代青三次子。

［滿］cuikur ［蒙］čuyikur ［托］cuyikür

哈穆克　雅代青三第三子。

［滿］hamuk ［蒙］qamuɣ ［托］xamuq

哈薩克　雅代青三第四子。

［滿］hasak ［蒙］qasaɣ ［托］xasaq

額爾得尼　［滿］erdeni 吹庫爾長子，爲阿克薩噶勒代諾顔第十三世孫。達那以後同。三合切音以下見第九卷。

達那　吹庫爾次子。

［滿］dana ［蒙］dan-a ［托］dana

多爾濟　［滿］dorji 吹庫爾第三子。三合切音以下見第七卷。

車臣汗　拜巴噶斯長子。

［滿］cecen han［蒙］čečen qan［托］cecen xan

阿巴賴　拜巴噶斯次子。

［滿］abalai［蒙］abalai［托］abalai

瑪邁達賴烏巴什　昆都崙烏巴什長子。

［滿］mamai dalai ubaši［蒙］mamai dalai ubaši［托］mamai dalai ubaši

烏巴什渾台吉　昆都崙烏巴什次子。

［滿］ubaši hon taiji［蒙］ubaši qon tayiji［托］ubaši xon tayizi

多爾濟　［滿］dorji 昆都崙烏巴什第三子。三合切音以下見第七卷。

額爾克代青鄂克綽特布　昆都崙烏巴什第四子。

［滿］erke daicing okcotbu［蒙］erke daičing oɣčodbu［托］erke dayicing oqcodbu

氐巴卓里克圖　昆都崙烏巴什第五子。

［滿］diba joriktu［蒙］diba ǰoriɣtu［番］sde pa co rig thu［托］diba zoriqtu

諾顔嘎布楚　昆都崙烏巴什第六子。

［滿］noyan g'abcu［蒙］noyan gabču［番］no yan dkav bcu［托］noyon gabcu

孟克　昆都崙烏巴什第七子。

［滿］mungke［蒙］möngke［托］möngke

青巴圖爾　昆都崙烏巴什第八子。

［滿］cing batur［蒙］čing baɣatur［托］cing bātur

伊那克巴圖爾　昆都崙烏巴什第九子。

［滿］inak batur［蒙］inaɣ baɣatur［托］inaq bātur

伊勒察克　昆都崙烏巴什第十子。

［滿］ilcak［蒙］ilčaɣ［托］ilcaq

賽巴克　昆都崙烏巴什第十一子。

［滿］saibak［蒙］sayibaɣ［番］tshe dpag［托］sayibaq

哈喇庫濟　昆都崙烏巴什第十二子。

［滿］hara kuji［蒙］qar-a küǰi［托］xara küzi

羅布藏達什　昆都崙烏巴什第十三子。

〔滿〕lobdzang daši〔蒙〕lobjang daši〔番〕blo bzang bkra shis〔托〕lobzang daši

塔爾巴　昆都崙烏巴什第十四子。

〔滿〕tarba〔蒙〕tarba〔番〕thar pa〔托〕tarba

色楞　〔滿〕šereng① 昆都崙烏巴什第十五子。三合切音以下見第七卷。

朋素克　昆都崙烏巴什第十六子。

〔滿〕pungsuk〔蒙〕püngsuɣ〔番〕phun tshogs〔托〕pungsuq

塔爾袞額爾得尼渾台吉　扎薩克托音長子。

〔滿〕targūn erdeni hon taiji〔蒙〕tarɣun erdeni qon tayiǰi〔托〕tarɣun erdeni xon tayizi

阿里魯克三托音　扎薩克托音次子。

〔滿〕ariluksan toin〔蒙〕ariluɣsan toyin〔托〕ariluqsan toyin

額爾得尼托音　扎薩克托音第三子。

〔滿〕erdeni toin〔蒙〕erdeni toyin〔托〕erdeni toyin

達爾瑪　〔滿〕darma 扎薩克托音第四子。三合切音以下見第七卷。

多扎烏巴什　扎薩克托音第五子。

〔滿〕doja ubaši〔蒙〕doǰa ubaši〔托〕doǰa ubaši

瑪賚　〔滿〕malai 扎薩克托音第六子。三合切音以下見第九卷。

冒濟喇克　扎薩克托音第七子。

〔滿〕moojirak〔蒙〕moojiraɣ〔托〕mooziraq

庫穆什庫　扎薩克托音第八子。

〔滿〕kumušiku〔蒙〕kümüšikü〔托〕kümüšikü

畢爾噶達什　扎薩克托音第九子。

〔滿〕birga daši〔蒙〕birɣ-a daši〔番〕pir ga bkra shis〔托〕birɣa daši

---

① 底本、四庫薈要本和四庫全書本均作 šereng，與第七卷 sereng 不同。

烏珊 扎薩克托音第十子。

〔滿〕ušan〔蒙〕ušan〔托〕ušān

多郭朗策淩 布顏鄂特歡長子。

〔滿〕dogolang ts'ering〔蒙〕doɣolang cering〔番〕to go lang tshe ring〔托〕doɣolang chering

諾顏哈喇 布顏鄂特歡次子。

〔滿〕noyan hara〔蒙〕noyan qar-a〔托〕noyon xara

烏克勒 布顏鄂特歡第三子。

〔滿〕ukere〔蒙〕üker-e〔托〕ukere

瑪齊克渾台吉 布顏鄂特歡第四子。

〔滿〕macik hon taiji〔蒙〕mačiɣ qon tayiǰi〔番〕ma chig hon thavi ci〔托〕maciq xon tayizi

伊斯坦濟 布顏鄂特歡第五子。

〔滿〕istanji〔蒙〕istanǰi〔番〕is than ci〔托〕istanzi

車木貝多爾濟 布顏鄂特歡第六子。

〔滿〕cembeidorji〔蒙〕čembeidorǰi〔番〕chos vphel rdo rje〔托〕cembeyidorzi

達蘭台 額爾得尼之子,爲阿克薩噶勒代諾顏十四世孫。額爾得尼渾台吉以後同。

〔滿〕dalantai〔蒙〕dalantai〔托〕dalantai

額爾得尼渾台吉 車臣汗長子。

〔滿〕erdeni hon taiji〔蒙〕erdeni qon tayiǰi〔托〕erdeni xon tayizi

噶勒達瑪 車臣汗次子。

〔滿〕g'aldama〔蒙〕galdama〔番〕skal ldan ma〔托〕galdama

諾顏胡圖克圖 車臣汗第三子。

〔滿〕noyan kūtuktu〔蒙〕noyan qutuɣtu〔托〕noyon xutuqtu

阿玉奇 〔滿〕ayuki 阿巴賴長子。三合切音以下見第七卷。

察滾 〔滿〕cagūn 阿巴賴次子。三合切音以下見第九卷。

齋巴喇嘛 阿巴賴第三子。

〔滿〕jaiba lama〔蒙〕ǰayiba blam-a〔番〕byes pa bla ma

［托］zayiba blama

丹津渾台吉　瑪邁達賴烏巴什長子。

［滿］danjin hon taiji ［蒙］danjin qon tayiǰi ［番］bstan vdzin hon thavi ci ［托］danzin xon tayizi

什喇布　瑪邁達賴烏巴什次子。

［滿］širab ［蒙］širab ［番］shes rab ［托］širab

羅布藏　［滿］lobdzang 瑪邁達賴烏巴什第三子。三合切音以下見第七卷。

都爾格齊　烏巴什渾台吉長子。

［滿］durgeci ［蒙］dürgeči ［托］durgeci

雅滿　烏巴什渾台吉次子。

［滿］yaman ［蒙］yaman ［托］yaman

塔爾巴　［滿］tarba 烏巴什渾台吉第三子。三合切音以下見本卷。

額布根　［滿］ebugen 多爾濟長子。三合切音以下見第九卷。

阿海　［滿］ahai 多爾濟次子。三合切音以下見第七卷。

察滾　［滿］cagūn 多爾濟第三子。三合切音以下見第九卷。

多里斯呼　多爾濟第四子。

［滿］dorishū ［蒙］dorisqu ［托］dorisxu

察滾①　［滿］cagūn 額爾克代青鄂克綽特布長子。三合切音以下見第九卷。

塔爾巴　［滿］tarba 額爾克代青鄂克綽特布次子。三合切音以下見本卷。

楚木伯勒　青巴圖爾長子。

［滿］cumbel ［蒙］čömbel ［番］chos vphel ［托］cömbel

瑪賚　［滿］malai 青巴圖爾次子。三合切音以下見第九卷。

什喇布原端　朋素克長子。

［滿］širab yondon ［蒙］širab yondon ［番］shes rab yon tan ［托］širab yondon

---

① 四庫全書本、四庫薈要本此條在"多里斯呼"條前。

阿玉錫　朋素克次子。

［滿］ayusi ［蒙］ayusi ［番］ayuši ［托］ayuši

衮楚克　［滿］guncuk 朋素克第三子。三合切音以下見第八卷。

老占什喇布　朋素克第四子。

［滿］loojan širab ［蒙］loojan širab ［番］blo bzang shes rab ［托］loojan širab

渾台吉索諾木　阿里魯克三托音之子。

［滿］hon taiji sonom ［蒙］qon tayiǰi sonom ［番］hon thavi ci bsod nams ［托］xon tayizi sonum

額爾得尼楚魯木　冒濟喇克長子。

［滿］erdeni curum ［蒙］erdeni čurum ［托］erdeni curum

阿喇布坦　［滿］arabtan 冒濟喇克次子。三合切音以下見第八卷。

淖海都喇勒　冒濟喇克第三子。

［滿］noohai dural ［蒙］noqai dural ［托］nooxai dural

扎木蘇代巴圖爾　多郭朗策淩長子。

［滿］jamsu dai batur ［蒙］ǰamsu dai baɣatur ［番］rgya mtsho tavi pa thu ra ［托］zamsu dai bātur

達什　［滿］daši 多郭朗策淩次子。三合切音以下見第八卷。

推博噶　車木貝多爾濟之子。

［滿］toiboga ［蒙］toyiboɣ-a ［托］toyiboɣa

色楞　［滿］šereng 達蘭台之子,阿克薩噶勒代諾顏第十五世孫。噶勒丹多爾濟以後同。三合切音以下見第七卷。

噶勒丹多爾濟　［滿］g'aldan dorji 額爾得尼渾台吉之子。三合切音以下見第八卷。

羅布藏古木布　噶勒達瑪之子。

［滿］lobdzang gumbu ［蒙］lobjang gümbü ［番］blo bzang mgon po ［托］lobzang gümbu

索諾木汪扎勒　阿玉奇之子。

［滿］sonom wangjal ［蒙］sonom vangjal ［番］bsod nams dbang

rgyal［托］sonom vangǰal

　　瑪克本　察滾長子。

　　［滿］makbun［蒙］maγbun［番］dmag dpon［托］maqbun

　　阿巴　察滾次子。

　　［滿］aba［蒙］aba［托］aba

　　烏巴什　［滿］uaši 丹津渾台吉長子。三合切音以下見第八卷。

　　達什喇布坦　丹津渾台吉次子。

　　［滿］daši rabtan［蒙］daši rabtan［番］bkra shis rab brtan［托］

daši rabtan

　　巴木巴塔爾　都爾格齊長子。

　　［滿］bambatar［蒙］bambatar［托］bambatar

　　墨爾根巴圖爾　都爾格齊次子。

　　［滿］mergen batur［蒙］mergen baγatur［托］mergen bātur

　　海努克　塔爾巴之子。

　　［滿］hainuk［蒙］qayinuγ［托］xayinuq

　　索諾木扎勒　額布根之子。

　　［滿］sonomjal［蒙］sonomjal［番］bsod nams rgyal［托］sonomǰal

　　達什　［滿］daši 阿海之子。三合切音以下見第八卷。

　　端多克　多里斯呼之子。

　　［滿］dondok［蒙］dondoγ［番］don grub［托］dondoq

　　停沁　楚木伯勒之子。

　　［滿］tingcin［蒙］tingčin［番］ting vdzin［托］tingcin

　　巴勒珠爾　［滿］baljur 瑪賔長子。三合切音以下見第八卷。

　　鄂端　瑪賔次子。

　　［滿］odon［蒙］odon［托］odon

　　博羅勒代　阿玉錫之子。

　　［滿］boroldai［蒙］boroldai［托］boroldai

　　烏巴什　［滿］ubaši 袞楚克之子。三合切音以下見第八卷。

　　格木巴勒　老占什喇布長子。

　　［滿］gembal［蒙］gembal［番］dge vphel［托］gembal

　　齊旺　老占什喇布次子。

〔滿〕ciwang〔蒙〕čivang〔番〕tshe dbang〔托〕civang

公格　老占什喇布第三子。

〔滿〕gungge〔蒙〕güngge〔番〕kun dgav〔托〕güngge

扎薩克圖達什喇布坦　渾台吉索諾木之子。

〔滿〕jasaktu daši žabtan〔蒙〕ǰasaγtu daši rabtan〔番〕ca sag thu bkra shis rab brtan〔托〕zasaqtu daši rabtan

哈爾噶斯　額爾得尼楚魯木之子,封扎薩克台吉。

〔滿〕hargas〔蒙〕qarγas〔托〕xarγas

色布騰　〔滿〕sebten 阿喇布坦長子。三合切音以下見第八卷。

和推　阿喇布坦次子。

〔滿〕hotoi〔蒙〕qotoi〔托〕xotoi

滿濟塔爾　淖海都喇勒長子。

〔滿〕manjitar〔蒙〕manjitar〔番〕sman rje thar〔托〕manzitar

伯色　淖海都喇勒次子。

〔滿〕bese〔蒙〕bese〔托〕bese

瑪什　扎木蘇代巴圖爾長子。

〔滿〕maši〔蒙〕maši〔托〕maši

巴雅爾　扎木蘇代巴圖爾次子。

〔滿〕bayar〔蒙〕bayar〔托〕bayar

美都　達什之子。

〔滿〕muidu〔蒙〕muyidu〔托〕muyidu

阿布　推博噶之子。

〔滿〕abu〔蒙〕abu〔托〕abu

丹達爾　〔滿〕dandar 色楞之子,阿克薩噶勒代諾顔第十六世孫。噶勒丹端多布以後同。三合切音以下見第九卷。

噶勒丹端多布　瑪克本長子。

〔滿〕g'aldan dondob〔蒙〕galdan dondob〔番〕skal ldan don grub〔托〕galdan dondob

巴雅爾圖　瑪克本次子。

〔滿〕bayartu〔蒙〕bayartu〔托〕bayartu

噶勒丹端多克　達什喇布坦長子。

〔滿〕g'aldan dondok〔蒙〕galdan dondoγ〔番〕skal ldan don grub〔托〕galdan dondoq

端多布車淩　達什喇布坦次子。

〔滿〕dondob cering〔蒙〕dondob čering〔番〕don grub tshe ring〔托〕dondob cering

瑪尼　索諾木扎勒長子。

〔滿〕mani〔蒙〕mani〔番〕ma ṇi〔托〕mani

色布騰　〔滿〕sebten 索諾木扎勒次子。三合切音以下見第八卷。

羅布藏策淩　〔滿〕lobdzang ts'ering 達什之子。三合切音以下見第七卷①。

車淩那木扎勒　停沁之子。

〔滿〕cering namjal〔蒙〕čering namjal〔番〕tshe ring rnam rgyal〔托〕cering namjal

吹鐘扎布　哈爾噶斯長子。

〔滿〕cuijungjab〔蒙〕čuyijungjab〔番〕chos skyong skyabs〔托〕cöyizongjab

公格車淩　哈爾噶斯次子。封扎薩克台吉。

〔滿〕gungge cering〔蒙〕güngge čering〔番〕kun dgav tshe ring〔托〕güngge cering

車淩　和推長子。

〔滿〕cering〔蒙〕čering〔番〕tshe ring〔托〕cering

額布根　〔滿〕ebugen 和推次子。三合切音以下見第九卷。

吹扎布　滿濟塔爾長子。

〔滿〕cuijab〔蒙〕čuyijab〔番〕chos skyabs〔托〕cöyizab

濟克濟扎布　滿濟塔爾次子。

〔滿〕jikjijab〔蒙〕jiγjijab〔番〕vjigs byed skyabs〔托〕ziqzijab

朋楚克車淩　伯色之子。

〔滿〕puncuk cering〔蒙〕punčuγ čering〔番〕phun tshogs tshe

---

① "三"，原作"二"，據四庫全書本、四庫薈要本改。

ring ［托］puncuq cering

　　色布騰　［滿］sebten　瑪什之子。三合切音以下見第八卷。

　　達爾濟　巴雅爾長子。

　　［滿］darji ［蒙］darji ［番］dar rgyas ［托］darzi

　　達瑪林　［滿］damarin　巴雅爾次子。三合切音以下見第八卷。

　　噶布藏　巴雅爾第三子。

　　［滿］g'abdzang ［蒙］gabjang ［番］dkav bzang ［托］gabzang

　　色楞達什　美都之子。

　　［滿］serengdaši ［蒙］serengdaši ［番］tshe ring bkra shis ［托］serengdaši

　　達瓦　［滿］dawa　阿布長子，封公爵。三合切音以下見第九卷。

　　鄂爾奇達遜　阿布次子，官散秩大臣，封伯爵。

　　［滿］orkidasun ［蒙］orkidasun ［托］orkidasun

　　沙克都爾曼濟　噶勒丹端多克之子，阿克薩噶勒代諾顏第十七世孫。明噶特以後同。

　　［滿］šakdur manji ［蒙］šaɣdur manji ［番］phyag rdor sman rje ［托］šaqdur manzi

　　明噶特　端多布車淩長子。

　　［滿］minggat ［蒙］mingɣad ［托］mingɣad

　　薩爾圖特　端多布車淩次子。

　　［滿］sartut ［蒙］sartud ［托］sartud

　　諾爾布端多布　羅布藏策淩長子。

　　［滿］norbu dondob ［蒙］norbu dondob ［番］nor bu don grub ［托］norbu dondob

　　托音　羅布藏策淩次子。

　　［滿］toin ［蒙］toyin ［托］toyin

　　那木噶　車淩那木扎勒長子。

　　［滿］namg'a ［蒙］namga ［番］nam mkhav ［托］namga

　　恩克拜呼　車淩那木扎勒次子。

　　［滿］engke baihū ［蒙］engke bayiqu ［托］engke bayixu

　　沙喇　吹扎布之子。

［滿］šara［蒙］šar-a［托］šara

那木扎勒 ［滿］namjal 濟克濟扎布之子。三合切音以下見第七卷。

博郭勒代 色布騰之子。

［滿］bogoldai［蒙］boɣoldai［托］boɣoldai

博爾和津 諾爾布端多布之子，阿克薩噶勒代諾顔十八世孫。

［滿］borhojin［蒙］borqojin［托］borxozin

輝特衞拉特屬

阿勒達爾和碩齊 輝特屬。爲阿睦爾撒納擾亂，譜系失傳，遠派莫考。所收僅阿勒達爾和碩齊、額爾克台吉以下兩支。其舊駐青海之扎薩克輔國公公格一支，詳後青海條下。

［滿］aldar hošooci［蒙］aldar qošuuči［托］aldar xošooci

衞徵和碩齊 阿勒達爾和碩齊之子。

［滿］weijeng hošooci［蒙］veyijeng qošuuči［托］oozeng xošooci

沙克都爾 衞徵和碩齊之長子。

［滿］šakdur［蒙］šaɣdur［番］phyag rdor［托］šaqdur

齊木庫爾 衞徵和碩齊次子。

［滿］cimkur［蒙］čimkür［番］chim khur［托］cimkür

扎木燦 衞徵和碩齊第三子。

［滿］jamts'an［蒙］jamcan［番］rgyal mtshan［托］zamchan

伊西丹津 衞徵和碩齊第四子。

［滿］isi danjin［蒙］iši dayijin［番］ye shes bstan vdzin［托］iši danzin

阿睦爾撒納 衞徵和碩齊後妻博托洛克，初適和碩特丹衷。既有孕，而丹衷爲策妄阿喇布坦烙死。衞徵和碩齊據之，始生子，是爲阿睦爾撒納。以丹衷遺孽，亂宗構禍，乃冒輝特爲台吉云。

［滿］amursana［蒙］amursan-a［托］amursana

巴朗 ［滿］barang 沙克都爾長子。三合切音以下見第八卷。

舍楞　沙克都爾次子。

［滿］šereng［蒙］šereng［番］she reng［托］šereng

額爾克台吉　阿勒達爾和碩齊族兄弟，世數遠近莫考。

［滿］erke taiji［蒙］erke tayiǰi［托］erke tayizi

巴圖孟克　［滿］batu munke 額爾克台吉之子。三合切音以下見第九卷。

巴雅爾　［滿］bayar 巴圖孟克之子。三合切音以下見本卷。

布都巴拉　巴雅爾長子。

［滿］budubala［蒙］büdübala［托］budubala

扎拉巴拉　巴雅爾次子。

［滿］jala bala［蒙］jal-a bal-a［托］zala bala

卷十一　天山南路回部人名一

青吉斯汗族屬

青吉斯汗　回部之汗,爲第一世。　按:回教相傳始墨克、墨德那諸國。今天山南路派噶木巴爾一支,其的傳也。青吉斯汗族,又爲舊君其國者,因首敍焉。青吉斯汗以上無考。

〔滿〕cinggis han　〔蒙〕činggis qan　〔托〕cinggis xan〔回〕čïnggis xan

察罕代瑪瑪奇　青吉斯汗之子,爲第二世。

〔滿〕cahandai mamaki　〔回〕čaxanday mamaki

哈喇拜蘇畢喇克　察罕代瑪瑪奇之子,爲第三世。

〔滿〕harabaisu birak　〔回〕xarabaysu birak

達瓦齊　〔滿〕dawaci 哈喇拜蘇畢喇克之子,爲第四世。三合切音以下見第八卷。

巴爾當　達瓦齊之子,爲第五世。

〔滿〕bardang　〔回〕bardang

巴圖爾博汗　巴爾當之子,爲第六世。

〔滿〕batur bohan　〔回〕batur buxan

圖墨訥　巴圖爾博汗之子,爲第七世。

〔滿〕tumene　〔回〕tumunä

阿沽斯　圖墨訥之子,爲第八世。

〔滿〕agūs　〔回〕āɣus

海都　阿沽斯之子,爲第九世。

〔滿〕haidu　〔回〕xaydu

薩木布瓦　海都之子,爲第十世。

〔滿〕sambuwa　〔回〕sambvā

特木爾圖胡魯克　薩木布瓦之子,爲第十一世。

［滿］temur tuhuluk ［回］tämür tuɣluq

克則爾和卓　特木爾圖胡魯克之子，爲第十二世。　按：回語，和卓，有道者之稱。後凡言和卓者倣此。

［滿］kedzer hojo ［回］xizri xojo

錫喇里　克則爾和卓之子，爲第十三世。

［滿］sirali ［回］šir'ali

錫喇瑪哈木特　錫喇里之子，爲第十四世。

［滿］siramahamut ［回］šir muxämmäd

瑪木特　［滿］mamut 錫喇瑪哈木特之子，爲第十五世。三合切音以下見第七卷。

素勒坦玉努斯　瑪木特之子，爲第十六世。

［滿］sultan yunus ［回］sultan yunus

素勒坦阿瑪特①　素勒坦玉努斯之子，爲第十七世。

［滿］sultan amat ［回］sultan aḣmäd

素勒坦賽葉特　素勒坦阿瑪特之子，爲第十八世。

［滿］sultan saiyet ［回］sultan säyyïd

阿布都里錫特②　素勒坦賽葉特之子，爲第十九世。

［滿］abdurisit ［回］'äbduräšid

阿布都喇伊木　阿布都里錫特之子，爲第二十世。

［滿］abdura'im ［回］'äbdurähim

巴巴汗③　阿布都喇伊木之子，爲第二十一世。

［滿］baba han ［回］baba xan

阿克巴錫　巴巴汗之子，爲第二十二世。

［滿］akbasi ［回］aqbaš

素勒坦阿哈木特④　阿克巴錫長子，爲第二十三世。

［滿］sultan ahamut ［回］sultan axmäd

伊斯懇德爾　阿克巴錫次子。

---

① 四庫薈要本此條在"素勒坦玉努斯"條前。
② 四庫薈要本此條在"素勒坦賽葉特"條前。
③ 四庫薈要本此條在"阿布都喇伊木"條前。
④ 四庫薈要本此條在"阿克巴錫"條前。

［滿］iskender ［回］iskändär

莽蘇爾① 素勒坦阿哈木特之子,爲第二十四世。哈色木同。

［滿］mangsur ［回］mangsur

哈色木 伊斯懇德爾之子。

［滿］hasem ［回］qasïm

阿布都拉② 莽蘇爾之子,爲第二十五世。

［滿］abdula ［回］'äbdullah

派噶木巴爾族屬

派噶木巴爾 秉持回教之祖,爲第一世。

［滿］paigambar ［回］päyɣämbär

阿布勒哈色木 派噶木巴爾長子,爲第二世。

［滿］abulhasem ［回］äbulqasïm

伊畢喇伊木 派噶木巴爾次子。

［滿］ibira'im ［回］ibrahim

塔伊布 派噶木巴爾第三子。

［滿］ta'ib ［回］tayb

塔伊爾 派噶木巴爾第四子。

［滿］ta'ir ［回］tayir

阿里 派噶木巴爾同祖兄阿布塔拉布之子。派噶木巴爾四子俱夭,因以女妻阿里而傳其教。

［滿］ali ［回］'ali

伊瑪木阿三 阿里長子,爲第三世。

［滿］imam asan ［回］imam häsän

伊瑪木鄂賽音 阿里次子。

［滿］imam osain ［回］imam üsäyn

阿里阿克伯爾 伊瑪木鄂賽音長子,爲第四世。

---

① 四庫薈要本此條在"伊斯懇德爾"條前。

② 四庫薈要本此條在"哈色木"條前。

［滿］ali akber ［回］ 'ali äkbär

阿里阿斯嘎爾　伊瑪木鄂賽音次子。

［滿］ali asg'ar ［回］ 'ali äsүär

伊瑪木再努勒阿畢丁　伊瑪木鄂賽音第三子。

［滿］imam dzainul abidin ［回］ imam zäynul 'abidin

伊瑪木瑪木特巴克爾　伊瑪木再努勒阿畢丁之子，爲第五世。

［滿］imam mamut baker ［回］ imam muḣämmäd baqir

伊瑪木扎丕爾薩氏克　伊瑪木瑪木特巴克爾之子，爲第六世。

［滿］imam japir sadik ［回］ imam jä'fär šadiq

伊瑪木木色伊喀則木　伊瑪木扎不爾薩氏克之子，爲第七世。

［滿］imam muse'ik'adzem ［回］ imam musākazim

伊瑪木阿里伊木西里雜　伊瑪木木色伊喀則木之子，爲第八世。

［滿］imam ali'imusiridza ［回］ imam 'aliyimuširiza

賽葉特塔里布　伊瑪木阿里伊木西里雜之子，爲第九世。

［滿］saiyet talib ［回］ säyyïd talib

賽葉特阿布都勒拉　賽葉特塔里布之子，爲第十世。

［滿］saiyet abdulla ［回］ säyyid 'äbdullah

賽葉特阿布雜勒　賽葉特阿布都勒拉之子，爲第十一世。

［滿］saiyet abdzal ［回］ säyyid abzäl

阿布都勒拉　賽葉特阿布雜勒之子，爲第十二世。

［滿］abdulla ［回］ 'äbdullah

賽葉特阿哈瑪特　阿布都勒拉之子，爲第十三世。

［滿］saiyet ahamat ［回］ säyyid aḣmäd

賽葉特瑪木特　賽葉特阿哈瑪特之子，爲第十四世。

［滿］saiyet mamut ［回］ säyyid mäḣmud

賽葉特　賽葉特瑪木特長子，爲第十五世。

［滿］saiyet ［回］ säyyid

沙喀三　賽葉特瑪木特次子。

［滿］šakasan ［回］ šaḣḣäsän

沙額色尹　沙喀三之子，爲第十六世。

［滿］ša eseyen ［回］ šah ḣüsäyn

賽葉特扎拉里丁　沙額色尹之子,爲第十七世。

［滿］saiyet jalalidin［回］säyyïd jalalidin

阿布都勒拉　［滿］abdulla 賽葉特扎拉里丁長子,爲第十八世。三合切音以下見本卷。

賽葉特克瑪里丁　賽葉特扎拉里丁次子。

［滿］saiyet kemalidin［回］säyyid kamalidin

瑪哈木特　賽葉特扎拉里丁第三子。

［滿］mahamut［回］mähmud

賽葉特布爾哈尼丁　賽葉特克瑪里丁之子,爲第十九世。

［滿］saiyet burhanidin［回］säyyid burhanidin

米爾氏瓜納　賽葉特布爾哈尼丁之子,爲第二十世。

［滿］mirdiguwana［回］mirdivanä

阿布雜勒　米爾氏瓜納長子,爲第二十一世。

［滿］abdzal［回］abzäl

賽葉特瑪木特　［滿］saiyet mamut 米爾氏瓜納次子。三合切音以下見本卷。

賽葉特克瑪勒　賽葉特瑪木特長子,爲第二十二世。

［滿］saiyet kemal［回］säyyid kämal

賽葉特布喇尼丁　賽葉特瑪木特次子。

［滿］saiyet buranidin［回］säyyid buranidin

賽葉特阿哈瑪特　［滿］saiyet ahamat 賽葉特瑪木特三子。三合切音以下見本卷。

賽葉特扎拉里丁　［滿］saiyet jalalidin 賽葉特布喇尼丁之子,爲第二十三世。三合切音以下見本卷。

瑪哈圖木阿雜木　賽葉特扎拉里丁長子,爲第二十四世。

［滿］mahatum adzam［回］mäxdu ä'žäm

漠羅克　賽葉特扎拉里丁次子。

［滿］molok［回］malik

瑪木特　［滿］mamut 賽葉特扎拉里丁第三子。三合切音以下見第七卷。

瑪木特額敏　瑪哈圖木阿雜木長子,爲第二十五世。

［滿］mamut emin［回］mähmud emin

多斯和卓　瑪哈圖木阿雜木次子。

［滿］dos hojo［回］dos xojo

巴哈古敦　瑪哈圖木阿雜木第三子。自巴哈古敦至阿布都勒拉十二支，析居於布哈爾、温都斯坦諸處，其子孫世系莫考。

［滿］bahagūdun［回］baḣaudin

阿布都哈里克　瑪哈圖木阿雜木第四子。

［滿］abduhalik［回］’äbduxaliq

瑪木特　［滿］mamut　瑪哈圖木阿雜木第五子。三合切音以下見第七卷。

伊布喇伊木①　瑪哈圖木阿雜木第六子。

［滿］ibra’im［回］ibrayim

伊薩克　瑪哈圖木阿雜木第七子。

［滿］isak［回］isḣaq

瑪木特阿里　瑪哈圖木阿雜木第八子。

［滿］mamut ali［回］mähmud äli

阿拉勒顔　瑪哈圖木阿雜木第九子。

［滿］alalyan［回］alaliyän

瑪木特　［滿］mamut　瑪哈圖木阿雜木第十子。三合切音以下見第七卷。

色德克　瑪哈圖木阿雜木第十一子。

［滿］sedek［回］sidiq

阿三②　瑪哈圖木阿雜木第十二子。

［滿］asan［回］ḣäsän

曬赫和卓　瑪哈圖木阿雜木第十三子。

［滿］šaihe hojo［回］šäyx xojo

阿布都勒拉③　［滿］abdulla　瑪哈圖木阿雜木第十四子。三合

---

① 四庫薈要本此條在“瑪木特”條前。
② 四庫薈要本此條在“色德克”條前。
③ 四庫薈要本此條在“曬赫和卓”條前。

切音以下見本卷。

哈色木　〔滿〕hasem　瑪木特額敏長子,爲第二十六世。木薩以後同。其後遷布哈爾,子孫世系莫考。三合切音以下見本卷。

木薩　瑪木特額敏次子,其後遷拜勒哈,子孫世系莫考。墨敏同。

〔滿〕musa〔回〕musa

墨敏①　瑪木特額敏第三子。

〔滿〕memin〔回〕mömin

瑪木特玉素布　瑪木特額敏第四子。

〔滿〕mamut yusub〔回〕muhämmäd yüsüf

木斯塔帕②　多斯和卓之子。

〔滿〕mustapa〔回〕mustafa

伊達雅圖勒拉和卓　瑪木特玉素布長子,爲第二十七世。喀喇瑪特和卓以後同。

〔滿〕idayatulla hojo〔回〕hidayutullah xojo

喀喇瑪特和卓　瑪木特玉素布次子。

〔滿〕k'aramat hojo〔回〕karamat xojo

堪和卓　瑪木特玉素布第三子。

〔滿〕k'an hojo〔回〕xan xojo

烏什和卓③　木斯塔帕之子。

〔滿〕uši hojo〔回〕uši xojo

雅雅和卓　伊達雅圖勒拉和卓長子,爲第二十八世。阿布都色墨特以後同。

〔滿〕yaya hojo〔回〕yaya xojo

阿布都色墨特　伊達雅圖勒拉和卓次子。

〔滿〕abdusemet〔回〕'äbdusämät

瑪哈氏和卓　伊達雅圖勒拉和卓第三子,其後遷温都斯坦,子

---

①　四庫薈要本此條在"木薩"條前。
②　四庫薈要本此條在"瑪木特玉素布"條前。
③　四庫薈要本此條在"堪和卓"條前。

孫世系莫考。

[滿] mahadi hojo [回] mähdi xojo

阿三和卓① 伊達雅圖勒拉和卓第四子。

[滿] asan hojo [回] häsän

布喇尼敦 伊達雅圖勒拉和卓第五子。

[滿] buranidun [回] buranudun

阿布都哈里克 [滿] abduhalik 喀喇瑪特和卓長子。三合切音以下見本卷。

墨敏 [滿] memin 喀喇瑪特和卓次子。三合切音以下見本卷。

愛三 喀喇瑪特和卓第三子。

[滿] aisan [回] hüsäyn

素賚滿② 烏什和卓之子。

[滿] sulaiman [回] suläyman

霍集占 雅雅和卓長子,爲第二十九世。瑪罕木特以後同。

[滿] hojijan [回] xojäjan

瑪罕木特③ 雅雅和卓次子。

[滿] mahanmut [回] mähmut

木薩 [滿] musa 墨敏長子。三合切音以下見本卷。

沙和卓 墨敏次子。

[滿] ša hojo [回] šah xojo

阿里和卓 墨敏第三子。

[滿] ali hojo [回] 'ali xojo

阿布都勒拉 [滿] abdulla 墨敏第四子。三合切音以下見本卷。

額色尹 墨敏第五子,封公爵。

[滿] eseyen [回] hüsäyn

帕爾薩 墨敏第六子。

[滿] parsa [回] farsa

---

① 四庫薈要本此條在"瑪哈氏和卓"條前。
② 四庫薈要本此條在"愛三"條前。
③ 四庫薈要本此條在"霍集占"條前。

阿布都喇滿　素賚滿之子①。

〔滿〕abduraman〔回〕'äbduraman

波羅泥都　瑪罕木特長子,回人舊稱冲和卓木。冲,謂大;和卓木,猶云我和卓也。爲第三十世。霍集占以後同。

〔滿〕boronidu〔回〕boronuud

霍集占　〔滿〕hojijan 瑪罕木特次子,回人舊稱奇齊克和卓木。奇齊克,謂小也。三合切音以下見本卷。

瑪木特　〔滿〕mamut 木薩長子,封扎薩克。三合切音以下見第七卷。

瑪木特額敏②　〔滿〕mamut emin 木薩次子。三合切音以下見本卷。

阿里布　木薩第三子。

〔滿〕arib〔回〕ārib

圖爾都　阿里和卓之子,封輔國公。③

〔滿〕turdu〔回〕turdi

阿克博托　阿布都勒拉之子。

〔滿〕akboto〔回〕aq bota

克新和卓　額色尹之子。

〔滿〕kesin hojo〔回〕kašin xojo

阿布都訥色爾　阿布都喇滿之子。

〔滿〕abduneser〔回〕'äbdunasir

巴巴和卓④　瑪木特之子,爲第三十一世。

〔滿〕baba hojo〔回〕baba xojo

額貝都勒拉諸族屬

額貝都勒拉　始封扎薩克,駐哈密,爲第一世。以前世次莫考。

---

① "素",原作"索",據上文及四庫全書本、四庫薈要本改。
② 四庫薈要本此條在"瑪木特"條前。
③ 四庫薈要本此條在"阿里布"條前。
④ 四庫薈要本此條在"阿布都訥色爾"條前。

［滿］ebeidulla［回］'ubäydullah

郭帕　額貝都勒拉長子,封扎薩克,爲第二世。伊畢喇伊木以後同。

［滿］g'opa［回］vufa

伊畢喇伊木　［滿］ibira'im　額貝都勒拉次子。三合切音以下見本卷。

巴奇　額貝都勒拉第三子。

［滿］baki［回］baki

額敏　郭帕之子,爲第三世,封貝子。

［滿］emin［回］ämin

玉素富　額敏長子,封多羅郡工,爲第四世。玉努斯以後同。

［滿］yusub［回］yüsüf

玉努斯　［滿］yunus　額敏次子。三合切音以下見本卷。

玉瑪爾　額敏第三子。

［滿］yumar［回］yumar

阿布都拉　［滿］abdula　額敏第四子。三合切音以下見本卷。

伊畢喇伊木　［滿］ibira'im　玉素富長子,封二等台吉,爲第五世。伊斯阿克以後同。三合切音以下見本卷。

伊斯阿克　玉素富次子。

［滿］is'ak［回］ishak

阿瑪特　玉素富第三子。

［滿］amat［回］amat

素賚滿　［滿］sulaiman　玉努斯長子。三合切音以下見本卷①。

阿布勒派資　玉努斯次子。

［滿］abulpaidz［回］äbualfäyż

雜伊特　阿布都拉之子。

［滿］dza it［回］zäyd

額敏和卓　始封多羅郡王,駐闢展屬魯克察克,爲第一世。以前世次無考。

［滿］emin hojo［回］imin xojo

---

① "三",原作"二",據四庫全書本、四庫薈要本改。

素賚滿 ［滿］sulaiman 額敏和卓長子,封公,爲第二世。三合切音以下見本卷。

木薩 ［滿］musa 額敏和卓次子,封輔國公。三合切音以下見本卷。

鄂倫雜布 額敏和卓第三子。

［滿］oron dzab ［回］ävran zib

賽音巴拉 額敏和卓第四子。

［滿］sain bala ［回］sayn bala

伊斯騫德爾 額敏和卓第五子。

［滿］iskiyander ［回］iskändär

帕里敦 額敏和卓第六子。

［滿］paridun ［回］färidun

拜喇木 額敏和卓第七子。

［滿］bairam ［回］bähram

瑪努車喇 素賚滿長子,爲第三世。

［滿］manucera ［回］manučähra

畢瑪 素賚滿次子。

［滿］bima ［回］bima

莽蘇爾 ［滿］mangsur 係郡王霍集斯之始祖,爲第一世。三合切音以下見本卷。

尼贊 莽蘇爾之子,爲第二世。

［滿］nidzan ［回］nizan

和錫塔伊布 尼贊之子,爲第三世①。

［滿］hosita'ib ［回］xoštayb

阿贊 和錫塔伊布之子,爲第四世。

［滿］adzan ［回］azän

阿喇斯 阿贊長子,爲第五世。

［滿］aras ［回］aras

木爾蘇布 阿贊次子。

----

① "三",原作"二",據四庫全書本、四庫薈要本改。

［滿］mursub ［回］mirsuf

哈色木 ［滿］hasem 阿贊第三子。三合切音以下見本卷。

阿布都噶布 阿喇斯長子,爲第六世。阿布都喇滿以後同。

［滿］abdu gab ［回］'äbduvähab

阿布都喇滿 ［滿］abduraman 阿喇斯次子。三合切音以下見本卷。

霍集斯 阿喇斯第三子,封郡王。

［滿］hojis ［回］xojis

玉木爾 阿喇斯第四子。

［滿］yumur ［回］'umur

色里木 哈色木長子。

［滿］selim ［回］sälim

額敏 ［滿］emin 哈色木次子。三合切音以下見本卷。

和錫特伊布 哈色木第三子。

［滿］hosite'ib ［回］xoštäyb

阿布薩塔爾 阿布都噶布長子,爲第七世。阿布都海里克以後同。

［滿］absatar ［回］'äbdusättar

阿布都海里克 ［滿］abduhailik 阿布都噶布次子。三合切音以下見本卷。

阿布都噶普爾 阿布都噶布第三子。

［滿］abdug'apur ［回］'äbduɣufur

阿布都喇伊木 ［滿］abdura'im 阿布都喇滿長子。三合切音以下見本卷。

阿布納斯 阿布都喇滿次子。

［滿］abunas ［回］äbunas

漠咱帕爾 霍集斯長子,初封公,後以罪奪爵。

［滿］modzapar ［回］muzäffär

呼達巴爾氏 霍集斯次子,官内大臣。

［滿］hūdabardi ［回］xudabärdi

托克托索丕 霍集斯第三子,官侍衞。

［滿］tokto sopi ［回］tuxta šufi

哈達爾　霍集斯第四子。

［滿］hadar［回］qadir

瑪瑪達里　霍集斯第五子。

［滿］mamadali［回］mätāli

阿布都拉　［滿］abdula 霍集斯第六子。三合切音以下見本卷。

和代巴爾氏　玉木爾長子。

［滿］hodaibardi［回］xudabärdi

瑪瑪特阿里索丕　玉木爾次子。

［滿］mamat alisopi［回］mämät aliṡufi

阿錫木　係輔國公霍什克伯克之世祖，爲第一世。

［滿］asim［回］ašim

霍什克伯克　阿錫木之子，爲第二世。

［滿］hošikebek［回］xuškäfäk

哈色木　［滿］hasem 霍什克伯克之子，爲第三世。三合切音以下見本卷。

瑪瑪特阿布都拉　哈色木之子，爲第四世。

［滿］mamat abdula［回］mämät ’äbdullah

阿瓦斯　瑪瑪特阿布都拉之子，爲第五世。

［滿］awas［回］ḣavaz

霍什克伯克　［滿］hošikebek 阿瓦斯長子，封輔國公，爲第六世。三合切音以下見本卷。

木巴喇克沙　阿瓦斯次子。

［滿］mubarakša［回］mubaräkšah

木喀喇巴沙　阿瓦斯第三子。

［滿］muk’arabaša［回］muqärräbšah

阿里木沙　阿瓦斯第四子。

［滿］alimša［回］alimša

阿雜木沙　霍什克伯克長子，爲第七世。阿奇木沙以後同。

［滿］adzamša［回］’äżamšah

阿奇木沙　霍什克伯克次子。

［滿］akimša［回］ḣakïmšah

阿達勒沙　霍什克伯克第三子。

［滿］adalša［回］'adilšah

哈里沙　霍什克伯克第四子。

［滿］hališa［回］xališa

里木沙　木巴喇克沙之子。

［滿］limša［回］lïmšah

阿濟資　阿雜木沙之子,爲第八世。

［滿］ajidz［回］'aziz

卷十二　天山南路回部人名二

闢　展　官　屬

阿巴　官四品伯克。伯克，回語，官長之稱。後凡言伯克者倣此。　按：回部伯克，舊自阿奇木以下，小大咸有專職。入版圖後，其名不易，而以秩爲差，自三品至七品不等。闢展一屬，舊惟區別品級，分管回民，爰爲按品分叙。餘如哈喇沙爾以下諸屬，則按其品秩、銜名、職掌，兼載以備考云。

［滿］aba［回］ābā

郭帕　［滿］g'opa 官五品伯克。三合切音以下見第十一卷。

阿布都哈伊木　官五品伯克。

［滿］abduha'im［回］'äbduxaym

沙虎里　官五品伯克。

［滿］šahuli［回］šaquli

加舒拉　官五品伯克。

［滿］giyašula［回］kašula

伊敏和卓　官五品伯克。

［滿］imin hojo［回］ämin xojo

哈錫哈　官五品伯克。

［滿］hasiha［回］xašxa

尼雅斯虎里　官五品伯克。

［滿］niyashuli［回］niyazquli

伊丕勒　官五品伯克。

［滿］ipil［回］ifil

諾羅斯　官六品伯克。

［滿］noros［回］noruz

阿舒爾墨特　官六品伯克。

［滿］ašurmet ［回］’äšurmät

伊斯拉木　官六品伯克。

［滿］islam ［回］islam

和扎木舒庫爾　官六品伯克。

［滿］hojamšukur ［回］xojämšükür

呼達巴爾氏　［滿］hūdabardi 官六品伯克。三合切音以下見第十一卷。

克錫虎里　官六品伯克。

［滿］kesihuli ［回］käšixuli

烏墨特①　官六品伯克。

［滿］umet ［回］ümät

呼雅木巴勒氏　官六品伯克。

［滿］hūyambaldi ［回］xuyambäldi

阿爾租②　官六品伯克。

［滿］ardzu ［回］arżu

沙特滿　官六品伯克。

［滿］šatman ［回］šadman

尼雅斯什克　官六品伯克。

［滿］niyas šik ［回］niyaz šik

伊薩克　［滿］isak 官六品伯克。三合切音以下見第十一卷。

蘇鋪爾吉　官六品伯克。

［滿］supurgi ［回］šufurgi

伊畢喇伊木　［滿］ibira’im 官六品伯克。三合切音以下見第十一卷。

瑪瑪庫爾班③　官六品伯克。

［滿］mama kūrban ［回］mamät qurban

---

① 四庫全書本、四庫薈要本此條在"克錫虎里"條前。
② 四庫全書本、四庫薈要本此條在"呼雅木巴勒氏"條前。
③ 四庫全書本、四庫薈要本此條在"伊畢喇伊木"條前。

哈喇沙爾官屬

色德克 ［滿］sedek 以散秩大臣銜,官三品阿奇木伯克。阿奇木,回語,聽政公平之謂,總理城村諸務者。後凡阿奇木伯克倣此。三合切音以下見第十一卷①。

阿克伯克 官三品阿奇木伯克。

［滿］akbek ［回］aqbik

阿爾租 ［滿］ardzu 官四品伊沙噶伯克。伊沙噶,回語,司門之謂,協理城村諸務者。後凡伊沙噶伯克倣此。三合切音以下見本卷。

瑪哈墨氏 官四品伊沙噶伯克。

［滿］mahamedi ［回］muxämmädi

阿舒爾 官五品噶匝納齊伯克。噶匝納齊,回語。噶匝納,謂庫;齊,謂典守也。職司糧賦。後凡噶匝納齊伯克倣此。

［滿］ašur ［回］āšur

舒庫爾 官五品噶匝納齊伯克。

［滿］šukur ［回］šükür

玉努斯 ［滿］yunus 官五品商伯克。商,準語,布也。回人舊輸布於準部,因以名官,蓋徵輸糧賦者。後凡商伯克倣此。三合切音以下見第十一卷。

呼魯瑪墨特 官五品商伯克。

［滿］hurumamet ［回］qurbamät

額敏② ［滿］emin 官六品哈子伯克。哈子,阿喇布語,謂審問也,職理詞訟。後凡哈子伯克倣此。三合切音以下見第十一卷。　按:阿喇布,部落名,即墨克、墨德那諸國,在葱嶺西二萬里之外。

阿布都訥色爾 ［滿］abduneser 官六品哈子伯克。三合切音以

① "三合切音",原作"二合切音",據四庫全書本、四庫薈要本改。
② 四庫全書本、四庫薈要本此條在"呼魯瑪墨特"條前。

下見第十一卷。

都薩克　官六品伯克,管理臺站。

［滿］dusak［回］dosäk

德爾伯什　官六品伯克,管理臺站。

［滿］derbeši［回］därbiš

墨墨特瑪們　官七品訥克布伯克。訥克布,回語,猶督催也,承催一切公務。後凡訥克布伯克倣此。

［滿］memetmamun［回］mämätmömün

素勒坦雅爾　官七品訥克布伯克。

［滿］sultanyar［回］sultanyar

阿勒瑪特　官七品明伯克。明,回語,千數也,徵輸千戶量賦。後凡明伯克倣此。

［滿］almat［回］almät

色鋪爾　官七品明伯克。

［滿］sepur［回］säfur

哈爾呼勒　官七品玉資伯克。玉資,回語,百數也,徵輸百戶糧賦。後凡玉資伯克倣此。

［滿］harhūl［回］xaraqul

達里　官七品玉資伯克。

［滿］dali［回］dali

瑪哈墨氏　［滿］mahamedi 官七品玉資伯克。三合切音以下見本卷。

呼達雅爾①　官七品玉資伯克。

［滿］hūdayar［回］xudayar

尼雅斯索丕　官七品伯克,專司採銅。

［滿］niyas sopi［回］niyaz šufi

呼達雅爾　［滿］hūdayar 官七品伯克,專司採銅。三合切音以下見本卷。

---

① 四庫全書本、四庫薈要本此條在“瑪哈墨氏”條前。

庫 車 官 屬

鄂斯滿 官三品阿奇木伯克①。

［滿］osman ［回］'osman

阿里雅爾 官四品伊莎噶伯克。

［滿］aliyar ［回］allahyar

泊拉特 官五品噶匝納齊伯克。

［滿］polat ［回］fulat

阿拉虎里 官五品商伯克。

［滿］alahuli ［回］allahquli

愛伊特 官六品哈子伯克。

［滿］ai'it ［回］'äyt

尼雅斯 官六品伯克,管理臺站。

［滿］niyas ［回］niyaz

邁邁雅爾 官七品密喇布伯克。密喇布,帕爾西語。密,猶職也;喇布,水也。職司水利。後凡密喇布伯克倣此。 按:帕爾西,亦回部別種,在葱嶺西。

［滿］maimaiyar ［回］mämäyar

岳科布 官七品密喇布伯克。

［滿］yokob ［回］yoqub

訥匝爾 官七品木特窪里伯克。木特窪里,帕爾西語。木特,經紀其事之謂②;窪里,地畝也。職司地畝質劑諸務。後凡木特窪里伯克倣此。

［滿］nedzar ［回］nizzär

尼雅斯 ［滿］niyas 官七品茂特色布伯克。茂特色布,帕爾西語,利益之謂。教習回人經典禮拜,以祈福佑。後凡茂特色布伯克倣此。三合切音以下見本卷。

---

① "三品",原作"二品",據四庫全書本、四庫薈要本改。
② "經紀其事之謂",四庫全書本、四庫薈要本作"謂經紀之"。

尼雅斯　〔滿〕niyas 官七品訥克布伯克。三合切音以下見本卷。

阿布都勒拉　〔滿〕abdulla 官七品都官伯克。都官，回語，謂公署也，職司驛館廩給諸務。後凡都官伯克倣此。三合切音以下見第十一卷。

木喇特　官七品都官伯克。

〔滿〕murat 〔回〕murat

博占　官七品都官伯克。

〔滿〕bojan 〔回〕böjän

摩拉喇伊木　官七品帕察沙布伯克。帕察沙布，帕爾西語。帕察，頭木之謂；沙布，夜也。職司夜巡及提牢諸務。後凡帕察沙布伯克倣此。

〔滿〕molara'im 〔回〕mollaraym

庫爾巴墨特　〔滿〕kūrbamet 官七品阿爾巴布伯克。阿爾巴布，帕爾西語。阿爾，收掌之謂；巴布，門關之屬。職司派遞鄉城差務。後凡阿爾巴布伯克倣此。三合切音以下見本卷。

伊畢喇伊木　〔滿〕ibira'im 官七品明伯克。三合切音以下見第十一卷。

烏墨爾　官七品明伯克。

〔滿〕umer 〔回〕ümär

額敏　〔滿〕emin 官七品明伯克。三合切音以下見第十一卷。

素勒坦呼里　官七品伯克，專司採銅。

〔滿〕sultanhūli 〔回〕sultan quli

沙雅爾官屬

瑪哈墨特　官三品阿奇木伯克。

〔滿〕mahamet 〔回〕mäxmut

喀爾呼勒　官四品伊沙噶伯克。

〔滿〕karhūl 〔回〕qaraquli

西喇布阿三　官四品伊沙噶伯克。

〔滿〕sirab asan 〔回〕širäf häsän

阿三　〔滿〕asan 官五品噶匝納齊伯克。三合切音以下見第十一卷。

額敏　〔滿〕emin 官五品商伯克。三合切音以下見第十一卷。

尼雅斯　〔滿〕niyas 官六品哈子伯克。三合切音以下見本卷。

哈塔木　官七品密喇布伯克。

〔滿〕hatam 〔回〕hätäm

伊斯拉木　〔滿〕islam 官七品茂特色布伯克。三合切音以下見本卷。

和碩墨特　官七品都官伯克。

〔滿〕hošomet 〔回〕xošmät

呼達雅爾　〔滿〕hūdayar 官七品都官伯克。三合切音以下見本卷。

和卓木雅爾　官七品伯克，專司採銅。

〔滿〕hojomyar 〔回〕xojämyar

培特木①　官七品訥克布伯克。

〔滿〕peitem 〔回〕fäytäm

賽喇木官屬

阿瓜斯巴奇　以二品階官三品阿奇木伯克。

〔滿〕aguwasbaki 〔回〕'ävazbaqi

密爾泊拉特　官四品伊沙噶伯克。

〔滿〕mirpolat 〔回〕mirfulad

貝格齊　官五品噶匝納齊伯克。

〔滿〕beigeci 〔回〕begiči

密喇伊木　官六品哈子伯克。

〔滿〕mira'im 〔回〕mirraym

摩曼　以四品階官七品明伯克。

〔滿〕momon 〔回〕mömün

---

①　四庫全書本、四庫薈要本本條與上文"和碩墨特"條位置互換。

尼雅斯虎里　〔滿〕niyashuli 官七品密喇布伯克。三合切音以下見本卷。

拜　官　屬

阿布都喇滿　〔滿〕abduraman 官四品阿奇木伯克。三合切音以下見第十一卷。

圖爾都木瑪特　官五品伊沙噶伯克。

〔滿〕turdummat〔回〕turdumät

呼達雅爾　〔滿〕hūdayar 官六品噶匝納齊伯克。三合切音以下見本卷。

推齊　官七品明伯克。

〔滿〕toici〔回〕toyči

阿三　〔滿〕asan 官七品哈子伯克。三合切音以下見第十一卷。

庫爾巴墨特　〔滿〕kūrbamet 官七品密喇布伯克。三合切音以下見本卷。

阿克蘇官屬

色梯巴勒氏　以散秩大臣銜官三品阿奇木伯克。

〔滿〕setibaldi〔回〕šätibäldi

薩里　以二品階官四品伊沙噶伯克。

〔滿〕sali〔回〕sali

尼雅斯　〔滿〕niyas 以四品階官五品噶匝納齊伯克。三合切音以下見本卷。

阿爾租木墨特　官五品商伯克。

〔滿〕ardzummet〔回〕arżumät

邁瑪特尼則爾　官六品阿奇木伯克。

〔滿〕maimatnidzer〔回〕mämätnizär

阿拉墨特　官六品哈子伯克。

〔滿〕alamet〔回〕almät

　　阿布都喇滿　〔滿〕abduraman 官六品巴濟吉爾伯克。巴濟吉爾,回語。巴濟,什一之謂;吉爾,徵收也。職理稅務。後凡巴濟吉爾伯克倣此。三合切音以下見第十一卷。

　　素勒坦墨特　官六品伯克,管理臺站。

　　〔滿〕sultanmet 〔回〕sultanmät

　　葉氏格爾墨特　官六品伯克,掌治山徑。

　　〔滿〕yedigermet 〔回〕yädikarmät

　　特木爾　官六品伯克,分駐村庄,管轄回户。

　　〔滿〕temur 〔回〕tämür

　　玉努斯　〔滿〕yunus 官七品哈子伯克。三合切音以下見本卷。

　　墨墨特喀色木　官七品密喇布伯克。

　　〔滿〕memetkasem 〔回〕mämätqasïm

　　庫爾班　官七品密喇布伯克。

　　〔滿〕kūrban 〔回〕qurban

　　阿爾租木墨特　〔滿〕ardzummet 官七品密喇布伯克。三合切音以下見本卷。

　　呼達雅爾　〔滿〕hūdayar 官七品密喇布伯克。三合切音以下見本卷。

　　多拉特和濟　官七品木特窪里伯克。

　　〔滿〕dolathoji 〔回〕dävlätqozi

　　楚魯克　官七品茂特色布伯克。

　　〔滿〕curuk 〔回〕čuruq

　　密爾薩都拉　官七品訥克布伯克。

　　〔滿〕mirsadula 〔回〕mirsaduala

　　瑪瑪特阿布都拉　官七品訥克布伯克。

　　〔滿〕mamat abdula 〔回〕mämät 'äbdulla

　　墨墨氏敏　官七品都官伯克。

　　〔滿〕memedimin 〔回〕mämädimin

　　邁瑪雅爾　官七品都官伯克。

　　〔滿〕maimayar 〔回〕mämäyar

　　努爾墨特　官七品都官伯克。

［滿］nurmet［回］nurmät

蘇鋪爾吉　［滿］supurgi 官七品帕察沙布伯克。三合切音以下
見本卷。

庫爾巴墨特　［滿］kūrbamet 官七品阿爾巴布伯克。三合切音
以下見本卷。

摩羅泊拉特　官七品明伯克。

［滿］molopolat［回］mollafulad

呼圖克　官七品明伯克。

［滿］hūtuk［回］xutuk

摩羅尼匝爾　官七品明伯克。

［滿］molonidzar［回］mollanizär

阿布都扎帕爾　官七品明伯克。

［滿］abdujapar［回］’äbdujabar

瑪瑪特喇伊木　官七品明伯克。

［滿］mamatra’im［回］mämätraym

托克托墨特　官七品明伯克。

［滿］toktomet［回］toqtamät

阿布都斯　官七品明伯克。

［滿］abdus［回］’äbdus

呼達雅爾　［滿］hūdayar 官七品明伯克。三合切音以下見
本卷。

尼雅斯　［滿］niyas 官七品明伯克。三合切音以下見本卷。

摩羅海薩木　官七品明伯克。

［滿］molo haisam［回］mollaqasim

葉氏格爾　官七品明伯克。

［滿］yediger［回］yädigar

巴巴克　［滿］babak 官七品明伯克。三合切音以下見第十
一卷。

玉努斯　［滿］yunus 官七品明伯克。三合切音以下見第十
一卷。

素勒坦墨特　［滿］sultanmet 官七品明伯克。三合切音以下見

本卷。

庫爾巴墨特 ［滿］kūrbamet 官七品明伯克。三合切音以下見本卷。

多拉特瑪特 官七品什和勒伯克。什和勒，回語。什，謂右；和勒，臂也。爲都官輔屬，如指臂然，職司驛館薪芻細務。後凡什和勒伯克倣此。

［滿］dolatmat ［回］dävlätmät

拜墨特 官七品什和勒伯克。

［滿］baimet ［回］baymät

愛墨特 官七品伯克，專司採銅。

［滿］aimet ［回］aymät

錫爾達克 官七品伯克，專司採銅。

［滿］sirdak ［回］širdaq

阿拉虎里 ［滿］alahuli 官七品伯克，專司採銅。三合切音以下見本卷。

烏 什 官 屬

阿布都勒拉 ［滿］abdulla 以二品階官三品阿奇木伯克。三合切音以下見第十一卷。

摩羅和卓 官四品伊沙噶伯克。

［滿］molohojo ［回］mollaxujä

沙資雅東 官五品噶匝納齊伯克。

［滿］šadziyadung ［回］šaziyadun

沙鋪勒 官五品商伯克。

［滿］šapul ［回］šabul

額色木圖拉 官六品阿奇木伯克。

［滿］esemtula ［回］asmätullāh

額敏 ［滿］emin 官六品阿奇木伯克。三合切音以下見第十一卷。

尼雅斯 ［滿］niyas 官六品阿奇木伯克。三合切音以下見本卷。

伊斯拉木　［滿］islam 官六品阿奇木伯克。三合切音以下見本卷。

沙哈特　官六品阿奇木伯克。

［滿］šahat［回］šaxat

噶鋪爾　官六品哈子伯克。

［滿］g'apur［回］γafur

尼雅斯庫車克　官七品哈子伯克。

［滿］niyas kucek［回］nïyaz kučäk

噶里布　官七品哈子伯克。

［滿］garib［回］γarib

海色木　官七品哈子伯克。

［滿］haisem［回］qasim

奈雅克沙　官七品哈子伯克。

［滿］naiyakša［回］näyakšah

哈喇雅克氏　官七品哈子伯克。

［滿］harayakdi［回］xaryaγdi

阿舒爾　［滿］ašur 官七品密喇布伯克。三合切音以下見本卷。

郭帕　［滿］g'opa 官七品密喇布伯克。三合切音以下見第十一卷。

色氏克　官七品密喇布伯克。

［滿］sedik［回］šidiq

都里雅特墨特　以五品階官七品密喇布伯克。

［滿］duliyatmet［回］dävlätmät

瑪瑪錫里布　官七品密喇布伯克。

［滿］mamasirib［回］mätšärif

阿布都海色木　官七品密喇布伯克。

［滿］abduhaisem［回］'äbduqasïm

索丕　官七品密喇布伯克。

［滿］sopi［回］šufi

烏蘇爾　［滿］usur 官七品訥克布伯克。三合切音以下見本卷。

泊拉特　［滿］polat 官七品都爾噶伯克。都爾噶，回語。都爾，

猶云隸屬也；噶，首領之稱。爲阿奇木首領官。後凡都爾噶伯克倣
此。三合切音以下見本卷。

沙孟蘇爾　官七品都爾噶伯克。

［滿］šamengsur［回］šamansur

密爾匝墨特　官七品都爾噶伯克。

［滿］mirdzamet［回］mirzamät

博占　［滿］bojan 官七品都爾噶伯克。三合切音以下見本卷。

多斯墨特　官七品都爾噶伯克。

［滿］dosmet［回］dosmät

額貝都勒　官七品都爾噶伯克。

［滿］ebeidule［回］’ubäydullāh

努爾沙　官七品都爾噶伯克。

［滿］nurša［回］nuršah

瑪墨特克里木　官七品巴匝爾伯克。巴匝爾，回語，市集也。
職司巡察市集細務。後凡巴匝爾伯克倣此。

［滿］mametkerim［回］mämätkirim

瑪瑪喇伊木　官七品什和勒伯克。

［滿］mamara’im［回］mämäraym

沙阿特　官七品伯克，分駐村庄，管轄回戶。阿布都爾哈木以
後同。

［滿］ša’at［回］šahyat

阿布都爾哈木　官七品伯克。

［滿］abdurham［回］’äbdurahim

海色木　［滿］haisem 官七品伯克。三合切音以下見本卷。

阿爾匝墨特　官七品伯克。

［滿］ardzamet［回］arżumät

阿木魯勒拉　以五品階官七品伯克。

［滿］amrulla［回］amrulla

伊斯拉木　［滿］islam 官七品伯克。三合切音以下見本卷。

卷十三 天山南路回部人名三

喀什噶爾官屬

噶達伊墨特　官三品阿奇木伯克，封輔國公。

〔滿〕gada'imet〔回〕gadaymät

阿布都喇伊木　〔滿〕abdura'im 官四品伊沙噶伯克。三合切音以下見第十一卷。

素勒坦和卓　以三品階官四品阿奇木伯克。

〔滿〕sultanhojo〔回〕sultanxojo

阿里木和卓　官四品阿奇木伯克。

〔滿〕alimhojo〔回〕alimxojo

阿奇木　以散秩大臣銜官四品阿奇木伯克。　按：阿奇木，本布魯特人，舊亦稱布魯特阿奇木云。

〔滿〕akim〔回〕ākim

托喀　官四品商伯克。

〔滿〕toka〔回〕toqā

墨墨氏敏　〔滿〕memedimin 官四品商伯克。三合切音以下見第十二卷①。

阿布勒阿三　官四品商伯克。

〔滿〕abul asan〔回〕äbul häsän

和扎什　官五品阿奇木伯克。

〔滿〕hojaši〔回〕xojaš

泊拉特　〔滿〕polat 官五品阿奇木伯克。三合切音以下見第十二卷。

愛達爾　官五品哈子伯克。

---

① "三合切音"，"三"原作"二"，據四庫全書本、四庫薈要本改。

〔滿〕aidar〔回〕aydär

密里木　官五品密喇布伯克。

〔滿〕mirim〔回〕mirim

摩羅里匝　以三等侍衛銜官五品木特窪里伯克。

〔滿〕moloridza〔回〕mollariza

阿里木　官五品茂特色布伯克。

〔滿〕alim〔回〕'alim

和碩勒　官五品訥克布伯克。

〔滿〕hošool〔回〕xošal

尼雅斯　〔滿〕niyas 官六品阿奇木伯克。三合切音以下見第十二卷。

阿布都勒阿濟斯　官六品阿奇木伯克。

〔滿〕abdul ajis〔回〕'äbdul 'äziz

阿布都色里木　官六品阿奇木伯克。

〔滿〕abduselim〔回〕'äbdusälim

巴雅和卓　官六品哈子伯克。

〔滿〕baya hojo〔回〕baya xojä

阿布都里木　官六品哈子伯克。

〔滿〕abdurim〔回〕'äbduraym

沙巴海　官六品哈子伯克。

〔滿〕šabahai〔回〕šabaqäy

里丕和卓　官六品哈子伯克。

〔滿〕ripihojo〔回〕rifixojä

薩巴和卓　官六品哈子伯克。

〔滿〕sabahojo〔回〕safaxojo

圖爾達和卓　官六品哈子伯克。

〔滿〕turdahojo〔回〕turdaxojä

嘎帕爾　官六品密喇布伯克。

〔滿〕g'apar〔回〕γafar

阿瓜斯　官六品密喇布伯克。

〔滿〕aguwas〔回〕āvaz

賽畢丁　官六品密喇布伯克。

［滿］saibidin［回］säybidin

沙匝木　官六品密喇布伯克。

［滿］šadzam［回］šazam

阿布都喇伊木　［滿］abdura'im 官六品密喇布伯克。三合切音以下見第十一卷。

巴巴和卓　官六品密喇布伯克。

［滿］babahojo［回］babaxojä

和卓呼里　官六品密喇布伯克。

［滿］hojohūli［回］xojäquli

遜都拉和卓　官六品都官伯克。

［滿］sundula hojo［回］sundula xojä

阿布都勒拉　［滿］abdulla 官六品巴濟吉爾伯克。三合切音以下見第十一卷。

阿布都色墨特　［滿］abdusemet 官六品克勒克雅喇克伯克。克勒克雅喇克,回語,蒙古語同,謂一切事宜也。職理外藩稅務。後凡克勒克雅喇克伯克倣此。三合切音以下見第十一卷。

沙巴斯　官六品帕察沙布伯克。

［滿］šabas［回］šabaz

郭帕　［滿］g'opa 官六品阿爾巴布伯克。三合切音以下見第十一卷。

岳科布　［滿］yokob 官六品明伯克。三合切音以下見第十二卷。

和卓拉克和卓　官六品明伯克。

［滿］hojolakhojo［回］xojälaqxojä

邁蘇木　官六品明伯克。

［滿］maisum［回］mäsum

摩羅邁遜　官六品什和勒伯克。

［滿］molomaisun［回］mollamäsum

阿布都喇伊木　［滿］abdura'im 官六品巴克瑪塔爾伯克。巴克,回語,有果木處。瑪塔爾,帕爾西語,專司之謂,職司果園。後凡巴克瑪塔爾伯克倣此。三合切音以下見第十一卷。

伊布喇伊木 ［滿］ibra'im 官六品伯克,管理臺站。三合切音以下見第十一卷。

伊布喇伊木 ［滿］ibra'im 官七品密喇布伯克。三合切音以下見第十一卷。

葉氏格爾 ［滿］yediger 官七品明伯克。三合切音以下見第十二卷。

呼達雅爾 ［滿］hūdayar 官七品明伯克。三合切音以下見第十二卷。

和卓木呼里 官七品明伯克。

［滿］hojomhūli ［回］xojämquli

紆都 官七品明伯克。

［滿］ioidu ［回］yudu

愛三 ［滿］aisan 官七品明伯克。三合切音以下見第十一卷。

阿布都瓜里 官七品明伯克。

［滿］abduguwali ［回］'äbduvali

岳科布 ［滿］yokob 官七品明伯克。三合切音以下見第十二卷。

雅呼布 官七品明伯克。

［滿］yahūb ［回］yaxub

呼圖魯拜 官七品明伯克。

［滿］hūtulubai ［回］xutlukbay

泊拉特 ［滿］polat 官七品明伯克。三合切音以下見第十二卷。

玉努斯 ［滿］yunus 官七品明伯克。三合切音以下見第十二卷。

阿錫木 ［滿］asim 官七品明伯克。三合切音以下見第十一卷。

尼雅斯 ［滿］niyas 官七品明伯克。三合切音以下見第十二卷。

努爾匝克 官七品明伯克。

［滿］nurdzak ［回］nävruzzak

阿伊特墨特 官七品明伯克。

［滿］a'itmet ［回］'äytmät

克伯克 官七品明伯克,管理臺站。

［滿］kebek ［回］käbäk

葉爾羌官屬

鄂對　官三品阿奇木伯克，封貝子，加貝勒銜。

〔滿〕ūdui〔回〕hödüy

阿布都喇伊木　〔滿〕abdura'im　官四品伊沙噶伯克。三合切音以下見第十一卷。

瑪氏雅爾　官四品噶匝納齊伯克。

〔滿〕madiyar〔回〕mädyar

素賚滿　〔滿〕sulaiman　官四品商伯克。三合切音以下見第十一卷。

托克托和卓　官四品商伯克。

〔滿〕toktohojo〔回〕toktaxojä

阿布都舒庫爾　以四品階官五品阿奇木伯克。

〔滿〕abdušukur〔回〕'äbdušukur

烏墨爾　〔滿〕umer　官五品哈子伯克。三合切音以下見第十二卷。

巴喇特　〔滿〕barat　官五品哈子伯克。三合切音以下見第十二卷。

和卓木尼雅斯　官五品密喇布伯克。

〔滿〕hojomniyas〔回〕xojämniyaz

塔賚和卓　官五品密喇布伯克。

〔滿〕talaihojo〔回〕talayxojä

岳科布　〔滿〕yokob　官五品木特窪里伯克。三合切音以下見第十二卷。

托克托和卓　〔滿〕toktohojo　官五品訥克布伯克。三合切音以下見本卷。

喀瑪勒和卓　官五品喀喇都官伯克。喀喇都官，回語。喀喇，瞭望之謂；都官，公廨也。職安臺站、修軍械。後凡喀喇都官伯克倣此。

〔滿〕kamalhojo〔回〕kamalxojä

色珀爾　官五品克勒雅喇克伯克。

［滿］seper ［回］säfär

都羅特尼雅斯拜　官五品帕察沙布伯克。

［滿］dulot niyasbai ［回］dävlät niyazbay

額敏　［滿］emin 官五品伯克。分駐村庄。伊畢喇伊木以後同。三合切音以下見第十一卷。

伊畢喇伊木　［滿］ibira'im 官五品伯克。三合切音以下見第十一卷。

密爾匝木　官五品伯克。

［滿］mirdzam ［回］mirzam

鄂斯滿　［滿］osman 官五品伯克。三合切音以下見第十二卷。

色氏克　［滿］sedik 官六品阿奇木伯克。三合切音以下見第十二卷。

墨墨氏敏　［滿］memedimin 官六品哈子伯克。三合切音以下見第十二卷。

伯克訥澤爾　官六品哈子伯克。

［滿］beknedzer ［回］beknäzär

額貝都勒拉　［滿］ebeidulla 官六品哈子伯克。三合切音以下見第十一卷。

阿布都尼匝爾　［滿］abudunidzar 官六品密喇布伯克。三合切音以下見第十二卷。

阿勒瑪斯　官六品密喇布伯克。

［滿］almas ［回］almas

摩曼　［滿］momon 官六品密喇布伯克。三合切音以下見第十二卷。

阿三　［滿］asan 官六品密喇布伯克。三合切音以下見第十一卷。

摩羅郭帕　官六品茂特色布伯克。

［滿］molo g'opa ［回］molla gufa

阿布都錫和卓　［滿］abdusi hojo 官六品都官伯克。三合切音以下見第十二卷。

摩羅阿里雅爾　官六品巴濟吉爾伯克。

[滿] molo aliyar [回] molla 'aliyar

瑪瑪特阿三　官六品阿爾巴布伯克。

[滿] mamat asan [回] mämät ẖäsän

懇哲　官六品明伯克。

[滿] kenje [回] känjä

阿哈瑪特　官六品明伯克。

[滿] ahamat [回] āqmät

阿布都勒拉　[滿] abdulla 官六品明伯克。三合切音以下見第十一卷。

圖爾遜　官六品明伯克。

[滿] tursun [回] tursun

阿布都喇伊木　[滿] abdura'im 官六品什呼勒伯克。三合切音以下見第十一卷。

庫爾班　[滿] kūrban 官六品匝布梯墨克塔布伯克。匝布梯墨克塔布,帕爾西語。匝布梯,稽察之謂;墨克塔布,學舍也。職司稽察學舍諸務。後凡匝布梯墨克塔布伯克倣此。三合切音以下見第十二卷。

扎喀和卓　官六品哲博伯克。哲博,帕爾西語,鎖子甲也。職修甲械。後凡哲博伯克倣此。

[滿] jakahojo [回] jaḣanxojä

尼雅斯烏拉①　官六品賽特里伯克。賽特里,帕爾西語。賽特,百數也;里,道路之謂。職修道路,里以百計云。後凡賽特里伯克倣此。

[滿] niyas ula [回] nïyaz ula

摩羅呼圖魯克　官六品巴克瑪塔爾伯克。

[滿] molohūtuluk [回] mollaxutluk

玉努斯　[滿] yunus 官六品鄂爾沁伯克。鄂爾沁,準語,圍合之謂。徵輸數十人糧賦,職在明伯克、玉資伯克之下。後凡鄂爾沁

---

① 四庫全書本、四庫薈要本此條在"扎喀和卓"條前。

伯克倣此。三合切音以下見第十二卷。

素勒坦和卓 〔滿〕sultanhojo 官六品伯克,分駐村庄。鄂對以下同。三合切音以下見本卷。

鄂對① 〔滿〕ūdui 官六品伯克。三合切音以下見本卷。

木喇特 〔滿〕murat 官七品阿奇木伯克。三合切音以下見第十二卷。

阿布勒阿三 〔滿〕abul asan 官七品伊沙噶伯克。三合切音以下見本卷。

木特喇木 官七品商伯克。

〔滿〕muteram 〔回〕mutiräm

素勒坦呼里 〔滿〕sultanhūli 官七品哈子伯克。三合切音以下見第十二卷。

訥氏爾 官七品阿爾巴布伯克。

〔滿〕nedir 〔回〕nadir

薩畢爾 官七品什呼勒伯克。

〔滿〕sabir 〔回〕sabir

都羅特沙 官七品巴匝爾伯克。

〔滿〕dulotša 〔回〕dävlätšah

阿木達木博作和爾 官七品伯克,分駐村庄。

〔滿〕amdam bodzohor 〔回〕hämdäm bozaxor

和 闐 官 屬

阿什墨特 官三品阿奇木伯克,封輔國公。

〔滿〕ašimet 〔回〕ašïmät

瑪瑪特沙 官四品阿奇木伯克。

〔滿〕mamatša 〔回〕mämätšah

木努斯 官四品阿奇木伯克。

〔滿〕munus 〔回〕munus

---

① 四庫全書本、四庫薈要本此條在"素勒坦和卓"條前。

阿里木沙① 　［滿］alimša 官四品阿奇木伯克。三合切音以下見第十一卷。

都羅特沙 　［滿］dolotša 官四品阿奇木伯克。三合切音以下見本卷。

摩羅阿三 　官四品阿奇木伯克。

［滿］molo asan ［回］molla häsän

庫爾班 　［滿］kūrban 官四品伊沙噶伯克。三合切音以下見第十二卷。

鄂斯滿 　［滿］osman 官五品噶匝納齊伯克。三合切音以下見第十二卷。

阿錫木 　［滿］asim 官五品商伯克。三合切音以下見第十一卷。

圖里密什 　官五品商伯克。

［滿］tulimiši ［回］tulmiš

伯克特木爾 　官五品哈子伯克。

［滿］bektemur ［回］bektämür

阿布都勒拉 　［滿］abdulla 官五品伯克，職採玉石。三合切音以下見第十一卷。

摩羅哈畢勒 　官六品哈子伯克。

［滿］molohabil ［回］mollaxabil

阿里木沙 　［滿］alimša 官六品哈子伯克。三合切音以下見第十一卷。

素勒坦和卓 　［滿］sultanhojo 官六品茂特色布伯克。三合切音以下見本卷。

阿資雅爾 　官六品哈子伯克。

［滿］adziyar ［回］'äziyar

色衣塔里木 　官六品哈子伯克。

［滿］seitarim ［回］säytarim

薩里雅克 　官六品哈子伯克。

［滿］saliyak ［回］saliyäk

---

① 　四庫全書本、四庫薈要本此條在“木努斯”條前。

薩里和卓　官六品伯克,管理臺站。

〔滿〕salihojo〔回〕salixojä

托克托達什　官七品密喇布伯克。舊亦稱摩羅托克托達什。

〔滿〕toktodaši〔回〕tokdadaši

托克托達什　〔滿〕toktodaši 官七品密喇布伯克。三合切音以下見本卷。

摩羅岳勒達什　官七品密喇布伯克。

〔滿〕moloyoldaši〔回〕mollayoldaš

和什塔賚　官七品密喇布伯克。

〔滿〕hošitalai〔回〕xoštalay

阿布都喇滿　〔滿〕abduraman 官七品密喇布伯克。三合切音以下見第十一卷。

阿布都勒梯布　官七品密喇布伯克。

〔滿〕abduletib〔回〕'äbdulätif

阿三①　〔滿〕asan 官七品密喇布伯克。三合切音以下見第十一卷。

達尼和卓　官七品密喇布伯克。

〔滿〕danihojo②〔回〕danixojä

托克托　官七品密喇布伯克。

〔滿〕tokto〔回〕tokta

墨墨氏敏　〔滿〕memedimin 官七品木特窪里伯克③。三合切音以下見第十二卷。

阿舒爾　〔滿〕ašur 官七品茂特色布伯克。三合切音以下見第十二卷。

晒塔拉和卓　官七品訥克布伯克。

〔滿〕šaitalahojo〔回〕šäydullaxojä

托克托達什　〔滿〕toktodaši 官七品都官伯克。三合切音以下

---

① 四庫全書本、四庫薈要本此條在"阿布都勒梯布"條前。
② 底本缺滿文,據四庫全書本、四庫薈要本補并轉寫。
③ "窪",原缺,據四庫全書本、四庫薈要本補。

見本卷。

　　伊斯瑪伊勒　官七品喀喇都官伯克。①

　　〔滿〕isma'il〔回〕ismail

　　木努斯　〔滿〕munus 官七品帕察沙布伯克。三合切音以下見本卷。

　　諾羅斯　〔滿〕noros 官七品帕察沙布伯克。三合切音以下見第十二卷。

　　克伯克　〔滿〕kebeg 官七品多博伯克。多博，回語，部落也。徵輸二千餘戶粮賦，職在明伯克、玉資伯克之上。後凡言多博伯克倣此。三合切音以下見本卷。

　　墨墨氏敏　〔滿〕memedimin 官七品明伯克。三合切音以下見本卷。

　　索丕　〔滿〕sopi 官七品明伯克。三合切音以下見第十二卷。

　　色得克　〔滿〕sedek 官七品明伯克。三合切音以下見第十一卷。

　　伊蘇布　官七品明伯克。

　　〔滿〕isub〔回〕yüsüf

　　托克托墨特　〔滿〕toktomed 官七品明伯克。三合切音以下見第十二卷。

　　木巴喇克和卓　官七品明伯克。

　　〔滿〕mubarakhojo〔回〕mubaräkxojä

　　薩木薩克和卓　官七品明伯克。

　　〔滿〕samsakhojo〔回〕samsaqxojä

　　伊斯拉木　〔滿〕islam 官七品明伯克。三合切音以下見第十二卷。

　　阿里瑪　官七品明伯克。

　　〔滿〕alima〔回〕alima

　　遜都拉　官七品明伯克。

　　〔滿〕sundula〔回〕sundulla

　　和卓木尼雅斯　〔滿〕hojomniyas 官七品明伯克。三合切音以

---

①　"伊斯瑪伊勒官七品喀"九字原重，據四庫全書本、四庫薈要本删重。

下見本卷。

摩羅色珀爾　官七品明伯克。

［滿］moloseper［回］mollasäfär

摩羅和卓　［滿］molohojo 官七品明伯克。三合切音以下見第
十二卷。

薩畢勒　官七品什呼勒伯克。

［滿］sabil［回］sabil

伊 犁 官 屬

伊犁本天山北路。西域平後,山南回民有移駐此者,並設回官
統理,因附載焉。

阿里雅爾　［滿］aliyar 官四品伊沙噶伯克。三合切音以下見
第十二卷。　　按：伊犁駐有三品阿奇木公木薩,郡王額敏和卓次子。
見第十一卷,兹不複載。

呼達雅爾　［滿］hūdayar 官五品噶匜訥齊伯克。三合切音以下
見第十二卷。

瑪墨特克里木　［滿］mametkerim 以四品階官五品商伯克。三
合切音以下見第十二卷。

泊拉特　［滿］polat 官六品哈子伯克。三合切音以下見第十
一卷①。

尼雅斯　［滿］niyas 官六品密喇布伯克。三合切音以下見第十
二卷。

托克托墨特②　［滿］toktomet 以六品階官七品都官伯克。三
合切音以下見第十二卷。

扎帕爾　以五品階官七品帕察沙布伯克。

［滿］japar［回］jä'fär

---

① "十一卷",四庫全書本、四庫薈要本作"十二卷"。
② 四庫薈要本此條在"尼雅斯"條前。

伊斯瑪伊勒① 〔滿〕ismail 以六品階官七品都官伯克。三合切音以下見本卷。

瑪瑪特阿三 〔滿〕mamat asan 官七品阿爾巴布伯克。三合切音以下見本卷。

阿里布　官七品什呼勒伯克。

〔滿〕arib 〔回〕arib

圖爾都墨特② 官七品明伯克。

〔滿〕turdumet 〔回〕turdumät

墨墨特呼里　以六品階官七品什呼勒伯克。

〔滿〕memethūli 〔回〕mämätquli

---

① 四庫薈要本此條在"扎帕爾"條前。
② 四庫薈要本此條在"阿里布"條前。

卷十四　青海屬地名

青海舊屬蒙古，山水地名多蒙古語。其西南境接西藏，間有以番語名者，爲審定分著之。

庫克淖爾　蒙古語。庫克，青色；淖爾，水聚匯處，即青海。地以水名，亦稱庫庫淖爾，音之轉也。互見水部。　按：青海全境，古崑崙析支渠搜地；漢先零燒當諸羌地；東晉後爲吐谷渾地；隋西海河源郡地；唐龍朔後入吐蕃；元屬吐蕃宣慰司；明爲蒙古諸部所據。《後漢書·西羌傳》：羌無弋爰劍者，秦厲公時入三河間。武帝時先零羌依西海鹽池左右，宣帝時先零種豪至研十三世孫燒當立，元帝時有勻姐等七種羌。《晉書·西戎傳》：吐谷渾渡隴而西。其子孫据有西零以西，甘松之界，極乎白蘭數千里。《周書·異域傳》：自吐谷渾至伏連籌一十四世。伏連子夸吕，自號可汗，治伏俟城，在青海西。其地東西三千里，南北千餘里。《隋書·吐谷渾傳》：煬帝擊伏允，其故地俱空。臨羌城以西，且末以東，皆爲隋有，置郡縣鎮戍。大業末，伏允復故地。《唐書·吐谷渾傳》：吐谷渾居甘松山之陽，洮水之西，地數千里，有青海。西北流沙數百里。吐蕃破其衆黃河上，遂有其地，諾曷鉢請內徙。乾封初，更封青海國王，討吐蕃，且納諾曷鉢于故地。師敗於大非川，舉吐谷渾故地皆陷。《明史·西域傳》：古湟中西四百里有青海，又曰西海，番人環居之。正德四年，蒙古部酋亦不剌、阿爾禿厮瞰知青海饒富，襲據之。嘉靖十一年，亦不剌收部落去，惟卜兒孩一支斂衆自保。後北部俺答羨青海饒富，携子賓兔、丙兔據其地①。

［滿］kuke noor ［蒙］köke naɣur ［托］kükü noor

---

① “賓兔丙兔”，“兔”原作“兔”，四庫全書本同，據四庫薈要本及《明史·西域傳》改。

　　巴爾齊老　蒙古語。巴爾，謂虎；齊老，石也。地有臥石如虎，故名。《後漢書·西域傳》：王莽諷諸羌，使共獻西海之地，初開以爲郡，築五縣，邊海亭燧相望。及莽敗，衆羌還據西海。《水經》：河水又東自河曲，經西海郡南。　　按：河水自今青海南折東北流，則西海郡治，應在青海東南境。《一統志》載：西海故郡二。其一王莽置，在青海東。今巴爾齊老，當青海東境，河水經其南，宜爲漢青海郡故地也。

　　〔滿〕bar cilao 〔蒙〕bars čilaɣu 〔托〕bar ciloü

　　察罕鄂博　蒙古語。察罕，白色；鄂博，壘石也。地有舊壘石，色白，故名。

　　〔滿〕cagan obo 〔蒙〕čaɣan obo 〔托〕caɣan obo

　　奎屯西里克　蒙古語。奎屯，冷也；西里克，山間平甸也。地居山中，氣候寒，故名。

　　〔滿〕kuiten sirik 〔蒙〕küiten siriɣ 〔托〕küyitun siriq

　　甘珠爾齊老　蒙古語。甘珠爾，佛經名也。相傳其地有曝經石，故名。《魏書·吐谷渾傳》：吐谷渾，夸呂立，居伏俟城，在青海西十五里。《周書·異域傳》：建德五年，皇太子征之。軍渡青海，至伏俟城，夸呂遁走。《隋書·地理志》：西海郡置在古伏俟城，即吐谷渾國都。有西王母石窟、青海、盐池。統縣二，宣德、威定。按：今自青海西至甘珠爾齊老百餘里。吐谷渾伏俟城及隋西海郡，當在其地也。又《周書·史寧傳》載：寧謂突厥木杆可汗曰，樹敦賀其二城，是吐谷渾巢穴，當與伏俟城爲近。

　　〔滿〕g'anjur cilao 〔蒙〕ganǰur čilaɣu 〔托〕ganzur ciloü

　　烏蘭木呼爾　蒙古語。烏蘭，紅色；木呼爾，路盡處。土色近紅，故名。

　　〔滿〕ulan muhūr 〔蒙〕ulaɣan muqur 〔托〕ulān muxur

　　烏達圖托輝　蒙古語。烏達圖，有大柳樹處；托輝，臂灣也。地形如之，旁有高柳，故名。《元史·地理志·河源附録》：都實尋河源，自西而東。又北行轉西流，過崑崙北，向東北流。約行半月，至貴德州，地名必赤里，始有州治官府，州隸吐蕃宣慰司。　　按：今烏達圖托輝，在河州邊外，史稱貴德州。自河轉東北流處，半月始至。

以道里計之,則所謂必赤里者,與今烏達圖托輝爲相近矣。

[滿]udatu tohoi [蒙]udatu toqoi [托]udatu toxoi

奎蘇托羅海 蒙古語。奎蘇,謂臍也,居中之謂;托羅海,謂首也。地居青海中,蓋島嶼之屬。《魏書‧吐谷渾傳》:海內有小山,每冬冰合後,以良牝馬置此山,至來春收之,馬皆有孕。所生之駒,號爲龍種,世傳青海驄者是也。《隋書‧煬帝紀》:大業五年,置馬牧于青海渚中。《通鑑》:唐天寶五載,哥舒翰築神威軍于青海上。又築城于海中龍駒島,謂之應龍城。《唐書‧哥舒翰傳》:有白龍現,因號應龍城,由此吐蕃不敢近青海。 按:今奎蘇托羅海、察罕哈達俱在青海中,所謂應龍城者當屬此。

[滿]kuisu tolohai [蒙]küisü toloɣai [托]küyisu toloɣoi

察罕哈達 蒙古語。察罕,白色;哈達。山峰也。山間有地,亦在青海中。

[滿]cagan hada [蒙]čaɣan qada [托]caɣan xada

伊克烏蘭和碩 蒙古語。伊克,大也;烏蘭,紅色;和碩,謂喙。山石突出如喙,色微赭,故名。

[滿]ike ulan hošoo [蒙]yeke ulaɣan qošuu [托]yeke ulān xošoü

巴噶烏蘭和碩 蒙古語。巴噶,小也。其地視伊克烏蘭和碩,境差小,故名。

[滿]baga ulan hošoo [蒙]baɣ-a ulaɣan qošuu [托]baɣa ulān xošoü

沙喇塔拉 蒙古語。沙喇,黄色;塔拉,平甸也。

[滿]šara tala [蒙]šar-a tal-a [托]šara tala

奎屯庫圖勒 蒙古語。庫圖勒,山坡之謂。地居山側,候寒,故名。

[滿]kuiten kutul [蒙]küiten kötül [托]küyitun kütul

烏爾圖 蒙古語,謂長也。地環青海之旁。

[滿]urtu [蒙]urtu [托]urtu

額濟餒 蒙古人名。舊居此地,故名。

[滿]ejinei [蒙]eǰinei [托]ezinei

薩喇勒和屯　蒙古語。薩喇勒,青白色;和屯,城也。

[滿] saral hoton [蒙] saral qotan [托] saral xoton

濟農和屯　蒙古語。濟農,人名,舊居此,因以名城。《元和志》:疊州,禹貢梁州之域。歷秦漢魏晉,諸羌常據焉,後魏時入吐谷渾。周建德六年,西逐諸戎,置疊州,大業初州廢。武德二年,于合川故城置疊州,西至黃河上黨項岸二百八十里,東北至洮州一百八十里。《唐書・地理志》:疊州舊治,吐谷渾馬牧城。　按:今自濟農和屯,西至河西岸二百餘里,在洮州衛外,應即古疊州之舊。又《唐書・地理志》稱:武德二年,以疊州之常芬縣置芳州。《元和志》稱芳州①,諸羌所居周武成中,置甘松防。《一統志》謂:疊州在洮州衛西南,古甘松之地,是芳州甘松舊境,亦當在濟農和屯迤西一帶也。

[滿] jinung hoton [蒙] jinung qotan [托] zinung xoton

陰得爾圖塔拉　蒙古語。陰德爾,基之高者。地居高原之上,故名。《漢書・地理志》:隴西郡臨洮縣西傾山,在縣西,南部都尉治也。《唐書・地理志》:洮州臨潭西百六十里有西傾山。　按:今陰得爾圖塔拉西之魯察布拉鄂拉,即古西傾山。則自陰得爾圖塔拉以東,至洮州衛邊境,應屬臨洮縣極西境也。

[滿] yendertu tala [蒙] yender-tü tal-a [托] yendertü tala

祥楚塔拉　祥楚,西番語,猶云菩提,慈悲普濟之謂;塔拉,蒙古語,平甸也。舊爲羌中善地,故名。《晉書》:義熙十一年,乞伏熾磐攻澆川,師次沓中。《通鑑》胡三省注:沓中在諸羌中,即沙澆之地。　按:洮水出强臺山,兼澆川之名,其地謂之洮澆。西接黃沙,亦謂之沙澆。今祥楚塔拉,北枕洮水,西北近察魯布拉鄂拉,爲古强臺山,應即沓中之地也。又宋元嘉四年,秦以吳漢爲梁州刺史,鎮南澆,疑亦此地。

[滿] siyangcu tala [番] byang chub tha la

古爾額爾吉　蒙古語。古爾,橋也;額爾吉,崖也。其地有之,故名。

---

①　"元和志",原作"元和縣",四庫全書本同,據四庫薈要本改。　按:《元和志》即《元和郡縣志》之簡稱。

［滿］gur ergi ［蒙］gür ergi ［托］gür ergi

鄂爾吉呼　蒙古語。鄂爾吉呼,水上涌也,地有泉源涌出,故名。《隋書・地理志》:臨洮郡洮源縣,後周置,曰金城。開皇十八年,改爲美俗。大業初,縣改名焉。　按:縣名洮源,當在洮河發源處。今波爾拜郭勒爲洮河之源。鄂爾吉呼,正當其境,應屬洮源故縣地也。

［滿］orgihū ［蒙］orkiqu ［托］orgixu

察罕托輝烏魯木　蒙古語。察罕托輝,白水灣也;烏魯木,大渡口也。地居河灣,爲濟渡處,故名。段國《沙州記》:吐谷渾于河上作橋,謂之河厲。長一百五十步,兩岸累石作基陛,節節相次,大木縱橫更鎮壓,兩邊俱來,相去三丈,並大材,以板橫次之,施鈎闌甚嚴餝。《唐書・吐蕃傳》:哥舒翰破吐蕃洪濟大莫,門諸城,收九曲故地。《元和志》:金天軍在積石軍西南二百四十里洪濟橋。　按:今察罕托輝烏魯木爲黃河大渡口,當是河厲洪濟橋舊地,置金天軍之處。踰河而西,則九曲故地也。

［滿］cagan tohoi ulum ［蒙］čaɣan toqoi ulum ［托］caɣan toxoi ulum

阿道齊老圖　蒙古語。阿道,馬羣也;齊老圖,有石之謂。其地多石,聚如羣馬,故名。

［滿］adoo cilaotu ［蒙］aduɣu čilaɣu-tu ［托］adou cilootu

博爾蘇巴克　蒙古語。博爾,青色土也;蘇巴克,水溝也。其地有之,故名。

［滿］bor subak ［蒙］bor subaɣ ［托］bor subaq

扎哈噶順　蒙古語。扎哈,謂邊界;噶順,味之苦者。地居邊鄙,水味苦,故名。《元史・地理志》:河源在吐蕃朵甘思西鄙,又朵甘思東北有大雪山。　按:此大雪山,即今阿彌耶瑪勒津木遜鄂拉,扎哈噶順在其西。自阿彌耶瑪勒津木遜鄂拉以西,踰扎哈噶順至鄂敦塔拉,應屬古朵甘思之地。

［滿］jaha gašun ［蒙］jaq-a ɣašiɣun ［托］zaxa ɣašun

托輝哈達　蒙古語。哈達,謂山峰,地居雪山黃河灣環縈帶之內,故名。《後漢書・西羌傳》:自燒當至元孫滇良,世居河北大允

201

谷。掩擊先零卑湳,奪居其地大榆中,由是始强。永元十四年,西海
及大小榆谷左右無羌患。隃麋相曹鳳言西戎爲害,以其居大小榆
穀,土地肥美,南得鐘存以廣其衆。北阻大河,因以爲固。又有青海
魚鹽之利,緣山濱水,常雄諸種。今者衰困,宜建復西海郡縣,規固
二榆。《唐書·吐蕃傳》:金城公主至吐蕃,吐蕃請河西九曲爲公主
湯沐。九曲者,水甘草良,宜畜牧。天寶十二載,哥舒翰收九曲故地,
列郡縣,置宛秀軍以實河曲。《水經注》:去河關千餘里,羌人所居,謂
之河曲羌也。　　按:胡三省《通鑑注》:唐九曲,即漢大小榆谷之地,今
托輝哈達在河流環帶之内。其左右諸境,當爲榆谷九曲故地也。

　　[滿] tohoi hada　[蒙] toqoi qada　[托] toxoi xada

　　都木達噶順　蒙古語。都木達,中道之謂。其地當道,水味苦,
故名。

　　[滿] dumda gašun　[蒙] dumda γaširun　[托] dumda γašun

　　博勒濟巴　蒙古語,會合之謂。地當衝道,行人多會於此,故名。

　　[滿] boljiba　[蒙] boljiba　[托] bolžiba

　　沙喇鄂齊爾　蒙古語。沙喇,黃色;鄂齊爾,謂杵也。地有山
峰,矗立如杵,故名。《隋書·炀帝紀》:大業五年,平吐谷渾,置河
源郡。《宇文述傳》:述以兵屯西平臨羌城,吐谷渾西遁,追至曼頭
城,攻拔之。至赤水城,復拔之。《地理志》:河源郡置在古赤水城,
有曼頭城。統縣二,達化、赤水。《唐書·吐谷渾傳》:封諾曷鉢河
源郡王,號烏地也拔勒豆可汗。　　按:郡名河源,縣名赤水,應在今
扎凌、鄂凌兩淖爾左右。沙喇鄂齊爾,居淖爾北,應屬隋河源郡内
之地。

　　[滿] šara ocir　[蒙] šar-a očir　[托] šara ocir

　　沙喇濟魯肯塔拉　蒙古語。濟魯肯,謂心也。四山廻環,中有
平甸,土色黃,故名。

　　[滿] šara jiruken tala　[蒙] šar-a ǰirüken tal-a　[托] šara
zirüken tala

　　特墨圖庫圖勒　蒙古語。特墨圖,有駝也。山坡旁有石若駝峰
者,故名。

　　[滿] temetu kutul　[蒙] temegetü kötül　[托] temetü kütul

托布噶圖勒噶　蒙古語。托布，謂正也；噶圖勒噶，渡口也。地當河源匯入鄂凌淖爾處，爲正渡口，故名。

［滿］tob gatulga　［蒙］tob γatulγ-a　［托］tob γatulγa

庫克阿滿　蒙古語。阿滿，山口也。其地適當山口，石多青色，因以爲名。

［滿］kuke aman　［蒙］köke aman　［托］kükü aman

鄂敦塔拉　蒙古語。鄂敦，謂星也。當黃河初發源處，有平甸周二百里許，泉眼衆多，燦如星聚，即星宿海也。《元史·地理志·河源附錄》：土蕃朵甘思西鄙，有泉百餘泓，沮洳散渙，弗可逼視，方可七八十里。履高山下瞰，燦若列星，以故名火敦腦兒，譯言星宿海也。　按：今鄂敦塔拉，泉眼如星，當爲朵甘思西鄙地。朱思本《河源説》云：水從地涌出如井，其井百餘，東北流百餘里，匯爲大澤，曰火敦腦兒。據此則所稱火敦腦兒，應屬今之鄂凌、扎凌淖爾，在鄂敦塔拉之東。《元史》引潘昂霄《河源志》謂有泉百餘，沮洳散渙者，當在鄂敦塔拉之地，猶未匯爲大澤，固塔拉而非淖爾也。

［滿］odun tala　［蒙］odun tal-a　［托］odun tala

阿克塔沁　蒙古語。阿克塔，騸馬也；沁，牧馬人也。地堪游牧，故名。

［滿］aktacin　［蒙］aγtačin　［托］aqtacin

巴特瑪濟魯肯　蒙古語。巴特瑪，蓮花也。山峰環列如蓮，地居其中，故名。《後漢書·西羌傳》：濱于賜支。賜支者，禹貢所謂析支者也。《唐書·西域傳》：黨項，漢西羌別種，其地古析支，東距松州，北吐谷渾。有拓拔赤辭者内屬，於是自河首積石山而東，皆爲中國地。　按：《水經注》司馬彪曰：河水屈而東北流，逕于析支之地，是爲河曲。《唐書》亦有黨項内屬，自河首積石山以東之文，似析支故地。在今阿彌耶瑪勒津木遜鄂拉，三面河流環帶之境。然考應劭云：河首積石，南枕析支，而《唐書》以黨項爲古析支，亦云在吐谷渾南，則析支自當在河曲南境。今自巴特瑪濟魯肯，東至綽通錫伯一帶，是其境矣。

［滿］batma jiruken　［蒙］badm-a jirüken　［托］badma zirüken

呼多圖噶圖勒噶　蒙古語。呼多圖，謂羊肚也。渡口地形如之,故名。

　　[滿]hūdotu gatulga[蒙]qodotu γatulγ-a[托]xodotu γatulγa

　　阿喇勒噶圖勒噶　蒙古語。阿喇勒,水中行徑也,又桴筏也,因以名其渡云。《元史·地理志·河源附録》:水混濁,土人抱革囊騎過之,聚落斜木幹、象舟,傅毛革以濟,僅容兩人。　　按:《一統志》載:阿喇勒渡及呼多圖渡,皆用牛革裹木爲船,以二馬牽之而渡。在黄河西流折西北處,應即《元史》所謂斜木象舟、傅革以濟者是。

　　[滿]aral gatulga[蒙]aral γatulγ-a[托]aral γatulγa

　　綽通錫伯　綽通,準噶爾人名;錫伯,蒙古語,壁壘也。舊於此築壘,故名。舊對音爲綽通襲迫。《元史·地理志·河源附録》:河行崑崙南半日,又四五日,至濶即及濶提,二地相屬。朱思本《河源説》:河隨山足東流,過撒思加及濶即濶提地。　　按:黄河繞阿彌耶瑪勒津木遜鄂拉南,東行四百餘里,至綽通錫伯,應屬濶即濶提撒思加等處。阿彌耶瑪勒津木遜鄂拉,爲古積石山,潘志作崑崙山,誤。辨詳第十五卷阿彌耶瑪勒津木遜鄂拉條下。

　　[滿]cotung sibe[蒙]čotung sibe[托]cotung sibe

　　額勒蘇台烏魯木　蒙古語。額勒蘇台,有沙處也。其地爲大渡口,旁有沙洲,故名。

　　[滿]elesutai ulum[蒙]elesütai ulum[托]elesutai ulum

　　噶海噶圖勒噶　蒙古語。噶海,豬也。渡口有石形相似,故名。

　　[滿]gahai gatulga[蒙]γaqai γatulγ-a[托]γaxai γatulγa

　　噶順噶圖勒噶　蒙古語。渡口之水味苦,故名。

　　[滿]gašun gatulga[蒙]γašiγun γatulγ-a[托]γašun γatulγa

　　烏蘭莽奈噶圖勒噶　蒙古語。莽奈,額也。渡口水濁近紅,地形寬敞,略如廣額,故名。

　　[滿]ulan mangnai gatulga[蒙]ulaγan mangnai γatulγ-a[托]ulān mangnai γatulγa

　　達蘭圖魯　蒙古語。達蘭,七十數也;圖魯,首也,初也。地多泉源,故名。

　　[滿]dalan turu[蒙]dalan türügü[托]dalan turu

　　扎克噶圖勒噶　蒙古語。扎克,木名。用以成炭,性能耐久。

渡口多產此木,故名。

［滿］jak gatulga［蒙］ǰaγ γatulγ-a［托］zaq γatulγa

沙喇圖魯　蒙古語。地有泉源,色黃濁,故名。

［滿］šara turu［蒙］šar-a türügü［托］šara turu

拜甡圖　蒙古語。拜甡,民居之謂;圖,有也。地多居民,故名。

［滿］baišengtu［蒙］bayisingtu［托］bayišingtu

察罕托羅海　蒙古語。其地有白石峰頭,故名。

［滿］cagan tolohai［蒙］čaγan toloγai［托］caγan toloγoi

巴爾托羅海　蒙古語。地有山峰,形如虎頭,故名。

［滿］bar tolohai［蒙］bars toloγai［托］bar toloγai

額木訥布朗吉爾　蒙古語。額木訥,當前之謂;布朗吉爾,水渾之謂。前有濁水,故名。

［滿］emune bulanggir［蒙］emün-e bulanggir［托］emune bulanggir

布魯勒哈屯　蒙古語。布魯勒,色相間也;哈屯,謂黃河。河流泛成雜色之象。其地濱河,故名。

［滿］buruul hatun［蒙］buruul qatun［托］buruul xatun

沙拉圖　蒙古語。沙拉圖,無水草處。

［滿］šalatu［蒙］šalatu［托］šalatu

烏蘭伯勒　蒙古語。伯勒,謂山腰也。土色近紅,故名。

［滿］ulan bel［蒙］ulaγan bel［托］ulān bel

察罕烏蘇　［滿］cagan usu 三合切音以下見第五卷烏魯木齊伊犁諸路屬。

伊克柴達木　蒙古語。柴達木,平敞之謂。境復寬大,故名。

［滿］ike caidam［蒙］yeke čayidam［托］yeke cayidam

袞招哈　蒙古語。袞,深也;招哈,坎也。地有深坎,故名。

［滿］gun jooha［蒙］gün ǰuuq-a［托］gün zooxa

伊克西喇勒津　蒙古語。西喇勒津,草名。地多此草,故名。

［滿］ike siraljin［蒙］yeke siralǰin［托］yeke siralzin

巴噶柴達木　蒙古語。地形平敞,視伊克柴達木爲境差小,故名。

　　［滿］baka caidam［蒙］baγ-a čayidam［托］baγa cayidam

　　伊克巴爾呼　蒙古語。巴爾呼，遠望瀰漫之象。地多瘴霧，故名。

　　［滿］ike barhū［蒙］yeke barqu［托］yeke barxu

　　伊遜察罕齊老圖　蒙古語。伊遜，九數也。地有白石凡九，故名。

　　［滿］isun cagan cilaotu［蒙］yisün čaγan čilaγu-tu［托］yesun caγan cilootu

　　伊克哈勒唐　蒙古語。哈勒唐，錯雜之謂。其地境廣而土色不純，故名。　　按：《隋書‧地理志》：大業五年，平吐谷渾，置鄯善郡，應在今青海境内。第考《漢書‧西域傳》：鄯善本樓蘭國。近漢，當白龍堆，在今安西府西境，非青海所屬。然今青海西北境，北接安西，則自伊克哈勒唐以西，當爲鄯善郡南界也。

　　［滿］ike haltang［蒙］yeke qaltang［托］yeke xaltang

　　巴噶西喇勒津　蒙古語。地與伊克西喇勒津相屬，爲境差小，故名。

　　［滿］baga siraljin［蒙］baγ-a siralǰin［托］baγa siralzin

　　巴噶巴爾呼　蒙古語。地與伊克巴爾呼相屬，爲境差小，故名。

　　［滿］baga barhū［蒙］baγ-a barqu［托］baγa barxu

　　伊克　蒙古語。地形寬廣，故專以大得名。

　　［滿］ike［蒙］yeke［托］yeke

　　呼都克　蒙古語，謂井也。居民於此鑿井汲飲，故名。

　　［滿］hūduk［蒙］quduγ［托］xuduq

　　特格里克　蒙古語。特格，平坦也；里克，相似之謂。其地平坦，故名。

　　［滿］tegelik［蒙］tegelig［托］tegeliq

　　諾摩罕　蒙古語，平安之謂。地無瘴霧，行人樂之。

　　［滿］nomohan［蒙］nomoqan［托］nomoxon

　　汗阿魯　蒙古語。汗，君長之稱，旁有大山，借以喻其山之大也；阿魯，謂背也。地處大山之陰，故名。

　　［滿］han aru［蒙］qan aru［托］xān aru

察罕托輝　蒙古語。猶云白山灣也。地處山灣,故名。

[滿] cagan tohoi [蒙] čaɣan toqoi [托] caɣan toxoi

得布特爾　蒙古語。得布特爾,謂水草肥美也。　　按:《隋書·地理志》:大業五年,平吐谷渾,置且末郡,應在今青海境内。第考《漢書·西域傳》:鄯善西通且末,亦宜在安西府西境之西,非青海所屬。然今青海極西北境,北接安西府西境之西,則自得布特爾以西,當爲且末郡南境也。

[滿] debter [蒙] debter [托] debter

古爾班洮賴　蒙古語。古爾班,三數也;洮賴,兔也。其地多兔,有三岐之徑,故名。

[滿] gūrban taolai [蒙] ɣurban taulai [托] ɣurban toolai

托里　蒙古語,謂鏡也。地圓如鏡,故名。

[滿] toli [蒙] toli [托] toli

冒罕烏蘇　蒙古語。冒罕,不潔之謂。地有濁流,故名。

[滿] moohan usu [蒙] maɣuqan usu [托] mooxan usu

招哈　[滿] jooha 三合切音以下見第一卷伊犁西北路。

諾木齊圖　蒙古語。諾木,謂經典;齊,人衆也;圖,有也。居人多奉黄教,故名。

[滿] nomcitu [蒙] nomčitu [托] nomcitu

卷十五　青海屬山名

　　阿勒坦鄂拉　蒙古語。阿勒坦，金也；鄂拉，山也。山色如金，故名。

　　［滿］altan oola ［蒙］altan aɣula ［托］altan uula

　　阿彌耶岡噶爾鄂拉　西番語。阿彌耶，謂祖也；岡，雪也；噶爾，白色。山體高大，多積雪，故尊而名之。　按：青海諸山内，以阿彌耶名者十三山，皆青海之望也。

　　［滿］amiye ganggar oola ［番］a mye gangs dkar avu la

　　阿彌耶巴顔哈喇鄂拉　蒙古語。巴顔，謂富厚；哈喇，黑色。山石近黑，多生殖，故尊其山而名之也。

　　［滿］amiye bayan hara oola ［蒙］amiy-a bayan qar-a aɣula ［托］amiya bayan xara uula

　　阿彌耶烏善吞博鄂拉　西番語。烏，頭也；善，彼也；吞博，高也。峰頭高峻，勝於他山，故名。

　　［滿］amiye ušan tunbo oola ［番］a mye dngu gzhan vthon po avu la

　　阿彌耶額奇鄂拉　額奇，蒙古語，肇始之謂。山脉發始於此，故尊而名之。

　　［滿］amiye eki oola ［蒙］amiy-a eki aɣula ［托］amiya eki uula

　　阿彌耶東速克鄂拉　西番語。東，謂海螺；速克，謂形也。山形近似海螺，故名。

　　［滿］amiye dungsuk oola ［番］a mye dung gzugs avu la

　　阿彌耶木倫鄂拉　木倫，蒙古語，謂臂也。山形相似，故尊而名之。

　　［滿］amiye murun oola ［蒙］amiy-a mörün aɣula ［托］amiya murun uula

　　阿彌耶色爾沁鄂拉　西番語。色爾，謂金；沁，大也。山體高大,色黃如金,故名。

　　[滿] amiye sercin oola [番] a mye gser chen avu la

阿彌耶那里吞博鄂拉　西番語。那,鼻也;里,山也。山梁高峻,故名。

　　[滿] amiye nari tunbo oola [番] a mye sna ri vthon po avu la

阿彌耶巴顔尊錐鄂拉　巴顔尊錐,西番人名。舊居此山,故名。

　　[滿] amiye bayan dzunjui oola [番] a mye pa yan brtson grus avu la

阿彌耶巴爾窪丹鄂拉　西番語。巴爾窪,發育之謂;丹,之爲言有也。山多生殖,故尊而名之。

　　[滿] amiye barwadan oola [番] a mye vbar ba ldan avu la

阿彌耶達爾扎鄂拉　西番語。達爾扎,人名也。山以人名。

　　[滿] amiye darja oola [番] a mye dar rgyas avu la

沙喇巴圖鄂拉　蒙古語。沙喇,黃色也;巴圖,堅實之謂。山中土堅色黃,故名。

　　[滿] šara batu oola [蒙] sir-a batu aɣula [托] šara batu uula

布古圖鄂拉　蒙古語。布古,鹿也;圖,有也。山中多鹿,故名。

　　[滿] bugūtu oola [蒙] buɣutu aɣula [托] buɣutu uula

鄂什奇鄂拉　蒙古語。鄂什奇,謂肺也。山形似之,故名。

　　[滿] ooširki oola [蒙] aɣuški aɣula [托] ooški uula

濟魯肯鄂拉　蒙古語。濟魯肯,謂心也。旁有小山環抱,山居其中,故名。

　　[滿] jiruken oola [蒙] ǰirüken aɣula [托] ziruken uula

察罕鄂博圖鄂拉　蒙古語。察罕,白色;鄂博圖,有壘石處。山多白石,故名。《隋書·元諧傳》:吐谷渾寇涼州,諧率兵出鄯州,趨青海。吐谷渾引兵拒,相遇於豐利山。胡三省《通鑑注》:豐利山在青海東。按:今察罕鄂博圖鄂拉,在西寧邊外青海東境,應即豐利山之舊。

　　[滿] cagan obotu oola [蒙] čaɣan obotu aɣula [托] caɣan obotu uula

海爾吉鄂拉　蒙古語。海爾吉,碎石也。山多碎石,故名。

　　[滿] hairgi oola [蒙] qayirgi aɣula [托] xayirgi uula

庫得里鄂拉　蒙古語。庫得里，麝也。山多麝，故名。

〔滿〕kuderi oola〔蒙〕küderi aɣula〔托〕küderi uula

沙喇庫圖勒達巴　蒙古語。庫圖勒，山坡之謂；達巴，嶺也。嶺下有坡，石色黃，故名。

〔滿〕šara kutul daba〔蒙〕sir-a kötül dabaɣ-a〔托〕šara kütül daba

烏蘇叟濟達巴　蒙古語。烏蘇，水也；叟濟，胯骨也。嶺形如胯，有水發源於此，故名。

〔滿〕usu seoji daba〔蒙〕usu següǰi dabaɣ-a〔托〕usu següzi daba

奎滿鄂拉　西番語。奎滿，藥也。山中多產藥物，故名。

〔滿〕kuiman oola〔番〕vkhos sman avu la

都木達必柳圖達巴　蒙古語。都木達，中道之謂；必柳圖，有磨刀石處。山當道衝，石可以礪，故名。

〔滿〕dumda biliotu daba〔蒙〕dumda bilegütü dabaɣ-a〔托〕dumda biliütu daba

索爾古克鄂拉　西番語。索爾古克，謂鐮刀也。山形如之。《通志》：熱水山南出煖水，流入青海，北出冷泉，即西寧河源也。按：索爾古克鄂拉，在西寧邊外。孟克布拉克出其南，西北流入青海，應是熱水山之舊。

〔滿〕sorgūk oola〔番〕zor gug avu la

海弩克達巴　蒙古語。海弩克，黃牛也。嶺形似之，故名。

〔滿〕hainuk daba〔蒙〕qayinuɣ dabaɣ-a〔托〕xayinuq daba

烏蘭沙喇達巴　蒙古語。烏蘭沙喇，謂紅黃色。山色兼之，故名。《唐書·吐蕃傳》：開元中，吐蕃請交馬於赤嶺，許之。以大碑刻約其上，令金吾將軍李佺監樹赤嶺碑。後霍希逸襲破吐蕃青海上，蕭炅、杜希望、王昱分道經略，碎赤嶺碑。《哥舒翰傳》：天寶八載，攻吐蕃石堡城，下之，遂以赤嶺爲西界。《續通典》：自鄯州鄯城縣西行二百里至赤嶺①。　　按：唐鄯城縣，今西寧府治。烏蘭沙喇

_____

① “二”，原模糊不清，據四庫全書本、四庫薈要本錄。

達巴在西寧邊外青海東南,名義相符,應爲赤嶺之舊。

〔滿〕ulan šara daba 〔蒙〕ulaγan sir-a dabaγ-a 〔托〕ulān šara daba

納蘭薩蘭達巴 蒙古語。納蘭,日也;薩蘭,月也。嶺形高峻,迎餞日月,故名。《唐書·吐蕃傳》:李敬元率劉審禮擊吐蕃青海上,審禮戰没。敬元頓承風嶺,礙險不得縱。《通典》:承風嶺東北去鄯州三百一十三里。 按:《一統志》:承風嶺,在西寧邊外西南,與今納蘭薩蘭達巴方位相合。

〔滿〕naran saran daba 〔蒙〕naran saran dabaγ-a 〔托〕naran saran daba

伊克哈洮達巴 蒙古語。伊克,大也;哈洮,堅也。山體大而土堅,故名。

〔滿〕ike hatao daba 〔蒙〕yeke qataγu dabaγ-a 〔托〕yeke xataü daba

巴噶哈洮達巴 蒙古語。巴噶,小也。土性堅而山形差小,故名。

〔滿〕baga hatao daba 〔蒙〕baγ-a qataγu dabaγ-a 〔托〕baγa xatoü daba

汗托羅海鄂拉 蒙古語。汗,謂君長,喻山之大也;托羅海,謂首也。山形似之,故名。

〔滿〕han tolohai oola 〔蒙〕qan toloγai aγula 〔托〕xan toloγoi uula

察察達巴 蒙古語。察察,小廟也,以供殘毁佛像者。嶺上有此,故名。

〔滿〕caca daba 〔蒙〕čača dabaγ-a 〔托〕caca daba

奈珠爾達巴 西番語。奈,地也;珠爾,十數,謂菩薩十地也。相傳山爲菩薩示現處,故名。

〔滿〕naijur daba 〔番〕gnas bcur ta pa

委得爾鄂拉 西番語。委,居中之謂;得爾,鑛也。山有坎形如鑛,故名。

〔滿〕uider oola 〔番〕dbus gter avu la

氐顔齊察罕哈達　氐顔齊,西番語,坐禪處也。察罕哈達,蒙古語,白山峰也。山中舊有白石凈室,故名。

［滿］diyanci cagan hada ［番］ti yan chi cha gan ha ta

庫克色爾格達巴　蒙古語。庫克色爾格,青色小山羊也。嶺之形色似之,故名。

［滿］kuke serge daba ［蒙］köke serge dabaγ-a ［托］kükü serge daba

阿密克鄂拉　西番語。阿,發語詞;密克,謂目也。山有雙峰,形圓,故取象如此。

［滿］amik oola ［番］a mig avu la

哈勒噶鄂拉　蒙古語。哈勒噶,謂門也;山口如門,故名。

［滿］halga oola ［蒙］qaγalγ-a aγula ［托］xalγa uula

舒羅達巴　蒙古語。舒羅,直上之謂。嶺高矗起,故名。

［滿］šulo daba ［蒙］šülü dabaγ-a ［托］šülo daba

綽克圖鄂拉　蒙古語。綽克圖,尊嚴之象。山形端聳,故尊而名之。

［滿］coktu oola ［蒙］čoγtu aγula ［托］coqtu uula

托里達巴　蒙古語。托里,鏡也。山體近圓,故名。

［滿］toli daba ［蒙］toli dabaγ-a ［托］toli daba

圖布阿滿　蒙古語。圖布,謂正;阿滿,謂口。猶云正山口也。

［滿］tub aman ［蒙］tüb aman ［托］tub aman

達那鄂拉　西番語。達,謂馬也;那,謂耳也。山形尖聳如之,故名。

［滿］dana oola ［番］rta rna avu la

圖布鄂拉　蒙古語。山形端正,故名。

［滿］tub oola ［蒙］tüb aγula ［托］tub uula

接布鄂拉　西番語。接布,安鍋之器,亦取象而名之者。

［滿］jiyebu oola ［番］sgyed bu avu la

塔蘇爾海鄂拉　蒙古語。塔蘇爾海,無人烟處。

［滿］tasurhai oola ［蒙］tasurqai aγula ［托］tasurxai uula

達沁達巴　西番語。達,謂箭;沁,謂大。山形廣大,其峰尖削如箭,故名。

　　〔滿〕dacin daba〔番〕mdav chen ta pa

　　瑪林和洛噶鄂拉　蒙古語。瑪林和洛噶,牲圈也。山麓有此,故名。

　　〔滿〕malin horoga oola〔蒙〕mal-un qoroγ-a aγula〔托〕malin xoroγa uula

　　登努勒台達巴　蒙古語。登努勒,濱河土阜之帶草者;台,有也。其地有之,故名。

　　〔滿〕dengnultai daba〔蒙〕dengnegültei dabaγ-a〔托〕dengnultai daba

　　阿彌耶尼楚袞鄂拉　蒙古語。尼楚袞,不毛之地。山形高峻,少生殖,故尊其名而著其實如此。

　　〔滿〕amiye nicugun oola〔蒙〕amiy-a ničügün aγula〔托〕amiya nicugün uula

　　必柳圖達巴　蒙古語。山石可以爲礪,故名。

　　〔滿〕biliotu daba〔蒙〕bilegütü dabaγ-a〔托〕biliütu daba

　　都嘎爾鄂拉　西番語。都,謂寶蓋也;嘎爾,白色。相傳白傘蓋佛示現於此,故名。

　　〔滿〕dug'ar oola〔番〕gdugs dkar avu la

　　多克氏鄂拉　西番語。多克氏,仄狹也。山徑仄狹,故名。

　　〔滿〕dokdi oola〔番〕dogs ti avu la

　　綽諾叟勒鄂拉　蒙古語。綽諾,狼也;叟勒,尾也。山形相似,故名。

　　〔滿〕cono seol oola〔蒙〕činu-a segül aγula〔托〕cono suul uula

　　伊克舒魯克圖鄂拉　蒙古語。舒魯克圖,無枝之木。山有大木無枝,故名。

　　〔滿〕ike šuluktu oola〔蒙〕yeke šülügtü aγula〔托〕yeke šüluqtu uula

　　伊克圖爾根鄂拉　蒙古語。圖爾根,水流急也。山體高大,有泉湍急,故名。

　　〔滿〕ike turgen oola〔蒙〕yeke türgen aγula〔托〕yeke turgen uula

巴噶圖爾根鄂拉　蒙古語。山泉湍急,視伊克圖爾根鄂拉差小,故名。

〔滿〕baga turgen oola〔蒙〕baγ-a türgen aγula〔托〕baγa turgen uula

羅察布拉克鄂拉　西番語。羅,龍也;察,花紋也。布拉克,蒙古語,泉也。山有龍泉,故名。《書·禹貢》:西傾因桓是來。《史記·索隱》:九山古分三條,馬融以西傾爲中條。鄭元分四列,西傾次陰列。《漢書·地理志》:西頃山在臨洮縣西。師古注:頃,讀曰傾。《北史·吐谷渾傳》:阿豺昇西彊山,觀墊江源。《水經注》:洮水與墊江水,俱出強臺山。強臺,西傾之異名也。《洮州衛志》:西傾山延袤千里,外跨諸羌。　按:今羅察布拉克鄂拉東麓,爲洮河發源處,西近河曲。凡黃河以南諸山,無大于此者。應屬西傾山之舊。

〔滿〕loca bulak oola〔番〕klu khra bu lag avu la

克什克特衣鄂拉　蒙古語。克什克特衣,有利賴處。山多水草,便行旅,故名以美之。

〔滿〕kešiktei oola〔蒙〕kešigtei aγula〔托〕kešiqtei uula

置薩鄂拉　西番語。置,雀也;薩,指此地而言。山中多雀,故名。

〔滿〕jiyasa oola〔番〕bya sa avu la

沙噶鄂拉　蒙古語。沙噶,馬脛骨也。山形如之,故名。

〔滿〕šaga oola〔蒙〕šaγ-a aγula〔托〕šaγa uula

章則鄂拉　西番語。章,謂北也;則,謂峰也。山陰有峰,故名。

〔滿〕jangdze oola〔番〕byang rtse avu la

納克多木拉鄂拉　西番語。納克多木拉,樹木叢生之謂。山多林木,故名。

〔滿〕nakdumla oola〔番〕nags dum la avu la

奈楚鄂拉　西番語。奈楚,有水處。山中有泉,故名。

〔滿〕naicu oola〔番〕gnas chu avu la

察鄂拉　西番語。察,斑駁色也。山色青黃不一,故名。《通鑑》:宋泰始六年,魏長孫觀與吐谷渾王捨寅,戰於曼頭山。又唐貞觀九年,李靖部將薛孤兒,敗吐谷渾於曼頭山。　按:隋平吐谷渾,置河源郡,有曼頭城,蓋因曼頭山得名者。今察鄂拉及得韋歸托布鄂拉,在河源向東流折北三面環帶之内,與古曼頭山方位爲相協矣。

〔滿〕ca oola〔番〕khra avu la

作鄂角克阡東拉鄂拉　西番語。作鄂,居首之謂;角克阡,山巒之大者;東,梁也;拉,嶺也。山巒高大,爲左右羣峰之望,故名。

〔滿〕dzo'o giyokciyan dung la oola〔番〕jo bo skyogs chen gdong la avu la

得韋歸托布鄂拉　西番語。得韋,安樂之謂;歸托布,利賴之謂。山多水草,居者樂之,故名。

〔滿〕dewei guitob oola〔番〕bde bavi dgos thob avu la

阿彌耶瑪勒津木遜鄂拉　瑪勒津木遜,蒙古語。瑪勒津,老人頭童之象;木遜,冰也。山頂光浄,少草木,多冰雪,爲青海望山,河流其南。《書‧禹貢》:導河積石。《山海經》:積石之山,其下有石門,河水冒以西南流。《水經注》:河水發西塞外,出於積石之山口,屈而東北流,爲河曲。《漢書‧地理志》:金城郡河關縣積石山,在西南羌中。《西域傳》:監澤水潛行地下,南出於積石。《唐書‧侯君集傳》:侯君集追吐谷渾王伏允,至柏海北。望積石山,觀河源之所出。　按:河水發於崑崙,導於積石。隋平吐谷渾,置河源郡。以境有積石,故名也。自唐儀鳳二年,改置河源軍,在鄯州西北二十里。又於澆河故城置積石軍,在廓州西南百五十里,於是積石之名始移塞内。《元和志》《通典》皆以積石爲在西平郡龍支縣,蔡氏書傳因之。閻若璩辨其非是,云積石在西南羌中,當在漢西海郡外,是真大禹導河處。龍支之積石,乃小積石,即唐述山耳。今阿彌耶瑪勒津木遜鄂拉西庫爾坤爲黄河源,河自山南東流轉北,繞山三面如玦,與《禹貢》《山經》《水注》以下諸書相合。山形高大,應即侯君集在柏海望之可見者,其爲古積石山無疑矣。

〔滿〕amiye maljin musun oola〔蒙〕amiy-a malǰin mösün aγula〔托〕amiya malzin musun uula

墨勒克衣鄂拉　蒙古語。墨勒克衣,謂龜也。山形似之,故名。

〔滿〕melekei oola〔蒙〕melekei aγula〔托〕melekei uula

布哈鄂拉　蒙古語。布哈,野牛也。山中多此,故名。

〔滿〕buha oola〔蒙〕buqa aɣula〔托〕buxa uula

阿拉克沙爾鄂拉　蒙古語。阿拉克,斑駁之色;沙爾,犛牛也。山之形色如之,故名。

〔滿〕alak šar oola〔蒙〕alaɣ šar aɣula〔托〕alaq šar uula

海爾吉鄂拉　〔滿〕hairgi oola 三合切音以下見本卷。

索諾木達什達巴　西番語。索諾木達什,福慶之謂。嶺無瘴癘,故名。

〔滿〕sonomdaši daba〔番〕bsod noms bkra shis ta pa

阿彌耶扣肯古爾班鄂拉　蒙古語。扣肯,女子之稱;古爾班,三數。猶云神女山也。上有三峰,故尊其名如此。

〔滿〕amiye keoken gūrban oola〔蒙〕amiy-a keüken ɣurban aɣula〔托〕amiya keüken ɣurban uula

烏蘭莽奈鄂拉　蒙古語。莽奈,額也。山色近紅,形如廣額,故名。

〔滿〕ulan mangnai oola〔蒙〕ulaɣan mangnai aɣula〔托〕ulān mangnai uula

特們呼濟爾達巴　蒙古語。特們,駝也;呼濟爾,鹹也。山中産鹹,可以牧駝,故名。

〔滿〕temen hūjir daba〔蒙〕temegen qujir dabaɣ-a〔托〕temen xuzir daba

哈喇伊瑪圖鄂拉　蒙古語。伊瑪圖,謂有山羊也。山中産此,故名。

〔滿〕hara imatu oola〔蒙〕qar-a imatu aɣula〔托〕xara imatu uula

尼克塔鄂拉　蒙古語。尼克塔,稠密之謂。山峰稠立,故名。

〔滿〕nikta oola〔蒙〕niɣta aɣula〔托〕niqta uula

冒罕布拉克達巴　蒙古語。冒罕布拉克,不潔之水。嶺下有泉濁甚,故名。

〔滿〕moohan bulak daba〔蒙〕muuqan bulaɣ dabaɣ-a〔托〕mooxan bulaq daba

布哈鄂拉　［滿］buha oola 三合切音以下見本卷。

布古濟魯肯鄂拉　蒙古語。山中多鹿，羣峰環抱，山居其中，故名。

［滿］bugū jiruken oola ［蒙］buγu ǰirüken aγula ［托］buγu ziruken uula

烏蘭特什鄂拉　蒙古語。特什，盤石也。山有盤石，色微赭，故名。

［滿］ulan teši oola ［蒙］ulaγan teši aγula ［托］ulān teši uula

阿克塔沁鄂拉　蒙古語。阿克塔，騸馬也；沁，牧馬人也。山近河源，多游牧處，故名。

［滿］aktacin oola ［蒙］aγtačin aγula ［托］aqtacin uula

巴爾布哈鄂拉　蒙古語。巴爾，虎也。山多虎及野牛，故名。

［滿］bar buha oola ［蒙］bars buqa aγula ［托］bar buxa uula

巴顏哈喇鄂拉　蒙古語。山多生殖，石色近黑，故名。與阿克塔沁鄂拉、巴爾布哈鄂拉爲三山，總名庫爾坤。

［滿］bayan hara oola ［蒙］bayan qar-a aγula ［托］bayan xara uula

瑪尼圖鄂拉　蒙古語。瑪尼，咒文也，如意之謂。舊刻咒文於山石之上云。

［滿］manitu oola ［蒙］manitu aγula ［托］manitü uula

扎噶蘇陀羅海鄂拉　蒙古語。扎噶蘇陀羅海，謂魚頭也。山形似之，故名。

［滿］jagasu tolohai oola ［蒙］ǰiγasu toloγai aγula ［托］zaγasu toloγoi uula

察克喇鄂拉　西番語。察克喇，壘石爲闌也。山中有此，故名。

［滿］cakra oola ［番］phrag ra avu la

古爾班孟滾陀羅海　蒙古語。孟滾，謂銀也。峰頭色白如銀者三，故名。

［滿］gūrban munggun tolohai ［蒙］γurban mönggün toloγai ［托］γurban mönggün toloγoi

陰得爾圖沙喇鄂拉　蒙古語。陰得爾，基之高者。山色近黃，

217

多石磴,故名。

　　［滿］yendertu šara oola［蒙］yendertü sir-a aɣula［托］yendertu
šara uula

　　古爾班圖爾哈圖鄂拉　蒙古語。圖爾哈,瘦也。山有三峰,形
殊瘦削,故名。

　　［滿］gūrban turhatu oola［蒙］ɣurban turqatu aɣula［托］ɣurban
turxatu uula

　　置雜吞博鄂拉　西番語。置,百數也;雜,頂峰也。山頂多高
峰,故侈其數以名之也。

　　［滿］jiyadza tunbo oola［番］brgya rtsa vthon po avu la

　　哈達遜齊老　蒙古語。哈達遜,謂釘也;齊老,石也。山峰尖削
如釘,故名。

　　［滿］hadasun cilao［蒙］qadasun čilaɣu［托］xadasun ciloü

　　喇嘛陀羅海①　蒙古語。喇嘛,番僧也。山頭舊有喇嘛居之,
故名。

　　［滿］lama tolohai［蒙］blam-a toloɣai［托］blama toloɣoi

　　拜甡圖達巴　蒙古語。拜甡,屋宇也。嶺下有居民,故名。

　　［滿］baišengtu daba［蒙］bayisingtu dabaɣ-a［托］bayisingtü
daba

　　巴顏鄂拉　蒙古語,山之多生殖者。

　　［滿］bayan oola［蒙］bayan aɣula［托］bayan uula

　　哈瑪爾達巴　蒙古語。哈瑪爾,鼻也。俗以山梁爲山鼻,故名。

　　［滿］hamar daba［蒙］qabar dabaɣ-a［托］xamar daba

　　諾木齊圖鄂拉　蒙古語。諾木,謂佛經。齊,人眾也。山下居
民多奉黃教者,故名。

　　［滿］nomcitu oola［蒙］nomčitu aɣula［托］nomcitu uula

---

①　四庫全書本、四庫薈要本此條在"哈達遜齊老"條前。

卷十六　青海屬水名

庫克淖爾　蒙古語。庫克淖爾,謂青海。一名西海,周七百餘里,古鮮水也,互見地名。《漢書・地理志》:臨羌縣西北至塞外有仙海。《趙充國傳》:酒泉太守辛武賢奏可分兵出張掖、酒泉,合擊罕、开在鮮水上者。又,上以書讓充國,曰:鮮水北去酒泉八百里。又,充國上屯田奏曰:治隍陝以西道橋七十所,令可至鮮水。《後漢書・西羌傳》:武帝時,先零羌與匈奴通,將軍李息擊之,乃去,依西海鹽池左右。《魏書・吐谷渾傳》:青海周圍千餘里。《隋書・地理志》:西海郡有青海。《舊唐書・吐谷渾傳》:青海周廻八百里。《明一統志》:青海在西寧衛城西三百餘里,海方數百里。

　　[滿] kuke noor [蒙] köke naɣur [托] kükü noor

孟克布拉克　蒙古語。孟克,經久之意;布拉克,泉也。泉水常流不涸,故名。　按:《通志》:熱水山南出煖水,流入青海。今孟克布拉克源出索爾古克鄂拉,爲古熱水山,其委西北入青海,應即所謂煖水也。

　　[滿] mungke bulak [蒙] möngke bulaɣ [托] möngke bulaq

烏蘭布拉克　蒙古語。烏蘭,紅色。泉色近紅,故名。

　　[滿] ulan bulak [蒙] ulaɣan bulaɣ [托] ulān bulaq

巴顔淖爾　蒙古語。巴顔,富厚之意。澤多生殖,故名。

　　[滿] bayan noor [蒙] bayan naɣur [托] bayan noor

浩爾台郭勒　蒙古語。浩爾台,有毒之謂;郭勒,河也。河流有毒,故名。

　　[滿] hoortai gool [蒙] qoortai ɣool [托] xoortai ɣol

扎噶蘇台布拉克　蒙古語。扎噶蘇台,有魚之謂。泉多魚,故名。

　　[滿] jagasutai bulak [蒙] jiɣasutai bulaɣ [托] zaɣasutai bulaq

木呼爾布拉克　蒙古語。木呼爾,謂路盡處。泉源出焉,故名。

　　[滿] muhūr bulak [蒙] muqur bulaɣ [托] muxur bulaq

伊克烏蘭和碩圖郭勒　蒙古語。伊克,謂大;和碩,喙象。河流大而色近紅,有渚旁出如喙,故名。

［滿］ike ulan hošootu gool［蒙］yeke ulaɣan qošuutu ɣool［托］yeke ulān xošootu ɣol

伊克海爾吉郭勒　蒙古語。海爾吉,碎石也。河流廣大,中多碎石,故名。

［滿］ike hairgi gool［蒙］yeke qayirgi ɣool［托］yeke xayirgi ɣol

巴噶烏蘭和碩圖郭勒　蒙古語。巴噶,謂小也。水色近紅,渚形旁出而流差小,故名。

［滿］baga ulan hošootu gool［蒙］baɣ-a ulaɣan qošuutu ɣool［托］baɣa ulan xošootu ɣol

布哈郭勒　蒙古語。布哈,謂野牛。濱河有之,故名。《唐書·吐蕃傳》:吐蕃大將悉諾邏攻甘州,趨西道以歸,頓大非川,隴右節度使王君㚟窮躡出青海西,方冰合,師乘而渡。于時鹵已踰大非川。按:布哈郭勒、承羅薩郭勒、什爾噶郭勒、哈喇西納郭勒諸水,入青海。青海以西諸水無大於此者,應即唐時青海西境之大非川也。

［滿］buha gool［蒙］buqa ɣool［托］buxa ɣol

羅薩郭勒　蒙古語。羅薩,騾也。濱河多此,故名。

［滿］losa gool［蒙］laɣusa ɣool［托］losa ɣol

什爾噶郭勒　蒙古語。什爾噶,黃羊也。濱河多此,故名。

［滿］širga gool［蒙］sirɣ-a ɣool［托］širɣa ɣol

哈喇西納郭勒　蒙古語。哈喇,黑色;西納,崗也。河旁山崗,水色近黑,故名。

［滿］hara sina gool［蒙］qar-a sina ɣool［托］xara sina ɣol

沙喇淖爾　蒙古語,謂水色黃濁也。

［滿］šara noor［蒙］sir-a naɣur［托］šara noor

烏蘭布拉克　［滿］ulan bulak 見本卷。

博羅充可克郭勒　蒙古語。博羅,青色;充可克,山間窪地。河水色青,經流山谷之間,故名。古湟水也。《漢書·地理志》:臨羌西北有仙海鹽池,北則湟水所出。《水經注》:湟水出塞外,東逕西王母石室西海鹽池北。《元和志》:湟水,一名湟河,亦謂之樂都水,出西海東北亂山中，東南流。　按：今博羅充可克郭勒東合坤都楞郭勒，南會圖爾根察罕郭勒，在青海東，東南流，入西寧邊境内，蓋湟水上流也。

〔滿〕boro cungkek gool 〔蒙〕boro čüngkeg γool 〔托〕boro cungkeq γol

英格淖爾　蒙古語。英格，母駝也。濱水之區，宜於母駝孳乳，故名。

〔滿〕ingge noor 〔蒙〕ingge naγur 〔托〕ingge noor

坤都楞郭勒　蒙古語。坤都楞，謂橫也。博羅充可克郭勒東南流，坤都楞郭勒自正北來，衡流入之，故名。

〔滿〕kundulen gool 〔蒙〕köndölen γool 〔托〕kündölöng γol

阿勒坦郭勒　蒙古語。阿勒坦，謂金也。河出阿勒坦鄂拉南麓，故名。漢名北川河。

〔滿〕altan gool 〔蒙〕altan γool 〔托〕altan γol

圖爾根察罕郭勒　蒙古語。圖爾根，湍急之謂。察罕，白色。河流湍急而色白，故名。

〔滿〕turgen cagan gool 〔蒙〕türgen čaγan γool 〔托〕turgen caγan γol

烏蘭木綸郭勒　蒙古語。木綸，大河也。水色近紅而流甚大，故名。

〔滿〕ulan muren gool 〔蒙〕ulaγan mören γool 〔托〕ulān muren γol

西喇庫特郭勒　蒙古語，雙流下注之謂。河上流有二水匯入，故名。漢名南川河。

〔滿〕sirakūt gool 〔蒙〕siraqud γool 〔托〕siraxud① γol

滾淖爾　蒙古語。滾，深也。其地瀦水甚深，故名。

〔滿〕gun noor 〔蒙〕gün naγur 〔托〕gün noor

額集内郭勒　額集内，蒙古人名。舊居河濱，即人以名其水也。

〔滿〕ejinei gool 〔蒙〕ejinei γool 〔托〕ezinei γol

---

① 　此處原托忒文有誤。

克勒特們淖爾　蒙古語。克勒特們,野駝也。濱河多產此,故名。

［滿］kere temen noor ［蒙］keger-e temegen naɣur ［托］kere temen noor

西訥淖爾　蒙古語。西訥,謂新,從其始有而名之也。

［滿］sine noor ［蒙］sin-e naɣur ［托］sine noor

蘇台布拉克　蒙古語。蘇,乳也。泉甘若乳,故名。

［滿］sutai bulak ［蒙］sutai bulaɣ ［托］sutai bulaq

陰得爾淖爾　蒙古語。陰得爾,基之高者。澤旁有之,故名。

［滿］yender noor ［蒙］yender naɣur ［托］yender noor

達布遜淖爾　蒙古語。達布遜,謂鹽。其地產鹽,故名。《漢書·地理志》:臨羌縣西北至塞外有鹽池。《隋書·地理志》:西海郡有鹽池。

［滿］dabusun noor ［蒙］dabusun naɣur ［托］dabusun noor

柴濟郭勒　蒙古語。柴濟,謂寨也。濱河有此,故名。

［滿］caiji gool ［蒙］čayiǰi ɣool ［托］cayizi ɣol

烏巴什郭勒　蒙古語。烏巴什,人名。舊居河濱,故名。

［滿］ubaši gool ［蒙］ubaši ɣool ［托］ubaši ɣol

古勒扎郭勒　蒙古語。古勒扎,盤羊也。河流環屈若盤羊角,故名。

［滿］gūlja gool ［蒙］ɣulǰa ɣool ［托］ɣulza ɣol

博爾拜郭勒　蒙古語。博爾拜,木耳也。濱河產此,故名。即洮河上流也。《漢書·地理志》:洮水出西羌中,北至枹罕入河。《水經注》:洮水出彊臺山,東北流,在吐谷渾中。《元和志》:洮水出臨潭縣西三百里彊臺山。　按:博爾拜郭勒發源魯察布拉鄂拉,爲古西傾山,南北和羣水,東南行,入邊內爲洮河,則此應屬洮河上流也。

［滿］borbai gool ［蒙］borbai ɣool ［托］borbai ɣol

布林郭勒　蒙古語。布林,溫泉也。河水性溫,故名。

［滿］buliyen gool ［蒙］büliyen ɣool ［托］buliyen ɣol

德木塘郭勒　西番語。德木,土軟之謂;塘,甸也。濱河之地土軟,故名。

[滿] demtang gool [番] ltem thang govul

多克底郭勒　西番語。多克底,仄狹之謂。河形仄,故名。

[滿] dokdi gool [番] dogs tivi govul

拉爾巴布郭勒　西番語。拉爾,水從山出也;巴布,下流也。在山之水,下流成河,故名。《通鑑》:晉義熙元年,擊吐谷渾,視羆世子樹洛干帥衆奔莫何川。胡三省注:莫何川在西傾山東北。　按:今察魯布拉鄂拉爲西傾山,博爾拜郭勒爲洮河上流,迤東爲拉爾巴布郭勒,當察魯布拉鄂拉東北,與莫何川爲近,是也。又,晉義熙九年,河南王熾磐擊吐谷渾於長柳川,又破於渴渾川。十三年,西秦東安將軍木奕干破樹洛干弟阿柴於堯杆川。隆安二年,西秦乞伏益州,與吐谷渾王視羆戰於度周川。唐永隆元年,吐蕃寇河源,屯兵良非川,李敬元與戰湟川。《一統志》謂皆洮水支流,隨地易名者。據此,則長柳諸川,應即今之德木塘郭勒、多克底郭勒、庫楞郭勒、當隆郭勒諸水,左右匯入於博爾拜郭勒者是也。

[滿] larbab gool [番] lar vbab govul

庫克烏蘇郭勒　蒙古語,猶云碧水河也。

[滿] kuke usu gool [蒙] köke usu ɤool [托] kükü usu ɤol

庫楞郭勒　蒙古語。庫楞,紫色也。河水色濁近紫,故名。

[滿] kureng gool [蒙] küreng ɤool [托] küreng ɤol

祥楚郭勒　西番語。祥楚,慈悲普濟之謂。河流廣大,衆資飲牧,故名以美之。

[滿] siyangcu gool [番] byang chub govul

當隆郭勒　西番語。當,清澈之謂;隆,謂溝也。河水清,故名。

[滿] danglung gool [番] dwangs lung govul

多那克勒勒　西番語。多,謂石也;那克,黑色。河中多石,色近黑,故名。

[滿] donak gool [番] rdo nag govul

察岡公塘郭勒　西番語。察岡,境寬之謂;公,上地也。其地寬廣多平甸,故名。

[滿] cag'ang gungtang gool [番] cha gang gong thang govul

223

古爾班噶順淖爾　蒙古語。古爾班,三數;噶順,味之苦者。澤有三流匯入,味苦,故名。

［滿］gūrban gašun noor ［蒙］γurban γasiγun naγur ［托］γurban γašun noor

得桑郭勒　西番語。得桑,安善之謂。濱河多水草,居者安之,故名。

［滿］desang gool ［番］bde bzang govul

扎楞淖爾　西番語。扎楞,黎明之象。上承星宿海諸泉,匯而爲澤,水光澹沱,故名。《元史・地理志・河源附録》:自火敦腦兒羣流奔輳五七里,匯二巨澤,名阿刺腦兒。朱思本《河源説》:水從地湧出如井,其井百餘,東北流百餘里,匯爲大澤,曰火敦腦兒。按:《元史》所載本潘昂霄《河源志》。今扎楞、鄂楞兩淖爾,應即潘志所稱二巨澤,名阿刺腦兒者也。朱思本以爲火敦腦兒,名雖異而實則同耳。

［滿］jareng noor ［番］skya rengs novur

古爾班索里瑪勒郭勒　蒙古語。索里瑪勒,水岔也。三河發庫爾坤山,匯流入扎楞淖爾。《唐書・吐蕃傳》:由洪濟梁西南行二千里,有悶摩黎山,河源其間,流澄緩下,稍合衆流。色赤,行益遠。按:《唐書》載河源發於悶摩黎山,詞未審明。元都實窮訪①,不過至火敦腦兒而止。今考黄河自庫爾坤山東出爲古爾班索里瑪勒三河,合而東流,又三百里始入扎楞、鄂楞兩淖爾。

［滿］gūrban solimal gool ［蒙］γurban solimal γool ［托］γurban solimal γol

齊奇淖爾　蒙古語。齊奇,耳也。在扎凌淖爾之旁②,故名。

［滿］ciki noor ［蒙］čiki naγur ［托］ciki noor

鄂楞淖爾　西番語。鄂楞,謂晨光也。星宿海諸泉由扎楞淖爾東出,復匯於此,水光晃朗,故名。

［滿］oreng noor ［番］sngo rengs novur

---

① "窮",四庫全書本作"躬"。
② "淖",原作"卓",據四庫全書本、四庫薈要本改。

呼蘭淖爾　蒙古語。呼蘭,野騾也。水旁多此,故名。《元史·地理志·河源附錄》:自赤賓河又二三日,水西南來,名亦里出,與赤賓河合。又三四日,水南來,名忽蘭;又水東南來,名也里朮,合流入赤賓河,其流浸大,始名黃河。　按:今自鄂羅歸淖爾入河之後,呼蘭淖爾之水東來注之,別有額德凌特德凌淖爾之水,亦匯入焉,應即《元史》所謂忽蘭、也里朮諸河也。《一統志》稱自鄂靈海流出,轉東北行五十餘里,又折東南流百餘里,其前水皆綠色,至此漸變爲黃,故《元史》云始名黃河也。

［滿］hūlan noor ［蒙］qulan naɣur ［托］xulan noor

郭羅歸淖爾　蒙古語。郭羅歸,羊腸也。河流盤屈似之①,故名。《元史·地理志·河源附錄》:阿剌腦兒自西而東,連屬吞噬,行一日。迤邐東驚成川,號赤賓河。　按:今河水自鄂楞淖爾東出,曲折百餘里,始至郭羅歸淖爾,應即所謂赤賓河也。

［滿］gologoi noor ［蒙］ɣoloɣoi naɣur ［托］ɣoloɣoi noor

海爾吉郭勒　蒙古語。河多碎石,故名。《元史·地理志·河源附錄》:入赤賓河後,水猶清,人可渡。又一二日,岐爲八九股,名也孫斡論,譯言九渡,通廣五七里。又四五日,水混濁,自是兩山夾束,廣可一里二里,或半里,其深叵測。自八九股至崑崙,行二十日。崑崙以西,山不高峻,水亦散漫。朱思本《河源説》:河水折而東流,過崑崙山下,隨山足東流。　按:今黃河自呼蘭淖爾諸水匯入之後,南行百餘里,折而東行。海爾吉郭勒東北來入之,其餘南北匯入者,有哈喇郭勒、沙克郭勒、庫克烏蘇郭勒、塔噶爾瑪克郭勒、烏揑郭勒、沙喇郭勒、巴爾呼郭勒。凡諸水經行之地,即《元史》所謂行崑崙南半月、朱説所謂隨山足東流者也。又,《元史》以今阿彌耶瑪勒津木遜鄂拉爲崑崙者,悮。辯詳前第十五卷。

［滿］hairgi gool ［蒙］qayirgi ɣool ［托］xayirgi ɣol

哈喇郭勒　蒙古語,謂黑水河也。

［滿］hara gool ［蒙］qar-a ɣool ［托］xara ɣol

沙克郭勒　蒙古語。沙克,水急流也。河流湍急,故名。

---

① "屈",四庫薈要本作"曲"。

　　〔滿〕šak gool〔蒙〕šaγ γool〔托〕šaq γol

齊齊爾哈納郭勒　蒙古語。齊齊爾哈納，木名，有小實，色黃。濱河多此木，故名。

　　〔滿〕cicirhana gool〔蒙〕čičirqan-a γool〔托〕cicirxana γol

庫克烏蘇郭勒　〔滿〕keke usu γool 三切合音以下見本卷。

諤勒坤郭勒　蒙古語。諤勒坤，當胸也。河在山之陽，故名。

　　〔滿〕ūlkun gool〔蒙〕ölkün γool〔托〕ölkün γol

塔噶爾瑪克郭勒　蒙古語。塔噶爾瑪克，草名。濱河多此，故名。

　　〔滿〕tagarmak gool〔蒙〕taγarmaγ γool〔托〕taγarmaq γol

沙喇郭勒　蒙古語，河渾色黃之謂。

　　〔滿〕šara gool〔蒙〕sir-a γool〔托〕šara γol

巴爾呼郭勒　蒙古語。巴爾呼，遠望瀰漫之象。濱河多瘴霧，故名。

　　〔滿〕barhū gool〔蒙〕barqu γool〔托〕barxu γol

烏揑郭勒　蒙古語。烏揑，乳牛也。濱河宜畜牧，故名。

　　〔滿〕uniye gool〔蒙〕üniy-e γool〔托〕uniye γol

哈沙圖淖爾　蒙古語。哈沙，謂木柵也。澤旁有此，故名。

　　〔滿〕hašatu noor〔蒙〕qašatu naγur〔托〕xašatu noor

得都坤都楞郭勒　蒙古語。得都，謂上也。黃河自西來東北流，坤都楞河自東南來，衡流而入于河。坤都楞郭勒有三，此爲第一河，故名。《元史‧地理志‧河源附錄》：崑崙東山益高，地漸下，岸狹隘。行五六日，有水西南來，名納鄰哈喇，譯言細黃河也。又兩日，水東來，名乞兒馬出。二水合流入河。朱思本《河源説》：河水過撒思加灘即灘提地，與亦西八思今河合，又哈喇河與黃河合，正北流二百餘里，過阿以伯站，折而西北流，經崑崙山之北二百餘里，與乞里馬出合。　按：今三坤都楞河在綽通錫伯之東，俱西北入黃河。以納鄰哈喇、乞兒馬出、亦西八思今諸河當之，爲近是矣。朱説折西北後二百餘里，始合乞里馬出河，以今方位形勢證之，則《元史》所錄爲長也。

　　〔滿〕dedu kundulen gool〔蒙〕degedü köndelen γool〔托〕dēdu kündölöng γol

都木達都坤都楞郭勒　蒙古語。都木達都，謂中道。坤都楞第二河也。

［滿］dumdadu kundulen gool［蒙］dumdadu köndelen ɣool［托］dundādu kündölöng ɣol

道喇坤都楞郭勒　蒙古語。道喇，謂下。坤都楞第三河也。

［滿］doora kundulen gool［蒙］door-a köndelen ɣool［托］doora kündölöng ɣol

伊克哈柳圖郭勒　蒙古語。哈柳，水獺也；圖，有也。河流大，多產獺，故名。《唐書·吐谷渾傳》：貞觀九年，擊吐谷渾，侯君集、任城王宗道行空荒二千里，閱月次星宿川。朱思本《河源説》：自乞里馬出河與黃河合，又西北流與鵬梭河合。　按：今黃河自折而西北流後，哈柳圖郭勒始自東北匯入，疑即朱説所云鵬梭河也。自星宿海發源至此，爲河水正流，則星宿川應即指此。

［滿］ike haliotu gool［蒙］yeke qaliɣu-tu ɣool［托］yeke xaliütu ɣol

濟克什克特衣淖爾　蒙古語。濟克什克特衣，憎之之詞。淖爾水劣，故名。

［滿］jikšiktei noor［蒙］jiksigtei naɣur［托］ziqšiqtei noor

巴噶哈柳圖郭勒　蒙古語。河多獺而流差小，故名。

［滿］baga haliotu gool［蒙］baɣ-a qaliɣu-tu ɣool［托］baɣa xaliütu ɣol

額爾得尼郭勒　蒙古語。額爾得尼，謂寶也。河多生殖，名以美之。

［滿］erdeni gool［蒙］erdeni ɣool［托］erdeni ɣol

呼魯木蘇郭勒　蒙古語。呼魯木蘇，臭惡之謂。河水不潔，故名。《元史·地理志·河源附録》：河水過崑崙北，一向東北流，約行半月，至貴德州。朱思本《河源説》：西北流三百餘里又折而東北①，過西寧州。　按：今黃河呼魯木蘇郭勒匯入後，爲折而東北流

---

① “三百餘里”，原作“二百餘里”，據四庫全書本、四庫薈要本及《元史·地理志》改。

之始。又,《元史》稱河自發源至漢地,南北潤溪,細流旁貫,莫知紀極。世言河九曲,彼地有二曲,蓋乞兒馬出及貴德州必赤里也。以今形勢考之,自三坤都楞郭勒入河後,折而西北流爲一曲;自呼魯木蘇郭勒入河後,折而東北流爲一曲。所謂地有二曲者,洵不誣云。

[滿] hūlumsu gol [蒙] qulumsu ɣool [托] xulumsu ɣol

托蘇圖郭勒　蒙古語。托蘇,謂油也。河流似之,故名。

[滿] tosutu gool [蒙] tosutu ɣool [托] tosutu ɣol

得爾登郭勒　蒙古語。得爾登,水聲。河中有石,水激之而成聲也。

[滿] derdeng gool [蒙] derdeng ɣool [托] derdeng ɣol

密拉郭勒　蒙古語。密拉,鞭也。河形似之,故名。

[滿] mila gool [蒙] mila ɣool [托] milā ɣol

濟布郭勒　蒙古語。濟布,陷也。河有流沙難渡,故名。

[滿] jib gool [蒙] jib ɣool [托] zib ɣol

阿勒坦和博布拉克　蒙古語。和博,盛乳之器,以皮爲之。泉水色黄如金,可供汲用,故名。

[滿] altan hobo bulak [蒙] altan qobo bulaɣ [托] altan xobo bulaq

布林布拉克　蒙古語,謂温泉也。

[滿] buliyen bulak [蒙] büliyen bulaɣ [托] buliyen bulaq

多倫淖爾　蒙古語。多倫,謂七數。有七泉匯入,故名。

[滿] dolon noor [蒙] doloɣan naɣur [托] dolon noor

圖爾根郭勒　蒙古語。河流湍急,故名。

[滿] turgen gool [蒙] türgen ɣool [托] turgen ɣol

恰克圖郭勒　蒙古語。恰克圖,水腥也。

[滿] kiyaktu gool [蒙] kiyaɣtu ɣool [托] kiyaqtu ɣol

碩爾郭勒　蒙古語。碩爾,味鹹之謂。河水味鹹,故名。

[滿] šor gool [蒙] šor ɣool [托] šor ɣol

托里布拉克　蒙古語。托里,鏡也。水明如鏡,故名。

[滿] toli bulak [蒙] toli bulaɣ [托] toli bulaq

布哈郭勒　[滿] buha gool 見本卷。

衮額爾吉郭勒　蒙古語。衮額爾吉,深坎也。河居窪地,故名。

［滿］gun ergi gool ［蒙］gün ergi ɣool ［托］gün ergi ɣol

雅瑪圖郭勒　蒙古語。雅瑪圖,有山羊處。濱河多此,故名。

［滿］yamatu gool ［蒙］yamatu ɣool ［托］yamatu ɣol

烏蘭郭勒　蒙古語。水色近紅,故名。

［滿］ulan gool ［蒙］ulaɣan ɣool ［托］ulān ɣol

布朗吉爾郭勒　蒙古語。布朗吉爾,水渾之謂。河流渾濁,
故名。

［滿］bulanggir gool ［蒙］bulanggir ɣool ［托］bulanggir ɣol

額勒蘇淖爾　蒙古語。額勒蘇,謂沙,猶云沙渚也。

［滿］elesu noor ［蒙］elesü naɣur ［托］elesu noor

博爾淖爾　蒙古語。博爾,小水獺也。澤中產此,故名。

［滿］bor noor ［蒙］bor naɣur ［托］bor noor

哈喇淖爾　蒙古語,哈喇水黑之謂①。

［滿］hara noor ［蒙］qar-a naɣur ［托］xara noor

托遜淖爾　蒙古語。托遜,與托蘇同,謂油也。水性甘潤,名以
美之。

［滿］tosun noor ［蒙］tosun naɣur ［托］tosun noor

阿拉克淖爾　蒙古語。阿拉克,謂雜色,水色不定之象也。

［滿］alak noor ［蒙］alaɣ naɣur ［托］alaq noor

額勒蘇圖布拉克　蒙古語。額勒蘇圖,有沙處也。泉水發源于
沙地,故名。

［滿］elesutu bulak ［蒙］elesütü bulaɣ ［托］elesutu bulaq

柴達木郭勒　蒙古語。柴達木,寬廣之謂。濱河境地寬敞,
故名。

［滿］caidam gool ［蒙］čayidam ɣool ［托］cayidam ɣol

布朗吉爾淖爾　蒙古語,淖爾水濁之謂。

［滿］bulanggir noor ［蒙］bulanggir naɣur ［托］bulanggir noor

---

① "哈喇水黑之謂","哈喇"原作"淖爾",四庫全書本同,顯誤,據四庫薈要
本改。

229

烏蘭烏蘇　〔滿〕ulan usu 見第一卷巴爾庫勒路。

和碩郭勒　蒙古語。濱河山石突出如喙,故名。

〔滿〕hošoo gool〔蒙〕qošuu γool〔托〕xošoü γol

庫克賽郭勒　蒙古語。庫克賽,青石也。河中積有青石,故名。

〔滿〕kuke sai gool〔蒙〕köke sai γool〔托〕kükü sai γol

卷十七　青海屬人名

　　青海久經內屬，編旗封爵，視內扎薩克。茲叙人名，自汗王、貝勒、貝子、公以下，凡受爵拜官者著之，餘不備載。

　　顧實汗圖魯拜呼　準噶爾和碩特哈尼諾雅特烘郭爾之子，封遵文行義敏慧顧實汗。　按：顧實汗舊居青海，以全境來歸，爲青海諸王公受封之始，故首紀之。

　　〔滿〕guši han turu baihū〔蒙〕guši qan törö bayiqu〔托〕güši xan törö bayixu

　　達什巴圖爾　顧實汗子，封和碩親王。

　　〔滿〕daši batur〔蒙〕daši bayatur〔番〕bkra shis pa thur〔托〕daši bātur

　　羅布藏丹津　達什巴圖爾之子。襲和碩親王，以叛削爵。準部平，偕二子就獲，免罪，官其子。

　　〔滿〕lobdzang danjin〔蒙〕lobjang danjin〔番〕blo bzang bstan vdzin〔托〕lobzang danzin

　　巴朗　〔滿〕barang 羅布藏丹津之子，官侍衞。三合切音以下見第八卷。

　　察罕額布根　巴朗之弟，官侍衞。

　　〔滿〕cagan ebugen〔蒙〕čayan ebügen〔托〕cayan ebugen

　　伊齊巴圖爾古木布　顧實汗孫，封多羅貝勒。

　　〔滿〕ici batur gumbu〔蒙〕iči bayatur gümbü〔番〕i chi pa thur mgon po〔托〕ici bātur gümbu

　　額爾德尼額爾克托克托奈　伊齊巴圖爾古木布之子，襲多羅貝勒，晉多羅郡王。

　　〔滿〕erdeni erke toktonai〔蒙〕erdeni erke toytonai〔托〕erdeni erke toqtonai

索諾木丹津　額爾德尼額爾克托克托奈之子,襲多羅郡王。

［滿］sonom danjin［蒙］sonom danǰin［番］bsod nams bstan vdzin［托］sonom danzin

達賴戴青策旺阿喇布坦　顧實汗之孫,封多羅郡王。

［滿］dalai daicing ts'ewang arabtan［蒙］dalai dayičing cevang arabtan［番］ta las tavi ching tshe dbang rab brtan［托］dalai dayicing cevang arabtan

額爾克巴勒珠爾　達賴戴青策旺阿喇布坦之子,襲多羅郡王。

［滿］erke baljur［蒙］erke balǰur［托］erke balzur

朋楚克旺扎勒　額爾克巴勒珠爾之子,降襲多羅貝勒,晉多羅郡王。

［滿］pungcuk wangjal［蒙］püngčuγ vangǰal［番］phun tshogs dbang rgyal［托］pungcuq vangǰal

滾楚克達什　朋楚克旺扎勒之子,襲多羅郡王。

［滿］guncuk daši［蒙］günčuγ daši［番］dkon mchog bkra shis［托］güncuq daši

索諾木達什　［滿］sonom daši 顧實汗孫,封輔國公。三合切音以下見第八卷。

諾爾布朋楚克　索諾木達什之子,襲輔國公。

［滿］norbu pungcuk［蒙］norbu püngčuγ［番］nor bu phun tshogs［托］norbu püngcuq

達什巴勒珠爾　諾爾布朋楚克之子,襲輔國公。

［滿］daši baljur［蒙］daši balǰur［番］bkra shis dpal vbyor［托］daši balzur

車凌　［滿］cering 顧實汗曾孫,襲達什巴勒珠爾輔國公爵。三合切音以下見第十卷。

達什扎布　車凌之子,襲輔國公。

［滿］dašijab［蒙］dašijab［番］bkra shis skyabs［托］dašijab

扎布　顧實汗孫,授一等台吉①。

────────────

① "一"字原缺,據四庫全書本、四庫薈要本補。

〔滿〕jab〔蒙〕jab〔番〕skyabs〔托〕jab

達奇　扎布之子,襲一等台吉。

〔滿〕daki〔蒙〕daki〔托〕daki

戴青和碩齊察罕丹津　顧實汗曾孫,封多羅貝勒,加封多羅郡王,晉親王。

〔滿〕daicing hošooci cagan danjin〔蒙〕dayičing qošuuči čaɣan danjin〔番〕tavi ching ho sho chi cha gan bstan vdzin〔托〕dayicing xošooci caɣan danzin

旺楚克　戴青和碩齊察罕丹津從孫,襲親王。

〔滿〕wangcuk〔蒙〕vangčuɣ〔番〕dbang phyugs〔托〕vangcuq

旺丹多爾濟帕拉木　旺楚克之子,襲親王。

〔滿〕wangdan dorji palam〔蒙〕vangdan dorǰi palam〔番〕dbang ldan rdo rje pha lam〔托〕vangdan dorzi palam

達顏　顧實汗曾孫,封多羅貝勒。

〔滿〕dayan〔蒙〕dayan〔托〕dayan

噶勒丹戴青諾爾布　顧實汗曾孫,封固山貝子。

〔滿〕g'aldan daicing norbu〔蒙〕galdan dayičing norbu〔番〕dgav ldan tavi ching nor bu〔托〕galdan dayicing norbu

旺楚克阿喇布坦　達顏之子,襲多羅貝勒。

〔滿〕wangcuk arabtan〔蒙〕vangčuɣ arabtan〔番〕dbang phyugs rab brtan〔托〕vangcuq arabtan

達什車凌　旺楚克阿喇布坦之弟,降襲固山貝子,後晉多羅貝勒①。

〔滿〕daši cering〔蒙〕daši čering〔番〕bkra shis tshe ring〔托〕daši cering

達木巴車凌　達什車凌之子,襲多羅貝勒。

〔滿〕damba cering〔蒙〕damba čering〔番〕bstan pa tshe ring〔托〕damba cering

那木扎勒額爾德尼　顧實汗曾孫,封多羅貝勒。

---

① “後”,四庫全書本、四庫薈要本無。

233

［滿］namjal erdeni ［蒙］namjal erdeni ［番］rnam rgyal er te ni ［托］namjal erdeni

羅布藏察罕　那木扎勒額爾德尼之子，襲多羅貝勒，降一等台吉，後封輔國公。

［滿］lobdzang cagan ［蒙］lobjang čaɣan ［番］blo bzang cha gan ［托］lobzang caɣan

塔爾濟色布騰　羅布藏察罕之子，降襲一等台吉。

［滿］tarji sebten ［蒙］tarǰi sebten ［番］thar kyi tshe brtan ［托］tarzi sebten

索諾木達什　［滿］sonom dasi 顧實汗曾孫，封固山貝子。三合切音以下見第八卷。

噶勒丹旺扎勒　索諾木達什之子，襲固山貝子。

［滿］g'aldan wangjal ［蒙］galdan vangǰal ［番］dgav ldan dbang rgyal ［托］galdan vangǰal

莽奈　噶勒丹旺扎勒之弟，襲固山貝子。

［滿］mangnai ［蒙］mangnai ［托］mangnai

羅布藏色布騰　莽奈之子，襲固山貝子。

［滿］lobdzang sebten ［蒙］lobjang sebten ［番］blo bzang tshe brtan ［托］lobzang sebten

羅布藏達爾扎　顧實汗曾孫，封固山貝子。

［滿］lobdzang darja ［蒙］lobjang darǰa ［番］blo bzang dar rgyas ［托］lobzang darǰa

濟克濟扎布　［滿］jikjijab 羅布藏達爾扎之子，降襲輔國公，又降一等台吉。三合切音以下見第十卷。

車凌多爾濟　濟克濟扎布之子，襲一等台吉。

［滿］cering dorji ［蒙］čering dorǰi ［番］tshe ring rdo rje ［托］cering dorzi

朋楚克　［滿］pungkcuk 顧實汗曾孫，貝勒伊齊巴圖爾古木布之子，封固山貝子。三合切音以下見第八卷。

車凌　［滿］cering 顧實汗曾孫，封輔國公。三合切音以下見第十卷。

色布騰達什　車凌之子,襲輔國公。

［滿］sebten daši ［蒙］sebten daši ［番］tshe brtan bkra shis ［托］sebten daši

滚楚克扎布　［滿］guncukjab 色布騰達什之弟,襲輔國公。三合切音以下見本卷。

吹鐘扎布　［滿］cuijungjab 滚楚克扎布之子,襲輔國公。三合切音以下見第十卷。

阿喇布坦　［滿］arabtan 顧實汗曾孫,授一等台吉。三合切音以下見第八卷。

古木布阿喇布坦　阿喇布坦之子,襲一等台吉。

［滿］gumbu arabtan ［蒙］gümbü arabtan ［番］mgon po rab brtan ［托］gümbü arabtan

色布騰博碩克圖　顧實汗曾孫,授一等台吉。

［滿］sebten bošoktu ［蒙］sebten bošoɤtu ［番］tshe brtan po zhog thu ［托］sebten bošoqtü

車凌多爾濟　［滿］cerengdorji 色布騰博碩克圖之子,襲一等台吉。三合切音以下見本卷。

丹衷　顧實汗第四世孫,封固山貝子,晉多羅郡王。

［滿］danjung ［蒙］danjung ［番］bstan bsrung ［托］danzung

阿勒巴齊　顧實汗第四世孫,郡王額爾德尼額爾克托克托奈之子,封輔國公。

［滿］albaci ［蒙］albači ［托］albaci

多爾濟　［滿］dorji 阿勒巴齊之子,襲輔國公。三合切音以下見第七卷。

車凌端多布　顧實汗第四世孫。封多羅貝勒,降固山貝子。

［滿］ceringdondob ［蒙］čeringdondob ［番］tshe ring don grub ［托］ceringdondob

達木巴　顧實汗第三世孫,襲車凌端多布固山貝子爵。

［滿］damba ［蒙］damba ［番］bstan pa ［托］damba

沙克都爾扎布　達木巴之子,襲固山貝子。

［滿］šakdurjab ［蒙］šaɤdurjab ［番］phyag rdor skyabs

［托］šaqdurǰab

噶勒丹達什　顧實汗第四世孫,封輔國公,晉鎮國公。

［滿］g'aldan daši ［蒙］galdan daši ［番］dgav ldan bkra shis ［托］galdan daši

丹津那木扎勒　噶勒丹達什之子,襲鎮國公。

［滿］danjin namjal ［蒙］danǰin namǰal ［番］bstan vdzin rnam rgyal ［托］danzin namǰal

索諾木巴勒濟　丹津那木扎勒之弟,襲鎮國公。

［滿］sonombalji ［蒙］sonombalǰi ［番］bsod nams dpal rgyas ［托］sonombalzi

阿喇布坦扎木蘇　顧實汗第四世孫,封輔國公。

［滿］arabtan jamsu ［蒙］arabtan ǰamsu ［番］rab brtan rgya mtsho ［托］arabtan zamsü

達什那木扎勒　阿喇布坦扎木蘇之姪,襲輔國公。

［滿］daši namjal ［蒙］daši namǰal ［番］bkra shis rnam rgyal ［托］daši namǰal

拉察布　顧實汗第四世孫,封輔國公,降一等台吉。

［滿］lacab ［蒙］lačab ［番］lha skyabs ［托］lacab

察罕阿喇布坦　拉察布之子,襲一等台吉。

［滿］cagan arabtan ［蒙］čaγan arabtan ［番］cha gan rab brtan ［托］caγan arabtan

多爾濟色布騰　［滿］dorji sebten 察罕阿喇布坦之子,襲一等台吉。三合切音以下見第八卷。

旺楚克阿喇布坦　［滿］wangcuk arabtan 顧實汗第五世孫,襲多爾濟色布騰爵,爲一等台吉。三合切音以下見本卷。

達瑪林色布騰　顧實汗第四世孫,授一等台吉。

［滿］damarin sebten ［蒙］damarin sebten ［番］rta mgrin tshe brtan ［托］damarin sebten

博巴　達瑪林色布騰之弟,襲一等台吉。

［滿］boba ［蒙］boba ［番］bod pa ［托］boba

旺扎勒　［滿］wangjal 博巴之姪,襲一等台吉。三合切音以下見第八卷。

伊什多勒扎布　顧實汗第四世孫,郡王額爾克巴勒珠爾之子,授一等台吉。

〔滿〕iši doljab〔蒙〕iši dol jab〔番〕ye shes sgrol skyabs〔托〕iši doljab

車凌　〔滿〕cering 伊什多勒扎布之子,襲一等台吉。三合切音以下見第十卷。

車凌多爾濟　〔滿〕ceringdorji 顧實汗四世孫①,額爾德尼額爾克托克托奈子,授一等台吉。三合切音以下見本卷。

哈爾噶斯　顧實汗第三世從孫,授一等台吉。

〔滿〕hargas〔蒙〕qarɣas〔托〕xarɣas

公格車凌　哈爾噶斯之子,襲一等台吉。

〔滿〕gungge cering〔蒙〕güngge čering〔番〕kun dgav tshe ring〔托〕güngge cering

車凌那木扎勒　顧實汗第四世從孫,授一等台吉。

〔滿〕cering namjal〔蒙〕čering namjal〔番〕tshe ring rnam rgyal〔托〕cering namjal

巴勒丹　車凌那木扎勒同祖弟,襲一等台吉。

〔滿〕baldan〔蒙〕baldan〔番〕dpal ldan〔托〕baldan

車臣色布騰扎勒　綽羅斯巴圖爾渾台吉之孫,析居青海。封多羅貝勒,晉多羅郡王。　按:綽羅斯雖爲四衛拉特之長,而於青海顧實汗則屬旁支,故次於和碩特諸王公之後。

〔滿〕cecen sebtenjal〔蒙〕čečen sebtenjal〔番〕che chen tshe brtan rgyal〔托〕cecen sebtenjal

車凌阿喇布坦　車臣色布騰扎勒之子,襲多羅郡王。

〔滿〕cering arabtan〔蒙〕čering arabtan〔番〕tshe ring rab brtan〔托〕cering arabtan

索諾木多爾濟　車凌阿喇布坦之子,襲多羅郡王。

〔滿〕sonomdorji〔蒙〕sonomdorji〔番〕bsod nams rdo rje

---

① "顧實汗"後,四庫全書本、四庫薈要本有"第"字。

［托］sonomdorzi

色布騰多爾濟　巴圖爾渾台吉第四世孫,索諾木多爾濟同祖弟,襲多羅郡王。

［滿］sebten dorji ［蒙］sebten dorǰi ［番］tshe brtan rdo rje ［托］sebten dorzi

阿喇布坦　［滿］ārabtan 巴圖爾渾台吉之曾孫,封輔國公。三合切音以下見第八卷。

公格　［滿］gungge 輝特屬,封輔國公。三合切音以下見第十卷。

那木扎勒車凌①　阿喇布坦之子,襲輔國公,晉固山貝子。

［滿］namjal cering ［蒙］namǰal čering ［番］rnam rgyal tshe ring ［托］namǰal cering

阿哈達爾巴　公格之子,襲輔國公。

［滿］aha darba ［蒙］aq-a darba ［番］a ha thar pa ［托］axa darba

色特爾布木　土爾扈特屬,授一等台吉。　按:土爾扈特爲舊四衛拉特之一,析居青海者,故次於綽羅斯、輝特諸王公之後。

［滿］seterbum ［蒙］seterbum ［番］tshe thar vbum ［托］seterbum

烏爾占　色特爾布木之子,襲一等台吉。

［滿］urjan ［蒙］urǰan ［番］u rgyan ［托］urǰan

額爾德尼　［滿］erdeni 土爾扈特屬,授一等台吉。三合切音以下見第九卷。

納木什里策旺　額爾德尼之子,襲一等台吉。

［滿］namširi ts'ewang ［蒙］namširi cevang ［番］rnam sras tshe dbang ［托］namširi cevang

索諾木塔爾濟　土爾扈特屬,授一等台吉。

［滿］sonom tarji ［蒙］sonom tarǰi ［番］bsod nams thar bgyi ［托］sonom tarzi

東　索諾木塔爾濟族弟,襲一等台吉。

［滿］dung ［蒙］dung ［番］dung ［托］dung

---

① 四庫全書本、四庫薈要本此條在"公格"條前。

薩喇　東之子,襲一等台吉。

〔滿〕sara〔蒙〕sar-a〔番〕sa ra〔托〕sara

察罕阿喇布坦　〔滿〕cagan arabtan 土爾扈特屬,授一等台吉。三合切音以下見本卷。

達爾扎　〔滿〕darja 察罕阿喇布坦之弟,襲一等台吉。三合切音以下見第七卷。

色布騰多爾濟　〔滿〕sebten dorji 達爾扎之子,襲一等台吉。三合切音以下見本卷。

根敦　〔滿〕gendun 喀爾喀屬,授一等台吉,後革。三合切音以下見第七卷。　按:此爲喀爾喀屬之析居青海者,故次於諸衛拉特之後。

達什端多布　根敦族人,襲一等台吉。

〔滿〕dašidondob〔蒙〕dašidondob〔番〕bkra shis don grub〔托〕dašidondob

伊什達木拜　封多羅郡王,降三等公。　按:伊什達木拜於康熙五年受封,故後爵除。其世系莫考,附見於此。

〔滿〕iši dambai〔蒙〕iši dambai〔番〕ye shes bstan pavi〔托〕iši dambai

巴圖爾額爾克濟農和羅里　顧實汗之孫,封多羅貝勒。　按:巴圖爾額爾克濟農和羅里以下,自青海析居阿拉山,以其爲顧實汗之後,與青海諸王公同祖,故附登於此。

〔滿〕batur erke jinung horoli〔蒙〕baɣatur erke ǰinung qoroli〔托〕bātur erke zinung xoroli

阿寶　巴圖爾額爾克濟農和羅里之子,襲多羅貝勒,晉多羅郡王。

〔滿〕aboo〔蒙〕abuu〔托〕aboü

羅布藏多爾濟　阿寶之子,降襲多羅貝勒,晉多羅郡王。

〔滿〕lobdzang dorji〔蒙〕lobjang dorǰi〔番〕blo bzang rdo rje〔托〕lobzang dorzi

玉木楚木　顧實汗曾孫,巴圖爾額爾克濟農和羅里之子,封輔國公。

〔滿〕yumcum〔蒙〕yumčüm〔番〕yum chung〔托〕yumcum

羅布藏達爾扎　〔滿〕lobdzang darja 玉木楚木之子,襲輔國公。三切合音以下見本卷。

沙畢多爾濟　羅布藏達爾扎之兄,襲輔國公,晉固山貝子。

〔滿〕šabidorji〔蒙〕šabidorǰi〔番〕sha pi rdo rje〔托〕šabidorzi

袞楚克　〔滿〕guncug 沙畢多爾濟同祖兄弟,降襲鎮國公。三合切音以下見第八卷。

古木布　〔滿〕gumbu 阿寶之子,封固山貝子。三合切音以下見第九卷。

拉爾濟旺楚克　古木布之弟,襲固山貝子。

〔滿〕larji wangcuk〔蒙〕larǰi vangčuγ〔番〕lha rgyas dbang phyug〔托〕larzi vangcuq

索諾木多爾濟　〔滿〕sonom dorji 拉爾濟旺楚克同祖兄弟,降襲輔國公。三切合音以下見本卷。

公格喇布坦　顧實汗第四世孫,封輔國公。

〔滿〕gunggerabtan〔蒙〕gunggerabtan〔番〕kun dgav rab brtan〔托〕günggerabtan

察罕諾們汗　授扎薩克印,轄四佐領事務。以下附喇嘛。

〔滿〕cagan nomun han〔蒙〕čaγan nom-un qan〔托〕caγan nomun xān

羅布藏圖布丹格勒克扎木燦　察罕諾們汗之呼必勒汗。呼必勒汗,猶云再世也。嗣理扎薩克印務。

〔滿〕lobdzang tubdan gelek jamts'an〔蒙〕lobǰang tubdan geleg ǰamcan〔番〕blo bzang thub ldan dge legs rgyal mtshan〔托〕lobzang tubdan geleq zamzan

那干達爾扎　察罕諾們汗弟子,署扎薩克印務。

〔滿〕nagan darja〔蒙〕naγan darǰa〔番〕na rgan dar rgyas〔托〕naγan darǰa

吹喇克　協理扎薩克印務。

〔滿〕cuirak〔蒙〕čuyiraγ〔番〕chos grags〔托〕cuyiraq

卷十八　西番地名

西番地總名凡四，曰衛，曰藏，曰喀木，曰阿里。衛藏爲腹地，故列於前。由衛而東爲喀木，由藏而西爲阿里，皆邊境也，故次於後。

衛　　屬

衛地亦名前藏。

拉薩　西番語，謂佛地也。番俗尚佛，故名。《唐書·吐蕃傳》：吐蕃本西羌屬，有發羌、唐旄者，居析支水西，祖曰鶻提勃悉野，稍并諸羌，據其地。其子孫曰吐蕃，而姓勃窣野，二子曰樊尼，曰傸檀。樊尼西濟河，逾積石，遂撫有羣羌云。《元史·地理志》土蕃等處宣慰司都元帥府。　又注，如朵甘、烏斯藏、積石州之類尚多，載籍疎略，莫能詳録也。《明史·西域傳》：烏斯藏在雲南西徼外，去雲南麗江府千餘里、四川馬湖府千五百餘里、陝西西寧衛五千里。又，洪武六年改朵甘、烏斯藏二衛爲行都指揮使司。　按：西番全境，在唐爲吐蕃，明爲烏斯藏，元設土蕃宣慰司，而別著烏斯藏之名。蓋吐蕃爲部名，烏斯藏其地名也。今拉薩有長慶中唐與吐蕃會盟碑石，其佛廟相傳爲唐文成公主所建，是唐時贊普建庭處，當屬今之拉薩云。

［滿］lasa［番］lha sa

布達拉　西番語，普陀山也。地以山名，今達賴喇嘛所居處。

［滿］budala［番］po ta la

衛珠布凌噶　西番語。衛珠布，道行也；凌噶，禪林也。有道行番僧居此，故名。

［滿］oijub lingg'a［番］dngos grub gling ka

皆宗　西番語。皆，漢人之稱；宗，城也。舊駐漢兵於此，故名。

［滿］giyaidzung［番］rgyavi rdzongs

得巴達克則宗　西番語。得巴,頭目之稱;達克,謂虎;則,謂峰。山峰如虎也。城居峰上,爲頭目所居,故名。

〔滿〕deba dakdze dzung〔番〕sde pa stag rtse rdzongs

東噶爾宗　西番語。東,謂螺;噶爾,白色。取象以名其城也。

〔滿〕dungg'ar dzung〔番〕dung dkar rdzongs

倫珠布宗　西番語。倫珠布,順成之謂。取年穀順成之意以名城也。

〔滿〕lunjub dzung〔番〕lhun grub rdzongs

盆多宗　西番語。盆多,總會之處。城爲諸路會合之所,故名。

〔滿〕pundo dzung〔番〕phu mdo rdzongs

日噶努布宗　西番語。日噶,堡也;努布,西也。堡居拉薩之西,故名。

〔滿〕žig'a nub dzung〔番〕gzhi ka nub rdzongs

楚舒勒宗　西番語。楚舒勒,水溝也。傍水建城,故名。

〔滿〕cušuldzung〔番〕chu shul rdzongs

雅爾博羅克巴勒底宗　西番語。雅爾,頂也;博羅克,黑帳房也;巴勒,威也;底,小也。

〔滿〕yarborok baldidzung〔番〕yar vbrog dpal di rdzongs

德沁宗　西番語。德,安也;沁,大也。取大安之意,名其城以祝居者。

〔滿〕decin dzung〔番〕bde chen rdzongs

愛郭　西番語。愛,枕也;郭,首也。地形如枕,故名。

〔滿〕aig'u〔番〕sngas mgo

拉摩　西番語,有山之謂。其地近山,故名。

〔滿〕lamo〔番〕la mo

佳噶爾宗　西番語。佳,寬闊之謂。地形寬廣,城土色白,故名。

〔滿〕giyag'ar dzung〔番〕rgya dkar rdzongs

桑里宗　西番語。桑,紅銅也;里,山也。城旁有山,舊産紅銅,故名。

〔滿〕sangri dzung〔番〕zangs ri rdzongs

雅爾居特　西番語。雅爾，謂平也；居特，連屬之謂。地形平衍，迆邐相屬，故名。

　　〔滿〕yargioit〔番〕yar rgyud

象博囊巴　西番語。象，姓也；博，指其人而言；囊巴，屋宇也。舊有象姓居此，故名。

　　〔滿〕tonbo nangba〔番〕thon po nang pa

薩木珠布公喀爾　西番語。薩木珠布，如意之謂；公，上方也；喀爾，亦城也。城居山上，以如意名，蓋頌禱之詞。

　　〔滿〕samjub gungk'ar〔番〕bsam grub gong mkhar

廣博　西番語，窪下之地。

　　〔滿〕g'ungbo〔番〕gong po

爵莫宗　西番語。爵莫，謂天母。於天母示現處建城，故名。

　　〔滿〕jiyomo dzung〔番〕ji mo rdzongs

齊齊克塔拉　蒙古語。齊齊克，花也；塔拉，甸也。地爲平甸，多花木，故名。

　　〔滿〕cicik tala〔蒙〕čičig tala〔托〕ciciq tala

鄂勒喀達克則宗　西番語。鄂勒喀，鶹也。城居峰上，有鶹有虎，故名。

　　〔滿〕olk'a dakdze dzung〔番〕ol kha stag rtse rdzongs

里郭宗　西番語。里，山也；郭，門也。山形如門，城建其上，故名。

　　〔滿〕rigodzung〔番〕ri go rdzongs

恰噶爾宗　西番語。恰噶爾，即察哈爾。相傳舊有察哈爾人居此，故名。

　　〔滿〕kiyag'ar dzung〔番〕cha gar rdzongs

吹佳勒坡巴朗宗　西番語。吹佳勒，謂法王；坡巴朗，禪院也。城有諾們汗邁阿克楚木院宇，故名。

　　〔滿〕coigiyal pobarangdzung〔番〕chos rgyal pho brang rdzongs

耨東宗　西番語。耨東，顴骨也。城旁有山如顴骨者，故名。

　　〔滿〕neodung dzung〔番〕snevu gdong rdzongs

扎囊　西番語。扎，謂山桃；囊，猶云林中也。地多山桃，故名。

　　〔滿〕janang〔番〕gra nang

磋克巴　西番語,聚處之謂。其地有寺,舊爲四部喇嘛聚處之
所,故名。

〔滿〕ts'okba〔番〕tshogs pa

濟古宗　西番語。濟古,雅滿達噶佛所持刀也。城旁有湖,其
形似之,故名。

〔滿〕jigūdzung〔番〕gri gu rdzongs

塔克博拉索勒宗　西番語。塔克博,舊地名;拉,謂佛;索勒,供
養也。於塔克博之固魯布汗供佛處建城,故名。

〔滿〕takbo lasoldzung〔番〕dag po lha bsol rdzongs

裕勒住阿匝宗　西番語。裕勒,境地也;佳阿匝,土方之帶草
者。城旁有之,故名。

〔滿〕yulgiya adza dzung〔番〕yul sgya rnga rtsa rdzongs

達克博袞來納木佳勒宗　西番語。達克博,清淨之謂;袞來,猶
云普遍;納木佳勒,謂勝地。城以普淨名,稱勝地也。

〔滿〕dakbo gunlai namgiyal dzung〔番〕dag po kun las rnam
rgyal rdzongs

達克博多木純宗　西番語。達克博,山神也,與前訓清淨者異
議;多木,熊也;純,乘也。山神有乘熊者示現於此,故名。

〔滿〕dakbo domšun dzung〔番〕bdag po dom zhon rdzongs

則拉岡宗　西番語。則,頂也;拉岡,謂嶺上也。城居嶺上,
故名。①

〔滿〕dzela gangdzung〔番〕rtse la sgang rdzongs

達克博奈宗　西番語。奈,指此地而言。其地清淨,因以名城。

〔滿〕dakbonai dzung〔番〕dag po gnas rdzongs

德摩宗　西番語。德摩,平安之謂。居者安之,因以名其城也。

〔滿〕demo dzung〔番〕bde mo rdzongs

碩勒噶宗　西番語。碩勒噶,下地也。城居窪地,故名。

〔滿〕šolg'a dzung〔番〕zhol ka rdzongs

---

①　底本此條原不清,僅可見"西番語。則……故名"數字,據四庫全書本、四庫
　薈要本補。

底木塘　西番語。底木,深陷之謂;塘,即蒙古語之塔拉,平甸也。地居窪下,故名。

〔滿〕dimtang〔番〕dim thang

涅木多　西番語。涅木,軟也;多,邊隅也。地居邊境,土性軟①,故名。

〔滿〕niyemdo〔番〕nyem mdo

佳木達宗　西番語。佳,即佳囊也;木,語詞。城在佳囊楚旁,因以爲名。

〔滿〕giyamdadzung〔番〕rgya mdav rdzongs

山巴塘　西番語。山巴,游牧之謂。平原多豐草,宜游牧,故名。

〔滿〕šanbatang〔番〕zhan pa thang

布木巴　西番語,寶塔也。

〔滿〕bumba〔番〕bum pa

噶沁　西番語。噶,險也;沁,大也。其地廣大而險要,故名。

〔滿〕g'acin〔番〕dkav chen

朗布克塘　西番語。朗布克,山榆也。地屬平原,多榆樹,故名。

〔滿〕langbuktang〔番〕glang sbug thang

達木郭　西番語,謂馬爲達。木,語詞。其地形如馬首,故名。

〔滿〕damg'u〔番〕rta mgo

楚舒勒宗　〔滿〕cušulzung 解及三合切音以下見本卷。

日噶公噶爾　西番語。言堡居上方,城上土色白也。

〔滿〕žig'a gungg'ar〔番〕gzhi ka gong dkar

廣博　〔滿〕g'ungbo 解及三合切音以下見本卷②。

底木塘　〔滿〕dimtang 解及三合切音以下見本卷。

僧格宗　西番語。僧格,謂獅子,猶云獅子城也。

〔滿〕sengge dzung〔番〕seng ge rdzongs

---

① "土",原作"上",據四庫全書本、四庫薈要本改。
② "三合切音","三"原作"二",據四庫全書本、四庫薈要本改。

245

押磋納宗　西番語。押，舊地名；磋納，湖邊也。於押地濱湖建城，故名。

〔滿〕monts'o nadzung〔番〕mon mtsho sna rdzongs

押拉噶爾充　西番語。拉噶爾，謂白嶺；充，小也。地有小白嶺，故名。

〔滿〕monla g'arcung〔番〕mon la dkar chung

達木宗　西番語。達木，謂土，蓋土城也。

〔滿〕dam dzung〔番〕vdam rdzongs

多宗　西番語。多，謂石，猶言石城也。

〔滿〕dodzung〔番〕rdo rdzongs

噶勒倉郭匝　西番語。牲畜頭毛別色如綫者，名噶勒倉。郭匝，蒙古語，牡羊也。

〔滿〕galts'ang godza〔番〕gal tshang go rtsa

烏裕克凌噶　西番語。烏裕克，山嵐也；凌噶，禪林也。地有禪林，傍近山嵐，故名。

〔滿〕uyuk lingg'a〔番〕vu yug ling ka

納噶爾宗　西番語。納，鼻也。城形如之，土色白，故名。

〔滿〕nag'ar dzung〔番〕sna dkar rdzongs

藏　屬

今衞藏兩屬地，《明史》統稱烏斯藏。烏斯，即衞之轉音；藏，即今藏屬諸地，亦曰後藏云。

扎什倫博　西番語。吉祥山也，地以山名。

〔滿〕jaši lumbo〔番〕bkra shis lhun po

鄂摩宗　西番語。鄂摩，藍也。城墻土色近之，故名。

〔滿〕omodzung〔番〕sngo mo rdzongs

申倉　西番語。申，謂道士；倉，謂觀也。地多道士居之，故名。

〔滿〕šents'ang〔番〕shen tshang

日噶則　西番語。日噶則，堡居山頂之謂。

［滿］žig'adze ［番］gzhi ka rtse

巴納木宗 西番語。巴，乳牛也；納木，有也。牛多孳乳於此，故名。

［滿］banam dzung ［番］ba rnam rdzongs

佳勒則宗 西番語。佳勒，勝也；則，邊也。宗居邊境，爲名勝地，故名。

［滿］giyaldze dzung ［番］rgyal rtse rdzongs

堆朋宗 西番語。堆，聚也；朋，已然之詞。謂城内居民久能生聚也。

［滿］duipung dzung ［番］dus phung rdzongs

磋拉噶爾博 西番語，神名。因神示現於此，故名。

［滿］ts'ola g'arbo ［番］mtsho lha dkar po

林繃宗 西番語。林，寶也；繃，積累之謂。猶云多寶城也。

［滿］rinbung dzung ［番］rin spungs rdzongs

擦爾策塘 西番語。擦爾，已盡之謂；策，皂莢樹也。平原舊有皂莢樹，近已伐盡，故名。

［滿］ts'arts'etang ［番］tshwa rtswa thang

凌塘 西番語。凌，長也。地爲長甸，故名。

［滿］ringtang ［番］ring thang

噶勒丹噴磋克凌 西番語。噶勒丹，愉快之謂；噴磋克，豐滿之謂。城内居民豐裕和樂，故名。

［滿］g'aldan punts'uk ling ［番］dgav ldan phun tshogs gling

將羅尖宗 西番語。將羅，柳樹也；尖，有也。城旁多柳，故名。

［滿］jiyanglojiyan dzung ［番］lcang lo can rdzongs

宗喀爾 西番語。喀爾，郊郭也。

［滿］dzungk'ar ［番］rdzongs mkhar

將阿木凌宗 西番語。將，山陰也；阿木凌，舊地名。城居山北，因地以名其城也。

［滿］jiyang amringdzung ［番］byang am ring rdzongs

噶沽克 西番語。噶，馬鞍也；沽克，謂圓也。地形如之，故名。

［滿］gaguk ［番］ska khug

布莫吉特擦勒　西番語。布莫，女也；吉特擦勒，憩息處也。遊女多憩於此，故名。

［滿］bumo gitts'al ［番］bu mo skyid tshal

佳特多　西番語。佳特，八數。地當邊境，爲八路交會處，故名。

［滿］giyatdo ［番］brgyad mdo

裕東　西番語。裕，松石；東，圓也。地形可愛，如松石圍繞，故名。

［滿］yudung ［番］gyu mdongs

晉光　西番語。晉，尊也；光，上也。

［滿］jin gong ［番］gyen gong

巴勒庫特塘　西番語。巴勒，威嚴之謂；庫特，小圓也。平甸形圓而山形拱抱，勢殊威險，故名。

［滿］balkuttang ［番］dpal khud thang

置克里郭　西番語。置克里，鐵山也；郭，門也。其地有山產鐵，山口如門，故名。

［滿］jiyakrig'u ［番］lcags ri sgo

商該哈喇格爾　蒙古語。商該，猶云在官；哈喇，黑色；格爾，宇廨也。

［滿］šanggai hara ger ［蒙］šangγai qar-a ger ［托］šangγai xara ger

楚木多　西番語，水灣也。地在河流環抱之內，故名。

［滿］cumdo ［番］chu mdo

定結宗　西番語。定，島也；結，長也。水中有山，山上建城，故名。

［滿］dinggiyei dzung ［番］gting skyes rszongs

坡巴朗宗　西番語。坡巴朗，宮室也。城多華屋，故名。

［滿］pobarang dzung ［番］pho brang rdzongs

噴磋克凌　西番語，猶云豐裕禪林也。

［滿］punts'uk ling ［番］phun tshogs gling

羅噶爾宗　西番語。羅，南也。城南有白色巖，故名。

［滿］log'ar dzung ［番］lho dkar rdzongs

葉爾摩宗 西番語。葉爾,寬敞之謂。其城寬大,故名。

〔滿〕yermo dzung〔番〕gyer mo rszongs

濟特宗 西番語。濟特,極樂之謂。猶云極樂城也。

〔滿〕jitdzung〔番〕skyid rdzongs

莽莊 西番語。莽,多也;莊,大城也。城內居民衆多,故名。

〔滿〕mangjong〔番〕mang grong

噶爾勒布 西番語。噶爾,白色也;勒布,窀也。土色近白而形窀,故名。

〔滿〕g'arleb〔番〕dkar leb

納察塘 西番語。納察,色斑然也。平原之地,土色不一,故名。

〔滿〕nacatang〔番〕na khra thang

墨爾摩 西番語,盈滿之謂。其地人居稠密,故名。

〔滿〕mermo〔番〕mer mo

巴爾揚塘 西番語。巴爾,猶云中間;揚,寬廣之謂。在兩山之間,地形寬廣,故名。

〔滿〕baryangtang〔番〕bar yang thang

格空 西番語。格,謂囊;空,謂內也。地形如之,故名。

〔滿〕gekung〔番〕sge khung

納克倉 西番語。倉,帳房也;納克,黑色。帳房久而色黑,即所見以名地也。

〔滿〕nakts'ang〔番〕nag tshang

接瑪永中① 西番語。接瑪,謂沙;永中,卍字也。沙形如卍字,故名。

〔滿〕jiyema yungjung〔番〕bye ma gyung drung

喀　木　屬

普克納克 西番語,茂林也。地多林木,故名。《元史·地理

---

① 四庫全書本、四庫薈要本此條在"納克倉"條前。

志》：碉門魚通黎雅長河西寧等處宣撫司。《明史·西域傳》：長河
西魚通寧遠宣慰司，在四川徼外，地通烏斯藏，唐爲吐蕃。又贊善王
者，靈藏僧也。其地在四川徼外，視烏斯藏爲近。　按：今喀木在四
川徼外，衛藏之東，當屬元、明史所稱長河西魚通黎雅等處也。贊善
王所居，近於烏斯藏，亦當在喀木境內。

　　〔滿〕puk nak〔番〕phug nags

　　置察絧　西番語。置察，瓶也；絧，村落也。村旁有高阜如瓶，
故名。

　　〔滿〕jiyaca jiong〔番〕ja phra ljongs

　　阿蘇克絧　西番語。蘇克，形模之謂。村旁山石有若西番阿字
形，故名。

　　〔滿〕asuk jiong〔番〕a gzugs ljongs

　　阿布扎塘　西番語。扎，分明之象。地爲平甸，與阿蘇克絧相
近。言阿字山石，望之甚明也。

　　〔滿〕abjatang〔番〕a bkra thang

　　固塘　西番語。固，喜意。甸豐水草，居人樂之也。

　　〔滿〕gūtang〔番〕vgu thang

　　里碩特　西番語，謂山根也。地當山麓，故名。

　　〔滿〕rišot〔番〕ri shod

　　拉木敦　西番語。拉，謂佛；木，語詞，中土轉音爲南無；敦，謂
前也。猶云佛前地也。

　　〔滿〕lamdun〔番〕lha mdun

　　宗什　西番語，謂城基也。地有舊城基址，故名。

　　〔滿〕dzungši〔番〕rdzongs gzhi

　　噶噶　西番語。噶噶，喜之甚也。地多温泉，雖冬不冽，行者喜
之，而爲是名。

　　〔滿〕g'ag'a〔番〕ka ka

　　瓦摩喀絧　西番語。瓦摩，狐也；喀，口也。村旁地形如之，
故名。

　　〔滿〕wamo k'a jiong〔番〕wa mo kha ljongs

　　昂底　西番語。昂，謂坪也；底，上也。地形平坦，如居坪上，

故名。

　　〔滿〕angdi〔番〕ngang di

　　拉托克巴　西番語。拉,天也;托克,上也。借釋氏天堂之説以美其地也。

　　〔滿〕latokba〔番〕lha thog pa

　　博木達絧　西番語。博木,累石也;達,箭也,與前訓馬者異義。村堡之旁有累石,或插矢於上以致敬,故名。

　　〔滿〕bomda jiong〔番〕spo mdav ljongs

　　扎克雅布　西番語。扎克,大山峰也;雅布,簹也。地有山峰,下瞰如簹,故名。

　　〔滿〕jakyab〔番〕brag gyabs

　　達克公絧　西番語。達克,後也。村在山陰之上方,故名。

　　〔滿〕dakgung jiong〔番〕ltag gong ljongs

　　拉木達絧　西番語。拉木,道路也。村旁路直如矢,故名。

　　〔滿〕lamda jiong〔番〕lam mdav ljongs

　　置克薩木喀　西番語。置克,鐵也;薩木,橋也。地有鐵橋,故名。

　　〔滿〕jiyaksamk'a〔番〕lcags zam kha

　　匝克達　西番語。匝克達,謂雀也。其地多雀,故名。

　　〔滿〕dzakda〔番〕tsag rta

　　察干普克　西番語。察,謂鷹;干,謂老;普克,空甸也。平原空闊,可以縱鷹,故名。

　　〔滿〕cagan puk〔番〕khra rgan phug

　　郭爵宗　西番語。郭爵,商屬部落名,城以部名也。

　　〔滿〕gojiyo dzung〔番〕mgo jo rdzongs

　　穆玉塘　西番語。穆玉,舊地名,甸以地名也。

　　〔滿〕muyutang〔番〕mu yu thang

　　薩安巴　西番語。薩,謂地;安,不毛之謂;巴,語詞。地少生殖,故名。

　　〔滿〕sa anba〔番〕sa ngan pa

　　瓊布木　西番語。瓊,謂鵬;布木,塔也。其地有塔,以鵬名者,鵬翔霄漢，喻其高也。

〔滿〕kiongbum〔番〕khyung vbum

皆磋克巴　西番語。皆，廣也；磋克巴，集也。言廣集之地。

〔滿〕giyai ts'okba〔番〕gyas tshogs pa

雅隆　西番語。雅隆，水之上流也。有水發源於此，故名。

〔滿〕yarung〔番〕ya rong

巴爾喀塘　西番語。巴爾喀，開展之象。地爲廣甸，故名。

〔滿〕bark'atang〔番〕vbar kha thang

布托克春塘　西番語。布托克，毛纓也；春，河也。甸旁有牛畜，毛可爲纓，且臨河，故名。

〔滿〕butok šungtang〔番〕spu thog zhung thang

色爾蘇木多　西番語。色爾，黃色；蘇木，三數；多，口也。黃水三河會合於此。

〔滿〕sersumdo〔番〕ser gsum mdo

濟木塘　西番語。濟木，蒿也。原上多蒿，故名。

〔滿〕jimtang〔番〕ljim thang

絅巴　西番語，謂小村落也。

〔滿〕jiongba〔番〕ljongs pa

桑阿克吹宗　西番語。桑阿克，祕偈也；吹，佛法也。亦取釋氏語以名城者。

〔滿〕sangak coidzung〔番〕gsang sngags chos rdzongs

特克巴塘　西番語。特克巴，廟名。原在廟旁，故名。

〔滿〕tekba tang〔番〕theg pa thang

薩木珠布梅巴公喀爾　西番語。薩木珠布、梅巴，皆如意之謂。城居上方，以如意名，亦頌禱之詞。

〔滿〕samjub moiba gungk'ar〔番〕bsam grub smos pa gong mkhar

則爾蘇木多巴　西番語。則爾蘇木，三峰也；多巴，有岐路處。地有三峰，路多岐出，故名。

〔滿〕dzersumdoba〔番〕rtser gsum mdo pa

索克宗　西番語。索克，草地也。城旁豐於草，故名。

252

［滿］sokdzung［番］sog rdzongs

隆巴　西番語。隆,溪也;巴,指其處而言。

［滿］lungba［番］lung pa

接拉塘　西番語。接拉,謂沙,猶云沙原也。

［滿］jiyelatang［番］bye la thang

羅隆宗　西番語。羅隆,南川也。城南有川,故名。

［滿］lorung dzung［番］lho rong rdzongs

碩班多宗　西番語。碩班多,方平之地。城旁境地方平,故名。

［滿］šobando dzung［番］sho pa mdo rdzongs

尼雅木尼雅克宗　西番語。尼雅木,平也;尼雅,隘也。因平隘建城,故名。

［滿］niyam niyakdzung［番］mnyam nyag sdzong

委勒瓦宗　西番語。委勒瓦,黑色。城建於黑山上,故名。

［滿］welwa dzung［番］wol ba rdzongs

佳勒碩特班喀爾　西番語。佳勒,勝也;碩特,下地也;班,沙彌也。舊有沙彌居此,稱勝地也。

［滿］giyalšot bank'ar［番］rgyal shod ban mkhar

瓦喇勒岡蘇木　西番語。瓦,黑色;喇勒,岐路;岡,崗也;蘇木,三數。地有岐路,傍三崗,石色黑,故名。

［滿］waral gangsum［番］wa ral sgang gsum

罝莫囊　西番語。罝,雞也;莫,牝也;囊,嶺也。謂牝雞嶺,相傳舊名如是。

［滿］jiyamonang［番］bya mo nang

昌舒克　西番語。昌,狹也;舒克,邊境也。地居邊境而狹,故名。

［滿］cangšuk［番］vphrang gzhug

薩木達博木關　西番語。薩木,謂地;達,邊也;博木,道士也;關,觀也。地居邊境,有道觀,故名。

［滿］samda bomgon［番］sa mdav bon mgon

公多　西番語。公,地也。地居邊境,故名。

［滿］gungdo［番］kung mdo

　　阿匝　西番語。阿，木香也；匝，指其處而言。地有木香處，
故名。

　　〔滿〕adza〔番〕a rtsa

　　珠光　西番語。珠，有大風處；光，山下高原也。高原之上多
風，故名。

　　〔滿〕ju gong〔番〕gru gong

　　三巴　西番語。三，謂姓，即三納拉；巴，舊有姓。三納拉巴者
居之，故名。

　　〔滿〕sanba〔番〕san ba

　　達爾宗　西番語。達爾，隆起也。居人頌禱之詞。

　　〔滿〕dardzung〔番〕dar rdzongs

　　蘇爾東宗　西番語。蘇爾東，山角也。城居山角，故名。

　　〔滿〕surdung dzung〔番〕zur gdong rdzong①

　　塞爾隆塘　西番語。塞爾，黃色也②。平甸之旁有溪色黃，
故名。

　　〔滿〕serlung tang〔番〕ser lung thang

　　里塘　西番語。里，謂銅也。地爲廣甸，舊曾産銅，故名。　按：
自里塘、巴塘以下，爲附近四川、西寧等處，以其舊隸喀木，爲附載
於此。

　　〔滿〕litang〔番〕li thang

　　塘噶爾宗　西番語。地爲廣甸，城土色白，故名。

　　〔滿〕tangg'ar dzung〔番〕thang dkar rdzongs

　　瑪干絅　西番語。瑪，母也；干，老者之稱。

　　〔滿〕mag'an jiong〔番〕ma rgan ljongs

　　朗郭絅　西番語。朗郭，牛頭也。

　　〔滿〕langg'u jiong〔番〕glang mgo ljongs

　　郭羅克絅　西番語。郭羅克，廻顧之謂。

　　〔滿〕g'ulok jiong〔番〕mgo log ljongs

---

① 底本無西番字，此據四庫薈要本、四庫全書本補。
② “西番語。塞爾，黃”六字原無，據四庫全書本、四庫薈要本補。

佳絅　西番語,謂大村落也。

〔滿〕giya jiong〔番〕rgya ljongs

里佳蘇木多　西番語。里佳,山以百數也;蘇木,三數;多,分岐之謂。地多小山,有岐路,故名。

〔滿〕rigiyasumdo〔番〕ri brgya gsum mdo

和爾珠克喀　西番語。和爾,蒙古也;珠克喀,衢路也。舊有蒙古人居此,故名。

〔滿〕horjukk'a〔番〕hor vjug kha

置克多特　西番語。多特,謂上方。地居鐵河上流,故名。轉音即占對也。

〔滿〕jiyakdot〔番〕lcags stod

鄂羅　西番語。鄂羅,小也。其地境仄,故名。

〔滿〕olo〔番〕o lo

喇嘛雅克　西番語。喇嘛,番僧也;雅克,高行也。舊有高行番僧居此,故名。

〔滿〕lamayak〔番〕bla ma yag

多沁佳勒燦　西番語。多沁,大石也;佳勒燦,幢也。地有大石幢,故名。

〔滿〕docin giyalts'an〔番〕rdo chen rgyal mtshan

置克多特珠克　西番語。珠克,路盡處也。地當置克多特路盡處,故名。

〔滿〕jiyakdot juk〔番〕lcag stod mjug

巴塘　西番語。巴,乳牛也。地爲廣甸,多牛羣孳乳處,故名。

〔滿〕batang〔番〕ba thang

達索　西番語。索,牙也。地形取象於馬牙,即犬牙相錯之意。

〔滿〕daso〔番〕rta so

色喇絅　西番語。色喇,獨角獸也。向曾產此,故名。

〔滿〕sera jiong〔番〕bse ra ljongs

齊囊卓木絅　西番語。齊,外也;囊,内也;卓木,鎮撫之意。村居要地,取鎮撫中外之意以名之也。

〔滿〕cinang jom jiong〔番〕phyi nang bcom ljongs

濟木多絅　西番語。濟木,泥也。村當泥甸,有岐路,故名。

〔滿〕jimdo jiong〔番〕vjim mdo ljongs

郭約勒絅　西番語。郭約勒,盃也。地形如之,因以名其村也。

〔滿〕g'uyol jiong〔番〕go yol ljongs

布木登絅　西番語。布木,萬數也;登,亦峰也。村居萬峰之間,故名。

〔滿〕bumdeng jiong〔番〕vbum steng ljongs

巴喀爾　西番語。喀爾,亦城也。城旁宜乳牛挐牧,故名。

〔滿〕bak'ar〔番〕ba mkhar

尼磋　西番語。尼,二數;磋,澤也。地有二澤,故名。

〔滿〕nits'o〔番〕gnyis mtsho

扎什絅　西番語,謂吉祥村也。

〔滿〕jaši jiong〔番〕bkra shis ljongs

郭木絅　西番語。郭木,峰頭尖削之謂。村旁有峰如削,故名。

〔滿〕g'um jiong〔番〕mgom ljong

蘇隆瓦　西番語,保佑也。蓋居人禱祝之詞。

〔滿〕surungwa〔番〕bsrung ba

東噶爾宗　〔滿〕dungg'ar dzung 見本卷。

雅達木塘　西番語。雅,謂上方。猶云上泥甸也。

〔滿〕yadam tang〔番〕ya vdam thang

巴勒丹　西番語,功德也。尊奉黃教之詞。

〔滿〕baldan〔番〕dpal ldan

公多楚喀　西番語。公多,石之在上者;楚喀,山石突出之謂。地有山峰高聳,故名。

〔滿〕gungdo cuk'a〔番〕gong rdo mchu kha

林沁凌　西番語,謂多寶禪林也。

〔滿〕rincin ling〔番〕rin chen gling

拉袞　西番語,謂神佑也。

〔滿〕lagun〔番〕lha mgon

拉里　西番語,神山也。地有大山,故名。

〔滿〕lari〔番〕lha ri

和爾匝　西番語。匝,苗裔也。有蒙古人世居其地,故名。

〔滿〕hordza〔番〕hor rtsa

格勒克　西番語。格勒克,皆美好之謂。地多水草,居者樂之,故名。

〔滿〕gelek〔番〕dge legs

擦楚喀　西番語。擦,熱也;楚,水也。地有温泉,故名。

〔滿〕ts'acuk'a〔番〕tsha chu kha

察木多　西番語,分流水也。其地有之,故名。

〔滿〕camdo〔番〕chab mdo

喇科特　西番語。喇,山羊也;科特,有也。地多山羊,故名。

〔滿〕rak'ot〔番〕ra vkhod

袞匝　西番語。藥草名,即冬虫夏草也。其地産此,故名。

〔滿〕gundza〔番〕dgun rtsa

吉勒塘　西番語。吉勒,居中之謂,猶云中甸也。

〔滿〕giltang〔番〕dkyil thang

寧塘　西番語。寧,謂心也。地爲廣甸,居四山之中,故名。

〔滿〕ningtang〔番〕snying thang

索瑪　西番語,草名。地多産此,故名。

〔滿〕soma〔番〕so ma

赤巴　西番語。赤,床也;巴,語詞。舊爲喇嘛坐床處,故名。

〔滿〕c'yba〔番〕khri pa

努布爾宗　西番語。努布爾,乳也。城旁山形似之,故名。

〔滿〕nubur dzung〔番〕nu vbur rdzongs

阿　里　屬

什德宗　西番語。什德,和平之謂,蓋美其城風俗之詞。《明史·西域傳》:成化四年,西域王完卜遣使來貢,使者言所居去烏斯藏二十餘程,五年方達京師。又,輔教王者,思達藏僧也,其地視烏斯藏尤遠。又,尼八剌國在諸藏之西,去中國絕遠。　按:阿里在衛藏之西,明時番王完卜、思達藏僧所居;及尼八剌國,當與今阿里

257

爲近。

[滿] šide dzung [番] zhi bde rdzongs

布朗達克拉噶爾宗　西番語。布朗，舊地名；達克，謂虎；噶爾，碉也。嶺形如虎，碉城建於嶺旁，故名。

[滿] burang dakla g'ardzung [番] spru rang stag la mkhar rdzongs

噶爾東宗　西番語。噶爾東，白螺也。城之形色如之，故名。

[滿] gardung dzung [番] dkar dung rdzongs

年博里宗　西番語。年博，聽聞之謂。城居山上，取居高聽遠之意以名城也。

[滿] niyanbo ridzung [番] nyan po ri rdzongs

垂果沙爾果　西番語。垂果，謂浴；沙爾，謂東；果，門也。地有瑪帕木池，浴之可避虎災，故名。

[滿] cuigo šargo [番] khrus sgo shar sgo

巴爾喀塘　西番語。巴爾喀，居中之謂。甸居地勢之中，故名。

[滿] bark'atang [番] bar kha thang

達克喇勒塘　西番語。達克喇勒，虎垂毛也。相傳舊名，義無所取。

[滿] dakral tang [番] stag ral thang

公多特塘　西番語。公，謂半也；多特，謂高地。半甸形高，故名。

[滿] gūng dottang [番] gung stod thang

色羅克塘　西番語。色羅克，緗色。平原土色似之，故名。

[滿] seroktang [番] se rog thang

公瑪特塘　西番語。瑪特，謂下地。半甸形卑，故名。

[滿] gūng mattang [番] gung rmad thang

噶釃沙喇瑪里　西番語。相傳舊名，義無可解。

[滿] gašai šaramari [番] ga zhavi sha ra rma ri

古格扎什倫博　西番語。古格，舊地名。扎什倫博，吉祥山也。地以山名。

[滿] gūge jaši lumbo [番] gu ge bkra shis lhun po

匣布朗宗　西番語。匣布朗，舊宮殿也。城舊爲古格汗居處，故名。

［滿］dzabrang dzung ［番］rtsa brang rdzongs

楚瑪爾德宗 西番語。楚瑪爾,水色近紅之謂;德,小部落也。城旁有水,色紅,故名。

［滿］cumarde dzung ［番］chu dmar sde rdzongs

冲隆宗 西番語。冲,謂鵬;隆,亦嶺也。城旁嶺象如鵬,故名。

［滿］cunglung dzung ［番］chung lung rdzongs

扎什岡宗 西番語。扎什岡,猶云吉祥普遍也。名其城以爲頌禱之詞。

［滿］jaši g'ang dzung ［番］bkra shis bsgang rdzongs

羅多克喀爾 西番語。羅多克,青苗也。堡旁地宜樹藝,故名。

［滿］lodok k'ar ［番］lo tog mkhar

噴磋克塘 西番語,猶云豐甸也。

［滿］pungts'ok tang ［番］phun tshogs thang

葉功塘 西番語。葉功,分界之謂。地爲分界之處,故名。

［滿］yegung tang ［番］dbye gung thang

卷十九　西番山名一

衛　　屬

宗噶爾拉　西番語。宗，城也；噶爾，白色；拉，嶺也。嶺石色白，下有舊城，故名。

［滿］dzongg'ar la ［番］ɪdzongs dkar la

布達拉　互見第十八卷地名。　按：布達拉即普陀山。梵書稱普陀山有三，一在南海中，山上有石天宮觀，自在菩薩遊舍，爲真普陀；一在浙江定海縣海中，爲善財第二十八參觀音菩薩説法處；一即西番衛地之布達拉也，亦觀音見身之地。

［滿］budala ［番］po tā la

達噶爾拉　西番語。達，馬也。嶺形如之，石色白，故名。

［滿］dag'arla ［番］rta dkar la

達克升里　西番語。達克升，謂樺木也；里，山也。山間多産樺樹，故名。

［滿］dakšengri ［番］stag shing ri

林沁靈吉里　西番語。林沁，多寶之謂；靈，部洲也；吉，語辭。猶云多寶部洲之山。

［滿］rincin linggiri ［番］rin chen gling gi ri

温普達克倉拉　西番語。温，聾也；普，居首之謂；達克，虎也；倉，穴也。嶺上有虎穴，以温稱者，舊名也。

［滿］onpu dakts'angla ［番］von phu stag tshang la

哈達克勒達巴　蒙古語。哈達，山峰；克勒，鸛也；達巴，嶺也。嶺有峰形如鸛，故名。

［滿］hada kere daba ［蒙］qada keriy-e dabaγ-a ［托］xada kere daba

罝克拉　西番語。罝克，鐵也。嶺舊産鐵，故名。

260

〔滿〕jiyak la 〔番〕lcags la

桑拉　西番語。桑,銅也。嶺舊産銅,故名。

〔滿〕sangla 〔番〕zangs la

塔瑪爾拉　西番語。塔,邊也;瑪爾,紅色。嶺旁石色近紅,故名。

〔滿〕tamarla 〔番〕mthav dmar la

雅爾拉沙木貝岡里　西番語。雅爾拉,佛地也;沙木貝,自在也;岡里,雪山也。山多雪,爲佛示現處,故名。

〔滿〕yarla šamboi gangri 〔番〕yar la shambhovi gangs ri

畢畢拉　西番語。畢畢,泥丸也。嶺形圓,故名。

〔滿〕bibila 〔番〕bi bi la

碩博達克拉　西番語。碩博,舊地名;達克,謂山坡,與訓虎者異義。因地以名其山也。

〔滿〕šobodakla 〔番〕sho po ltag la

雅克里　西番語。雅克,氂牛也。山多産此,故名。

〔滿〕yakri 〔番〕gyag ri

干莫郭克拉　西番語。干莫,老婦也;郭克,匍匐也。嶺形如之,故名。

〔滿〕ganmo gokla 〔番〕rgan mo gog la

吉布拉　西番語。吉布,屏障之象。山形環抱,如屏障然,故名。

〔滿〕gibla 〔番〕skyibs la

隆拉　西番語。隆,風也。嶺上多風,故名。

〔滿〕lungla 〔番〕rlung la

巴拉　西番語。巴,雄偉之意。山形雄峻,故名。

〔滿〕bala 〔番〕vbav la

德摩拉　西番語。德摩,神名。神嘗示現于此嶺,故名。

〔滿〕demola 〔番〕de mo la

色隆拉　西番語。色隆,叢棘之謂。嶺多叢棘,故名。

〔滿〕selungla 〔番〕se lung la

普里　西番語。普,居首之謂。形勢甲于他山,故名。

〔滿〕puri 〔番〕phu ri

置克喀爾拉　西番語。喀爾，謂杖也。嶺形如之，色黑似鐵，故名。

〔滿〕jiyakk'arla〔番〕lcags vkhar la

巴喇克宗里　西番語。巴喇克，山峰也。山舊有城，故名。

〔滿〕barak dzungri〔番〕brag rdzongs ri

羅木沁拉　西番語。羅木沁，肝也。嶺間浮石，其色如肝，故名。

〔滿〕lomcin la〔番〕glo mchin la

沙鄂特岡噶爾里　西番語。沙鄂特，冰雹也；岡噶爾，白雪也。嶺有冰雪，故名。

〔滿〕ša ot gangg'ar ri〔番〕sha vod gang dkar ri

楚拉岡尖拉　西番語。楚拉，水神也；岡，雪也；尖，有也。嶺多積雪，舊有水神廟，故名。

〔滿〕cula ganjiyanla〔番〕chu lha gangs can la

烏克巴里　西番語。烏克巴，梟鳥也。山多產此，故名。

〔滿〕ukbari〔番〕vug pa ri

今博羅克拉　西番語。今，上也；博羅克，謂氊廬也。嶺形如之，故名。

〔滿〕gin borok la〔番〕gyen vbrog la

烏裕克里　西番語。烏裕克，霧也。山嵐多霧，故名。

〔滿〕uyukri〔番〕vu yug ri

拱喀巴噶瑪　西番語。拱，舊地名。喀巴、噶瑪，二山名。

〔滿〕gungk'aba gama〔番〕kungs ga pa ga ma

庫克庫圖勒達巴　蒙古語。庫克，青色；庫圖勒，坡陀也。嶺石多青，故名。

〔滿〕kuke kutul daba〔蒙〕köke kötül dabaγ-a〔托〕kükü kütul daba

特們庫珠達巴　蒙古語。特們，駱駝也。庫珠，項也。嶺形如之，故名。

〔滿〕temen kuju daba〔蒙〕temegen küjügü dabaγ-a〔托〕temen küzu daba

拉爾干拉　西番語。拉爾干,謂老。猶云古嶺也。

〔滿〕larg'anla〔番〕la rgan la

烏蘭蘇布爾噶　蒙古語。烏蘭,紅色;蘇布爾噶,塔也。山有紅塔,故名。

〔滿〕ulan suburga〔蒙〕ulaγan suburγ-a〔托〕ulān suburγa

楊喇拉　西番語。楊,福也;喇,營也。所以集眾,猶云集福嶺也。

〔滿〕yangrala〔番〕gyang ra la

達克裕勒里　西番語。達克裕勒,舊地名,因地以名其山也。

〔滿〕dakyulri〔番〕dwags yul ri

薩木丹岡里　西番語。薩木丹,禪定之謂。山多積雪,舊有番僧禪定于此,故名。

〔滿〕samdan gangri〔番〕bsam gtan gangs ri

策里　西番語。策,謂壽。猶云壽山也。

〔滿〕ts'eri〔番〕tshe ri

年沁塘拉岡里　西番語。年沁,靈應之意;塘,甸也;拉,神也;岡里,雪山也。山間有甸,多積雪,而其神又能靈應也。

〔滿〕niyancin tangla gangri〔番〕mnyan chen thang lha gangs ri

吉勒科爾定拉　西番語。吉勒科爾,梵語曼達勒,與華言太極相似;定,窪也。嶺形近圓,陟嶺下瞰深邃,故名。

〔滿〕gilk'or dingla〔番〕dkyil vkhor sding la

噶勒德拉　西番語。噶勒德,囊屬,嶺形如之,故名。

〔滿〕galdela〔番〕gal te la

古勒凌拉　西番語。古勒,項也;凌,長也。嶺如長項,故名。

〔滿〕gūlringla〔番〕vgul ring la

碩克拉　西番語。碩克,臂也。山坡如臂,故名。

〔滿〕šokla〔番〕zhog la

達爾子里　西番語。達爾子,牧馬人也。相傳唐拉汗之牧人成神,曾于此山示現,故名。

〔滿〕dardziri〔番〕rta rdzi ri

珠木拉　西番語。珠木,貛也。嶺多產貛,故名。

〔滿〕jumla〔番〕grum la

光達拉　西番語。光，上也；達，視也。嶺形高峻，故名。

〔滿〕gongdala〔番〕gong lta la

納木里　西番語。納木，謂天也。

〔滿〕namri〔番〕gnam ri

多特隆岡　西番語。多特，上也；隆，峽也，與訓風者異義。

〔滿〕dot lungg'ang〔番〕stod lung sgang

桑里　西番語，謂銅山也。

〔滿〕sangri〔番〕zangs ri

雜淩拉　西番語。雜，碎石。嶺徑綿長，多碎石，故名。

〔滿〕dzaringla〔番〕dza ring la

雅衣拉　西番語。雅衣，右也。嶺居河右，故名。

〔滿〕yaila〔番〕gyas la

藏　　屬

象博拉　西番語。象博，高也。嶺形高峻，故名。

〔滿〕tonbola〔番〕mthon po la

拉廣　西番語。廣，卑窪之謂。嶺象中卑旁聳，故名。

〔滿〕lag'ung〔番〕la gong

佳布基拉　西番語。佳布基，背後也。嶺在大河之北岸，故名。

〔滿〕giyabgila〔番〕rgyab kyi la

佳木磋普拉　西番語。佳木磋，海也。海水發源此嶺，故名。

〔滿〕giyamts'o pula〔番〕rgya mtsho phu la

諾特津岡藏拉　西番語。諾特津，羅刹也；岡藏，凈雪也。山形險惡多雪，故名。

〔滿〕notjin gangdzangla〔番〕gnod spyin gangs bzang la

德登拉　西番語。德，安好之謂；登，上方也。嶺巔平坦，故名。

〔滿〕dedeng la〔番〕bde steng la

哈魯達巴　蒙古語。哈魯，花名，色白。嶺多此花，故名。

〔滿〕halu daba〔蒙〕qalu dabaɣ-a〔托〕xalu daba

托拉 西番語。托,高也。山峰高峻,故名。

〔滿〕tola〔番〕mtho la

置莫昌里 西番語。置莫,山間險道;昌,偏橋也。山腰險處,架橋以度,故名。

〔滿〕jiyamo cangri〔番〕bcā mo vphrang ri

佳勒燦拉 西番語。佳勒燦,幢也。山形如幢,故名。

〔滿〕giyalts'an la〔番〕rgyal mtshan la

色爾春 西番語。色爾,謂金;春,謂盤。猶云金盤也。

〔滿〕seršung〔番〕gser gzhung

坡瓦將塘里 西番語。坡瓦,當心之謂;將,山陰也。山後有平甸,形如胸次,故名。

〔滿〕powa jiyangtangri〔番〕pho ba byang thang ri

達克里 西番語。山中有虎,故名。

〔滿〕dakri〔番〕stag ri

佳布拉里 西番語。佳布,猶云護佑也。蓋取神佑之意以名山也。

〔滿〕giyab lari〔番〕skyabs lha ri

拉木瑪爾接拉 西番語。拉木,路也;接,沙也。嶺徑多紅沙,故名。

〔滿〕lammar jiyela〔番〕lam dmar bye la

魯木磋拉 西番語。魯,謂龍也;磋,澤也。嶺下舊有龍池,故名。

〔滿〕lumts'ola〔番〕klu mtsho la

將佳拉 西番語。將佳,柳樹也。嶺上多柳,故名。

〔滿〕jiyanggiyala〔番〕lcangs skya la

繅索克博里 西番語。繅、索克博,俱地名。山居兩地之中,故名。

〔滿〕sao sokbori〔番〕zavu sog po ri

通則拉 西番語。通,見也;則,山尖也。峰高易見,故名。

〔滿〕tung dzela〔番〕mthong rtse la

將喇布拉 西番語。喇布,高也。嶺有北峰高峻,故名。

〔滿〕jiyangrabla〔番〕byang rab la

楚拉里　西番語。猶云水神山也。有水發源此山，故名。

〔滿〕culari 〔番〕chu lha ri

羅班木克莫里　西番語。羅班，舊地名；木克莫，栗色①。山以地名，色如淺絳，故名。

〔滿〕loban mukmo ri 〔番〕lo span rmug mo ri

達爾果特拉　西番語。達爾果特，野馬也。山形如之，故名。

〔滿〕dargotla 〔番〕rta rgod la

倫博烏則里　西番語。倫博，猶云名勝也。烏則，頂也。山頂舊多名勝，故名。

〔滿〕lumbo udzeri 〔番〕lhun po dbu rtse ri

多桑岡拉　西番語。多桑，石之美者。山多美石，有積雪，故名。

〔滿〕dosang g'angla 〔番〕rdo bzang gangs la

沙里　西番語。沙，冠也。山形如之，故名。

〔滿〕šari 〔番〕zhwa ri

達克佳勒拉桑　西番語。達克，長久也，與訓虎及山坡者異義；佳勒，勝也；桑，好也，與訓銅者異義。皆美其嶺之辭。

〔滿〕dakgiyal lasang 〔番〕rtag rgyal la bzang

邦拉　西番語。邦，草也。其嶺多草，故名。

〔滿〕bangla 〔番〕spang la

澤博拉　西番語。澤博，秀雅之謂。嶺形聳秀，故名。

〔滿〕dzeibola 〔番〕mdzes po la

鄂特拉　西番語。鄂特，焦也。嶺色深黑如焦，故名。

〔滿〕otla 〔番〕brngod la

罝瑪勒布里　西番語。罝瑪勒布，謂蝴蝶也。山中多此，故名。

〔滿〕jiyama lebri 〔番〕bya ma leb ri

中里　西番語。中，險峻也。山形險峻，故名。

〔滿〕jungri 〔番〕gcong ri

拉鄂拉　西番語。拉鄂，便易之謂。山徑平坦，行人便之，

---

① “色”，四庫薈要本作“也”。

故名。

　　［滿］la'ola ［番］sla bo la

　　桑瓦岡尖里　西番語。桑瓦,深密之謂。岡尖,有雪之謂。山深多雪,故名。

　　［滿］sangwa gangjiyanri ［番］gsang ba gangs can ri

　　拉郭東則　西番語。拉郭,天門也;東,面也。山容高聳開闊,有天門詄蕩之象,故名。

　　［滿］lag'u dungdze ［番］lha sgo gdong rtse

　　岡沁巴　西番語,猶云大雪山也。

　　［滿］gangcinba ［番］gangs chen pa

　　車里　西番語。車,謂大,猶云大山也。

　　［滿］ceri ［番］che ri

　　阿博隆拉　西番語。阿,語辭;博隆,野牛也。山多產此,故名。

　　［滿］aborungla ［番］vbrong la

　　匡多拉　西番語。匡多,舊地名,嶺以地名也。

　　［滿］kongdola ［番］khong to la

　　勒伯拉　西番語。勒伯,囊也。嶺形如之,故名。

　　［滿］lebela ［番］le be la

　　密本岡拉　西番語。密,謂人;本,謂官。雪山以官人名,尊之之辭。

　　［滿］mibon gangla ［番］mi dpon gangs la

　　納拉木拉　西番語。納,鼻也。嶺間徑直如鼻,故名。

　　［滿］nalamla ［番］sna lam la

　　都特納里　西番語。都特,聚落也。山形如鼻,下成村落,故名。

　　［滿］dut nari ［番］dud sna ri

　　爵莫拉里　西番語。爵莫,天女。天女示現于此山,故名。

　　［滿］jiyomo lari ［番］jo mo lha ri

　　岡納木囊里　西番語。納木囊,毘盧遮那佛也。山多雪,佛曾示現于此,故名。

　　［滿］gangnam nangri ［番］gangs rnam snang ri

　　喀爾達拉　西番語。喀爾,碉城也,與訓杖者異義。嶺形如馬,上建碉城,故名。

　　[滿] k'ardala [番] mkhar rta la

　　喀爾達岡拉　西番語,義與喀爾達拉同。嶺常積雪,故名。

　　[滿] k'arda gangla [番] mkhar rta gangs la

　　塘拉　西番語。嶺下有甸,故名。

　　[滿] tangla [番] thang la

　　拉木凌摩　西番語。凌摩,長也。山路綿長,故名。

　　[滿] lamringmo [番] lam ring mo

　　扎木拉　西番語。扎木,牆也。山崖迴抱如牆,故名。

　　[滿] jamla [番] vgram la

　　則凌博　西番語,山嶺高大之謂。

　　[滿] dzeringbo [番] rtse ring po

　　真拉　西番語。真,恩澤也。嶺出雲雨,如恩澤然,故名。

　　[滿] jenla [番] drin la

　　爵莫岡尖里　西番語。天女降居雪山,故名。

　　[滿] jiyomo gangjiyanri [番] jo mo gangs can ri

　　作莫爵莫岡里　西番語。作莫,尊奉之謂。山間有雪,爲尊奉天女處①,故名。

　　[滿] dzomo jiyomo gangri [番] gtso mo jo mo gangs ri

　　岡佳勒拉　西番語。岡佳勒,雪盛也。山中積雪甚盛,故名。

　　[滿] ganggiyal la [番] gangs rgyal la

　　爵莫朗瑪里　西番語。朗瑪,牛也。山嶺如牛,天女曾降于此,故名。

　　[滿] jiyomo langmari [番] jo mo glang ma ri

　　雅克隆拉　西番語。嶺間有峽,多產氂牛,故名。

　　[滿] yakrungla [番] gyag rong la

　　爵莫冬納克里　西番語。冬,面也;納克,黑色。山陽石色近黑,天女居之,故名。

　　[滿] jiyomo dongnakri [番] jo mo gdong nag ri

---

①　"爲",四庫薈要本作"謂"。

郭木托拉　西番語。郭木托,山頭高聳之謂。

〔滿〕g'umtola〔番〕mgo mtho la

錫里特蘇木邁里　西番語。錫里特,世界也;蘇木,三數也。取三千世界之意以名山也。

〔滿〕sirit summairi〔番〕srid gsum mavi ri

普拉年拉　西番語。年,勇也。蓋神勇本于夙根之謂,取釋氏語以名山也。

〔滿〕pula niyanla〔番〕phu la gnyan la

碩勒摩臧拉　西番語。碩勒摩,牝牛也。嶺間清净,宜于牛畜孳乳,故名。

〔滿〕šolmo dzangla〔番〕zhol mo gtsang la

扎克郭隆禪拉　西番語。扎克,峰也;郭,頭也;禪,謂小。嶺多峰巒,傍有小溪,故名。

〔滿〕jakg'u lungcanla〔番〕brag mgo lung phran la

喇布拉　西番語,猶云大嶺也。

〔滿〕rabla〔番〕rab la

魯克拉　西番語。魯克,羊也。嶺象如羊,故名。

〔滿〕lukla〔番〕lug la

郭沁當冲里　西番語。郭沁,大首也;當,清净之意;冲,小也。

〔滿〕gocin dangcungri〔番〕mgo chen tang chung ri

鈕拉　西番語。鈕,細小之謂。嶺形甚小,故名。

〔滿〕niola〔番〕nyevu la

公塘拉　西番語。公,半也。嶺在半塘,故名。

〔滿〕gūngtangla〔番〕gung thang la

布朗蘇木拉　西番語。布朗,山頭也。嶺有三峰,故名。

〔滿〕burang sumla〔番〕pu rangs gsum la

博子拉　西番語。博子,舊地名,因地以名其嶺也。

〔滿〕bodzila〔番〕spo rtsi la

湊隆拉　西番語。湊,泉也。山峽有泉,故名。

〔滿〕ts'eorungla〔番〕mtshevu rong la

佳荅克拉　西番語。虎文黄者名佳荅克,嶺間有之,故名。

〔滿〕giyadak la 〔番〕rgya stag la

佳勒拉　西番語。言嶺間形勢殊勝也。

〔滿〕giyalla 〔番〕rgyal la

光拉　西番語,猶云上方山也。

〔滿〕gongla 〔番〕gong la

爵鄂烏穹里　西番語。爵鄂烏,本地神也;穹,鵬也。峰形如鵬,爵鄂烏神示現于此,故名。

〔滿〕jiyo o ukiongri 〔番〕jo bo dbu khyung ri

結爾古克里　西番語。結爾,謂仰;古克,謂俯。山勢或俯或仰,故名。

〔滿〕giyer gūk ri 〔番〕gyer gug ri

陽堆拉　西番語。堆,積聚之謂,猶云積福嶺也。

〔滿〕yangduila 〔番〕gyang vdus la

岡尖　西番語,猶云雪峰也。

〔滿〕gangjiyan 〔番〕gangs can

喇布岡穹里　西番語。喇布岡,大雪也。山形如鵬,多積雪,故名。

〔滿〕rabgangkiyungri 〔番〕rab sgangs khyung ri

拉克桑卓里　西番語。拉克桑卓,龍之別名。山勢夭矯如龍,故名。

〔滿〕laksangjori 〔番〕lag bzang vgro ri

桑莫衣拉　西番語。桑莫衣,隱處也。嶺形深隱,故名。

〔滿〕sangmoila 〔番〕gsang movi la

隆喀沙爾丹里　西番語。隆,玉草也;喀沙爾,東面也;丹,拱向之謂。山形東向,多玉草,故名。

〔滿〕lungk'a šardanri 〔番〕lung kha shar bstan ri

薩木崖拉　西番語。薩木崖,存想之謂。

〔滿〕samyaila 〔番〕bsam yas la

將春班塘拉　西番語。將春,謂河陰;班,謂雲。嶺在河陰,多雲氣,故名。

〔滿〕jiyangšung bontangla 〔番〕byang gzhung sbon thang la

270

摩克冲里 西番語。摩克，謂盔。山小而其形若盔也。

［滿］mokcungri ［番］rmog chung ri

佳居芒摩里 西番語。佳居，路徑盤曲之謂；芒摩，多也。山徑多曲，故名。

［滿］giyagioi mangmori ［番］gya gyu mang mo ri

羅爵克里 西番語。羅，發語辭；爵克，樓也。山形高聳如樓，故名。

［滿］lojiyokri ［番］lcog ri

瑪薩爾策爾登里 西番語。瑪薩爾，小羊也；策爾登，遊牧處。山下爲牛羊羣牧挐乳處，故名。

［滿］masar ts'erdengri ［番］ma gsar tsher steng ri

倫博岡里 西番語。山爲名勝之區，常積雪，故名。

［滿］lumbo gangri ［番］lhun po gangs ri

尼雅克隆拉 西番語。尼雅克，負重之謂。山中峽石隆起，若負重然，故名。

［滿］niyak rungla ［番］nyag rong la

冲里德光拉 西番語。冲里，小山也；德光，指其嶺而言。猶云彼小山頂之嶺也。

［滿］cungri de gongla ［番］chung ri de gong la

策光拉 西番語。策光，上壽也，山人頌祝之辭。

［滿］ts'e gongla ［番］tshe gong la

達克穹里 西番語。山形如鵬，多虎，故名。

［滿］dakkiongri ［番］stag khyung ri

阿多奔蘇木 西番語。阿，謂皺；多，謂石；奔蘇木，謂兄弟三人也。山有三石皺，如伯仲然，故名。

［滿］ado bunsum ［番］rnga rdo spun gsum

朗納則布里 西番語。朗納，牛鼻也；則布，峰尖也。峰形與牛鼻相似，故名。

［滿］langnadzebri ［番］glang sna rtseb ri

尼瑪里 西番語。尼瑪，日也。山高向日，故名。

［滿］nimari ［番］nyi ma ri

姜切拉　西番語。姜，野馬；切，大也。其嶺高大如野馬，故名①。

[滿] giyangciye la [番] rkyang che la

多勒博拉　西番語。多勒博，地名。往多勒博地者，經行此嶺，故名。

[滿] dolbola [番] dol po la

---

① "故名"，四庫全書本無。

卷二十　西番山名二

喀　木　屬

多什拉　西番語。多,謂石;什,四數;拉,嶺也。嶺有四石峰,故名。
［滿］došila［番］rdo bzhi la

塘賴拉　西番語。塘,甸也;賴,神也。嶺間有甸,稱神以美之也。
［滿］tanglaila［番］thang lhavi la

光蘇木拉　西番語。光,謂上方;蘇木,三數。嶺上有三峰,故名。
［滿］gongsumla［番］gong gsum la

喀木拉　西番語。嶺屬喀木,即以喀木名也。
［滿］k'amla［番］khams la

昆置拉　西番語。相傳舊名,不能解。
［滿］kunjiyala［番］khon cā la

瓦拉　西番語。瓦,狐也;嶺有狐,故名。
［滿］wala［番］wa la

昂拉　西番語。昂,含也。嶺含瘴氣,故名。
［滿］angla［番］ngang la

衛貝拉　西番語。衛,衆也;貝,貝葉也。嶺下有泉,花草生香,如貝葉然,故名。
［滿］oibeila［番］dbus pavi la

索克布魯勒拉　西番語。索克,禾莖也;布魯勒,謂蛇也。嶺間路逶如蛇,下有可耕之地,故名。
［滿］sokburul la［番］sog sbrul la

達郭拉　西番語。達,謂馬;郭,頭也。山形似之,故名。
［滿］dagola［番］rta mgo la

273

多爾濟裕準拉　西番語。多爾濟,金剛也;裕,松石也;準,燭也。山體堅而産松石,其形高聳如燭也。

〔滿〕dorji yujunla〔番〕rdo rje gyu sgron la

博木底巴喇克噶爾里　西番語。博木底,舊地名;巴喇克,謂峰;噶爾,白色。地有白峰,故名。

〔滿〕bomdi barak g'arri〔番〕spom ti brag dkar ri

什拉　西番語。什,吉祥也,蓋美其嶺之詞。

〔滿〕šila〔番〕shis la

作拉　西番語。作,牝牛也。嶺形如之,故名。

〔滿〕dzola〔番〕tso la

瓦郭　西番語。相傳舊嶺名,不能解。

〔滿〕wag'u〔番〕wa go

布摩奔蘇木里　西番語。布摩奔,姊妹之謂;蘇木,三數。相傳姊妹三人,成道於此山,故名。

〔滿〕bumobon sumri〔番〕bu mo sbon gsum ri

匝綽布光拉　西番語。匝綽布,峰石森嚴之象。嶺居高地,石嚴峻,故名。

〔滿〕dzacob gongla〔番〕rdza khrob gong la

接瑪拉　西番語。接瑪,沙也。嶺間多沙,故名。

〔滿〕jiyemala〔番〕bye ma la

吉勒科爾拉　西番語。吉勒科爾,梵語,謂之曼達勒,與華言太極相似。嶺形近圓,故名。

〔滿〕gilk'orla〔番〕dkyil vkhor la

伊達克拉　西番語。伊達克,謂餓口,惡鬼名也。嶺形險峻,故名。

〔滿〕idakla〔番〕yi dwags la

起達克拉　西番語。起,犬也;達克,虎也。取山石之狀而名之者。

〔滿〕kidakla〔番〕khyi stag la

瑪阿拉　西番語。瑪,婦人之稱;阿,鼓也。相傳舊名,如女几山之類。

〔滿〕ma ala〔番〕ma rnga la

愛拉 西番語。愛,吾也,猶云吾家嶺也。

〔滿〕aila〔番〕ngavi la

多爾濟置克噶爾拉 西番語。置克噶爾,白鐵也。山中舊產鋼鐵,故名。

〔滿〕dorji jiyakg'ar la〔番〕rdo rje lcags dkar la

納克博拉 西番語。納克博,物之黑者。嶺石色黑,故名。

〔滿〕nakbola〔番〕nag po la

庭多克拉 西番語。庭多克,深青色。石色似之,故名。

〔滿〕ting dokla〔番〕mthing mdog la

策拉 西番語。策,謂壽,猶云壽嶺也。

〔滿〕ts'ela〔番〕tshe la

丹瑪永中岡里 西番語。丹瑪,堅固之意;永中,卍字也;雪,謂之岡。山體堅實多積雪,或鐫卍字於石壁,故名。

〔滿〕danma yungjung gangri〔番〕brtan ma gyung drung gangs ri

爵木代里 西番語。爵木,舊地名;代,邊界也。謂爵木邊境之山。

〔滿〕jiyomdairi〔番〕jom mdavi ri

察拉岡里 西番語。察拉,小山峰。猶云小雪山也。

〔滿〕cala gangri〔番〕phra la gangs ri

布珠拉 西番語。布,子也;珠,十數。猶云十子嶺也。

〔滿〕bujula〔番〕pu bcu la

都克拉岡里 西番語。都克,寶蓋也。嶺形如之,上多積雪,故名。

〔滿〕dukla gangri〔番〕gdugs la gangs ri

喀瓦噶爾博岡里 西番語。喀瓦,亦雪也;噶爾博,白色。山多積雪,故名。

〔滿〕k'awa g'arbo gangri〔番〕kha ba dkar po gangs ri

將楚布拉 西番語。將楚布,慈悲普濟之意。猶云菩提山也。

〔滿〕jiyangcubla〔番〕byang chub la

東拉 西番語。東,螺也。嶺形如之,故名。

〔滿〕dungla〔番〕dung la

雅滿岡里　西番語。雅滿，神名。山多積雪，其神現示於此，故名。

〔滿〕yaman gangri〔番〕gyav dman gangs ri

佳勒摩隆里　西番語。佳勒摩，佛號也；隆，石峽也。山有石峽，以佛號名，舊或示現於此也。

〔滿〕giyalmo rungri〔番〕rgyal mo rong ri

桑普里　西番語。桑，深密之謂；普里，山頭也。山徑深邃，故名。

〔滿〕sang puri〔番〕gsang phu ri

博氏拉　西番語。博氏，經卷也。相傳有喇嘛東蘭巴丹拜尼瑪欲建寺，乃祝云“吾經落處，即有益衆生。”忽一鴉唧集此山，遂立寺，故名。

〔滿〕bodila〔番〕po ti la

崗拉木　西番語。崗，山脊也；拉木，路也。山脊之上有路，可以通行，故名。

〔滿〕ganglam〔番〕sgang lam

巴喇克拉　西番語。嶺多峰巒，故名。

〔滿〕barakla〔番〕brag la

東拉岡里　西番語。山有積雪，色白如螺，故名。

〔滿〕dungla gangri〔番〕dung la gangs ri

巴拉　西番語。巴，粧飾也。嶺形秀麗，故名。

〔滿〕bala〔番〕spa la

德喀拉　西番語。德，平安之謂；喀，口也。嶺口徑平，行人樂之，故名。

〔滿〕dek'ala〔番〕bde kha la

楚木多拉　西番語。楚木，多水匯處也。嶺旁匯有大澤，故名。

〔滿〕cumdola〔番〕chu mdo la

博碩特拉　西番語。博，阜也；碩特，下也。嶺下有阜，故名。

〔滿〕bošotla〔番〕spo shod la

當噶爾拉　西番語。當噶爾，清淨之謂。猶云清淨嶺也。

〔滿〕dangg'arla〔番〕dwangs dkar la

楚粗勒拉　西番語。粗勒,布施之謂。嶺間有水,行人汲飲無窮,若布施者然,故名。

［滿］cuts'ulla ［番］chu tshul la

摩準拉　西番語。摩準,謂美女。猶云美女山也。

［滿］mojunla ［番］mo mgron la

匝拉蘇木多拉　西番語。匝拉,山坡也。上有三岐徑,故名。

［滿］dzala sumdo la ［番］rtsa la gsum mdo la

沙爾岡拉　西番語。沙爾,東也。山近東偏,多積雪也。

［滿］šar gangla ［番］shar gangs la

多冬達克里　西番語。多冬,中空之象;達克,後也,與訓虎者異義。山後形勢空闊,故名。

［滿］dodung dakri ［番］lto stong dag ri

努布岡拉　西番語。努布,西也。山多積雪,在喀木西界,故名。

［滿］nub gangla ［番］nub gangs la

拉里郭　西番語。拉里,佛山也。以郭名者,猶云佛山頂也。

［滿］larig'u ［番］lha ri mgo

瑪拉什　西番語。瑪,舊地;什,四數。謂瑪地之四嶺也。

［滿］malaši ［番］rma la bzhi

隆巴布岡里　西番語。隆巴,猶云峽中也;布,毛也。山峽中雪如積毛,故名。

［滿］lungbabu gangri ［番］lung ba spu gangs ri

涅古里　西番語。涅,竹也;古,語辭。山形峭直如竹,故名。

［滿］niyegūri ［番］snye gu ri

納克吉贊巴里　西番語。納克,牛也;吉,語辭;贊巴,牛神名。舊有牛神示現於此,故名。

［滿］nakgi dzambari ［番］nags gi dzam bha ri

阿克達木里　西番語。阿克,不能飲也;達木,泥也。山下舊多泥陷,水不能飲,故名。

［滿］akdamri ［番］ag vdam ri

納克碩特拉　西番語。納克,大林也。山下有大叢木,故名。

［滿］nakšotla ［番］nags gshod la

伊郭里　西番語。伊，猞猁孫也。山如此獸之頭，故名。

［滿］igori ［番］dbyi mgo ri

巴爾喀拉　西番語。巴爾喀，居中之謂。前後有嶺，此其中嶺也。

［滿］bark'ala ［番］bar kha la

桑沁蘇木多里　西番語。桑，深隱之謂；沁，大也；多，石也。山容深隱，有三大石，故名。

［滿］sangcin sumdori ［番］gsang chen gsum mdo ri

葉爾吉拉　西番語。葉爾吉，凉爽之謂。嶺上境寬而凉，故名。

［滿］yergila ［番］gyer gyi la

奔扎拉　西番語。奔扎，箭幹也。嶺形如之，故名。

［滿］benjala ［番］vben vdra la

阿喇岡蘇木拉　西番語。阿喇，灰色鼠也。嶺間多野鼠，有三岡，故名。

［滿］ara gangsumla ［番］a ra sgang gsum la

子奇拉　西番語。子奇，塞外鼠也。嶺形如之，故名。

［滿］dzikila ［番］rtsi khi la

噶木拉　西番語。噶木，口含之謂，亦象形而名之者。

［滿］g'amla ［番］vgam la

沙羅拉　西番語。沙，謂鹿；羅，謂角。嶺形如之，故名。

［滿］šarola ［番］sha ro la

巴里　西番語。巴，乳牛也。山形如牛，故名。

［滿］bari ［番］ba ri

恰木布奔蘇木里　西番語。恰木布，遜避之謂；奔，兄弟也。昔有三兄弟避居此山，故名。

［滿］kiyambu bunsumri ［番］vkhyam bu spon gsum ri

索克普里　西番語。索克，草地；普，根也。山麓地豐於草，故名。

［滿］sokpuri ［番］sog phu ri

納格蘭納克沙克里　西番語。納克，謂黑，即黑水也；沙克，水聲。黑水至此，束於兩山間，水聲澎湃，故名。

［滿］nagelan nakšakri ［番］na ge lan nag shag ri

扎什奇勒什里　西番語。扎什,福也;奇勒,普也;什,定也。有普福廟建立於此,故名。

〔滿〕jašii kilširi〔番〕bkra shis vkhyil gzhi ri

格勒切則噶爾里　西番語。格勒,崗也;切,大也,與沁同義;則噶爾,白峰。猶云大白峰山也。

〔滿〕gelciye dzeg'arri〔番〕sgel che rtse dkar ri

禹舒冬布木里　西番語。禹舒,舊地名;冬,千數;布木,億數。相傳有百千億佛居此山,故名。

〔滿〕yušu dongbumri〔番〕yu shu stong vbum ri

匝納克里　西番語。匝,碎石也。山石近黑,故名。

〔滿〕dzanakri〔番〕rdza nag ri

密拉木岡里　西番語。密拉木,謂夢。取釋氏夢幻之意以名山。　按:自密拉木岡里以下爲巴塘、里塘等處山,以其舊隸喀木,附見於此。

〔滿〕milam gangri〔番〕mi lam gangs ri

則克沙勒拉　西番語。則克,層纍之意;沙勒,行也。嶺有層纍之形,故名。

〔滿〕dzekšalla〔番〕rtsegs zhal la

多古則拉　西番語。古,九數。猶云九石峰也,故名。

〔滿〕dogudzela〔番〕rdo dgu rtse la

雅克噶爾拉　西番語。雅克,謂犛牛。嶺形似之,色近白,故名。

〔滿〕yakg'arla〔番〕gyag dkar la

沙瓦拉　西番語。沙,謂鹿;瓦,語辭。嶺形如鹿,故名。

〔滿〕šawala〔番〕sha ba la

博德拉　西番語。博德,書帙也。山石層疊如帙,故名。

〔滿〕bodela〔番〕po te la

沙郭里　西番語。沙郭,鹿頭也。山形與鹿首相似,故名。

〔滿〕šag'uri〔番〕sha mgo ri

置克喀爾頂　西番語。置克,鐵也;喀爾,城也。以鐵名城,取堅固之義。頂與噶布同義,謂山腰也。山舊有城,故名。

〔滿〕jiyak k'arding〔番〕lcags mkhar lding

沙爾羅里　西番語。沙爾羅，東南境也。山在大河東南，故名。

［滿］šarlori ［番］shar lho ri

裕里　西番語。山多松石，故名。

［滿］yuri ［番］gyu ri

達木津匝拉　西番語。達木津，泥濘之謂。嶺間多草澤沮洳處，故名。

［滿］damjin dzala ［番］vdam spyin rtsa la

伊達克里　西番語。伊達克，惡鬼名。山勢猙獰似之，故名。

［滿］idakri ［番］yi dwags ri

巴喇克噶爾拉　西番語。嶺有大白石，故名。

［滿］barak g'arla ［番］brag dkar la

則隆剛拉　西番語。則隆，尖聳之謂；剛，崗也。山崗高聳，故名。

［滿］dzelung g'angla ［番］rtse lung sgang la

居拉木拉　西番語。居，筋也；拉木，路也。嶺間徑路筋絡然，故名。

［滿］gioilamla ［番］sgyus lam la

多捨特拉　西番語。捨特，危險之意。猶云危石峰也。

［滿］došetla ［番］rdo shed la

博鄂捨拉　西番語。博鄂捨，圓滿豐隆之象。嶺巔石勢隆起，故名。

［滿］bo'ošela ［番］spo bo she la

夾拉　西番語。夾，百數。峰巒重疊，約指其數以名之也。

［滿］giyala ［番］brgya la

納拉　西番語。納，謂鼻。嶺形隆起如鼻，故名。

［滿］nala ［番］sna la

巴特瑪郭特基里　西番語。巴特瑪，蓮花也；郭特基，猶云有也。山形如蓮，故名。

［滿］batma g'utgiri ［番］padma bkod gyi ri

朗蘇爾拉　西番語。朗蘇爾，牛脊也。嶺形如之，故名。

［滿］langsurla ［番］glang zur la

臬薩拉　西番語。臬,近也;薩,地也。言嶺形之卑,距地甚近也。

[滿] niyesala [番] nye sa la

必林拉　西番語。必林,雲也。嶺多雲氣,故名。

[滿] birin la [番] sprin la

都克隆拉　西番語。都克,黑色。嶺下有峽,俯瞰深黑,故名。

[滿] dukrung la [番] dug rong la

瑪巴拉　西番語。瑪巴,猶云母也。尊其嶺之詞。

[滿] mabala [番] rma vbav la

則鐘拉　西番語。則鐘,喇嘛近侍之名。舊居此嶺,故名。

[滿] dzejung la [番] rtse drung la

瑪年岡沁岡里　西番語。瑪年,靈感之謂;岡沁岡里,大雪山也。山能靈應,多積雪,故名。

[滿] maniyan gangcin gangri [番] rma gnyan gangs chen gangs ri

達巴拉　西番語,嶺形如馬。巴,語詞也。

[滿] dabala [番] rta pa la

布節拉　西番語。布節,貴介之稱,亦尊其嶺之詞。

[滿] bujiyela [番] bu rje la

索則拉　西番語。索,憩息之謂。言山峰之下,地多平坦,宜憩息也。

[滿] sodzela [番] bso rtse la

珠沽蘇木多拉　西番語。珠沽,鞦韆也,嶺形高聳如之;蘇木多,三岐之徑。嶺下有之,故名。

[滿] jugu sumdola [番] dru gu gsum mdo la

置勒喀拉　西番語。置勒喀,會合之地。山爲諸路會合處,故名。

[滿] jiyalk'ala [番] vjal kha la

郭木達拉　西番語。郭木達,合圍之謂。嶺下多獸,宜圍獵,故名。

[滿] g'umdala [番] ko mdav la

厓運蘇木多拉　西番語。厓，謂右；運，謂左。嶺之左右有三岐路，故名。

［滿］yaiyūn sumdola［番］gyas gyon gsum mdo la

永中拉　西番語。永中，卍字也，或鐫卍字於嶺石之上，故名。

［滿］yungjung la［番］gyung drung la

碩克拉　西番語。碩克，翅也。嶺形如之，故名。

［滿］šokla［番］gshogs la

宗噶布拉　西番語。宗，謂城；噶布，下地。嶺下有城，故名。

［滿］dzungg'abla［番］rdzongs vgab la

米干托特巴里　西番語。米干，老人也；托特巴，謂頂。山體圓，少生殖，取老人頭童之意以名之也。

［滿］mig'an totbari［番］mi rgan thod pa ri

巴爾布拉　西番語。巴爾布，盒也。山頂平圓，故取象如此。

［滿］barbula［番］spar bu la

朗隆普克里　西番語。朗隆普克，牛穴也。山中野牛，多穴地而居者，故名。

［滿］langlung pukri［番］glang long phug ri

瑪爾佳摩拉　西番語。瑪爾佳摩，謂淺紅色，嶺以石色得名。

［滿］margiyamola［番］dmar skya mo la

僧格巴爾多拉　西番語。巴爾多，爪也。山形如獅爪，故名。

［滿］sengge bardola［番］seng ge spar mdo la

置克則剛拉　西番語。置克則，鐵峰也。山崗色黑如鐵，故名。

［滿］jiyakdze g'angla［番］lcags rtse sgang la

薩木丹博木博岡拉　西番語。薩木丹，入定之意；博木博，道人也。山多積雪，舊有道人入定於此，故名。

［滿］samdan bombo gangla［番］bsam gtan bom po gangs la

置公拉　西番語。置公，卵也。山形圓，故名。

［滿］jiyagungla［番］bya skong la

多爾濟里　西番語，取金剛不壞之意以名山也。

［滿］dorjiri［番］rdo rje ri

噶拉　西番語。噶，難也。嶺高難陟，故名。

［滿］g'ala［番］dkav la

阿彌耶喀木桑里　西番語。阿彌耶,長老之稱,尊其山之詞;喀木桑,勝地也。山多勝地,故因以名其山也。

［滿］amiye k'amsangri［番］a mye khams bzang ri

攃拉　西番語。攃,謂熱。嶺中氣候少寒,故名。

［滿］ts'ala［番］tsha la

光拉岡里　西番語。謂山居高地,多積雪也。

［滿］g'ungla gangri［番］gong la gangs ri

鄂木尖租布拉　西番語。鄂木,唵字也;尖,有也;租布拉,石壁也。山有唵字鎸於壁上,故名。

［滿］omjiyan dzubla［番］om can rtsub la

噶克拉岡里　西番語。噶克,高峰對立之象。與公拉岡里對峙,亦多積雪也。

［滿］g'akla gangri［番］vgag la gangs ri

阿　里　屬

里克蘇木衮博里　西番語。里克、蘇木、衮博,謂文殊、觀音及手持金剛也。舊曾示現於此,故名。

［滿］riksum gonbori［番］rig gsum mgon po ri

節瑪羅克巴拉　西番語。節瑪,謂沙;羅克巴,黑色。猶云黑沙嶺也。

［滿］jiyema rokbala［番］bye ma rog pa la

雅克多喀里　西番語。雅克多,牡牛也;喀,口也。山有穴如牛口,故名。

［滿］yakdo k'ari［番］gyag do kha ri

罝勒索隆里　西番語。罝勒索,舊地名;隆里,山峽也。

［滿］jiyalso rongri［番］cal so rong ri

朗博里　西番語。朗博,象也。山形如象,故名。

［滿］langbori［番］glang po ri

羅克多起崖里　西番語。羅克多,旁山也。山爲支峰,形似犬,故名。

［滿］lokdo ki yai ri［番］logs do khyi yas ri

庫爾多察岳特里　庫爾多,蒙古語,輪也;察岳特,西番語,雙峙之謂。山形如雙輪,故名。

［滿］kurdo cayotri［蒙］kürdü čayodri［番］khur do cha yod ri［托］kürdo cayodri

濟租克古　西番語。濟租克,峰頂也。小峰有九,故名。

［滿］jidzukgu［番］spyi tsug dgu

佳里　西番語,白山也。

［滿］giyari［番］skya ri

作摩卓勒瑪拉　西番語。作摩,聖也;卓勒瑪,救度佛母名也。舊曾示現於此,故名。

［滿］dzomo jolmala［番］rtso mo sgrol ma la

舍勒穹岡里　西番語。舍勒,玻璃也;鵬,謂之穹。山形如鵬,積雪晶明,如玻璃然也。

［滿］šelkiong gangri［番］shel khyung gangs ri

木冲光簪里　西番語。木冲光簪,神女之謂,猶云神女山也。

［滿］mucung gongdzanri［番］dmu chung gong btsan ri

雅克丁拉　西番語。丁,趾也。嶺形與牛趾相似,故名。

［滿］yakdingla［番］gyag sting la

噶爾拉　西番語,白嶺也。

［滿］g'arla garla［番］dkar la

姜里　西番語。姜,野騾也。山多產此,故名。

［滿］giyangri［番］rkyang ri

察瑪爾拉　西番語。察,雙也。山有雙峰對峙,石色近紅,故名。

［滿］camarla［番］cha dmar la

索拉　西番語。嶺間平坦,宜於憩息,故名。

［滿］sola［番］gzo la

起庫索爵特里　西番語。起庫,犬子也;索,牙也;爵特,落也。相傳山下有泉,人畜飲之則落牙,犬牙性堅,飲之亦落,故名。

［滿］kiku sojiyot ri［番］khyi khu so gcod ri

裕羅拉　西番語。羅,葉也。嶺形層出如葉,色似松石,故名。

［滿］yulola ［番］gyu lo la

定冲里　西番語。定,窪下之地;冲,謂小。蓋小山磵也。

［滿］dingcungri ［番］sding chung ri

沙沙尼沙爾　西番語。沙沙,鹿肉也;尼,日也;沙爾,出也。山間日初出,映石色紅,故名。

［滿］šaša nišar ［番］sha sha nyi shar

木克隆拉　西番語。木克,栗色①。峽中石色如是,故名。

［滿］mukrongla ［番］smug rong la

將里噶布　西番語。將里,北山也;噶布,山腰也。

［滿］jiyangrig'ab ［番］byang ri skab

臧里　西番語,猶云清淨山。

［滿］dzangri ［番］gtsang ri

穹拉爵克里　西番語。樓,謂之爵克。以鵬名山,喻其大也;以樓名山,喻其高也。

［滿］kiongla jiyokri ［番］khyung la lcog ri

作楞拉　西番語。楞,獨也。嶺象如牛,其峰孤出,故名。

［滿］dzorengla ［番］mdzo rengs la

瑪爾永拉　西番語。瑪爾,光潤之謂,與訓紅色者異義。永之爲言有也。山色鮮潤,故名。

［滿］maryung la ［番］mar yong la

庫克拉　西番語。庫克,肘也。嶺形如之,故名。

［滿］kukla ［番］khug la

屯拉　西番語。屯,謂交也。嶺形交互,故名。

［滿］tunla ［番］mthun la

達克拉尼瑪里　西番語。達克拉,指山後而言;尼瑪,謂日。山後向陽近日,故名。

［滿］dakla nimari ［番］ltag la nyi ma ri

巴爾尖努布里　西番語。巴爾,氊廬也,與博羅克同義;尖,有

---

①　"栗",原作"粟",據四庫全書本、四庫薈要本及前文改。

也;努布,西也。山居西境,形若氈廬,故名。

　　[滿] barjiyan nubri [番] sbra can nub ri

　　接里接塘吉里　西番語。接里,沙山也;接塘,沙原也。山間多沙,有平原,故名。

　　[滿] jiyeri jiyetanggiri [番] bye ri bye thang gi ri

　　尊普魯勒普克　西番語。尊,法也;普魯勒,顯也;普克,謂厓。取顯示佛法之意以名厓也。

　　[滿] dzunpurul puk [番] rdzu vphrol phug

　　岡底斯里　西番語。雪,謂之岡;底斯,即梵語得色,亦指雪而言也。蓋合梵語、西番語而名之者,在漢語則雪山也。山體大,地勢亦絕高,番地山川皆發脉於此。《水經注·西域志》曰:阿耨達太山,其上有大淵水,宮殿樓觀甚大焉。　按:今岡底斯里之前有二湖相連,土人相傳爲西王母瑤池,意即阿耨達池,其上爲阿耨達山也。

　　[滿] gang disri [番] gangs te se ri

　　朗沁喀巴布岡里　西番語。朗沁,謂象;喀巴布,水口也。雪山澗水下流,如出象口,故名。

　　[滿] langcin k'abab gangri [番] glang chen kha vbabs gangs ri

　　達靈隆　西番語。靈,馴擾之謂。猶云馴馬峽也。

　　[滿] dalingrong [番] rta ling rong

　　滿納克尼勒岡里　西番語。滿納克尼勒,謂本地神所居也。山爲神所棲止,且多積雪,故名。

　　[滿] mannak nil gangri [番] rman nag nyil gangs ri

　　達木綽克喀巴布岡里　西番語。達木綽克,謂寶馬也。雪山澗水下流,如出馬口,故名。

　　[滿] damcok k'abab gangri [番] rta mchog kha vbabs gangs ri

　　瑪布置喀巴布岡里　西番語。瑪布置,謂孔雀。雪山澗水下流,如出孔雀口,故名。

　　[滿] mabjiya k'abab gangri [番] rma bya kha vbabs gangs ri

　　達郭拉　西番語。郭,甲也。嶺形峻整,如馬介甲也。

　　[滿] dagola [番] rta go la

僧格喀巴布岡里　西番語。雪山澗水下流,如出師子口也。

〔滿〕sengge k'abab gangri〔番〕seng ge kha vbabs gangs ri

來拉　西番語。來,謂天。嶺形高峻,故名以尊之。

〔滿〕laila〔番〕lhavi la

納克博納古里　西番語。納古,物數至九也。山石近黑,上有九峰,故名。

〔滿〕nakbo nagūri〔番〕nag po sna dgu ri

臧温拉　西番語。温,寬敞之謂。嶺間清净寬敞,故名。

〔滿〕dzangwen la〔番〕gtsang dben la

節拉　西番語。節,尊長之稱,尊其山而名之也。

〔滿〕jiyela〔番〕rje la

里鄂澤佳特　西番語。里鄂,山上;澤,謂角;佳特,八數。相傳八大菩薩顯化處,是名八角山也。

〔滿〕ri'o dzegiyat〔番〕ri bo rtse brgyad

接拉喇克巴　西番語。接拉,沙嶺也;喇克巴,謂黑黄色,指沙色而言。

〔滿〕jiyela rakba〔番〕bye la rag pa

拉鄂切　西番語,謂大嶺也。

〔滿〕la'ociye〔番〕la bo che

瑪噶　西番語。瑪,謂母;噶,喜也。天母現示於此,生歡喜心也。

〔滿〕maga〔番〕ma dgav

將拉　西番語。將,山陰也。嶺在大山之陰,故名。

〔滿〕jiyangla〔番〕byang la

卷二十一　西番水名一

衛　　屬

臧博楚①　西番語。臧博，清浄之謂；楚，水也，河也。取清净無垢之義以名河。其上流即藏地崖魯臧博楚也。《唐書·吐蕃傳》：閤恒盧川，直邏娑川之南百里，臧河所流也。臧河之北川，贊普之夏牙也。　按：今衛之拉薩爲唐吐蕃贊普建牙處，臧博楚以數千里長河，經流拉薩之南，方位名號俱相脗合，其爲臧河之舊無疑。

［滿］dzangbocu［番］gtsang po chu

尼塘楚　西番語。尼，日也；塘，甸也。水光映日，旁有廣甸，故名。

［滿］nitangcu［番］nyi thang chu

綽普楚　西番語。綽普，生鐵也。濱河產鐵，故名。

［滿］copucu［番］khro phu chu

朗楚②　西番語。朗，牛也。水濱宜畜牧，故名。

［滿］langcu［番］glang chu

陽巴尖楚　西番語。陽巴尖，寬濶之謂。河形寬濶，故名。

［滿］yangbajiyancu［番］yangs pa can chu

坡賴楚　西番語。坡，男子之謂；賴，與拉同意，神聖之稱，蓋指河神而言也。

［滿］polaicu［番］pho lhavi chu

達木楚　西番語。達木，泥也。河有淤泥，故名。

［滿］damcu［番］vdam chu

---

① 英藏鈔本此條後有"烏裕克楚"條，而該條底本、四庫全書本、四庫薈要本皆在卷二十一《西番水名一·藏屬》。

② 英藏鈔本無此條。

拉楚① 西番語。拉，神也。水源發於塘拉岡里，稱拉以神之也。

〔滿〕lacu〔番〕lha chu

爵木楚② 西番語。爵木，舊地名，因地以名其水也。

〔滿〕jiyomcu〔番〕com chu

西里克圖烏蘇 蒙古語。西里克，濱河土阜之帶草者③；圖，有也；烏蘇，水也。水濱多此，故名。④

〔滿〕siriktu usu〔蒙〕siriɣtu usu〔托〕siriqtu usu

木底克臧博隆 西番語。木底克，珍珠也⑤；隆，大河也。河産珍珠，水色清潔，故名。

〔滿〕mudik dzangbolung〔番〕mu tig gtsang po klung

噶勒招木綸 蒙古語。噶勒招，狂也；木綸，大江也。水勢汹湧，故名。

〔滿〕galjao muren〔蒙〕ɣalǰaɣu mörön〔托〕ɣalzaü murün

沙爾楚 西番語。沙爾，東也。水在拉薩東境，故名。

〔滿〕šarcu〔番〕shar chu

桑里普楚⑥ 西番語。桑里，銅山也；普楚，水源也。水源發於銅山，故名。

〔滿〕sangripucu〔番〕zangs ri phu chu

丁里瑪楚 西番語。丁，居中之謂。番人謂黃河爲瑪楚。水出山中，色濁，故以瑪楚名。

〔滿〕dingrimacu〔番〕ding ri rma chu

龍色楚⑦ 西番語。龍，狹也；色，小木名，果實色紅。河旁地狹，多果木，故名。

----

① 英藏鈔本無此條。
② 英藏鈔本無此條。
③ "土阜"，英藏鈔本作"平甸"。
④ 英藏鈔本此條後有"木底克磋"條，而該條底本、四庫全書本、四庫薈要本皆在卷二十二《西番水名二·喀木屬》。
⑤ "木底克，珍珠也"，英藏鈔本無。
⑥ 英藏鈔本無此條。
⑦ 英藏鈔本無此條。

［滿］rungsecu ［番］rong se chu

藏楚①　西番語，水以地名也。

［滿］dzangcu ［番］rdzang chu

巴隆楚　西番語。巴隆，浪也。河流多浪，故名。

［滿］balungcu ［番］rba klong chu

烏克楚　西番語。烏克，鴉也。濱河產此，故名。

［滿］ukcu ［番］vug chu

尼雅楚　西番語。尼雅，魚也。河中多魚，故名。

［滿］niyacu ［番］nya chu

佳囊楚②　西番語。佳，柳林也；囊，空甸也。水傍有甸，多柳，故名。

［滿］giyanangcu ［番］rgya nang chu

巴蘇達磋　西番語。巴蘇達，龍神也。濱河有龍神廟，故名。

［滿］basudats'o ［番］pa su ta mtsho

仰楚③　西番語。仰，地名，因地以名其水也。

［滿］niyangcu ［番］nyang chu

寧楚　西番語。寧，仁也。水性和平，名以美之④。

［滿］ningcu ［番］snying chu

捫楚　西番語。捫，部落名。水東南入捫部落，故名。

［滿］muncu ［番］mon chu

奈楚　西番語。奈，定也。水多渟蓄，故名。

［滿］naicu ［番］gnas chu

魯布納克楚　西番語。魯布，泥濘之意；納克，黑色。水黑多泥，故名。

［滿］lubnakcu ［番］rlubs nag chu

雅爾博羅克裕磋　西番語。雅爾博羅克，開廣之象；裕，松石也。水色似之，故名。

---

① 英藏鈔本無此條。
② 英藏鈔本無此條。
③ 英藏鈔本無此條。
④ 英藏鈔本此後有"按：自烏裕克楚至此，皆藏博楚之分流，隨地異名者"。

［滿］yar borok yuts'o ［番］gyar vbrog gyu mtsho

春楚①　西番語。春,謂河,猶云河水也。

［滿］šungcu ［番］gzhung chu

騰格里淖爾　蒙古語。騰格里,謂天;淖爾,謂澤。猶云天池也。

［滿］tenggeri noor ［蒙］tngri naɣur ［托］tenggeri noor

錫爾哈羅色淖爾②　蒙古語。錫爾哈,黃色;羅色,騾也。池旁產此,故名。

［滿］sirha lose noor ［蒙］sirɣ-a laɣusa naɣur ［托］sirxa lose noor

錫納噶布拉克③　蒙古語。錫納噶,杓也;布拉克,泉也。泉眼似之,故名。

［滿］sinaga bulak ［蒙］sinaɣ-a bulaɣ ［托］sinaɣa bulaq

準扎噶蘇台郭勒　蒙古語。準,東也;扎噶蘇,魚也;台,有也;郭勒,河也。河居東境,產魚,故名。

［滿］jun jagasutai gool ［蒙］ǰegün ǰiɣasutai ɣool ［托］zöün zaɣasutai ɣol

都木達扎噶蘇台郭勒　蒙古語。都木達,謂中。扎噶蘇台郭勒有三,此其中流也。

［滿］dumda jagasutai gool ［蒙］dumda ǰiɣasutai ɣool ［托］dumda zaɣasutai ɣol

巴倫扎噶蘇台郭勒　蒙古語。巴倫,謂西。言河居西而產魚也。

［滿］barun jagasutai gool ［蒙］baraɣun ǰiɣasutai ɣool ［托］baruun zaɣasutai ɣol

布哈淖爾　蒙古語。布哈,野牛也。澤旁多產野牛,故名。

［滿］buha noor ［蒙］buqa naɣur ［托］buxa noor

---

① 英藏鈔本無此條。
② 英藏鈔本此條在卷二十一《西番水名一·藏屬》。
③ 英藏鈔本此條在卷二十一《西番水名一·藏屬》。

哈喇淖爾　蒙古語。哈喇,黑色。澤水近黑,故名。　按：此與布哈淖爾爲喀木屬哈喇烏蘇之上流匯入處①,居衛北境,故先著於此。

〔滿〕hara noor〔蒙〕qar-a naγur〔托〕xara noor

濟達淖爾②　蒙古語。濟達,長鎗也。澤形似之,故名。

〔滿〕jida noor〔蒙〕jida naγur〔托〕zida noor

磋朗角克③　西番語。朗角克,腸也。澤流曲折如腸,故名。

〔滿〕ts'olong giyok〔番〕mtsho long kyog

楚瑪爾磋④　西番語。瑪爾,紅色。水色近紅,故名。

〔滿〕cumarts'o〔番〕chu dmar mtsho

沙克楚⑤　西番語。沙克,舊地名。因地以名其水也。

〔滿〕šakcu〔番〕shag chu

朗催春⑥　西番語。謂濱河多牛畜,與前朗楚同義也。

〔滿〕langts'oi šung〔番〕glang mtshovi gzhung

坡賴楚⑦　〔滿〕polaicu 解及三合切音以下見本卷。

庫擦楚⑧　蒙古語。庫擦,牡羊也。濱河有之,故名。

〔滿〕kūts'acu〔蒙〕qucaču〔托〕kücacu

藏　屬

崖魯臧博楚　西番語。崖魯,謂西境。藏在衛西,與衛屬之臧博楚本一河,此其西流也。

〔滿〕yairu dzangbocu〔番〕gyas ru gtsang po chu

---

① "入",英藏鈔本作"水"。
② 英藏鈔本無此條。
③ 英藏鈔本無此條。
④ 英藏鈔本無此條。
⑤ 英藏鈔本無此條。
⑥ 英藏鈔本無此條。
⑦ 英藏鈔本此條在"烏克楚"條之後、"尼雅楚"條之前。
⑧ 英藏鈔本無此條。

烏裕克楚①　西番語。烏裕克,霧也。水邊多霧,故名。

〔滿〕uyukcu〔番〕vu yug chu

喇勒尖楚郭春②　西番語。喇勒尖,謂毛也;楚郭,水源也。有源之水,流若旋毛,故名。

〔滿〕raljiyan cugošung〔番〕ral can chu vgo gzhung

阿楚③　西番語。阿,謂鼓。水聲如鼓,故名。

〔滿〕acu〔番〕rnga chu

拉普克臧博楚　西番語④。普克,穴也。水出崖穴間,其色澄潔,稱拉以神之也。

〔滿〕lapuk dzangbocu〔番〕lha phug gtsang po chu

穆空春⑤　西番語。穆空,舊地名,因地以名其河也。

〔滿〕mukungšung〔番〕mu khung gzhung

隆賴楚⑥　西番語。隆,山峽也;賴,神也。水在山峽間,稱神以尊之也。

〔滿〕lunglaicu〔番〕lung lhavi chu

古揚楚⑦　西番語。古揚,寬廣之意。水流寬廣,故名。

〔滿〕gūyangcu〔番〕gu yangs chu

卓碩特吉春⑧　西番語。卓。溫也;碩特吉,底也。河腹水溫,故名。

〔滿〕jošotgi šung〔番〕gro shod kyi gzhung

色郭爾楚　西番語。色郭爾,鳥名。濱河多此,故名。

---

①　英藏鈔本此條在卷二十一《西番水名一·衞屬》。英藏鈔本"崖魯臧博楚"條後爲"扎克佳楚"條,此條爲底本所無,兹列於此:"**扎克佳楚**　西番語。扎克。石峰也;佳,白色。濱河有白色山峰,故名。〔滿〕jakgiyacu〔番〕brag skya chu"。
②　英藏鈔本無此條。
③　英藏鈔本無此條。
④　"西番語"後,英藏鈔本有"拉,神也"。
⑤　英藏鈔本無此條。
⑥　英藏鈔本無此條。
⑦　英藏鈔本無此條。
⑧　英藏鈔本無此條。

［滿］seg'urcu ［番］bse kor chu

察窪楚　西番語。察窪,雙也。河有分流,故名。

［滿］cawacu ［番］cha ba chu

佳布拉爾楚①　西番語。佳布拉爾,壩也。河中設壩,故名。

［滿］giyab larcu ［番］skyabs lar chu

滿楚　西番語。滿,藥草也。濱河産此,故名。

［滿］mancu ［番］sman chu

匝喀藏楚　西番語。匝喀,土阜之帶草者。濱河有之,水色青潔,故名。

［滿］dzaka dzaṇgcu ［番］rtsa kha gtsang chu

納木磋錫木磋　西番語。納木磋②,猶云天池也;錫木,美之之詞。

［滿］namts'o simts'o ［番］gnam mtsho zhi mtsho

喇布磋③　西番語。喇布,安好之謂。水流平穩,故名。

［滿］rabts'o ［番］rabs mtsho

隆磋朗磋　西番語。池水發於山峽之間,其旁爲牧牛挈乳處,故名。④

［滿］rungts'o langts'o ［番］rong mtsho glang mtsho

鄂楚　西番語。鄂,乳也。水甘如乳,故名。

［滿］ocu ［番］vo chu

吉特磋佳木磋⑤　西番語。吉特,安適之謂;佳木,白色。澤流安穩而色白,故名。

［滿］gitts'o giyamts'o ［番］skyid mtsho skya mtsho

莽噶爾楚　西番語。莽,多也;噶爾,白色。水有衆流匯入,色白,故名。

---

① 英藏鈔本無此條。
② "磋",原作"槎",據此條詞頭及四庫薈要本、英藏鈔本改。
③ "喇",英藏鈔本作"拉",注同。
④ 英藏鈔本此條注語作"西番語。隆,山峽也;朗,牛也。池水發山峽間,旁宜牧牛挈乳,故名"。
⑤ 英藏鈔本無此條。

［滿］mangg'arcu ［番］mang dkar chu

多克楚 西番語。多克,窄狹之謂。河流窄細,故名。

［滿］dokcu ［番］dogs chu

阿丹邁春① 西番語。阿丹邁,黃花也。澤濱有黃花,故名。

［滿］adan maišung ［番］a ldan mavi gzhung

日噶光噶爾磋② 西番語。日噶,映照之象;光,上方也。池旁有白石峰相映,故名。

［滿］žig'a gongg'arts'o ［番］gzhis ka gong dkar mtsho

阿木綽克磋③ 西番語。阿木綽克,耳也。澤形如之,故名。

［滿］amcokts'o ［番］am mchog mtsho

吉特楚 西番語④。河流平穩,渡者樂之,故名。

［滿］gitcu ［番］skyid chu

隆催楚⑤ 西番語。謂河流發於山峽間也。

［滿］rongts'oicu ［番］rong mtshovi chu

達克里普楚⑥ 西番語。達克,謂虎;里,謂山;普,謂源。水源發於虎山,故名。

［滿］dakri pucu ［番］stag ri phu chu

將楚 西番語。將,北也。河向北流,故名。

［滿］jiyangcu ［番］byang chu

當楚 西番語。當,清徹之謂⑦。河水澄清,故名。

［滿］dangcu ［番］dwangs chu

沙布楚 西番語。沙布,足也。河形最下,故取象於足以名之。

［滿］šabcu ［番］zhabs chu

---

① 英藏鈔本無此條。
② "光",英藏鈔本作"公",注同。故此條字母轉寫爲"［滿］žig'a gungg'arts'o ［番］gzhis ka gong dkar mtsho"。
③ 英藏鈔本無此條。
④ 英藏鈔本此後有"吉特,喜意也"。
⑤ 英藏鈔本無此條。
⑥ 英藏鈔本無此條。
⑦ "徹",英藏鈔本作"澈"。

置魯春①　西番語。置,鳥也;魯,翼也。河形如之,故名。

〔滿〕jiyarušung〔番〕bya ru gzhung

薩喇特楚②　西番語。薩喇特,綫也。水細而長,故名。

〔滿〕saratcu〔番〕srad chu

汀楚　西番語。汀,藍色。水色近藍,故名。

〔滿〕tingcu〔番〕mthing chu

將羅楚③　西番語。將羅,柳也。濱河多柳,故名。

〔滿〕jiyanglocu〔番〕lcang lo chu

尼雅楚　〔滿〕niyacu 解及三合切音以下見本卷。④

多特圖布楚⑤　西番語。多特,居也;圖布,可也。濱河水上可居,故名。

〔滿〕dot tubcu〔番〕sdod thub chu

年楚　西番語。年,深險之謂。河流甚險,故名。

〔滿〕niyancu〔番〕gnyan chu

班蘭春⑥　西番語。班蘭,舊地名。因地以名其河也。

〔滿〕banlanšung〔番〕span lhan gzhung

拉隆　西番語。河流廣大,稱拉以神之也。

〔滿〕lalung〔番〕lha lung

博爾楚　西番語。博爾,喜悦之詞。水流清冽,飲者甘之,故名。

〔滿〕borcu〔番〕spro chu

集魯裕木磋　西番語。集魯,珊瑚也。澤産珊瑚及松石,故名。⑦

〔滿〕jiru yumts'o〔番〕byi ru gyu mtsho

---

① 英藏鈔本無此條。
② 英藏鈔本無此條。
③ 英藏鈔本此條後爲"商楚"條,爲底本所無,兹列於此:"商楚　西番語。商,鼻也,與納同義。河上山形似之,故名。〔滿〕šangcu〔番〕shangs chu"。
④ 英藏鈔本此條注語作"見本卷"。
⑤ 英藏鈔本無此條。
⑥ 英藏鈔本無此條。
⑦ 英藏鈔本順序爲"當楚—將楚—汀楚—沙布楚—尼雅楚—拉楚—將羅楚—商楚—年楚—集魯裕木磋—博爾楚"。

當拉裕木磋①　西番語。當拉,亦清徹之謂。澤水澄清,中産松石,故名。

［滿］dangla yumts'o［番］dwangs la gyu mtsho

鈕楚　西番語。鈕,小也。河流細小,故名。

［滿］niocu［番］nyevu chu

噴磋克臧博楚②　西番語。噴磋克,全備之謂。水清潔而多産殖,故名。

［滿］punts'ok dzangbocu［番］phun tshogs gtsang po chu

璊楚　西番語。璊,下地也。河居下地,故名。

［滿］mancu［番］dman chu

置克塔克楚③　西番語。置克,鐵也;塔克,索也。水濱舊以鐵索引渡,故名。

［滿］jiyak takcu［番］lcags thag chu

---

① 英藏鈔本此條前有"錫爾哈羅色淖爾"條,而底本"錫爾哈羅色淖爾"條在卷二十一《西番水名一·衛屬》。英藏鈔本此條後有"吉薩克磋"條,而底本"吉薩克磋"條在卷二十二《西番水名二·阿里屬》,且二者内容有差異,兹列於此:"吉薩克磋　西番語。吉薩克,匯聚之意。水匯聚於此,故名。［滿］gisakts'o［番］spyi bsag mtsho"。英藏鈔本"吉薩克磋"條後又有"錫納噶布拉克"條,而底本"錫納噶布拉克"條在卷二十一《西番水名一·衛屬》。英藏鈔本"錫納噶布拉克"條後又有"扎布扎雅察罕達布遜淖爾"條,而底本"扎布扎雅察罕達布遜淖爾"條在卷二十二《西番水名二·阿里屬》,且二者内容有差異,兹列於此:"**扎布扎雅察罕達布遜淖爾**　扎布雅,西番語,木名;察罕達布遜,蒙古語,白鹽也。鹽池旁多産此木,故名。［滿］jabya cagan dabusun noor［蒙］ǰabaya čaγan dabusun naγur［番］dzab ya cha kan ta pu su novur［托］jabaya čaqan dabusun noor。"英藏鈔本"扎布雅察罕達布遜淖爾"條後又有"達羅克裕木磋"條,而底本"達羅克裕木磋"條在卷二十二《西番水名二·阿里屬》。英藏鈔本"達羅克裕木磋"條後又有"林沁蘇克巴磋"、"朗布磋"條,而底本此二條皆在卷二十二《西番水名二·阿里屬》。英藏鈔本"朗布磋"條與底本略有差別,兹列於此:"**朗布磋**　西番語。朗布,牛犢也。澤旁多牛犢孳乳,故名。"
② "噴",英藏鈔本作"朋",注同。故此條字母轉寫爲"［滿］pungts'ok dzangbocu［番］phun tshogs gtsang po chu"。且英藏鈔本此條在"鈕楚"條前。
③ 英藏鈔本無此條。

楚郭羅克托特① 　西番語。郭，源也；羅克托特，回首之謂。水勢環抱，故名。

〔滿〕cugo loktot 〔番〕chu vgo slog thod

楚臧② 　西番語，謂水之清淨者。

〔滿〕cudzang 〔番〕chu bzang

喇噶將春楚③ 　西番語。喇噶，山陽；將春，山陰。河水環山而流，故名。

〔滿〕rag'a jiyangšungcu 〔番〕ra ga byang gzhung chu

爵摩拉木磋 　西番語。爵摩，尼僧也；拉木，道也。河流當道，舊有尼菴，故名。

〔滿〕jiyomo lamts'o 〔番〕jo mo lam mtsho④

楚羅克楚 　西番語。楚羅克，渾濁之謂。水色近濁，故名。

〔滿〕curokcu 〔番〕chu rog chu

佳克楚⑤ 　西番語。佳克，寬大之謂。河流寬廣，故名。

〔滿〕giyakcu 〔番〕rgyag chu

勒克楚 　西番語。勒克，好也。美其水之詞。

〔滿〕lekcu 〔番〕legs chu

皆楚⑥ 　西番語。皆，亦寬大之意。

〔滿〕giyaicu 〔番〕rgyas chu

羅楚 　西番語。羅，南也。河水南流，入噴磋克臧博楚⑦，故名。

〔滿〕locu 〔番〕lho chu

---

① 英藏鈔本無此條。
② 英藏鈔本無此條。
③ 四庫全書本、四庫薈要本此條在“楚臧”條前。
④ 英藏鈔本此條字母轉寫與底本有不同，茲列於此：“〔滿〕jiyomolamts'o 〔番〕jo mo lam mtsho。”英藏鈔本“爵摩拉木磋”條在“璊楚”條前。
⑤ 英藏鈔本此條在“楚羅克楚”條前。
⑥ 英藏鈔本此條在“勒克楚”條前。
⑦ “噴”，英藏鈔本作“朋”。

巴朗凌磋①　西番語。巴朗凌，即所謂西牛賀洲，取釋家語以名
之也。

〔滿〕balang lingts'o〔番〕ba glang gling mtsho

噶勒磋　西番語。噶勒，渡也。澤有渡口，故名。

〔滿〕galts'o〔番〕sgal mtsho②

佳木磋③　西番語。澤形寬大，故名。

〔滿〕giyamts'o〔番〕rgya mtsho

---

① 英藏鈔本此條在"羅楚"條前。英藏鈔本"羅楚"條後還有"鏘楚"、"郭楚"
二條，爲底本所無，兹列於此："**鏘楚**　西番語，酒也。泉甘如酒，故名。
〔滿〕ciyangcu〔番〕chang chu。""**郭楚**　西番語。郭，潛也。河由疏潛而
成，故名。〔滿〕g'ucu〔番〕rgo chu。"
② 英藏鈔本此條滿文轉寫與底本不同，爲"g'alts'o"。
③ "磋"，四庫薈要本作"楚"。英藏鈔本此條在"噶勒磋"條前。

卷二十二　西番水名二

喀　木　屬

　　凡在達賴喇嘛商屬及夥爾三十九族、察木多、乍雅諸境者,備著于篇。

　　沙克楚　西番語。沙克,水聲;楚,謂水也。水流湍急有聲,故名。　按:自沙克楚至瓦衣楚諸河,發源於衛地北境之哈喇淖爾,南行爲潞江,舊名怒江,入怒夷界。哈喇,蒙古語,黑色也。沙克楚諸河爲其下流,當以哈喇淖爾爲黑水之源,而沙克楚諸河則導而入于南海者也。

　　〔滿〕šakcu 〔番〕shag chu

　　索克楚　西番語。索克,草地也。水濱多草,故名。

　　〔滿〕sokcu 〔番〕sog chu

　　多特普爾磋　西番語。多特普爾,謂繩。河形綿亘如繩,故名。

　　〔滿〕dotpurts'o 〔番〕rtod phur mtsho

　　索克春　西番語。春,謂河也。河流草地,故名。

　　〔滿〕sokšung 〔番〕sog gzhung

　　索克普楚　西番語。普楚,水源也。水源出於草地,故名。

　　〔滿〕sokpucu 〔番〕sog phu chu

　　色爾楚　西番語。色爾,金也。水色如金,故名。

　　〔滿〕sercu 〔番〕gser chu

　　尼普克楚　西番語。尼,日也;普克,洞也。水出山穴,迎日而流,故名。

　　〔滿〕nipukcu 〔番〕nyi phug chu

　　姜楚　西番語。姜,謂遠。以此水源遠也。

　　〔滿〕giyangcu 〔番〕rgyang chu

奈普楚　西番語。奈，定也；普，源也。河居上流，水多渟蓄，故名。

［滿］naipucu ［番］gnas phu chu

春楚　西番語。春，濠也，與前訓河者異義。水小如城濠然，故名。

［滿］šungcu ［番］gshongs chu

碩爾楚　西番語。碩爾，分岐之謂。河水至此分流，故名。

［滿］šorcu ［番］shor chu

達木楚　［滿］damcu 三合切音以下見二十一卷。

羅磋　西番語。羅，南也；磋，澤也。澤在達木楚南境，故名。

［滿］lots'o ［番］lho mtsho

堆磋　西番語。堆，聚也。水聚而成澤，故名。

［滿］duits'o ［番］vdus mtsho

則磋　西番語。則，末也。在羅磋、堆磋之末，故名。

［滿］dzets'o ［番］rtse mtsho

博底楚　西番語。博底，即菩提，取慈悲普濟之意以名水也。

［滿］bodicu ［番］po ti chu

東楚　西番語。東，螺也。水中産螺，故名。

［滿］dungcu ［番］dung chu

亢裕勒楚　西番語。亢，房也；裕勒，舊地名。濱河有民居，因地以名水也。　按：舊地名義無可釋，彼地人云，餘倣此。

［滿］k'ang yulcu ［番］khang yul chu

東磋　西番語，謂螺生大澤中也。

［滿］dungts'o ［番］dung mtsho

卓克摩喇木磋　西番語。卓克摩喇，溝也；木，語詞。河流淺窄如溝，匯而成澤，故名。

［滿］jokmo ramts'o ［番］grog mo ra mtsho

沙隆錫楚　西番語。沙，謂鹿；錫，有也。河濱多鹿，故名。

［滿］šarongsicu ［番］sha rong shi chu

奈楚　［滿］naicu 解及三合切音以下見二十一卷。

瓦衣楚　西番語。瓦，狐也；衣，語詞。河濱多狐，故名。

［滿］waicu ［番］wavi chu

博克楚　西番語。博克，舊地名，在商屬喀木東北境。水爲哈喇淖爾上流支河，東行至博克，爲因地以名其水也。

［滿］bokcu ［番］vbog chu

將羅楚　西番語。將羅，柳也。河濱多柳，故名。

［滿］jiyanglocu ［番］lcang lo chu

桑楚　西番語。桑，好也。河流清净，故名。

［滿］sangcu ［番］bzang chu

雅隆　西番語，謂上流也。水爲噶克博臧博楚上流，故名。

［滿］yarong ［番］ya rong

噶克博臧博楚　西番語。噶克博，猓巴地名；臧博，潔净也。水源出於噶克博之地，故名。

［滿］g'akbo dzangbocu ［番］kag po gtsang po chu

衛楚　西番語。衛，謂中，猶云中流也。

［滿］weicu ［番］dbuvi chu

光楚　西番語。光，謂上。猶云上流也。

［滿］gongcu ［番］gong chu

裕木磋　西番語。裕木，松石也。澤多産此，故名。

［滿］yumts'o ［番］gyu mtsho

層春　西番語。層，謂鷴。河濱多鷴，故名。

［滿］ts'engšung ［番］tshing gzhung

木底克磋　西番語。木底克，珍珠也①。澤舊産珠，故名。

［滿］mudikts'o ［番］mu tig mtsho

擦韋春　西番語。擦，鹽也；韋，語詞。河水味鹹，故名。

［滿］ts'aweišung ［番］tsha bavi gzhung

羅克楚　西番語。羅克，曲折之謂。水流甚曲，故名。

［滿］lokcu ［番］log chu

子楚　西番語。子，甘美之謂。水味甘美，故名。　按：子楚至綽特登楚諸水，南行入雲南境，爲瀾滄江。《後漢書》：顯宗始通博

---

① 英藏鈔本此後有"磋，澤也"。且英藏鈔本此條在卷二十一《西番水名一·衛屬》。

南山、度蘭倉水。則今子楚諸河應屬漢時蘭倉水上流，發源番地者也。

［滿］dzicu［番］rtsi chu

布勒多克磋 西番語。布勒多克，鱅也。水中産鱅，故名。

［滿］buldokts'o［番］bul tog mtsho

冲烏布勒多克磋 西番語。冲烏，小也。較布勒多克磋差小，故名。

［滿］cung u buldokts'o［番］chung du bul tog mtsho

鄂木楚 西番語。鄂木，尊之之詞。爲入乍雅界第一大水，故名。

［滿］omcu［番］om chu

莽楚 西番語。莽，多也。河水滿盈之謂。

［滿］mangcu［番］mang chu

蘇楚 西番語。蘇，接引之意。水爲莽楚下流，接引南注，故名。又相傳舊有蘇書特河，此其分流也。

［滿］sucu［番］su chu

爵莫布喇克噶爾春 西番語。爵莫，天女也；布喇克噶爾，白峰。濱河有峰，爲天女示現處，故名。

［滿］joyomo burak g'aršung［番］jo mo brag dkar gzhung

綽特登楚 西番語。綽特登，寶塔也。河旁有之，故名。

［滿］cotdencu［番］mchod rten chu

木諾楚 西番語。木諾，舊地名，因地以名其水也。

［滿］munocu［番］mu no chu

薩岳楚 西番語。薩，地也；岳，灣也。水濱地勢灣環，故名。

［滿］sayocu［番］sa yovi chu

挏楚 ［滿］mencu 解及三合切音以下見第二十一卷。

羅楚 ［滿］loncu 解及三合切音以下見第二十一卷。

格勒且楚 西番語。格勒，岡也；且，大也。水出大岡之下，故名。

［滿］gelciyecu［番］sgel che chu

擦楚 西番語。水味近鹹，故名。以下諸水屬今四川巴塘、里塘等處,在商屬喀木及夥爾、察木多、乍雅之東,以其舊隸喀木,爲附著於後。

　　〔滿〕ts'acu 〔番〕tshwa chu

　　瑪爾楚　西番語。瑪爾,紅也。水色近紅,故名。

　　〔滿〕marcu 〔番〕dmar chu

　　朗楚　西番語。朗,牛也。河旁多牛畜孳乳,故名。

　　〔滿〕langcu 〔番〕lang chu

　　雅隆　〔滿〕yarong 解及三合切音以下見本卷。

　　巴楚　西番語。巴,響也。水流有聲,故名。

　　〔滿〕bacu 〔番〕vbav chu

　　碩多岡磋　西番語。碩多,石也;岡,山也。水傍石岡,故名。

　　〔滿〕šodo g'angts'o 〔番〕zho rto sgang mtsho

　　雅達木楚　西番語。雅,上也;達木,泥也。河之上流有泥淤處,故名。

　　〔滿〕yadamcu 〔番〕ya vdam chu

　　喇楚　西番語。喇,山羊也。河濱多此,故名。

　　〔滿〕racu 〔番〕ra chu

　　尼雅克磋　西番語。尼雅克,回旋也。蓋水流旋折之處,雅爾隆上流也。

　　〔滿〕niyakts'o 〔番〕nyag mtsho

　　里楚　西番語。里,銅也。河旁産此,故名。

　　〔滿〕licu 〔番〕li chu

　　夾木楚　西番語。夾木,謂弱。以水性柔和也。

　　〔滿〕giyamcu 〔番〕vjam chu

　　雅爾隆　西番語。雅爾,大也;隆,江也。水大而流遠,故以江名。

　　〔滿〕yarlung 〔番〕yar klung

阿　里　屬

　　瓦亢春　西番語。亢,空甸也。河濱多狐,旁有空甸,故名。

　　〔滿〕wak'angšung 〔番〕wa khang gzhung

節買楚 西番語。節買,沙也。水中多沙,故名。

〔滿〕jiyemaicu〔番〕bye mavi chu

女克擦勒楚 西番語。女克擦勒,竹林也。河旁有竹,故名。

〔滿〕nioikts'alcu〔番〕smyug tshal chu

瑪冲楚 西番語。瑪,黃色;冲,小也。河流淺小,水色近黃,故名。

〔滿〕macungcu〔番〕rma chung chu

光楚磋 西番語。光楚,上流水也。上流之水,匯而爲澤,故名。

〔滿〕gongcuts'o〔番〕gong chu mtsho

阿勒坦郭勒 蒙古語。阿勒坦,金也;郭勒,河也。河流色黃如金,故名。

〔滿〕altan gool〔蒙〕altan γool〔托〕altan γol

瑪帕木達賴 西番語。瑪帕木,最勝之謂;達賴,蒙古語,海也。言海水汪洋至大也。

〔滿〕mapam dalai〔番〕ma pham tā lavi

朗磋 〔滿〕langts'o 解及三合切音以下見本卷。

楚噶爾 西番語。噶爾,白色,猶云白水也。

〔滿〕cug'ar〔番〕chu dkar

瑪爾磋 西番語。澤中水色近紅,故名。

〔滿〕marts'o〔番〕dmar mtsho

將楚 西番語。將,山陰也。水在大山之北,故名。

〔滿〕jiyangcu〔番〕byang chu

拉楚 西番語。拉,謂神,美其水而神之也。

〔滿〕lacu〔番〕lha chu

楂克佳楚 西番語。楂克,石峰也;佳,白色。濱河有山峰白色,故名。

〔滿〕jakgiyacu〔番〕brag skya chu

扎克楚 西番語。扎克,可畏之意。水流深險,可畏之甚也。

〔滿〕jakcu〔番〕skrag chu

巴尖磋 西番語。巴,乳牛也;尖,有也。澤濱多此,故名。

〔滿〕bajiyants'o〔番〕ba can mtsho

磑羅定　西番語。羅,語詞;定,窪也。澤旁地多窪下,故名。

［滿］ts'oloding［番］mtsho lo lding

納木磑羅定　西番語。納木,謂天,借以喻其澤之大也。

［滿］namts'oloding［番］gnam mtsho lo lding

林沁蘇克巴磑　西番語。林沁,寶也;蘇克巴,手也。澤有分支,如手指然,中産寶石,故名。

［滿］rincin sukbats'o［番］rin chen sug pa mtsho

結擦克磑　西番語。結,喜也;擦克,定也。因其水性安定而喜之也。

［滿］giyets'akts'o［番］dkyes tshag mtsho

多舍尖磑　西番語。多,石也;舍尖,堅固之意。澤中多石,故名。

［滿］došejiyants'o［番］rdo shed can mtsho

擦磑德瑪爾　西番語。德瑪爾,謂其紅也。澤內産鹽,色近紅,故名。

［滿］ts'ats'odemar［番］tshwa mtsho de dmar

納蓋春楚　西番語。納蓋,玉草也。河旁多産玉草,故名。

［滿］nag'aišungcu［番］na gavi gzhung chu

達羅克裕木磑　西番語。達羅克,黃色馬也。濱河山石形色似之,水色碧綠,又如松石也。

［滿］darok yumts'o［番］rta rog yu mtsho

扎布扎雅察罕達布遜淖爾　西番語。扎布扎雅,木名,多年草根所結,可成椀。察罕達布遜,蒙古語,白鹽也。鹽池旁多産此木,故名。

［滿］jabjaya cagan dabusun noor［蒙］jabǰay-a čaγan dabusun naγur［番］dzab ya cha gan ta bu su novur［托］zabzaya caγan dabusun noor

朗布磑　西番語。朗布,牛犢也。澤旁多此,故名。

［滿］langbuts'o［番］glang bu mtsho

濟薩克磑①　西番語。濟薩克,匯聚之意。水聚成澤,故名。

［滿］jisakts'o［番］spyi bsag mtsho

---

① 英藏鈔本"吉薩克磑"、"扎布雅察罕達布遜淖爾"、"達羅克裕木磑"、"林沁蘇克巴磑"、"朗布磑"條皆在卷二十一《西番水名一·藏屬》。

卷二十三　西番人名一

喇　　嘛

宗喀巴羅布藏扎克巴　衛地始興黄教之祖。生於東宗喀，至衛，建噶勒丹寺，闡揚法教。衣鉢開先，一支八葉，相傳爲曼殊師利之呼必勒汗云。

〔滿〕dzungk'aba lobdzang jakba〔番〕tsong kha pa blo bzang grags pa

根敦珠布巴　宗喀巴大弟子。生於藏之沙卜圖，至衛，建扎什倫博寺，爲第一世。

〔滿〕gendun jubba〔番〕dge vdun vgrub pa

根敦佳木磋　根敦珠布巴之呼必勒汗。出於藏，建崔庫爾夾爾等寺，爲第二世。

〔滿〕gendun giyamts'o〔番〕dge vdun rgya mtsho

索特納木佳木磋　根敦佳木磋之呼必勒汗。出於衛，始坐布賴貢寺床，後自蒙古還，始稱達賴喇嘛，爲第三世。　按：索特納木，係西番本音，蒙古、準部人名內以此命名者，率轉音爲索諾木。今係西番人名，故從其本音，書索特納木。餘如旺楚克，從本音爲旺取克；班禪，從本音爲班臣；衮楚克，從本音爲貫綽克；朋楚克，從本音爲噴磋克；那木扎勒，從本音爲那木佳勒；丹津，從本音爲丹增，俱倣此。

〔滿〕sotnam giyamts'o〔番〕bsod nams rgya mtsho

淵旦佳木磋　索特納木佳木磋之呼必勒汗。出於蒙古之喀喇沁，至衛，坐布賴貢寺床，爲第四世達賴喇嘛。

〔滿〕yondan giyamts'o〔番〕yon tan rgya mtsho

阿旺羅布藏佳木磋　淵旦佳木磋之呼必勒汗。出於衛，坐布賴貢寺床，又建布達拉寺。賜金册印，封西天大善自在佛，領天下釋教,爲第五世達賴喇嘛。

　　﹝滿﹞awang lobdzang giyamts'o ﹝番﹞ngag dbang blo bzang
rgya mtsho

　　蒼揚佳木磋　阿旺羅布藏佳木磋之呼必勒汗。出於們拉烏克
玉爾蘇木,坐布達拉、布賴賁、色喇寺床。拉藏汗別奉阿旺伊西佳木
磋爲達賴喇嘛,乃送京師,至西寧涅槃,未列世次。　　按:阿旺伊西
佳木磋爲拉藏汗所奉者十四年,迨蒼揚佳木磋之呼必勒汗受封,始
送之京,亦不入世次,爲附見於此。

　　﹝滿﹞ts'angyang giyamts'o ﹝番﹞tshang dbyangs rgya mtsho

　　羅布藏噶勒藏佳木磋　蒼揚佳木磋之呼必勒汗。出於里塘,至
衛,坐布達拉、布賴賁、色喇寺床。賜册印,爲第六世達賴喇嘛。

　　﹝滿﹞lobdzang g'aldzang giyamts'o ﹝番﹞blo bzang skal bzang
rgya mtsho

　　羅布藏達木拜旺取克置木巴勒佳木磋　羅布藏噶勒藏佳木磋
之呼必勒汗。出於藏,坐布達拉寺床,未受封爲第七世。

　　﹝滿﹞lobdzang dambai wangciyuk jiyambal giyamts'o ﹝番﹞blo
bzang bstan pavi dbang phyug vjam dpal rgya mtsho

　　開珠布格勒克巴勒藏博　宗喀巴弟子。生於藏,坐噶勒丹
寺床。

　　﹝滿﹞k'aijub gelek baldzangbo ﹝番﹞mkhas grub dge legs dpal
bzang po

　　索特納木雀克吉朗博　開珠布格勒克巴勒藏博呼必勒汗。出
於藏,修崔庫爾魏定寺。

　　﹝滿﹞sotnam ciyokgi langbo ﹝番﹞bsod nams phyogs kyi
glang po

　　恩薩瓦羅布藏敦珠布　索特納木雀克吉朗博之呼必勒汗。出
於藏,修恩薩寺。

　　﹝滿﹞ensawa lobdzang donjub ﹝番﹞dben sa ba blo bzang
don grub

　　班臣羅布藏吹吉佳勒燦　恩薩瓦羅布藏敦珠布之呼必勒汗。
出於藏,坐扎什倫博床。

〔滿〕bancen lobdzang coigi giyalts'an〔番〕paṇ chen blo bzang chos kyi rgyal mtshan

班臣羅布藏葉攝巴勒藏博　班臣羅布藏吹吉佳勒燦之呼必勒汗。出於藏之圖卜扎爾，坐扎什倫博寺。封班臣額爾德尼，賜册印。

〔滿〕bancen lobdzang yešei baldzangbo〔番〕paṇ chen blo bzang ye shes dpal bzang po

班臣羅布藏巴勒旦葉攝　班臣羅布藏葉攝巴勒藏博之呼必勒汗。出於藏，坐扎什倫博寺床。

〔滿〕bancen lobdzang baldan yešei〔番〕paṇ chen blo bzang dpal ldan ye shes

沙魯勒克巴佳勒燦　宗喀巴弟子。生於藏，善變化術，坐噶勒丹寺床，號地穆胡圖克圖。

〔滿〕šalu lekba giyalts'an〔番〕zhwa lu legs pa rgyal mtshan

貫綽克俊奈　沙魯勒克巴佳勒燦之呼必勒汗。出於東巍克，爲根敦佳木磋弟子，建垂隆、洋文二寺。

〔滿〕g'uncok jiyungnai〔番〕dkon mchog byung gnas

巴勒爵爾扎什　貫綽克俊奈之呼必勒汗。出於公布，受根敦佳木磋戒。

〔滿〕baljiyor jašii〔番〕dpal vbyor bkra shis

拉旺雀克賴那木佳勒　巴勒爵爾扎什之呼必勒汗。出於公布。

〔滿〕lawang ciyoklai namgiyal〔番〕lha dbang phyongs las rnam rgyal

拉旺達木拜佳勒燦　拉旺雀克賴那木佳勒之呼必勒汗。出於公布，至衛，受阿旺羅布藏佳木磋戒。

〔滿〕lawang dambai giyalts'an〔番〕lha dbang bstan pavi rgyal mtshan

阿旺那木喀置木楊　拉旺達木拜佳勒燦之呼必勒汗。出於公布，爲蒼揚佳木磋弟子。

〔滿〕awang namk'a jiyamyang〔番〕ngag dbang gnam mkhav vjam dbyangs

阿旺置木巴勒德勒克佳木磋　阿旺那木喀置木揚之呼必勒汗。

出於公布，至衛。封掌教額爾德孟格諾們汗。賜印，轄衛藏地。

［滿］awang jiyambal delek giyamts'o ［番］ngag dbang vjam dpal bde legs rgya mtsho

色木巴車木博羅錐佳勒燦　宗喀巴弟子，號森巴胡圖克圖。

［滿］semba cembo lojoi giyalts'an ［番］sems dpav chen po blo gros rgyal mtshan

色木巴車木博璊拉木羅錐　色木巴車木博羅錐佳勒燦之呼必勒汗。

［滿］semba cembo monlam lojoi ［番］sems dpav chen po smon lam blo gros

色木巴扎克巴佳勒燦　色木巴車木博璊拉木羅錐之呼必勒汗。

［滿］semba jakba giyalts'an ［番］sems dpav grags pa rgyal mtshan

色木巴阿旺扎克巴佳木磋　色木巴扎克巴佳勒燦之呼必勒汗。

［滿］semba awang jakba giyamts'o ［番］sems dpav ngag dbang grags pa rgya mtsho

色木巴阿旺噴磋克那木佳勒旺貝得　色木巴阿旺扎克巴佳木磋之呼必勒汗。

［滿］semba awang punts'ok namgiyal wanboi de ［番］sems dpav ngag dbang phun tshogs rnam rgyal dbang povi sde

色木阿旺吹吉佳木磋　色木巴阿旺噴磋克那木佳勒旺貝得之呼必勒汗。

［滿］semba awang coigi giyamts'o ［番］sems dpav ngag dbang chos kyi rgya mtsho

色木巴羅布藏年扎克佳木磋　色木巴阿旺吹吉佳木磋之呼必勒汗。

［滿］semba lobdzang niyanjak giyamts'o ［番］sems dpav blo bzang snyan grags rgya mtsho

羅布藏攝凝扎克巴那木佳勒　色木巴羅布藏年扎克佳木磋之呼必勒汗。

［滿］lobdzang šeiniyen jakba namgiyal ［番］blo bzang bshes

gnyen grags pa rnam rgyal

多克丹置木巴勒佳木磋　宗喀巴弟子,號佳勒薩賴胡圖克圖。

［滿］dokdan jiyambal giyamts'o ［番］rtog ldan vjam dpal rgya mtsho

佳勒薩賴攝喇布珀勒　多克丹置木巴勒佳木磋之呼必勒汗。

［滿］giyalsarai šeirab pel ［番］rgyal sras shes rab vphel

吹珀勒佳木磋　佳勒薩賴攝喇布珀勒之呼必勒汗。

［滿］coipel giyamts'o ［番］chos vphel rgya mtsho

端岳特吹吉佳木磋　吹珀勒佳木磋之呼必勒汗。

［滿］donyot coigi giyamts'o ［番］don yod chos kyi rgya mtsho

佳勒薩賴羅布藏丹增佳木磋　端岳特吹吉佳木磋之呼必勒汗。

［滿］giyalsarai lobdzang dandzen giyamts'o ［番］rgyal sras blo bzang bstan vdzin rgya mtsho

佳勒薩賴羅布藏阿旺濟克默特葉攝扎克巴　佳勒薩賴羅布藏丹增佳木磋之呼必勒汗。

［滿］giyalsarai lobdzang awang jikmet yešei jakba ［番］rgyal sras blo bzang ngag dbang vjigs med ye shes grags pa

佳勒薩賴噶勒藏圖布丹濟克默特佳木磋　佳勒薩賴羅布藏阿旺濟克默特葉攝扎克巴之呼必勒汗。

［滿］giyalsarai g'aldzang tubdan jikmet giyamts'o ［番］rgyal sras skal bzang thub bstan vjigs med rgya mtsho

巴索吹吉佳勒燦　宗喀巴弟子,號達擦克接鐘胡圖克圖。

［滿］baso coigi giyalts'an ［番］ba so chos kyi rgyal mtshan

巴索拉旺吹吉佳勒燦　巴索吹吉佳勒燦之呼必勒汗。

［滿］baso lawang coigi giyalts'an ［番］ba so lha dbang chos kyi rgyal mtshan

達擦克拉旺吹吉旺取克　巴索拉旺吹吉佳勒燦之呼必勒汗。

［滿］dats'ak lawang coigi wangciyuk ［番］rta tshag lha dbang chos kyi dbang phyug

羅布藏巴勒丹佳勒燦　達擦克拉旺吹吉旺取克之呼必勒汗。

［滿］lobdzang baldan giyalts'an ［番］blo bzang dpal ldan

rgyal mtshan

羅布藏達木拜郭木博　羅布藏巴勒丹佳勒燦之呼必勒汗。

［滿］lobdzang dambai gombo ［番］blo bzang bstan pavi mgon po

奈丹藏俊巴　宗喀巴弟子,號夾克喇胡圖克圖。

［滿］naidan dzangjiyungba ［番］gnas bstan bzang byung pa

桑皆巴勒爵爾　奈丹藏俊巴之呼必勒汗。

［滿］sanggiyai baljiyor ［番］sangs rgyas dpal vbyor

阿克吉旺博多爾濟則木巴　桑皆巴勒爵爾之呼必勒汗。

［滿］akgi wangbo dorji dzemba ［番］ngag gi dbang po rdo rje vdzin pa

阿旺吹爵爾藏博　阿克吉旺博多爾濟則木巴之呼必勒汗。

［滿］awang coijiyor dzangbo ［番］ngag dbang chos vbyor bzang po

阿旺臣賴藏博　阿旺吹爵爾藏博之呼必勒汗。

［滿］awang cenlai dzangbo ［番］ngag dbang vphrin las bzang po

阿旺丹增倫珠布　阿旺臣賴藏博之呼必勒汗。

［滿］awang dandzen lunjub ［番］ngag dbang bstan vdzin lhun grub

阿旺臣賴巴勒藏博　阿旺丹增倫珠布之呼必勒汗。

［滿］awang cenlai baldzangbo ［番］ngag dbang vphrin las dpal bzang po

車倉攝喇布僧格　宗喀巴弟子,爲乍雅大胡圖克圖。

［滿］cets'ang šeirab sengge ［番］che tshang shes rab seng ge

攝喇布藏博　車倉攝喇布僧格之呼必勒汗。

［滿］šeirab dzangbo ［番］shes rab bzang po

密伊寧博　攝喇布藏博之呼必勒汗。

［滿］mi'i ningbo ［番］mi yi snying po

烏培巴扎克巴佳木磋　密伊寧博之呼必勒汗。

［滿］upeiba jakba giyamts'o ［番］dbu phes pa grags pa rgya mtsho

312

阿旺索特納木倫珠布　烏培巴扎克巴佳木磋之呼必勒汗。

〔滿〕awang sotnam lunjub〔番〕ngag dbang bsod nams lhun grub

羅布藏葉攝旺博　阿旺索特納木倫珠布之呼必勒汗。初名羅布藏那木佳勒,受達賴喇嘛戒,命今名。封諾們汗,轄喀木之乍雅屬。

〔滿〕lobdzang yešei wangbo〔番〕blo bzang ye shes dbang po

達木拜佳勒燦　羅布藏葉攝旺博之呼必勒汗。

〔滿〕dambai giyalts'an〔番〕bstan pavi rgyal mtshan

班臣索特納木扎克巴　第二世達賴喇嘛根敦佳木磋弟子。坐噶勒丹寺床,號阿里胡圖克圖。

〔滿〕bancen①　sotnam jakba〔番〕pan chen bsod nams grags pa

索特納木葉攝旺博　班臣索特納木扎克巴之呼必勒汗。

〔滿〕sotnam yešei wangbo〔番〕bsod nams ye shes dbang po

索特納木格勒克旺博　索特納木葉攝旺博之呼必勒汗。

〔滿〕sotnam gelek wangbo〔番〕bsod nams dge legs dbang po

羅布藏格勒克葉攝扎克巴　索特納木格勒克旺博之呼必勒汗。

〔滿〕lobdzang gelek yešei jakba〔番〕blo bzang dge legs ye shes grags pa

阿旺綽克丹　第六世達賴喇嘛羅布藏噶勒藏佳木磋之師。坐噶勒丹寺床,封阿齊圖諾們汗。

〔滿〕awang cokdan〔番〕ngag dbang mchog ldan

葉攝達木巴喇布皆　阿旺綽克丹之呼必勒汗。

〔滿〕yešei damba rabgiyai〔番〕ye shes bstan pa rab rgyas

帕克巴拉　宗喀巴弟子,羅壘吹忠之弟子,爲察木多大胡圖克圖。

〔滿〕pakbala〔番〕vphags pa lha

帕克巴拉桑皆　帕克巴拉之呼必勒汗。

〔滿〕pakbala sanggiyai〔番〕vphags pa lha sangs rgyas

帕克巴拉同瓦端丹　帕克巴拉桑皆之呼必勒汗。

---

①　底本原作"bancan",誤,據四庫薈要本、四庫全書本改。

〔滿〕pakbala tongwa dondan〔番〕vphags pa lha mthong ba don ldan

帕克巴拉吹吉佳勒博　帕克巴拉同瓦端丹之呼必勒汗。

〔滿〕pakbala coigi giyalbo〔番〕vphags pa lha chos kyi rgyal po

帕克巴拉佳勒瓦佳木磋　帕克巴拉吹吉佳勒博之呼必勒汗。

〔滿〕pakbala giyalwa giyamts'o〔番〕vphags pa lha rgyal ba rgya mtsho

帕克巴拉濟克默特達木拜佳木磋　帕克巴拉佳勒瓦佳木磋之呼必勒汗。初名達木尼，受達賴喇嘛戒，命今名。封諾們汗，轄察木多屬。

〔滿〕pakbala jikmet dambai giyamts'o〔番〕vphags pa lha vjigs med bstan pavi rgya mtsho

帕克巴拉葉攝濟克默特達木拜郭木博　帕克巴拉濟克默特達木拜佳木磋之呼必勒汗。

〔滿〕pakbala yešei jikmet dambai gombo〔番〕vphags pa lha ye shes bstan pavi mgon po

巴勒丹綽克珠布　帕克巴拉胡圖克圖大弟子，爲察木多胡圖克圖。

〔滿〕baldan cokjub〔番〕dpal ldan mchog grub

羅本桑皆俊奈　巴勒丹綽克珠布之呼必勒汗。

〔滿〕lobon sanggiyai jiyungnai〔番〕blo dpon sangs rgyas vbyung gnas

羅本帕克巴吹吉佳勒燦　羅本桑皆俊奈之呼必勒汗。

〔滿〕lobon pakba coigi giyalts'an〔番〕blo dpon vphags pa chos kyi rgyal mtshan

格勒克佳勒燦巴勒藏博　羅本帕克巴吹吉佳勒燦之呼必勒汗。

〔滿〕gelek giyalts'an baldzangbo〔番〕dge legs rgyal mtshan dpal bzang po

沖蒼桑皆扎什　第四世達賴喇嘛淵旦佳旦磋弟子，爲乍雅胡圖克圖。

〔滿〕cungts'ang sanggiyai jašii〔番〕chung tshang sangs rgyas

bkra shis

羅布藏吹增　冲蒼桑皆扎什之呼必勒汗。

［滿］lobdzang coidzen［番］blo bzang chos vdzin

羅布藏達木巴　羅布藏吹增之呼必勒汗。

［滿］lobdzang damba［番］blo bzang bstan pa

噶勒藏圖布丹旺取克　羅布藏達木巴之呼必勒汗。

［滿］g'aldzang tubdan wangciyuk［番］skal bzang thub bstan dbang phyug

堪臣賴吉多爾濟　瓦齊爾巴尼菩薩之呼必勒汗。　按：瓦齊爾巴尼菩薩,即華言金剛手持菩薩也,爲釋迦牟尼佛弟子。

［滿］k'ancen laigi dorji［番］mkhan chen las kyi rdo rje

接鐘阿喇木巴根敦扎什　堪臣賴吉多勒濟之呼必勒汗。

［滿］jiyajung aramba gendun jašii［番］rje drung sngags ram pa dge vdun bkra shis

接鐘達木巴佳木磋　接鐘阿喇木巴根敦扎什之呼必勒汗。

［滿］jiyejung damba giyamts'o［番］rje drung bstan pa rgya mtsho

接鐘根敦吹佳勒旺取克　接鐘達木巴佳木磋之呼必勒汗。

［滿］jiyejung gendun coigiyal wangciyuk［番］rje drung dge vdun chos rgyal dbang phyug

接鐘羅布藏臣賴旺博　接鐘根敦吹佳勒旺取克之呼必勒汗。

［滿］jiyejung lobdzang cenlai wangbo［番］rje drung blo bzang vphrin las dbang po

羅布藏臣賴佳勒燦　接鐘羅布藏臣賴旺博之呼必勒汗。

［滿］lobdzang cenlai giyalts'an［番］blo bzang vphrin las rgyal mtshan

對蘇木欽巴喀木巴烏色　達克布拉濟大師弟子,號噶爾瑪巴沙納克胡圖克圖。帽尚黑,故稱沙納克。

［滿］duisum kinba k'amba use［番］dus gsum mkhyen pa khams pa u se

噶爾瑪巴克錫吹吉喇嘛　對蘇木欽巴喀木巴烏色之呼必勒汗。

［滿］g'arma baksi coigi lama［番］karma pakshi chos kyi bla ma

吹吉朗俊多爾濟　噶爾瑪巴克錫吹吉喇嘛之呼必勒汗。

［滿］coigi rangjiyung dorji［番］chos kyi rang byung rdo rje

匝木靈羅勒拜多爾濟　吹吉朗俊多爾濟之呼必勒汗。

［滿］dzamling rolbai dorji［番］vdzam gling rol pavi rdo rje

吹接德布深舍克巴　匝木靈羅勒拜多爾濟之呼必勒汗。

［滿］coijiye debšen šekba［番］chos rje de bzhin gshegs pa

吹接同瓦端丹　吹接德布深舍克巴之呼必勒汗。

［滿］coijiye tongwa dondan［番］chos rje mthong ba don ldan

吹扎克佳木磋　吹接同瓦端丹之呼必勒汗。

［滿］coijak giyamts'o［番］chos grags rgya mtsho

密角特多爾濟　吹扎克佳木磋之呼必勒汗。

［滿］migiyot dorji［番］mi skyod rdo rje

密帕木吹吉旺取克　密角特多爾濟之呼必勒汗。

［滿］mipam coigi wangciyuk［番］mi vpham chos kyi dbang phyug

吹英多爾濟　密帕木吹吉旺取克之呼必勒汗。

［滿］coiyeng dorji［番］chos dbyings rdo rje

葉攝多爾濟　吹英多爾濟之呼必勒汗。

［滿］yešei dorji［番］ye shes rdo rje

將楚布多爾濟　葉攝多爾濟之呼必勒汗。

［滿］jiyangcub dorji［番］byang chub rdo rje

羅布藏吹英旺博珠布綽克多爾濟　將楚布多爾濟之呼必勒汗。

［滿］lobdzang coiyeng wangbo jubcok dorji［番］blo bzang chos dbyings dbang po grub mchog rdo rje

開珠布扎克巴僧格　吹吉朗俊多爾濟弟子,號噶爾瑪沙瑪爾胡圖克圖。帽尚紅,因稱沙瑪爾。

［滿］k'aijub jakba sengge［番］mkhas grub grags pa seng ge

吹吉喀爵特旺博　開珠布扎克巴僧格之呼必勒汗。

［滿］coigi k'ajiyot wangbo［番］chos kyi mkhav spyod dbang po

吹吉吹珀勒葉攝　吹吉喀爵特旺博之呼必勒汗。

［滿］coigi coipel yešei ［番］chos kyi chos vphel ye shes

吹吉扎克巴葉攝巴勒藏博　吹吉吹帕勒葉攝之呼必勒汗。

［滿］coigi jakba yešei baldzangbo ［番］chos kyi grags pa ye shes dpal bzang po

吹吉貫綽克顏拉克　吹吉扎克巴葉攝巴勒藏博之呼必勒汗。

［滿］coigi g'uncok yanlak ［番］chos kyi dkon mchog yan lag

噶爾旺吹吉旺取克　吹吉貫綽克顏拉克之呼必勒汗。

［滿］garwang coigi wangciyuk ［番］gar dbang chos kyi dbang phyug

葉攝寧博　噶爾旺吹吉旺取克之呼必勒汗。

［滿］yešei ningbo ［番］ye shes snying po

巴勒臣吹吉端珠布　葉攝寧博之呼必勒汗。

［滿］balcen coigi donjub ［番］dpal chen chos kyi don grub

貫綽克吹吉尼瑪　巴勒臣吹吉端珠布之呼必勒汗①。

［滿］g'uncok coigi nima ［番］dkon mchog chos kyi nyi ma

密帕木巴勒丹吹珠布佳木磋　貫綽克吹吉尼瑪之呼必勒汗，班臣羅布藏巴勒丹葉攝之弟。

［滿］mipam baldan coijub giyamts'o ［番］mi vpham dpal ldan chos grub rgya mtsho

堪卓葉攝磋佳勒　金剛亥母之呼必勒汗。

［滿］k'anjo yešei ts'ogiyal ［番］mkhav vgro ye shes mtsho rgyal

索特納木真瑪　堪卓葉攝磋佳勒之呼必勒汗。

［滿］sotnam jenma ［番］bsod nams vdren ma

索特納木巴勒真　索特納木真瑪之呼必勒汗。

［滿］sotnam baljen ［番］bsod nams dpal vdren

接布尊吹吉專默　索特納木巴勒真之呼必勒汗。

［滿］jiyebdzun coigi jonme ［番］rje btsun chos kyi sgron me

衮噶藏莫　接布尊吹吉專默之呼必勒汗。

［滿］gung'a dzangmo ［番］kun dga vbzang mo

---

① "巴勒"，原作"也勒"，據四庫全書本、四庫薈要本改。

年扎克藏莫　衮噶藏莫之呼必勒汗。

［滿］niyanjak dzangmo［番］snyan grags bzang mo

鄂爾堅磋莫　年扎克藏莫之呼必勒汗。

［滿］orgiyan ts'omo［番］o rgyan mtsho mo

喀爵特葉攝磋莫　鄂爾堅磋莫之呼必勒汗。

［滿］k'ajiyot yešei ts'omo［番］mkhav spyod ye shes mtsho mo

丹增德臣臣賴磋莫　喀爵特葉攝磋莫之呼必勒汗。

［滿］dandzen decen cenlai ts'omo［番］bstan vdzin bde chen vphrin las mtsho mo

桑噶克科爾壘旺莫　丹增德臣臣賴磋莫之呼必勒汗。

［滿］sanggak k'orloi wangmo［番］gsang sngags vkhor lovi dbang mo

噶勒藏綽克丹德臣旺莫　桑噶克科爾壘旺莫之呼必勒汗。

［滿］g'aldzang cokdan decen wangmo［番］skal bzang mchog ldan bde chen dbang mo

卷二十四 西番人名二

汗王公以下及官屬

藏巴汗噶爾瑪丹坰旺博 舊轄藏衛四屬地。準噶爾和碩特衛拉特顧實汗擊滅之①。 按：顧實汗滅藏巴汗後，留主其地，見前準噶爾和實衛拉特屬②，兹不複載。

［滿］dzangba han g'arma dangiyong wangbo［番］gtsang pa rgyal po karma bstan skyong dbang bo

達顔汗 顧實汗長子，嗣顧實汗爲汗。

［滿］dayan han［蒙］dayan qan［托］dayan xan

貫綽克達賴汗 達顔汗長子，嗣達顔爲汗。

［滿］g'uncok dalai han［蒙］gončoγ dalai qan［番］dkon mchog tā las hān［托］güncoq dalai xan

拉藏汗 貫綽克達賴汗長子，封輔教恭順汗，賜金册印。後爲策妄阿喇布坦所害。

［滿］ladzang han［蒙］lajang qan［番］lha bzang havn［托］lazang xan

丹增旺佳勒 貫綽克達賴汗次子，轉音爲丹津旺扎勒。

［滿］dandzen wanggiyal［蒙］danjen vanggiyal［番］bstan vdzin dbang rgyal［托］danzen vanggiyal

噶勒丹丹增 拉藏汗長子，亦名丹衷，即丹增之轉音也。爲策妄阿喇布坦所掠，妻以女，後習哈拉爾查達術，被烙死。

［滿］g'aldan dandzen［蒙］galdan danjen［番］dgav ldan bstan vdzin［托］galdan danzen

---

① "衛拉"二字疑爲衍文。
② "實衛拉"三字疑爲衍文。

素爾匝　拉藏汗次子,轉音爲素勒匝,亦爲策妄阿喇布坦所掠。

［滿］surdza［蒙］surja［番］sur tsa［托］surza

策丹　拉藏汗第三子,轉音爲色布騰。始爲策妄阿喇布坦所掠,後内附。封公爵,移駐察哈爾。

［滿］ts'edan［蒙］cedan［番］tshe brtan［托］cedan

納噶擦　素爾匝子,轉音爲納哈查,爲策妄阿喇布坦所掠。後内附,封公爵。

［滿］nagats'a［蒙］naɣaca［番］na ga tsha［托］naɣaca

桑皆佳木磋　初爲總管衛藏四屬第巴,即以第巴名封王爵,賜印。後得罪,爲拉藏汗所誅。

［滿］sanggiyai giyamts'o［番］sangs rgyas rgya mtsho

康臣鼐索特納木佳勒博　轉音爲康濟鼐索諾木扎爾布。初爲阿里噶爾本,封貝子,辦噶卜倫事,後爲阿坡特巴多爾濟佳勒博所害。　按:康臣鼐爲索特納木佳勒博所居室名,蓋人以地名者,漢字相沿,止從轉音稱康濟鼐。

［滿］k'angcennai sotnam giyalbo［番］khang chen nas bsod nams rgyal po

阿坡特巴多爾濟佳勒博　轉音爲阿爾布巴多爾濟扎爾布。封貝子,辦噶卜倫事,後以叛誅。　按:阿坡特巴爲多爾濟佳勒博所居室名,漢字相沿,止從轉音稱阿爾布巴。

［滿］apotba dorji giyalbo［番］nga phod pa rdo rje rgyal po

魯木巴鼐扎什佳勒博　轉音爲隆布鼐扎什扎爾布。封公,辦噶卜倫事,後以叛伏誅。　按:魯木巴鼐爲扎什佳勒博所居室名,漢字相沿,止從轉音稱隆布鼐。

［滿］lumbanai jašii giyalbo［番］lum pa nas bkra shis rgyal po

罝爾喇鼐衛珠布佳勒博　轉音爲扎爾鼐衛珠布扎爾布。授扎薩克頭等台吉,辦噶卜倫事,後以叛伏誅。　按:罝爾喇鼐爲衛珠布佳勒博所居室名,漢字相沿,止從轉音稱扎爾鼐。

［滿］jiyarranai oijub giyalbo［番］sbyar ra nas dngos grub rgyal po

坡拉鼐索特納木多布皆　轉音爲頗羅鼐索諾木多布皆。原官第巴,授扎薩克頭等台吉,辦噶卜倫事,累封至郡王,賜印信。　按:坡拉鼐爲索特納木多布皆所居室名,漢字相沿,止從轉音稱頗羅鼐。

〔滿〕polanai sotnam dobgiyai 〔番〕pho lha nas bsod nams stobs rgyas

居爾默特納木佳勒　轉音爲朱爾默特納木扎爾。坡拉鼐索特納木多布皆次子,初授扎薩克頭等台吉,襲封郡王,後以罪誅。

〔滿〕gioirmet namgiyal 〔番〕vgyur med rnam rgyal

噶什瓦納木佳勒策丹　轉音爲噶錫巴納木扎爾色布騰①。封輔國公,辦噶卜倫事。

〔滿〕g'ašiwa namgiyal ts'edan 〔番〕dgav bzhi ba rnam rgyal tshe brtan

班芝達　轉音爲班第達。噶什瓦納木佳勒策丹之弟,襲封輔國公,辦噶卜倫事。

〔滿〕banjyda 〔番〕pandi ta

策淩旺佳勒　轉音爲車淩旺扎爾。官第巴,授扎薩克頭等台吉,辦噶卜倫事。

〔滿〕ts'eringwanggiyal 〔番〕tshe ring dbang rgyal

薩里爵特策丹　轉音爲色裕特色布騰。官第巴,授扎薩克頭等台吉,辦噶卜倫事。

〔滿〕sarijiyot ts'edan 〔番〕sri gcod tshe brtan

博隴則瓦旺佳勒喇布丹　轉音爲布隆贊旺扎勒阿喇布坦。官第巴,授扎薩克頭等台吉,辦噶卜倫事。　按:博隴則瓦爲旺佳勒喇布丹所居室名,漢字相沿,止從轉音稱布隆贊。

〔滿〕borongdzewa wanggiyal rabdan 〔番〕vbrong rtse ba dbang rgyal rab brtan

尼瑪佳勒燦　達賴喇嘛羅布藏噶爾藏佳木磋弟子。授扎薩克喇嘛品級,代博隴則瓦旺佳勒喇布丹辦噶卜倫事。

〔滿〕nima giyalts'an 〔番〕nyi ma rgyal mtshan

居爾默特策丹　坡拉鼐索特納木多布皆長子,轉音爲朱爾默特

―――――――――

① "轉音",原作"輔音",據四庫全書本、四庫薈要本改。

車布登。初授扎薩克頭等台吉,後封輔國公,晉封護國公,爲居爾默特納木佳勒所害。

[滿] gioirmet ts'edan [番] vgyur med tshe brtan

衮噶丹增　轉音爲公格丹津。封輔國公,代策淩旺佳勒辦噶卜倫事。

[滿] gung'adandzen [番] kun dgav bstan vdzin

居爾默特旺佳勒　居爾默特策丹之子,轉音爲朱爾默特汪扎勒,襲封輔國公。

[滿] gioirmet wanggiyal [番] vgyur med dbang rgyal

諾顏和碩切喇布丹　坡拉鼐索特納木多布皆之弟,轉音爲諾顏和碩齊阿喇布坦。

[滿] noyan hošsociye rabdan [番] no yon kho sho che rab brtan

車臣喀沙喀喇布丹端珠布　諾顏和碩切喇布丹之弟,轉音爲色臣哈什哈阿喇布坦敦多布。

[滿] cecen kašaka rabdan donjub [番] che chen kha sha kha rab brtan don grub

策旺多爾濟　車臣喀沙喀喇布丹端珠布之弟,襲扎薩克頭等台吉。

[滿] ts'ewangdorji [番] tshe dbang rdo rje

索特納木達爾皆　達賴喇嘛羅布藏噶勒藏佳木磋之父,轉音爲索諾木達爾扎,封輔國公。

[滿] sotnam dargiyai [番] bsod nams dar rgyas

旺堆　諾顏和碩切喇布丹之子,襲策旺多爾濟職,爲扎薩克頭等台吉。

[滿] wangdoi [番] dbang vdus

索特納木旺佳勒　策淩旺佳勒孫,襲職爲扎薩克頭等台吉,轉音爲索諾木旺扎爾。

[滿] sotnam wanggiyal [番] bsod nams dbang rgyal

噶錫鼐策丹扎什　康臣鼐索特納木佳勒博之兄。康臣鼐索特納木佳勒博被害後,以兵赴難,爲魯木巴鼐扎什佳勒布所害,後追授頭等台吉。　按:噶錫鼐爲策丹扎什所居室名,漢字相沿,止稱噶錫鼐。

〔滿〕g'ašinai ts'edan jašii 〔番〕dgav bzhi nas tshe brtan bkra shis

羅布藏達爾皆　轉音爲羅布藏達爾扎，官衛代本。　按：代本品級略同蒙古管旗章京，額設衛二員、藏三員，例給勅書。

〔滿〕lobdzang dargiyai 〔番〕blo bzang dar rgyas

達爾皆扎什　羅布藏達爾皆之子，轉音爲達爾扎達什，官衛代本。

〔滿〕dargiyai jašii 〔番〕dar rgyas bkra shis

西勒暖多爾濟　官衛代本。

〔滿〕silnon dorji 〔番〕zil gnon rdo rje

巴桑策淩　噶什瓦約木佳勒策丹之子①，初授三等台吉，後代西勒暖多爾濟爲衛代本。

〔滿〕basang ts'ering 〔番〕pa sangs tshe ring

將羅置木巴阿濟克　官藏代本。

〔滿〕jiyanglojiyamba ajik 〔番〕lcang lo can pa a sjig

索特納木圖多布　將羅置木巴阿濟克子，轉音爲索諾木敦多布，官藏代本。

〔滿〕sotnam tudob 〔番〕bsod nams mthu stobs

巴特擦勒巴策淩納木佳勒　轉音爲巴克扎鼐策淩那木扎勒，官藏代本。

〔滿〕batts'alba ts'ering namgiyal 〔番〕pad tshal pa tshe ring rnam rgyal

策達克　巴特擦勒巴策淩納木佳勒之弟，官藏代本。

〔滿〕ts'edak 〔番〕tshe bdag

扎什達爾皆　策達克之弟，轉音爲達什達爾扎，官藏代本。

〔滿〕jašii dargiyai 〔番〕bkra shis dar rgyas

噴磋克納木佳勒　扎什達爾皆之子，官藏代本。

〔滿〕punts'ok namgiyal 〔番〕phun tshogs rnam rgyal

達顔台吉巴勒丹旺佳勒　官藏代本。

---

① "約"，四庫全書本、四庫薈要本作"納"。

［滿］dayan taiji baldan wanggiyal［番］tā yan thavi ji dpal ldan dbang rgyal

喇木巴喇布丹　達顏台吉巴勒丹旺佳勒之子,官藏代本。

［滿］ramba rabdan［番］ram ba rab brtan

郭木博達爾皆　喇木巴喇布丹之子,轉音爲衮布達爾扎,官藏代本。

［滿］gombodargiyai［番］mgon po dar rgyas

碩勒康鼐策旺　官阿里第巴。　按:衛藏諸屬理事第巴,舊聽達賴喇嘛揀用,後以阿里、哈喇烏蘇地鄰邊境,員缺緊要,准報部給號紙。及西郵平定,乃仍舊例。今採阿里、哈喇烏蘇諸第巴名曾報部者著于篇①。

［滿］šolk'angnai ts'ewang［番］zhol khang nas tshe dbang

齋春巴藏博扎什　官阿里第巴。

［滿］jai šongba dzangbo jašii［番］dkras shongs pa bzang po bkra shis

布魯木巴噶勒藏　官阿里第巴。

［滿］burumba g'aldzang［番］brum pa skal bzang

吉特多特鼐索特納木噴磋克　轉音爲濟都鼐索諾木朋楚克,官阿里第巴。

［滿］gitdotnai sotnam punts'ok［番］skyid stod nas bsod nams phun tshogs

囊科爾瓦居爾默特　官阿里第巴。

［滿］nangk'orwa gioirmet［番］nang vkhor ba vgyur med

沙克將丹增　轉音爲沙爾章丹津,官阿里第巴。

［滿］šakjiyang dandzen［番］shag byang bstan vdzin

吉特布克倉羅　官哈喇烏蘇第巴。

［滿］gidbuk ts'anglo［番］skyid sbug tshang lo

都木喇康薩爾巴策旺納木佳勒　官哈喇烏蘇第巴。

［滿］dumra k'angsarba ts'ewang namgiyal［番］ldum ra khang

---

① "哈喇烏蘇諸第巴",四庫全書本無。

gsar pa tshe dbang rnam rgyal

堪博臣賴喇布丹喇布置木巴　喇嘛，爲哈喇烏蘇第巴。

［滿］k'anbo cenlai rabdan rabjiyamba［番］mkhan po vphrin las rab rtan rab vbyams pa

袞敦阿克喇木巴薩木丹佳木磋　官堪布，賜達爾汗號。　按：堪布爲衛藏之坐牀喇嘛，舊屬達賴喇嘛揀用。今舉曾膺達爾汗者著之，餘不多及。

［滿］gundun akramba samdan giyamts'o［番］sku vdun sngags rams pa bsam gtan rgya mtsho

喇布置木巴扎克巴吹爵爾　喇嘛，爲哈喇烏蘇第巴。

［滿］rabjiyamba jakba coijiyor［番］rab vbyams pa grags pa chos vbyor

恰克作特巴接鍾羅布藏策旺　官堪布，賜達爾汗號。

［滿］ciyakdzotba jiyejung lobdzang ts'ewang［番］phyag mdzod pa je drung blo bzang tshe dbang

噶勒藏淵丹　袞敦阿克喇木巴薩木丹佳木磋之姪，官堪布，賜達爾汗號。

［滿］g'aldzang yondan［番］skal bzang yon tan

漢文索引

D

K

L

N

361

滿文索引

almat / 174

altaci gool / 80

altan aola / 66

altan emel aola / 70

altan gool / 221,305

altan hobo bulak / 228

altan hūsu aola / 64

altan oola / 208

altan tebši aola / 69

altun gool / 57

amat / 166

amcokts'o / 295

amdam bodzohor / 191

amik oola / 212

amiye barwadan oola / 209

amiye bayan dzunjui oola / 209

amiye bayan hara oola / 208

amiye darja oola / 209

amiye dungsuk oola / 208

amiye eki oola / 208

amiye ganggar oola / 208

amiye keoken gūrban oola / 216

amiye k'amsangri / 283

amiye maljin musun oola / 215

amiye murun oola / 208

amiye nari tunbo oola / 209

amiye nicugun oola / 213

amiye sercin oola / 209

amiye ušan tunbo oola / 208

amrulla / 183

amursana / 131,155

anar bulak / 99

angdi / 251

angga / 118

angla / 273

anji haya gool / 83

anjihaya / 10

anjiyan / 28

apotba dorji giyalbo / 320

ara gangsumla / 278

arabja / 117

arabjur / 129

arabtan / 121,125,150,235

arabtan jamsu / 236

aracul / 46

aragū / 44

araha cingsen / 110

aral / 39,49

aral gatulga / 204

aras / 167

arbat / 45

arcak aola / 66

arcatu / 22

arcatu gool / 96

ardzamet / 183

ardzu / 172,173

ardzummet / 178,179

argalitu aola / 68

arhūt bulak / 80

arib / 165,196

ariluksan toin / 147

arša gool / 98

aršatu / 20

asan / 162,177,178,189,193

asan hojo / 164

asartu / 26

asha daba / 71

ashatu daba / 66

kuitun gooltu / 6

kui'ioi bak / 35

kuke aman / 203

kuke buye / 33

kuke cel / 5,18

kuke kutul daba / 262

kuke mergen gool / 105

kuke noor / 197,219

kuke sai gool / 230

kuke sar gool / 96

kuke serge daba / 212

kuke tikiyan / 32

kuke tom daba / 60,69

kuke usu gool / 223

kuke yar / 50

kuke yar bulak / 100

kuke yar tak / 75

kukelik aola / 71

kukenek daba / 74

kukla / 285

kultarim / 48

kum baši / 38

kumusi gool / 97

kumuši akma tak / 73

kumuši aola / 71

kumušiku / 147

kunasar / 19

kundulen gool / 221

kundulen ubaši / 145

kungger gool / 87

kungges / 16

kungges gool / 89

kunjiyala / 273

kunuk sar / 22

kur gool / 83

kurdo cayotri / 284

kureng gool / 223

kuriyetu / 7

kuriyetu bulak / 81

kurle tak / 73

kurmetu / 5,19

kurtu / 18

kurtu daba / 65

kurtu gool / 91

kurungkui aola / 70

kurungle / 30

kusemsuk gool / 84

kusen üsteng / 107

kušetu / 6

kušetu daba / 59,62

kuši tam / 36

kusui / 144

kutuci / 138

kutujin / 128

kūnghor / 139

kūrbamet / 176,178,180,181

kūrban / 179,190,192

kūts'acu / 292

k'aijub gelek baldzangbo / 308

k'aijub jakba sengge / 316

k'ajiyot yešei ts'omo / 318

k'amarak / 49

k'ambu kūtuktu / 116

k'amla / 273

k'an hojo / 163

k'anbo cenlai rabdan rabjiyamba / 325

k'ancen laigi dorji / 315

k'andu / 121,125

selekkiyat / 35

selim / 168

selungla / 261

semba awang coigi giyamts'o / 310

semba awang jakba giyamts'o / 310

semba awang punts'ok namgiyal
　wanboi de / 310

semba cembo lojoi giyalts'an / 310

semba cembo monlam lojoi / 310

semba jakba giyalts'an / 310

semba lobdzang nıyanjak giyamts'o /
　310

sengge / 110

sengge bardola / 282

sengge dzung / 245

sengge k'abab gangri / 287

sengger noor / 98

sengnim / 28,41

seoji / 5

separ bai / 43

seper / 189

sepur / 174

ser men / 45

sera jiong / 255

sercu / 300

serek gool / 49

sereng / 113

sereng darja / 119

sereng jana / 128

serengdaši / 154

serenggun / 117

serke / 6

serkib / 27

serlek / 52

serlung tang / 254

seroktang / 258

sersumdo / 252

seršung / 265

seter / 134

seterbum / 238

setibaldi / 178

sibartai bulak / 94

silnon dorji / 323

sinaga bulak / 291

sine noor / 222

sirab asan / 176

sirakūt gool / 221

sirali / 158

siramahamut / 158

sirdak / 181

sirha lose noor / 291

sirik baising / 5

siriktu usu / 289

sirit summairi / 269

siyangcu gool / 223

siyangcu tala / 200

so daba / 70

sodzela / 281

sogoluk / 23

sogoluk gool / 96

sokburul la / 273

sokcu / 300

sokdzung / 253

sokpucu / 300

sokpuri / 278

sokšung / 300

sok / 113

sola / 284

蒙古文索引

413

arqud bulaɣ / 80

arša ɣool / 98

aršatu / 20

arɣalitu aɣula / 68

asartu / 26

asqatu dabaɣ-a / 66

asq-a dabaɣ-a / 71

ayantai qoro aɣula / 67

ayuki / 117

ayuki dorǰi manǰi / 135

ayur / 123

ayusi / 150

aɣsai tayiši / 111

aɣsaɣaldai noyan / 144

aɣtačin / 203

aɣtačin aɣula / 217

aɣtas / 8

aɣtas bulaɣ / 82

aɣui aɣula / 71

aɣuski aɣula / 59

aɣuški aɣula / 209

baǰai / 142

baǰi / 117

babai / 139

babun / 139

badari / 114

badm-a dorǰi / 133

badm-a ǰirüken / 203

badm-a rasi / 113

baldan / 237

bali / 124

balǰur / 124

balqaši naɣur / 92

bambatar / 151

banǰur / 142

banda baɣatur / 113

bar / 142

bar köl naɣur / 79

barang / 123

baraɣun ǰiɣasutai ɣool / 291

baraɣun qabčiɣai ɣool / 95

barluɣ aɣula / 69

barqu ɣool / 226

bars buqa aɣula / 217

bars čilaɣu / 198

bars toloɣai / 205

bar-a / 117

basang / 142

batu möngke / 135

batu očir / 137

batulan čingsen / 109

bayaldang / 136

bayan aɣula / 218

bayan naɣur / 219

bayan qabar aɣula / 67

bayan qar-a aɣula / 217

bayar / 152

bayartu / 152

bayibaɣas / 145

bayisingtu / 205

bayisingtu dabaɣ-a / 218

bayi'ingge / 137

baɣ-a / 118

baɣ belčir ɣool / 92

baɣatur erke ǰinung qoroli / 239

baɣatur qon tayiǰi / 110

baɣatur tayiǰi / 112

baɣ-a bandi / 116

köke tom dabaγ-a / 60

köke usu γool / 223

köke yar bulaγ / 100

kökelig aγula / 71

köndölen ubaši / 145

köndölen γool / 221

köngger γool / 87

kör γool / 83

kösiy-e-tü / 6

kösiy-e-tü dabaγ-a / 59

kötüči / 138

kötüǰin / 128

küderi aγula / 210

küisü toloγai / 199

küiten kötül / 199

küiten siriγ / 198

kümüšikü / 147

küngges γool / 89

kürdü čayodri / 284

küreng γool / 223

küriy-e-tü / 7

küriy-e-tü bulaγ / 81

kürmetü / 5

kürtü / 18

kürtü γool / 91

kürüngküi aγula / 70

kür-tü dabaγ-a / 65

küsemsüg γool / 84

küsen östeng / 107

küsüi / 144

küyisü / 4

küyiten / 9

küyiten γool / 92

küyiten γooltu / 6

lačab / 236

lab čuqa / 26

lajang qan / 319

lamaǰab / 133

larǰi vangčuγ / 240

laγusa γool / 220

lobǰa / 130

lobjang / 117

lobjang cering / 116

lobjang čaγan / 234

lobjang danǰin / 231

lobjang darǰa / 234

lobjang daši / 147

lobjang dorǰi / 239

lobjang erinčin / 116

lobjang gümbü / 150

lobjang qutuγtu / 116

lobjang sebten / 234

lobjang šunu / 123

lobjang tubdan geleg ǰamcan / 240

looǰan rabtan / 137

looǰan širab / 150

loroi yondan / 140

mačiγ qon tayiǰi / 148

malai / 139

mal-un qoroγ-a aγula / 213

mamai dalai ubaši / 146

mamud / 118

manas / 9

manas γool / 82

mangnai / 234

mani / 153

manitu aγula / 217

manǰi / 129

manǰitar / 152

mantui / 136

maši / 152

maši batu / 136

maɣbun / 151

maɣuqai / 129

maɣuqai šir-a bulaɣ / 94

maɣuqan usu / 207

melekei aɣula / 215

mendü beleg / 139

mendü ǰoo dabaɣ-a / 62

mergen baɣatur / 151

mergen dayičing / 113

mergen noyan / 112

mergen qošuuči / 114

mergen sili aɣula / 71

mergen ɣool / 97

mila ɣool / 228

minču / 123

mingɣad / 154

minǰu / 132

misigdorǰi / 131

modutu buɣutu / 14

modutu buɣutu bulaɣ / 89

molum / 119

möngke / 123, 146

möngke bulaɣ / 219

möngke temür / 141

möngkedei / 134

möngketü dabaɣ-a / 62

möngkö temür / 134

mongqodai / 134

mooǰiraɣ / 147

moɣaitu / 17

muquldai bulaɣ / 88

muquldai odud / 13

muqur bulaɣ / 219

muu / 118

muuqan bulaɣ dabaɣ-a / 216

muyidu / 152

mürüi / 8

način ɣool / 100

nam / 14

nam ɣool / 88

namaski / 123

namga / 154

namǰal / 117

namǰal čering / 238

namǰal daši / 124

namǰal dorǰi / 121

namǰal erdeni / 234

namǰun / 122

namki daši / 126

namširi cevang / 238

narad dabaɣ-a / 63

naran saran dabaɣ-a / 211

narbatu / 111

narid / 7

narid bulaɣ / 81

narin bulaɣ / 100

narin kir-a taɣ / 73

narin qoboɣ / 11

narin uliyasutai bulaɣ / 100

narin ɣool / 86

naɣaca / 320

naɣan darǰa / 240

naɣodai / 144

nekei čembel / 143

423

taɣarmaɣ ɣool / 226

tebke / 20

tegelig / 206

tegüs möngke / 123

tegüs qasiq-a / 131

tekes ɣool / 90

telei / 122

temegen küjügü dabaɣ-a / 262

temegen qujir dabaɣ-a / 216

temegen ɣool / 106

temegetu kötül / 202

temür usu ɣool / 105

temürtü / 24

temürtü naɣur / 86

teneger / 7

tergetü tayiši / 132

terme qada bulaɣ / 92

tingčin / 151

tngri naɣur / 291

tob ɣatulɣ-a / 203

todoɣ / 10

toli / 207

toli bulaɣ / 228

toli dabaɣ-a / 212

toqoi qada / 202

torai bulaɣ / 88

torai dabaɣ-a / 60

tosun naɣur / 229

tosutu ɣool / 228

toyiboɣ-a / 150

toyin / 133,154

tögödüi / 144

tögürig ɣool / 82

tögürig / 4

törö batu / 131

tunaɣ / 112

tuɣjijab / 124

tüb aman / 212

tüb aɣula / 212

tünggüs baši aɣula / 67

türgen / 18

türgen ača / 20

türgen bulaɣ / 91

türgen čaɣan ɣool / 221

türgen tayiši / 112

türgen ɣool / 228

ubaši / 122

ubaši qon tayiji / 146

ubaši ɣool / 222

udatu toqoi / 199

udumtu tayiši / 136

ulatai bulaɣ / 99

ulaɣan bel / 205

ulaɣan bulaɣ / 219

ulaɣan köl / 108

ulaɣan mangnai aɣula / 216

ulaɣan mangnai ɣatulɣ-a / 204

ulaɣan mören ɣool / 221

ulaɣan muqur / 198

ulaɣan qalɣ-a / 20

ulaɣan qujir / 12

ulaɣan qujir bulaɣ / 87

ulaɣan sir-a dabaɣ-a / 211

ulaɣan suburɣ-a / 263

ulaɣan teši aɣula / 217

ulaɣan usu / 8

ulaɣan ɣool / 229

ulintai badan tayiši / 109

藏文索引

托忒文索引

ceden / 141

cembeyidorzi / 148

ceqci / 115

cercu / 31

cercu γol / 103

cering arabtan / 237

cering daši / 137

cering mungke / 134

cering namǰal / 153,237

cering namzal / 129

cerıng ubašı / 140

ceringvangbu / 129

cevang arabtan / 110

cevang darza / 140

cevang daši / 127

cevang dorzi namǰal / 111

cēzi γol / 91

cibaq / 130

ciciq tala / 243

ciciqliq daba / 77

cicirxana γol / 226

ciki noor / 224

cimeddorzi / 130

cimeq / 136

cimkür / 155

cing / 145

cing bātur / 146

cinggis xan / 157

cišikib / 134

civang / 152

civangzal / 125

coldung / 122

cono bulaq / 87

cono suul uula / 213

coq dormu / 114

coqtu ubaši / 112

coqtu uula / 212

cor / 14

cor bulaq / 89

corzi / 126

corγo / 12

cotung sibe / 204

cömbel / 149

cöyizab / 153

cöyizongǰab / 153

cu / 132

cui / 21

cui γol / 95

cukür / 113

cumpil / 120

cuqcuküi / 115

cuyikür / 145

cuyinzur / 127

cuyiraq / 240

čering / 121,153

čering dondob / 120

čering dondoq / 126

čering dorzi / 126,234

čeringǰal / 119

čeringdondob / 235

dabā / 138

dabā kešiq / 140

dabāci / 127

dabāzid / 140

dabāzin / 141

dabusun noor / 222

dabusutu / 22

dabusutu γol / 96

nacin γol / 100

nam / 14

nam γol / 88

namaski / 123

namga / 154

namkidasi / 126

namǰal / 117

namǰal cering / 238

namǰal erdeni / 234

namširi cevang / 238

namzal daši / 124

namzal dorzi / 121

namzun / 122

narad daba / 63

naran saran daba / 211

narbatu / 111

narid / 7

narid bulaq / 81

narin bulaq / 100

narin kira taq / 73

narin uliyasutai bulaq / 100

narin xoboq / 11

narin γol / 86

naγaca / 320

naγan darǰa / 240

naγodai / 144

nekei cembel / 143

nemekü / 143

nemekü zirγal / 131

nibulxu / 111

nicugün buγutu / 14

niqta uula / 216

niskü γol / 85

nomci / 113

nomcitu / 207

nomcitu uula / 218

nomoxon / 206

nooxai dural / 150

norbu dondob / 154

norbu püngcuq / 232

norbu rincin / 128

noyan xašixa / 115

noyon gabcu / 146

noyon xara / 148

noyon xutuqtu / 148

nucugün buγutu bulaq / 89

nusxai / 138

obodui / 133

oboq / 144

ocon / 116

odon / 151

odun tala / 203

olon bulaq / 89

olon daba / 63

olon noor / 81

olunggi / 5

ombu / 120

ombu dayicing xošooci / 133

oncun / 115

ongγocu / 110

ongγodai / 138

ongγorxui / 111

ooški uula / 209

oozeng xošooci / 155

oqzom / 121

oqzum / 116

orgixu / 201

orkidasun / 154

461

察合台文索引

āral / 39

ārib / 165

āstak / 28

āš burur ɣol / 97

āšitu ɣol / 96

āšur / 173

āvaz / 185

āyaq büksäm / 56

āyxumuš tak / 74

āyxus / 13

āɣus / 157

äbualfäyż/ 166

äbul häsän / 184

äbulqasïm / 159

äbunas / 168

äčkä baši ola / 64

äčükü baši ɣol / 104

ädämäk / 23

ädämäk dabā / 61

ädmäk ɣol / 97

ägriyar / 55

äl yusuf / 32

ämin xojo / 171

ämin ɣol / 91

ämin / 166

ängiš čifan / 50

ävran zib / 167

'adilšah / 170

'ali äkbär / 160

'ali äsɣär / 160

'ali xojo / 164

'alim / 185

'ali / 159

'aziz / 170

'äbdujabar / 180

'äbdul 'äziz / 185

'äbdulätif / 193

'äbdullah / 159 , 160

'äbdunasir / 165

'äbduqasïm / 182

'äbdurähim / 158

'äbdurahim / 183

'äbduraman / 165

'äbduräšid / 158

'äbduraym / 185

'äbdus / 180

'ävazbaqi / 177

'äbdusälim / 185

'äbdusämät / 163

'äbdusättar / 168

'äbdušukur / 188

'äbduvähab / 168

'äbduvali / 187

'äbduxaliq / 162

'äbduxaym / 171

'äbduɣufur / 168

'äšurmät / 172

'äytmät / 187

'äyt / 175

'äziyar / 192

'äżamšah / 169

ämin / 12

baba nur / 104

baba xan / 158

baba xojo / 165

babaxojä / 186

bahaudin / 162

bak bälčir ɣol / 92

附　録

滿文與拉丁文對照表

滿文元音字母

滿　文	ᠠ	ᠠ	ᠠ	ᠠ	ᠠ	ᠠ
拉丁文	a	e	i	o	u	ū

滿文輔音字母

滿　文	ᠨ	ᠪ	ᠪ	ᠴ	ᠴ	ᠴ	ᠯ	ᠯ	ᠰ	ᠱ	ᠲ	ᠶ	ᠴ	ᠶ	ᠷ	ᠸ	ᠹ
拉丁文	n	b	P	k	g	h	l	m	s	š	t	d	j	c	y	r	w	f

特殊字母

滿　文	ᡮ	ᡮ	ᡯ	ᠺ	ᡤ	ᡥ	ᠵ	ᠴ	ᠰ	ᠵ
拉丁文	ts	ts'	dz	k'	g'	h'	jy	cy	sy	ž

蒙古文與拉丁文對照表

元　音

蒙古文	ぇ	ゴ	ゐ	♂	♂	♂	♂
拉丁文	a	e	i	o	u	ö	ü

輔　音

蒙古文	∽	⊙	⊙	⊅	⊃	⊅	⊃	∠	∠	∠	♀	♀	∠	⅃	⅃	⊞	⌐	⌐	⌐
拉丁文	n	b	P	q	k	γ	g	l	m	s	š	d	t	ǰ	j	č	c	y	r	v

藏（"番"）文與拉丁文對照表

藏文元音符號

藏　文	ི	ུ	ེ	ོ
拉丁文	i	u	e	o

藏　文　字　母

藏　文	ཀ	ཁ	ག	ང
拉丁文	ka	kha	ga	nga
藏　文	ཙ	ཚ	ཛ	ཉ
拉丁文	ca	cha	ja	nya
藏　文	ཏ	ཐ	ད	ན
拉丁文	ta	tha	da	na
藏　文	པ	ཕ	བ	མ
拉丁文	pa	pha	ba	ma
藏　文	ཙ	ཚ	ཛ	ཝ
拉丁文	tsa	tsha	dza	wa
藏　文	ཞ	ཟ	འ	ཡ
拉丁文	zha	za	va	ya
藏　文	ར	ལ	ཤ	ས
拉丁文	ra	la	sha	sa
藏　文	ཧ	ཨ		
拉丁文	ha	a		

托忒文與拉丁文對照表

元　音

	短 元 音						
托忒文	才	才	才	寸	寸	寸	寸
拉丁文	a	e	i	o	u	ö	ü

	長 元 音							
托忒文	才	才	才	寸	寸	寸	寸	寸
拉丁文	ā	ē	iyi	ō	ou	uu	ȫ	öü	üü

	複 合 元 音						
托忒文	才	才	才	才	才	才	才
拉丁文	ayi	eyi	oyi	uyi	üyi	iu	iü

輔　音

托忒文	才	才	才	才	才	才	才	才
拉丁文	n	ng	b	x	k	γ\q	g	l
托忒文	才	才	才	才	才	才	才	才
拉丁文	m	s	š	d	t	c	č	z
托忒文	才	才	才	才	才	才	才	
拉丁文	y	r	p	v	ǰ	ch	ž	

察合台文（"回文"）與拉丁文對照表

察合台文（"回文"）	轉寫符號	國際音標
	ā	a
‍ا	a, ä	a, ɛ
اﯤ	i, e	i, e
او	o, u, ö, ü	o, u, ø, y
وا	ua	
ب	b	b
ﺕ	t	t
ﺝ	j, č	ʤ, ʧ
ﭺ	č	ʧ
ﺡ	ḣ	
ﺥ	x	χ
ﺩ	d	d
ﺭ	r	r
ﺯ	z	z
ﺱ	s	s
ﺵ	š	ʃ
ﺹ	ṡ	ṡ
ﺽ	ż	ż
ﻁ	ṫ	ṫ

續　表

察合台文（"回文"）	轉寫符號	國際音標
ع	'（'a, 'ä）	
غ	γ	ʁ
ف	f	f
ق	q	q
ک	k, g	k, g
ڭ	ng, ngg, ngk	ŋ
ل	l	l
م	m	m
ن	n	n
ه、ھ	h	h
ﻪ	ä	ɛ
و	o, ö, u, ü, v	o, ø, u, y, w
ى	y, i	j, i
ﻴ	y, i	j, i
ژ	ž	ʒ

後　　記

　　我早在 2000 年供職於內蒙古大學時就已經開始整理《欽定西域同文志》，但因種種原因半路將其擱置了起來，一過就是十餘載。從 2018 年起重新開始了整理工作，我的博士研究生張閱也參與其中。《西域同文志》四種版本的校勘工作由張閱博士完成，這是一項非常繁瑣、細膩而且很占時間的工作。研究導論由我本人撰寫，滿、蒙、藏、托忒文的拉丁轉寫也由本人完成。中國社會科學院民族學與人類學研究所木再帕爾先生完成了察合台文部分的拉丁文轉寫，並就《西域同文志》中的察合台文對其他語言文字的音寫規則問題給作者提供了寶貴的學術指點。托忒文拉丁轉寫由中央民族大學葉爾達教授審定。本書初稿的校對獲得了我的學生們的熱心幫助。在此對木再帕爾先生、葉爾達先生和我的學生們一并表示誠摯的謝忱！

烏雲畢力格

2020 年於中國人民大學

圖書在版編目(CIP)數據

同文之盛:《西域同文志》整理與研究 / 烏雲畢力
格,張閌著. 一上海:上海古籍出版社,2022.8
ISBN 978-7-5732-0165-2

Ⅰ.①同… Ⅱ.①烏… ②張… Ⅲ.①西域一地方史
一史料一清前朝 Ⅳ.①K294.5

中國版本圖書館 CIP 數據核字(2021)第 275169 號

國家古籍整理專項資助項目

歐亞古典學研究叢書

同文之盛:《西域同文志》整理與研究

烏雲畢力格 張 閌 著

上海古籍出版社出版發行

(上海市閔行區號景路 159 弄 1-5 號 A 座 5F 郵政編碼 201101)

(1) 網址:www.guji.com.cn

(2) E-mail:guji1@guji.com.cn

(3) 易文網網址:www.ewen.co

啟東市人民印刷有限公司印刷

開本 710×1000 1/16 印張 33.25 插頁 3 字數 521,000

2022 年 8 月第 1 版 2022 年 8 月第 1 次印刷

ISBN 978-7-5732-0165-2

K·3103 定價:158.00 元

如有質量問題,請與承印公司聯繫